양형의 이론과 실제

이진국 저

publishing and culture
피앤씨미디어

이 저서는 2013년 정부(교육부)의 재원으로 한국연구재단의 지원을 받아
수행된 연구임(NRF-2013S1A6A4012377).

머리말

법치국가적 형사절차에서 행위자에게 부과되는 형벌이 정당하고 합리적이어야 하는 것은 너무나도 당연하다. 범죄의 성립요건에 관한 해석론을 정치하게 도출하는 경우에도 마지막 단계인 양형에서 그 정당성과 합리성이 인정되지 않으면 범죄론도 결국 아무런 의미가 없어지게 된다. 그렇지만 종래 우리나라의 양형은 사실심 법관의 자유재량으로 간주되어 왔고 상급심의 양형통제도 거의 이루어지지 않았으며, 현 시점에서도 이러한 경향을 확인할 수 있다. 학계에서도 범죄론 분야에만 집중적으로 학설을 전개하고 판례를 분석해왔을 뿐 양형에 관하여 실무에 도움을 줄 수 있는 자료들이 부족하여 양형을 체계화하는 이론적 연구가 심도 있게 전개되지 못했다. 그러다가 2003년 후반기부터 활동하기 시작한 사법개혁위원회는 양형의 형평성과 객관성 및 합리성을 확보하기 위한 세부 프로그램을 논의하기 시작하여 2004년 말에 참고적 양형기준제와 양형자료조사제도의 도입을 내용으로 하는 양형제도의 개선 방안을 내 놓았고 이에 따른 후속 논의를 거쳐 2011. 7. 1.부터 참고적 양형기준제를 시행하고 있다. 양형기준제가 권고적 성격의 굴레에 갇혀있기는 하지만 우리나라 형사재판에서도 이 제도가 실천되게 된 것은 획기적이고 놀라운 일이 아닐 수 없다. 물론 양형자료조사제도는 다양한 이해관계의 대립으로 지금까지 그 구체적인 절차법적 근거도 마련하지 못하고 있다.

양형기준제가 시행된 지 6년이 넘는 현 시점에서 이제는 양형에 관한 이론적 체계화를 시도할 필요가 있다. 비록 양형이 사실심 법관의 전유물이기는 하지만 이론적 기반이 없는 양형은 국민일반의 지지를 받을 수 없을 뿐만 아니라 종국적으로는 사법부에 대한 신뢰도 무너뜨릴 수 있다. 이러한 배경에서 본서는 양형을 보다 체계화하기 위한 이론적·정책적인 논의를 전개하고 있다. 전통적인 양형이론에서 출발하여 우리나라의 독자적인 양형기준제의 특성을 고찰해

보고 나아가 정책적 관점에서 합리적인 양형심리를 확보하기 위한 공판절차 이분화와 양형자료 조사절차 등 양형을 둘러싼 다양한 쟁점들을 논의하고 있다.

본서에 서술되어 있는 내용들은 완결적인 것이 아니다. 우선 우리나라의 양형기준제는 미국이나 영국의 양형기준제를 본받기는 하였으나 독자적인 색채가 강하게 나타난다. 이러한 상황에서 우리나라의 양형기준제를 이론적으로 정립하는 것은 매우 어려운 문제에 속한다. 시간적 제약으로 인하여 본서는 양형제도와 관련한 다양한 쟁점들을 나열하고 각각의 쟁점마다 일정한 견해를 제시하는 것으로 만족하고 있다. 본서가 출간된 이후에도 양형에 관한 보다 정치한 이론적 탐구가 필요하다. 머지않은 시점에 보다 체계적이고 상세한 연구결과가 나오기를 희망한다.

끝으로 본서의 출간을 흔쾌히 허락해주신 피앤씨미디어 박노일 사장님과 편집·교정 작업에 수고를 아끼지 않으신 임직원 모두에게 감사드린다.

2018년 3월

아주대학교 법학전문대학원 연구실에서

이 진 국

차 례

제 1 장 양형법의 기초

제 2 장 양형에서 책임과 예방

제 3 장 양형의 단계

제 4 장 양형기준제하에서의 양형

제 5 장 양형심리의 충실화를 위한 공판절차 이분화 도입방안

제 1 장

양형의 이론과 실제

양형법의 기초

§1 양형의 의의와 법적 성격

§1 양형의 의의와 법적 성격

I. 양형의 의의

우리나라에서 양형은 그 동안 형사실무에서만 중요한 의미를 가지고 있었을 뿐 학문적 차원에서는 심도있는 논의가 전개되지 못했다. 양형에 대한 이해를 확보하기 위해서는 일차적으로 양형의 의의와 법적 성질, 양형에서 책임과 예방의 관련성 및 실무에서의 구체적 선고형의 도출과정 등 양형법의 기초를 음미해 보아야 한다.

양형이란 형벌의 종류와 범위를 정하는 것을 말한다. 양형은 입법자와 법관의 두 단계에 걸친 공동작업으로서 입법자는 특정 범죄구성요건에 유형화된 불법과 책임을 명시하여 그에 대하여 선고할 수 있는 형벌의 종류와 범위를 정하고, 법관은 이러한 범위 속에서 개별적인 사건에 대한 구체적인 형의 종류와 형량을 정하여 선고한다. 입법자는 양형에 관한 일반적인 지침을 명시하고 있는 반면, 법관은 이러한 일반적인 지침의 범주 내에서 구체적 사건에 적정한 형종과 형량을 선고하는 것이다.

양형은 형사법관의 범죄에 대한 법적 효과를 판단하는 가장 중요한 부분이자 어려운 분야이다. 양형에서는 범죄의 유책한 불법이 측정되어 구체적이고 집행가능한 형량으로 전환된다. 다시 말해서 양형을 통하여 피고인에 대하여 어떠한 구체적인 형사제재로써 위협을 할 것이며 어느 정도로 피고인의 자유나 재산 등을 제한할 것인지가 결정된다. 법관이 양형판단을 통하여 범죄의 중대성에 대한 평가를 표현하고, 이 과정에서 다른 범죄와 비교도 하기 때문에 법관의 양형판단은 소송절차에 참가한 모든 당사자와 일반 국민의 관심의 대상이 된다.

양형은 징역형, 금고형, 벌금형 등의 구체적인 형벌의 선택과 그 형벌의 범위(예: 징역형의 형기)를 포함하며, 경우에 따라서는 형의 선고유예, 집행유예, 재산형의 환형처분, 미결구금일수의 통산 등 부수적 처분뿐만 아니라 보안처분에 관한 판단도 포함한다. 이러한 양형은 법정형, 처단형, 선고형을 찾아가는 과정이고, 여기서 법정형은 양형의 일차적인 출발점이 된다. 법정형이란 개개의 범죄구성요건에 명시되어 있는 형벌범위(예: 징역 3년 이하)로 기술되어 있고, 처단형은 법정형에 법률상 및 재판상의 가중·감경을 한 형벌범위를 말하며, 선고형이란 이러한 처단형의 범위 내에서 법관이 구체적으로 형을 양정하여 피고인에게 선고하는 형을 말한다. 양형의 과정을 법률상의 추상적 양형(gesetzliche Strafbemessung)과 법관에 의한 구체적 양형(richterliche Strafzumessung)으로 구분하는 관점[1]에서 출발해보면, 법정형과 처단형은 법률상의 추상적 양형에 해당하는 반면 선고형은 법관에 의한 구체적 양형에 해당하게 된다. 학계나 실무에서 일반적으로 양형이라고 할 때에는 법관에 의한 구체적 양형, 즉 선고형을 의미한다.[2]

피고인에 대한 책임선고(즉, 유·무죄에 대한 판단)와 이에 이은 형벌선고(즉, 법적 효과에 대한 판단)의 두 축으로 이루어진 형사 공판절차의 기본구조 속에서 형법학과 형사실무는 그 동안 피고인에 대한 책임선고의 문제, 즉 가벌성의 문제에 집중한 반면, 형벌선고의 바탕이 되는 양형에는 소홀해왔던 것이 사실이다. 그 배경은 무엇보다도 우리나라의 형사실무에서 책임선고와 관련해서는 엄격한 사실의 확정과 법의 적용이라는 관념이 지배되어 온 반면, 형벌선고와 직결되어 있는 양형에서는 그에 관한 상세한 구속적 지침이 (부분적으로) 흠결되었기 때문일 것이다. 그러나 자백사건이 많이 차지하는 우리나라의 사법 현실에 주목해보면 피고인에게 보다 중요하게 다가오는 것은 자신에게 귀속될 범죄사실이 절도죄인지 아니면 횡령죄인지가 아니라 자신에게 선고될 형벌의 종류와 구체적인 형량일 것이다. 또한 양형은 국가 형사사법의 관점에서도 매우 중요한 의미를 지니고 있다. 책임과 예방을 조화시킨 양형정책이야 말로 합리적 형사정책의 출발점을 형성하고, 다른 한편으로 형사사법 작용 중에서 특히 양형은 형사사법에 대한 국민의 신뢰와 직접 관련되어 있기 때문이다. 양형에서 평균적 정의에서 의미하는 균등성뿐만 아니라 배분적 정의에서 말하는 적정성도 강조되어야 하는 이유도 바로 여기에 있다.[3]

---

1) Bruns, Leitfaden des Strafzumessungsrechts, 1986, 4쪽 이하.
2) 이동근, 독일에서의 양형에 관한 이론과 실무, 2001, 498쪽.
3) 최석윤, 양형의 형벌이론적 기초와 합리화방안, 1996, 36쪽.

Ⅱ. 양형의 법적 근거

1. 형 법

현행 형법은 다수의 규정에서 양형에 관한 사항을 명시하고 있다. 예를 들어 형법 제51조 이하에 명시되어 있는 형의 양정에 관한 규정들은 모두 양형과 관련된 것이다. 형법 제37조 이하의 경합범 규정들도 양형과 관련되어 있다. 보다 좁게 보면, 형법 제53조의 작량감경 조항과 제59조의 선고유예의 요건으로서 '개전의 정상이 현저한 때', 제62조의 집행유예의 요건으로 '그 정상에 특히 참작할 만한 사유가 있는 때' 등은 법관의 구체적인 양형판단과 관련되어 있다.

형법에 명시된 양형관련 규정들 중에서 가장 기본이 되는 조항은 양형의 조건을 규정하고 있는 형법 제51조이다.[4] 형법 제51조는 법관이 구체적 양형을 함에 있어 참작하여야 할 조건으로 ① 범인의 연령, 성행, 지능과 환경, ② 피해자에 대한 관계, ③ 범행의 동기, 수단과 결과, ④ 범행 후의 정황을 열거하고 있다. 다만 형법 제51조에 명시된 양형의 조건 내지 양형의 요소들은 폐쇄적·열거적인 것이 아니기 때문에 제51조에 기술되지 아니한 요소들도 사실심 법관의 양형판단의 대상이 된다.[5] 예를 들어 범행의 동기, 태양, 죄질, 범행의 수단, 잔악성, 결과의 중대성, 피해자의 수, 피해감정, 범인의 연령, 전과, 범행 후의 정황, 범인의 환경, 교육 및 생육과정 등의 요소들도 법관이 행하는 양형판단의 자료가 된다.[6]

그러나 현행 형법은 양형의 '원칙'에 관한 규정을 두지 않고 있다. 여기서 양형의 원칙이란 법관이 구체적인 형량을 산정함에 있어 준수해야 할 지침을 말한다. 형법에 양형의 원칙에 관한 규정이 흠결되어 있다는 사실은 곧 합리적 양형을 위한 방향설정이 부재하고, 이로써 양형이 과학적이지 못하고 비합리적으로 이루어질 수 있다는 점을 말해준다.

---

4) 제51조에 관한 상세한 논의는 정철호, 형법 제51조의 양형의 조건, 비교형사법연구 제4권 제1호, 2002, 199~230쪽 참조.
5) 신동운, 형법총론, 2011, 800쪽.
6) 대법원 1985. 6. 11. 선고 85도926 판결; 대법원 1995. 1. 13. 선고 94도2662 판결.

2. 법원조직법 제81조의6

양형의 원칙을 법관이 구체적 사건에서 양형을 하기 위한 기본적 지침 내지 방향설정으로 이해한다면, 이러한 의미의 양형의 원칙은 법원조직법 제81조의6에서 찾아볼 수 있다. 2007. 1. 26. 신설된 법원조직법 제81조의6 제2항에 의하면, 양형위원회는 양형기준을 설정·변경할 때, ① 범죄의 죄질, 범정(犯情) 및 피고인의 책임의 정도를 반영할 것(같은 항 제1호), ② 범죄의 일반예방과 피고인의 재범 방지 및 사회복귀를 고려할 것(같은 항 제2호), ③ 같은 종류 또는 유사한 범죄에 대해서는 고려하여야 할 양형 요소에 차이가 없으면 양형에서 서로 다르게 취급하지 아니할 것(같은 항 제3호), ④ 피고인의 국적, 종교 및 양심, 사회적 신분 등을 이유로 양형상 차별을 하지 아니할 것(같은 항 제4호) 등의 원칙을 준수하도록 규정하고 있다. 이 규정 내용 중에서 제81조의6 제2항 제1호와 제2호는 양형의 원칙에 관한 사항을 규정한 것으로 이해할 수 있다. 양형위원회가 양형기준을 설정·변경함에 있어서는 범죄의 죄질과 범정 및 피고인의 책임의 정도를 반영하되, 범죄의 일반예방과 피고인의 재범 방지 및 사회복귀를 고려하도록 함으로써 양형기준 설정·변경의 일반적 지침을 규정하고 있기 때문이다. 다만, 법원조직법 제81조의6 제2항 제1호와 제2호는 양형위원회가 양형기준을 설정하거나 변경함에 있어서 준수해야 할 지침에 불과한 것이지 개별 법관이 양형판단을 할 때 그 방향을 설정하는 지침을 규정한 것은 아니라고 볼 여지는 있다.

또한 법원조직법 제81조의6 제3항은 양형위원회가 양형기준을 설정·변경함에 있어 고려해야 할 요소로서, ① 범죄의 유형 및 법정형(같은 항 제1호), ② 범죄의 중대성을 가중하거나 감경할 수 있는 사정(같은 항 제2호), ③ 피고인의 나이, 성품과 행실, 지능과 환경(같은 항 제3호), ④ 피해자에 대한 관계(같은 항 제4호), ⑤ 범행의 동기, 수단 및 결과(같은 항 제5호), ⑥ 범행 후의 정황(같은 항 제6호), ⑦ 범죄 전력(같은 항 제7호), ⑧ 그 밖에 합리적인 양형을 도출하는 데 필요한 사항(같은 항 제8호) 등으로 명시하고 있다. 법원조직법 제81조의6 제3항에 규정된 내용들은 그 성질상 형법 제51조에 명시된 양형의 조건 내지 양형의 요소들이다. 법원조직법 제81조의6 제3항은 형법 제51조와 대비해볼 때 양형요소의 목록을 보다 풍부하고 상세하게 나열하고 있다.

법원조직법 제81조의6 제2항에 규정되어 있는 양형의 원칙과 제3항에 규정되어 있는 양형의 조건은 2007. 1. 26.자 법원조직법의 개정으로 양형위원회를 설치하고 양형기준제를 도입함에 따라 신설된 내용들이다. 그러나 법원조직법 제81조의6 제2항과 제3항의 규정내용을 양형에 관한 사항을 일반적으로 규정해야 하는 형법에 명시해두지 않고 그 대신 법원조직법에 규정하고 있는 것은 형법과 양형법 체계상 적절하지 못하다. 양형의 원칙과 양형의 조건은 범죄에 대한 법효과를 규정하는 일반법인 형법에 명시되어야 하는 것이 타당하기 때문이다. 이와 반대로 양형의 원칙과 새로운 내용으로 구성된 양형의 조건을 법원조직법에만 규정하는 경우에는 범죄와 형벌을 일반적으로 관할하는 형법의 의미를 퇴색시키는 부작용을 초래할 것이다. 이 점에서 법원조직법 제81조의6 제2항과 제3항의 규정내용은 법원조직법이 아니라 형법에 명시되어야 한다.

3. 형법개정안에서의 양형의 원칙

정부(법무부)가 2011. 3. 25. 국회에 제출한 형법(총칙)일부개정법률안 제46조는 양형의 원칙을 규정하고 있다. 물론 이 형법(총칙)일부개정법률안은 제18대(2008~2012) 국회의원의 임기만료로 폐기되었지만, 형법(총칙)일부개정법률안에 명시된 개정내용들은 그 자체로 중요하고 장기간의 심도있는 논의를 진행한 끝에 탄생했다는 점에서 향후 국회에 재상정될 가능성이 크다.

형법(총칙)일부개정법률안 제46조[7]는 현행 형법 제51조의 조문명칭인 '양형의 조건'을 '양형의 원칙'으로 수정하면서 제1항에서 "형은 범인의 책임을 기초로 하여 정하여야 한다."는 책임원칙을 선언하되, 제2항 제5호에서 양형시 고

---

7) 형법(총칙)일부개정법률안 제46조(양형의 원칙) ① 형은 범인의 책임을 기초로 하여 정하여야 한다.
② 형은 다음 각 호의 사항을 고려하여 정하여야 한다.
1. 범인의 연령, 품행, 지능과 환경
2. 피해자와의 관계
3. 범행의 동기, 목적, 방법과 결과
4. 범행 후 범인의 태도와 정황
5. 형의 부과에 따른 장래의 범죄 예방 및 범인의 재사회화
③ 벌금액은 범인의 경제적 사정을 고려하여 정하여야 한다.

려사항의 하나로 '형의 부과에 따른 장래의 범죄 예방 및 범인의 재사회화'라는 예방적 요소를 규정하고 있다.[8] 형법(총칙)일부개정법률안 제46조의 규정내용은 법관이 개별 사건에서 양형을 함에 있어 행위자의 책임을 기초로 하되 장래의 범죄 예방 및 재사회화도 고려해야 한다고 규정하고 있다는 점에서 양형의 원칙을 규정한 것으로 이해된다. 그러나 형법(총칙)일부개정법률안 제46조는 양형의 원칙과 양형상의 고려사항(즉, 양형의 조건 내지 요소)을 혼동하고 있다. 양형의 원칙은 구체적 사건에서 법관이 양형을 함에 있어 그 기본적인 방향을 설정하고 양형의 출발점이 되는 지침을 의미하는 것임에 반해 양형상의 고려사항은 양형을 함에 있어 고려해야 할 개별적인 양형요소 내지 양형인자를 말한다. 이러한 관점에서 보면, 형법(총칙)일부개정법률안 제46조 제2항 제5호에 규정된 '형의 부과에 따른 장래의 범죄 예방 및 범인의 재사회화'라는 요소는 양형상의 고려사항에 위치되어야 할 것이 아니라 양형의 원칙에 포함되어야 할 내용이다.

형법(총칙)일부개정법률안 제46조의 규정내용과 같이 '형의 부과에 따른 장래의 범죄 예방 및 범인의 재사회화'라는 예방요소를 양형상의 고려사항에 위치시키는 경우에는 구체적 사건에서 법관이 행하는 양형의 합리성을 담보하기 어렵다는 문제가 제기될 수 있다. 예방적 요소를 포괄적으로 양형상의 고려사항으로 징하게 되면 구체직 신고형이 매우 낮거나 높게 되는 결과를 초래할 수도 있기 때문이다. 이 점에서 기왕에 형법을 개정하면서 양형의 원칙을 명시하고자 한다면, 행위자의 책임과 예방을 모두 양형의 원칙으로 규정하는 것이 타당한 것으로 보인다. 그렇다면 형법(총칙)일부개정법률안 제46조 제2항 제5호(형의 부과에 따른 장래의 범죄 예방 및 범인의 재사회화)를 삭제하되, 이를 제1항에 통합하여 "형은 범인의 책임을 기초로 하여 정하되 형의 부과에 따른 장래의 범죄예방 및 범인의 재사회화를 고려하여야 한다"는 방식으로 규정하는 것이 적절할 것으로 보인다.

---

8) 법무부, 형법(총칙)일부개정법률안 제안 이유서, 2011. 4, 54~55쪽 참조.

Ⅲ. 양형의 법적 성격

1. 서 설

법원의 양형이 위법하거나 부당한 경우에는 검사나 피고인은 상소의 방법으로 상급심에 그 시정을 구할 수 있다. 형사소송법 제365조의5 제15호는 양형부당(형의 양정이 부당하다고 인정할 만한 사유가 있는 때)을 항소이유로 명시하고 있다. 양형부당이란 구체적인 사안의 내용에 비추어 법원이 선고한 형의 종류와 형량이 너무 중하거나 너무 경한 경우를 말한다. 양형부당에서 문제되는 형은 주형에 한정되지 않고 부가형, 형의 면제, 형의 선고유예, 형의 집행유예, 벌금미납시 환형처분 등도 대상이 된다.

문제는 법원의 구체적 양형에 대하여 피고인이나 검사가 통제할 수 있는 방법은 제1심 법원의 판결에만 국한될 뿐 항소심의 양형에 대해서는 제한적이라는 점이다. 특히 형사소송법은 판결이유에 법원의 양형이유를 기재하도록 의무화하고 있지 않고 있기 때문에 제1심 법원의 구체적 양형에 대하여 당사자가 항소하는 경우에도 항소심이 제1심 법원의 양형과정과 양형결과에 대한 사후적 심사를 하는 데는 한계가 있다.

형사소송법 제383조 제4호는 '사형·무기 또는 10년 이상의 징역이나 금고가 선고된 사건에 있어서 중대한 사실의 오인이 있어 판결에 영향을 미친 때 또는 형의 양정이 심히 부당하다고 인정할 만한 현저한 사유가 있는 때'를 상고이유로 명시하여 대법원에 상고할 가능성을 열어두고 있다. 여기서'중대한 사실의 오인'이란 법령적용을 그르칠 만큼 사실관계를 잘 못 알고 그로 인해 범죄성립 여부에 영향을 미친 경우를 말하며, '판결에 영향을 미친 때'란 중대한 사실의 오인이 있어 판결에 영향을 미친 것을 상고법원이 확인한 경우 뿐만 아니라 판결에 영향을 미칠 중대한 오인이 있음을 의심하기에 족한 현저한 사유가 있는 경우를 포함한다.[9] 또한 '형의 양정이 심히 부당하다고 인정할 만한 현저한 사유가 있는 때'란 사실심 법관에게 부여된 재량권의 한계를 일탈하거나 남용한 것이라고 인정되는 양형을 말한다. 그러나 형사소송법 제383조 제4호는 사형,

9) 대법원 1960. 5. 6. 선고 4293형상1 판결.

무기 또는 10년 이상의 징역이나 금고가 선고된 사건에서는 중대한 사실의 오인이 있어 판결에 영향을 미친 때 또는 형의 양정이 심히 부당하다고 인정할 현저한 사유가 있는 때에 한하여 상고이유로 할 수 있다고 규정하고 있으므로 대법원으로부터 양형판단을 받을 가능성은 사실상 매우 제한적이다.

결론적으로 법적 관점에서나 현실적 관점에서도 사실심 법원의 양형을 통제할 가능성은 제한적이다. 이러한 이해는 무엇보다도 대법원이 양형을 '법적용'으로 보는 것이 아니라 사실심 법관의 '(자유)재량'으로 보는 것과 무관하지 않다.

2. 학설과 판례의 태도

양형을 엄격한 법적용으로 본다면 사실심 법관의 양형에 대해서는 상급심과 최고법원에서의 파기 가능성이 제한없이 확보되어 있어야 한다. 이에 반해 양형을 사실심 법관의 재량사항으로 본다면 상급심의 통제가능성은 매우 축소될 수밖에 없다. 그렇다면 과연 양형이 사실심 법관의 재량에 속하는 영역인가?

'합리적 양형'이라는 관점에서 형법학은 양형이 형법상 어떠한 성격을 지녀야 하는 것인지에 대하여 오래 전부터 논의해왔다. 양형의 법적 성격에 관하여 학설에서는, ① 양형의 비합리적인 요소들을 강조하면서, 양형을 합리적으로 해결할 수 있는 법적 문제가 아니라 법관의 가치판단의 문제로 파악하는 견해,[10] ② 양형을 법적으로 구속된 재량행위라는 이해에서 출발하면서 양형은 마치 행정법상의 기속재량행위와 마찬가지로 재량이 허용되어 있지만 그것은 법적으로 구속된 것이어서 그 범위를 일탈하면 부당한 재량행위가 된다는 견해,[11] ③ 양형에서는 정서적인 가치판단들, 무의식적인 감정이입 및 일반화되기 어려운 양형사실 등 비합리적인 요소들이 지배하기 때문에 양형은 결국 법적 결론을 찾

10) Würtenberger, Kriminalpolitik im sozialen Rechtsstaat, 1970, 175쪽에서는 "양형은 주로 논리적인 연역에 의해 이루어지는 순수한 인식행위가 아니라 대부분 법관의 개인적인 '능력'에 기반을 두고 있으며, 형량의 결정은 법관의 창조적인 사회적 형성작용(ein schöpferischer sozialer Gestaltungsakt)을 통하여 이루어진다…"라고 언급하였다.

11) 김성돈, 형법총론, 2009, 768쪽; 김일수·서보학, 형법총론, 2004, 751쪽; 배종대, 형법총론, 2014, 825쪽; 오영근, 형법총론, 2009, 868쪽; 이영란, 한국양형론, 1996, 38쪽; 이재상·장영민·강동범, 형법총론, 2015, 583쪽; 임웅, 형법총론, 2013, 648쪽; 정성근·박광민, 형법총론, 2015, 699쪽.

아가는 법관의 창조적인 형성행위라는 견해,[12] ④ 법관의 임무는 입법자가 제시한 지침을 구체화하는 것이므로 양형은 행정법상의 재량이 아니라 법률에 내재한 가치판단을 구체화하여 개별사례에서 실현시키는 것을 의미하는 법적용이라는 견해[13] 등이 주장되고 있다.

대법원은 양형을 법원의 재량사항으로 이해하고 있다. 대법원은 2003. 2. 20. 전원합의체 판결에서 "형법 제51조의 사항과 개전의 정상이 현저한지 여부에 관한 사항은 널리 형의 양정에 관한 법원의 재량사항에 속한다고 해석되므로, 상고심으로서는 형사소송법 제383조 제4호에 의하여 사형·무기 또는 10년 이상의 징역·금고가 선고된 사건에서 형의 양정의 당부에 관한 상고이유를 심판하는 경우가 아닌 이상, 선고유예에 관하여 형법 제51조의 사항과 개전의 정상이 현저한지 여부에 대한 원심판단의 당부를 심판할 수 없고, 그 원심판단이 현저하게 잘못되었다고 하더라도 달리 볼 것이 아니다."[14]고 판시하면서 양형이 법원의 재량사항임을 분명하게 밝히고 있다.

3. 검 토

우리나라의 다수설은 양형을 (법적으로 구속된) 재량행위라고 보고 있다. 양형을 재량행위로 보는 배경에는 법정형의 범위가 매우 넓게 구성되어 있는 현행 형법 하에서 구체적인 형의 종류와 형량을 선택하는 데는 결국 법관의 재량이 작용할 수밖에 없다는 사고가 깔려있는 것 같다. 예를 들어 사기죄(형법 제347조)의 법정형은 '10년 이하의 징역 또는 2천만 원 이하의 벌금'으로 선택적으로 규정되어 있기 때문에 벌금형이 징역형을 대체할 여지가 넓고 법관이 징역형을 선택하는 경우에도 10년 이하의 범위 속에서 구체적인 형량을 선고할 수 있기 때문에 법정형의 범위가 매우 넓다.

그러나 이는 양형법 내지 양형이론에 관한 철저한 검토 없이 사실심 법관에게 양형에 관한 전권을 맡겨버리는 경우에만 가능한 사고방식이다. 양형은 구성요건상의 불명확개념과 마찬가지로 입법자가 제시한 법규범을 법관이 구체

12) Henkel, Die 'richtige' Strafe, 1969, 34쪽 이하.
13) Bruns, Das Recht der Strafzumessung, 1985, 29쪽.
14) 대법원 2003. 2. 20. 선고 2001도6138 판결.

화하고 세분화하는 과정으로 이해되어야 한다. 이 점에서 양형은 구조적으로 법적용의 과정이다.[15] 양형을 법적용의 과정으로 이해하게 되면, 법관은 입법자가 제시한 법규범의 해석을 통하여 먼저 대전제를 확정한 후, 소전제인 양형요소 내지 양형인자를 대전제에 포섭시킴으로써 결국 법정형의 범위 내에서 하나의 구체적인 선고형을 선택하게 된다.[16] 양형을 법적용으로 이해하는 한 법관이 구체적 사건에서 행하는 양형판단에 대해서는 아무런 제한없이 상급심에 의한 통제가능성이 확보되어야 한다.

Ⅳ. 작량감경제도

양형을 사실심 법관의 재량적 판단으로 이해하는 대법원의 확고한 태도는 결과적으로 양형실무와 형사입법의 영역에서 적지 않은 문제점을 불러일으킨다. 실무에서는 검사가 자신이 법원에 제시하는 구형량을 정당한 것이라고 이해하고 있는 반면 법원은 검사의 구형량보다 더 적게 선고하는 것이 관례로 되어왔다. 그 결과 구체적 사건에서 객관적인 양형기준 보다는 법관의 개인적인 가치관이나 감성에 영향을 받아 일반 국민의 법감정에 부합하지 않는 관대한 형이 선고되는 이른바 법원의 '온정주의 또는 관용주의'가 지배되고 있다는 비판이 적지 않게 제기되었다.[17] 여기서 법원이 온정주의로 나아가는 중요한 법률적 통로가 바로 형법 제53조에 그 근거를 두고 있는 작량감경이다. 작량감경제도는 조선형사령에 의해 우리나라에 1912년 3월부터 의용되었던 일본형법을 계수한 것이다.[18]

형법 제53조에 따라서 법관은 범죄의 정상에 참작할 만한 사유가 있는 때에는 작량(酌量)하여 감경할 수 있다. 작량감경이란 법률상 특별한 감경사유가

---

15) LK－Theune, Vor §§46－50 StGB, Rn. 5.

16) 김영환, 양형의 법적 성격과 양형의 합리화, 형사정책연구 제17권 제5호, 1996, 198쪽.; 김영환 교수에 의하면, 양형은 입법자가 마련한 지도원리의 구체화, 즉 법적용인 반면, 양형의 합리화란 이러한 양형의 논리적인 구조를 입법과 해석을 통하여 법제화하는 것에 불과한 것이라고 하여 양형의 법적 성질과 양형의 합리화의 의미를 구분하고 있다. 김영환, 앞의 논문, 199쪽.

17) 사법개혁위원회, 사법개혁위원회자료집(III), 2004. 5, 132쪽.

18) 송영지, 형법상 작량감경의 이론과 현실, 고려대학교 박사학위논문, 2012, 8쪽.

없는 경우에도 법원이 정상에 특히 참작할 만한 사유가 있는 때에 그 형을 감경할 수 있도록 하는 제도로서 재판상 감경이라고도 한다. 이 경우 작량감경의 요건이 되는 '정상에 참작할 만한 사유'는 특별한 제한이 없으므로 형법 제51조의 양형의 조건에 해당하는 사유이면 정상에 참작할 수 있을 것이다. 판례에서는 피해자와의 합의,[19] 범죄의 전력이 없음,[20] 우발적·충동적 행위,[21] 가담의 정도와 뉘우침,[22] 피해자 측의 관대한 처벌요청,[23] 개전의 정,[24] 피해경미[25] 등의 사유가 단독 또는 복합적으로 작용되어 정상참작사유로 인정되고 있다.[26]

형법 제53조는 작량감경을 할 수 있음을 규정하였을 뿐 그 감경의 방법에 관하여 직접적인 규정은 없으나 작량감경의 경우에 있어서도 일정한 범위를 정하여 그 범위 내에서만 각 범죄사정에 적합한 양형을 하게 하여야 할 것이며 작량감경의 방법도 형법 제55조 소정의 법률상 감경의 방법에 따라야 한다.[27] 따라서 작량감경의 사유가 있는 경우에는 형법 제55조(법률상 감경)의 예에 따라서 처단형의 1/2로 감경하는 것이 일반적이다.

작량감경의 구체적인 과정은, 고의상해죄(형법 제257조)에서 피고인이 심신미약의 상태에서 상해를 저질렀고 그 이후 피해자에게 손해를 배상한 사실을 예로 들어 설명해 볼 수 있다. 고의상해죄의 법정형은 7년 이하의 징역, 10년 이하의 자격정지 또는 1천만 원 이하의 벌금형으로 규정되어 있다. 여기서 법관이 형의 종류를 징역형으로 선택한 경우, 심신미약은 법률상 감경사유에 해당하고 피고인이 피해자에게 손해를 배상한 행위는 재판상 감경사유(작량감경)에 해당하기 때문에 결국 2회에 걸쳐서 각각 2분의 1까지 감경되어 그 처단형은 1월 이상 1년 9월 이하의 징역이 된다. 그리고 법관은 이 처단형의 범위 내에서 피고

---

19) 대법원 2004. 4. 23. 선고 2004도805 판결.
20) 대법원 2002. 10. 25. 선고 2002도4298 판결; 대법원 1985. 2. 26. 선고 84도1666 판결.
21) 대법원 2002. 10. 25. 선고 2002도4298 판결; 대법원 1984. 2. 28. 선고 83도3232 판결.
22) 대법원 1996. 12. 23. 선고 96도2354 판결; 대법원 1988. 6. 14. 선고 88도534 판결; 대법원 1985. 2. 26. 선고 84도1666 판결; 대법원 1983. 6. 28. 선고 83도1068 판결.
23) 대법원 1984. 2. 28. 선고 83도3232 판결
24) 대법원 1983. 3. 8. 선고 83도59,83감도20 판결; 대법원 1983. 3. 8. 선고 83도59,83감도20 판결.
25) 대법원 1983. 6. 28. 선고 83도1068 판결.
26) 이천현·김혜정, 양형 관련규정의 정비방안, 2006, 86쪽.
27) 대법원 1964. 10. 28. 선고 64도454 판결.

인에게 집행할 구체적인 선고형을 확정하게 된다. 작량감경의 범위가 결코 적지 않다는 사실을 알 수 있다.

작량감경제도는 중형주의를 취하고 있는 우리나라의 법정형 체계 하에서 적정한 선고형을 형성하는데 일조해왔다.[28] 그러나 다른 한편으로 작량감경제도가 온정적 형사사법을 심화시키는 원인으로 작용해온 점도 부정할 수 없다. 작량감경제도는 법원의 완전한 재량에 속하는 사항으로 그 이유조차 밝힐 필요가 없으며, 양형에 있어 작량감경이 자유로이 택해지는 것이 일반화되어 있다.

작량감경의 실태에 관한 학계[29]의 분석에 의하면, 2009년에 선고된 성폭력범죄의 제1심 선고사건 551건 중 작량감경을 적용한 비율은 75.9%(418건)로 나타났다. 또한 양형기준제가 시행된 2009. 7. 1.을 기준으로 하여 그 전과 후의 시점에서 작량감경의 적용률을 분석한 연구도 있다. 이 연구[30]에 의하면 총 112건의 성폭력사건에서 2009. 7. 1. 이전에 선고된 82건 중 작량감경을 적용한 비율은 79.2%(65건)이었으며, 2009. 7. 1. 이후에 선고된 30건 중 작량감경을 적용한 비율은 60.0%(18건)였다. 이는 양형기준제가 시행된 이후에도 여전히 작량감경이 일반적으로 활용되고 있음을 의미한다.

형사재판에서 작량감경규정을 빈번하게 적용해 온 그 동안의 실무는 종종 형사입법의 차원에서 바람직스럽지 못한 결과로 이어졌다.[31] 이에 관한 대표적인 예로, 법관의 작량감경에 따른 낮은 선고형에 대응하여 법정형의 하한을 대폭 상향조정하는 입법에서 찾아볼 수 있다. 주로 법정형 가중적 형사특별법에서 일반적으로 볼 수 있는 '7년 이상의 징역형'으로 명시된 법정형은 법원의 작량감경 내지 온정주의적 판결을 막기 위한 대표적인 입법방식으로 평가된다. 법정형의 하한을 '7년 이상의 징역'으로 상향하여 명시해두게 되면 법원이 피고인에게 작량감경을 하여 법정형의 절반까지 감경하는 경우에도 3년 6월이 되어 결국 3년 이하의 징역형을 선고할 경우에만 가능한 집행유예의 가능성을 배제

28) 허일태, 현행법상 작량감경제도의 문제점과 개선방안, 형사법연구 제22권 제2호, 2010, 284쪽.
29) 이현정, 형법 제53조의 개정방안, 성균관법학 제23권 제1호, 2011, 101~102쪽.
30) 정숙희, 양형기준 시행 이후 작량감경규정의 재조명 -성폭력범죄를 중심으로-, 법학논총 제32집 제2호, 2012, 371쪽.
31) 작량감경제도의 폐지론과 개선론에 관한 상세한 소개는 정숙희, 양형기준 시행 이후 작량감경규정의 재조명 -성폭력범죄를 중심으로-, 법학논총 제32집 제2호, 2012, 380~383쪽 참조.

시킬 수 있기 때문이다. 그러나 오히려 '7년 이상의 징역'이라는 법정형이 신설됨으로써 법원으로 하여금 작량감경제도를 보다 적극적으로 활용하게 한 원인으로 작용했다고 이해할 여지도 있다. 법정형이 '7년 이상의 징역'이라고 규정되어 있는 경우에도 당해 사건의 내용과 성격에 상응하게 구체적 타당성을 발견해야 하는 법원의 입장에서 보면 피고인의 불법과 책임이 경미한 사안에서 작량감경제도를 활용해서라도 중형으로 인한 폐해를 방지해야 할 필요가 있기 때문이다.[32]

작량감경제도가 전관예우나 유전무죄·무전유죄 논란 등의 원인을 제공하고 이로써 국민의 형사사법에 대한 불신을 초래하고 있다는 점을 고려하여 정부(법무부)가 2011. 3. 25. 국회에 제출한 형법(총칙)일부개정법률안 제49조는 현행 형법 제53조(작량감경)를 수정하여 그 표제를 '정상감경'으로 바꾸면서 법관의 양형재량의 과도한 행사의 여지를 제한하고 있다.[33] 구체적인 제한방법은 현행 형법 제53조와 같이 포괄적인 조항 대신 감경사유를 구체화하고 있다.[34] 구체적인 정상감경의 사유로는 ① 범행의 동기에 참작할 만한 사유가 있는 경우, ② 피해자가 처벌을 원하지 아니하는 경우, ③ 피고인의 노력에 의하여 피해자의 피해의 전부 또는 상당 부분이 회복된 경우, ④ 피고인이 자백한 경우 등 4가지이다.[35]

---

32) 이러한 취지로는 배종대, 형법총론, 2014, 821쪽.

33) 법무부, 형법(총칙)일부개정법률안 제안 이유서, 2011. 4, 57~60쪽 참조.

34) 형법(총칙)일부개정법률안 제49조(정상감경) ① 범죄의 정상(情狀)에 참작할 만한 다음 각 호의 어느 하나에 해당하는 사유가 있는 경우에는 그 형을 감경할 수 있다. 이 경우 다음 각 호의 사유가 여러 개 있더라도 거듭 감경할 수 없다.
   1. 범행의 동기에 참작할 만한 사유가 있는 경우
   2. 피해자가 처벌을 원하지 아니하는 경우
   3. 피고인의 노력에 의하여 피해자의 피해의 전부 또는 상당 부분이 회복된 경우
   4. 피고인이 자백한 경우

   ② 정상감경에 관하여는 제48조 제1항(주: 현행 형법 제55조의 법률상의 감경)을 준용한다.

35) 원래 형사법개정특위의 논의에서는 위의 4가지 사유 이외에 '기타 이에 준하는 범행의 수단, 방법, 결과에 있어 특히 참작할만한 사유가 있는 경우'(제49조 제1항 제5호)도 정상감경의 사유에 포함시켰으나 2010. 8. 25. 개최된 공청회에서 제5호의 사유를 유지하게 되면 제5호가 정상감경의 일반조항으로 적용될 수 있어 현행 형법 제53조와 실제 적용상 차이가 없게 된다는 지적이 나오자 결국 포괄조항인 제5호를 삭제하였다. 법무부, 형법(총칙)일부개정법률안 제안 이유서, 2011. 4, 59쪽.

제 2 장

양형에서 책임과 예방

§2 양형책임과 책임요소

현행 형법에는 양형에서 책임과 예방에 관한 명문의 규정이 없다. 그러나 법원조직법 제81조의6 제2항은 양형위원회가 양형기준을 설정·변경할 때 피고인의 책임의 정도를 반영할 것을 요구하고 있고, 제18대 국회 당시의 형법(총칙) 일부개정법률안 제46조도 양형에서의 책임주의를 명시하고 있었다. 나아가 학설과 판례도 책임주의를 형법의 지주로 이해하고 있다. 이와 관련하여 양형에서의 책임을 어떻게 이해할 것인지 문제가 제기된다.

Ⅰ. 양형책임의 개념

형법의 핵심개념 중의 하나인 '책임'(Schuld)은 일반적으로 책임이념으로서의 책임, 가벌성 전제조건으로서의 형벌근거책임 및 양형에서의 책임 등 3가지 의미를 지니고 있다.

책임이념(Schuldidee)이란 책임주의가 전체적인 형법을 형성함에 있어 헌법에 뿌리를 둔 지도원리라는 것을 말한다. 즉, 국가기관이 부과하는 형벌은 당해 불법이 행위자의 작품이고 그러한 불법에 대하여 행위자를 비난할 수 있는 것을 조건으로 한다. 이와 같이 "책임없는 자에게 형벌을 부과할 수 없다"(nulla poena sine culpa)는 형벌에 관한 책임주의는 형사법의 기본원리로서, 헌법상 법치국가의 원리에 내재하는 원리인 동시에 국민 누구나 인간으로서의 존엄과 가치를 가지고 스스로의 책임에 따라 자신의 행동을 결정할 것을 보장하고 있는 헌법 제10조의 취지로부터 도출되는 원리이다.[1] 이 점에서 책임이념으로서의 책임은 국가형벌권의 기초임과 동시에 국가형벌권 행사의 한계이자 정당성을 근거지우는 개념이다.

책임이념은 구체적인 형법적용의 영역에서 형벌근거책임과 양형책임으로

1) 헌법재판소 2007. 11. 29. 선고 2005헌가10 결정; 헌법재판소 2009. 7. 30. 선고 2008헌가24 전원재판부 결정 등 참조.

나타난다. 여기서 형벌근거책임(Strafbegründungsschuld)은 위법한 행위를 개인에게 귀속시킬 것인지의 여부를 근거지우는 요건의 총체를 의미한다.[2] 범죄체계론상 위법성이 인정된 이후에 검토되는 책임이 바로 형벌근거책임이다. 형벌근거책임이 인정되기 위해서는 책임능력의 존재(형법 제9조, 제10조 제1항), 위법성 인식의 존재(제16조), 그 밖의 책임조각사유의 부존재(형법 제12조, 제22조 제1항 및 제2항, 제22조 제3항, 제23조 제2항) 등의 요건이 충족되어야 한다.

이에 반해 양형책임(Strafzumessungssshuld)은 그 존재 또는 부존재로부터 행위자에 대한 비난의 정도를 도출할 수 있는 사정 또는 인자의 총체를 말한다.[3] 형벌근거책임은 범죄가 성립하는지의 여부(ob)를 판단하는 요소로서 범죄가 기수에 이르게 되면 형벌근거책임이 인정된다. 이에 반해 양형책임은 책임(비난가능성)의 정도(wie)에 대한 평가와 관련되어 있다. 이 경우 어떠한 사정 또는 인자가 양형책임에 관련되는지는 현행 형법 제51조나 법원조직법 제81조의6 제3항에 명시되어 있으나 이러한 명시된 요소에 국한되는 것은 아니다. 또한 양형책임은 행위자가 구체적으로 범한 불법과 관련되어 있다는 점에서 그 중대성의 정도(중한 책임, 경한 책임)도 차등을 지울 수 있다. 다시 말하면, 형벌근거책임에서는 관련되는 책임요건의 존재 또는 부존재만 그 의미를 가지는 것임에 반해, 양형책임에서는 많든 적든 그 등급을 매기는 것이 가능하다.[4] 중한 형벌을 부과하기 위해서는 중한 책임이 요구된다는 점도 바로 이러한 등급화 내지 차등화의 귀결이다.

그러나 책임이념이 구체화된 형벌근거책임과 양형책임은 완전히 별개의 형상이 아니라 모두 불법(Unrecht)을 매개로 하고 있다는 점에서는 공통적이다. 형벌근거책임에서는 불법이 책임판단의 대상이 되고, 양형책임에서는 그 불법의 비난가능성 내지 비난의 정도를 문제 삼는다. 그리고 책임형법의 체계에서 양형사실 내지 양형인자는 유책한 불법(verschuldetes Unrecht)을 의미한다.[5]

---

2) Meier, Strafrechtliche Sanktionen, 2001, 164쪽.
3) Meier, Strafrechtliche Sanktionen, 2001, 164쪽.
4) Bruns, Das Recht der Strafzumessung, 1985, 145쪽.
5) Bruns, Das Recht der Strafzumessung, 1985, 145쪽.

Ⅱ. 행위책임으로서 양형책임

양형책임은 행위자가 범한 불법을 대상으로 하여 그러한 불법에 대한 비난의 정도를 문제 삼는다. 이 점에 주목해보면 객관적인 행위요소들만 책임판단의 대상으로 되어야 하는지, 행위자의 성격 등과 같은 요소는 책임판단의 대상에서 제외시켜야 하는 것인지 문제가 제기된다.

1. 행위책임과 행위자책임

양형책임의 판단대상이 행위인지 행위자인지에 관해서는 양형론에서 끊임없이 제기되어 온 주제이다. 이와 관련하여 학계에서는 양형책임이 불법과 관련되어 있는 점에 주목하여 양형책임을 행위책임(Tatschuld)으로 표현해왔다.[6] 행위책임이란 일반적으로 행위자의 구성요건적 범죄실행과 직접적으로 관련된 요소들만 양형책임의 범주 속에 포함되어야 한다는 것을 의미한다. 양형책임을 행위책임으로 표현한 배후에는 양형책임이 행위자의 잘못된 생활형성의 결과로서 중한 책임을 져야한다는 생활형성책임(Lebensführungsschuld)이거나 범죄가 행위자의 박약하거나 반사회적인 성격에 기인한다는 성격책임(Charakterschuld) 등 행위자책임이어서는 안된다는 관념이 깔려있다. 우리나라 형법상 상습범도 행위자의 상습성이라는 행위자책임의 사상에 기초하고 있는 것이다.

자유적·법치국가적 제원리에 뿌리를 두고 시민에 대한 기본권침해를 제한하는 형법체계에서 국가형벌권이 시민에게 특정한 성격을 가지도록 노력하라고 요구하거나 특정한 생활형성을 하도록 요구하는 것은 있을 수 없다. 이 점에서 생활형성책임이나 성격책임을 양형상의 책임의 대상으로 삼을 수 없다고 보아야 한다. 양형책임에서 책임의 대상이 되는 요소는 행위자가 범한 유책한 불법이라고 보아야 한다.

그러나 양형책임을 행위책임으로 이해하는 경우에도 구성요건적 범죄실행과 직접 관련되지 않은 사실들이 전혀 양형책임의 범주에 포함되어서는 안된다는 것인지에 관해서는 논란이 있다. 양형책임에서 평가대상이 되는 행위는 행

6) Maurach/Zipf, Strafrecht AT 1, 1992, §35 Rn. 10 ff: Jescheck/Weigend, Strafrecht AT, 1996, 423쪽 이하; Roxin, Strafrecht AT I, 1997, §19 Rn. 58 f; LK−Theune, §46 StGB, Rn. 6.

위자의 삶과는 동떨어져 존재하는 현상이 아니라 행위자의 총체적인 생활형성에 함입되어 있다고 볼 수 있기 때문에 오늘날 양형론에서는 순수한 범행응보적 관점에서 탈피하여 예를 들어 행위자의 인격적 요소 등과 같이 원래의 구성요건에 속하지 않는 사정들도 양형책임의 범주 속에서 고려하는 결과를 가져왔다.[7)]

그렇지만 양형책임을 순수한 행위책임뿐만 아니라 범죄실행과 관련을 가지는 모든 행위요소와 행위자요소까지도 포함하는 것으로 이해하면 행위요소와 행위자요소가 혼재되어 결국 양형책임의 내용이 불명확하게 되거나 책임범위가 지나치게 확대될 수 있다. 또한 행위자관련적 요소들을 책임뿐만 아니라 예방에도 위치시키게 되면 책임판단의 대상과 예방판단의 대상이 혼합되어 객관적 양형을 확보할 수 없게 될 위험도 있다. 이러한 문제점에 주목하여 Zipf[8)]는 행위형법과 행위자형법의 관계에 상응하게 양형의 영역에서도 가능한 한 책임개념의 중점을 행위요소에 두되 행위자요소는 예방판단(위험성판단)에서 고려하는 것이 적절할 것이라고 제안한다.

2. 양형책임의 포섭범위에 관한 견해의 대립

사실심 법관이 양형단계에서 행위자에게 선고할 책임의 정도를 확정함에 있어 구성요건요소 뿐만 아니라 원래의 구성요건의 외부에 놓여있는 사안들도 고려해야 한다면, 이 문제는 일차적으로 양형책임의 포섭범위를 어떻게 이해할 것인가에 달려있다.

독일의 판례와 다수설은, 양형책임을 범행에 대한 불법판단의 경중을 결정하는 제반조건, 즉 유책한 불법(verschuldenes Unrecht)으로 정의하면서 이렇게 이해된 양형책임의 개념내용에 원래의 구성요건 실행사실 뿐 아니라 행위자의 인격적 요소나 행위자의 범행이전의 전력과 범행이후의 태도도 광범위하게 포함시키고 있다.[9)] 이에 의하면 범죄실행의 외부에 놓여있는 사정 내지 인자들이 '당해 범죄와 일정한 관련을 가지고 있거나',[10)] '당해 범죄와 구체적인 의미를

7) Schönke/Schröder/Stree/Kinzig, §46 StGB, Rn. 9.
8) Maurach/Gössel/Zipf, Strafrecht AT 2, 1989, §63 I Rn. 5.
9) BGHSt 24, 268(269); 16, 351(353); Bruns, Das Recht der Strafzumessung, 1985, 191쪽.
10) Bruns, Das Recht der Strafzumessung, 1985, 193쪽.

가지고 있는 경우'[11]에는 행위자의 개인적인 책임과 재사회화 등을 조사할 필요가 있으므로 이러한 사정들을 양형책임의 한 요소로 보아야 한다고 이해한다. 그러나 책임을 판단할 때 이미 행위자관련적 요소들을 광범위하게 양형책임의 개념 속에 넣어버리게 되면 애초에 예방에 위치되어야 할 요소들까지도 양형책임의 개념 속에 들어가게 되어 책임과 예방의 — 가능한 한 — 엄격한 분리를 전제로 하는 책임범위이론[12]의 설득력이 떨어진다는 문제가 제기된다.[13]

이러한 문제인식에서 출발하여 양형법에서의 책임개념을 가능한 한 인격성의 요소에서 분리시킬 것을 주장하는 '순수한 행위책임개념'(reiner Tatschuldbegriff)[14]은 행위자의 총체적인 인격성이 책임판단의 대상으로 되는 것이 아니라 행위자의 인격성이 범행의 구체적인 불법내용과 책임내용에 직접적으로 함입되어 있는 경우에 한해서만 책임판단의 대상으로 되는 반면, 행위자의 인격성에 대한 포괄적이고 광범위한 판단은 예방의 임무에 속한다고 보고있다.[15] 특히 Zipf[16]는, 양형책임은 행위요소와 결과요소로 구성되는데 행위요소에서는 구성요건실현과 관련한 행위자의 비난가능한 행위의 정도를 평가하고 결과요소에서는 행위자에게 귀속가능한 구성요건적 결과나 비구성요건적 결과의 정도를 평가해야 한다고 주장한다. 이와 같은 양형책임의 개념에 의하면 행위자의 인격성이 행위자에게 비난가능한 범행(행위요소)에 직접적으로 영향을 미치거나 행위자에게 귀속시킬 수 있는 구성요건적 또는 비구성요건적 결과(결과요소)에 직접적으로 영향을 미치는 경우에만 행위자관련적 요소는 양형책임의 판단대상이 될 수 있다.

양형책임에 대한 또 다른 개념정의를 보면, 양형책임의 본질을 법질서에 내재하는 기준에 따라서 행위자에게 귀속시킬 수 있는, 범행에 상응하는 법평화의 교란으로 이해하는 견해[17]도 있다. 이 견해에 따르면 양형책임의 개념 속

---

11) BGH MDR 1984, 89.

12) §4 Ⅲ. 참조.

13) 이진국, 행위자의 범행전후의 태도와 양형책임, 동아법학 제29호, 2001, 106쪽.

14) 특히 Stratenwerth, Tatschuld und Strafzumessung, 1972, 28쪽 이하; Maurach/Gössel/Zipf, Strafrecht AT 2, 1989,§63 I, Rn. 7; SK－Horn, §46 StGB, Rn. 44.

15) 이진국, 행위자의 범행전후의 태도와 양형책임, 동아법학 제29호, 2001, 106쪽.

16) Maurach/Gössel/Zipf, Strafrecht AT 2, 1989, §63 I, Rn. 19.

17) Frisch, Gegenwärtiger Stand und Zukunftsperspektiven der Strafzumessungsdogmatik, ZStW 99(1987), 387쪽 이하.

에는 양형책임을 규정짓는 구성요건요소들과 행위자에게 귀속가능한 결과 및 어느 정도까지 행위자가 규범을 준수함으로써 법평화교란을 회피할 수 있었던가를 해명해주는 모든 사정들이 포함된다. 따라서 행위자관련적 요소들도 법평화 교란의 정도에 영향을 미치는 경우에는 양형책임의 고려 대상에 포함될 수 있다.

양형책임의 개념을 확정지움에 있어 상이한 개념들(즉, 유책한 불법 또는 법평화교란)이 사용되고 있지만 이들 간의 근본적인 차이점은 발견할 수 없는 것 같다. 이 두 가지 견해에서도 양형책임이란 행위자에게 귀책가능한 행위와 행위자에게 귀속시킬 수 있는 일체의 범행결과라는 점에서는 그 의미가 일치하는 것으로 이해할 수 있다. 또한 행위자의 인격성을 포함할 것인가에 대한 견해의 차이점도 그다지 큰 의미가 없다. 양형책임을 유책한 불법으로 보는 견해에서는 행위자의 인격성이 범행의 불법내용과 책임내용과 일정한 관련을 가지거나 행위자의 인격성이 범행 속에서 직접 드러난 경우에는 행위자의 인격성을 양형에서 고려하자는 것이며 양형책임을 법평화교란으로 보는 견해에서도 행위자의 인격성이 법평화교란의 정도에 영향을 주는 경우에는 이를 양형에서 고려하자고 한다. 결국 행위자의 인격성이 불법내용 및 책임내용과 관련을 가지는 경우에는 법평화교란의 정도에 영향을 미쳤다고 볼 수 있으므로 이 두 가지 접근방식은 동일한 결과를 가져올 것이다. 언제 행위자의 인격성이 중요성을 가지는 것인지, 행위자의 인격성의 어떠한 부분이 중요성을 가지는 것인지에 대해서는 이 두 가지 이론에 의할 경우에도 뚜렷한 답을 주지 못한다. 그러나 분명한 것은 오늘날 순수한 범행책임개념은 양형책임의 개념을 너무 좁게 파악하게 하고 이로써 적정한 양형에 도움을 주지 못한다는 점이다. 양형의 기초가 되는 책임을 순수하게 범행책임만으로 한정하려고 하는 시도는 의미가 있지만 양형의 실제에서 순수하게 범행책임만을 도출해내는 것은 거의 불가능하기 때문이다.[18]

3. 행위개념의 확대

오늘날 순수한 행위책임 개념은 학계에서 다수의 지지를 얻지 못하고 있다. 순수한 행위책임 개념이 설득력을 잃자 학계에서는 양형책임의 개념을 고

18) 이진국, 행위자의 범행전후의 태도와 양형책임, 동아법학 제29호, 2001, 107쪽.

수하면서 책임평가의 대상을 순수한 행위책임보다 넓히되 책임개념의 무제한의 확대를 방지하려고 하는 시도들이 나왔다. 특히 책임개념의 확대가 필요하게 된 배경에는 사실심 법관이 행하는 양형판단의 대상에 행위자가 범한 당해 범죄사실 뿐만 아니라 형법 제51조 소정의 양형의 조건들도 포함되기 때문에 범죄론에서 의미하는 불법요소와 책임요소 이외의 사실도 당해 범죄와 관련된 사실인 경우에 이를 고려하지 않으면 적정한 양형을 확보할 수 없게 된다는 문제가 제기되기 때문이다. 여기서는 양형실무에서 중요한 양형사실로 거론되는 행위자의 범행이전의 태도와 범행이후의 사정을 예시로 하여 책임개념의 확대를 위한 시도들을 소개한다.

가. 확장된 구성요건론

확장된 구성요건론(Theorie des erweiterten Tatbestands)에 의하면 당해 범죄와 직접 관련되지 아니한 사실도 그것이 이미 실현된 구성요건과 구체적 관련성을 가지고 있고, 이러한 구성요건의 영역으로 들어와서 구성요건과 전체로서 하나를 이룰 때에는 양형책임에서 고려된다고 이해한다.[19] 외부영역으로서 원래의 구성요건 핵심의 언저리에 위치하고 있고 이러한 원래의 구성요건 핵심과 합하여 확장된 구성요건을 구성하는 사실들은 양형책임의 범주 속에서 고려된다는 것이다. 이러한 외부영역에 속하는 행위들은 단지 유책한 행위와 결합해서만 구성요건적 색채를 띨 수 있는 행위들, 예를 들면 당해 범행 이전의 행위, 범행 이후의 행위 및 범행에 수반된 행위들이다. 이들 행위는 대부분 구성요건의 실현과는 무관하지만 개별적으로 범행을 각인지우기 때문에 양형에서 독자적인 의미를 가질 뿐만 아니라 직접적으로 영향을 미친다고 한다.[20]

그러나 구성요건만을 확장시키는 경우에는 양형책임의 범위를 너무 좁혀버리는 문제를 낳게 된다. 확장된 구성요건이론에 의하면 예를 들어 행위자의 범행이후의 태도는 시간적으로 제한될 뿐만 아니라 구성요건에 의하여 보호된 법익과 관련을 가지는 행위만 고려되기 때문이다. 그래서 범행이후의 태도에

---

19) Spendel, Die Berücksichtigung des richtlichen Strafmaßes, NJW 1964, 1763쪽.

20) Lang-Hinrichsen, Bemerkungen zum Begriff der "Tat" im Strafrecht unter besonderer Berücksichtigung der Strafzumessung, des Rücktritts und der tätigen Reue beim Versuch und der Teilnahme, FS-Engisch, 1969, 356쪽.

속하는 가장 중요한 양형인자라고 볼 수 있는 형사절차에서 피고인이 피해자에게 피해를 배상한 사실과 피고인이 사회에 유익한 급부를 이행한 사실을 양형책임에 포함시킬 수 없는 결과를 초래한다. 피해를 회복한 사실은 원래의 구성요건실현과 시간적 간격이 너무 떨어져 있을 뿐만 아니라 행위자가 사회에 유익한 급부를 이행한 사실은 보호법익과 아무런 관련이 없기 때문이다.[21)]

나. 간접구성론

독일 판례[22)]와 다수설[23)]이 취하고 있는 간접구성론(Indizkonstruktion)에 의하면 행위자의 인격과 관련된 사실은 이른바 '이중효과적 간접구성'(doppelspurige Indizkonstruktion)을 통하여 양형책임의 판단 범위 속으로 들어온다고 한다. 간접구성론에 의하면 행위자의 범행이전의 태도(예: 행위자의 전과)와 범행이후의 태도(예: 피해배상)는 확장된 구성요건론에서 말하는 것처럼 독자적이고 직접적으로 양형과 관련되는 것이 아니라 행위자의 책임과 위험성(예방)을 긍정적으로나 부정적으로 징표하는 기능을 통하여 양형책임의 범주에 포함된다. 그러나 행위자의 범행이전의 태도와 범행이후의 태도가 양형에 포함되기 위해서는 이러한 사실들이 구체적으로 당해 범죄와 내부적인 관련성을 가지고 있어야 한다. 물론 양형의 기초는 범행만을 대상으로 하지만 형벌은 범행이전의 태도와 범행이후의 태도에서 나오는 행위자인격성에 조응하여 양정되어야 한다. 따라서 간접구성론은 확장된 구성요건론을 훨씬 뛰어넘는 것이지만 그럼에도 불구하고 이 이론은 생활형성책임(Lebensführungsschuld)을 따르지는 않는다.[24)]

그러나 간접구성론에 대해서는 행위자가 저지른 범행으로부터 그의 범행이전의 태도와 범행이후의 태도를 추론하는 것은 심리학적 관점에서 보면 거의 입증불가능하기 때문에 허구에 기초할 위험이 있다는 비판이 제기된다.[25)] 특히

---

21) 이진국, 행위자의 범행전후의 태도와 양형책임, 동아법학 제29호, 2001, 109쪽.

22) BGH MDR 1954, 693; BGH NStZ 1984, 259; BGH StV 1984, 21.

23) Bruns, Das Recht der Strafzumessung, 1985, 220쪽; Jescheck/Weigend, Strafrecht AT, 1996, 891쪽.; Streng, Strafrechtliche Sanktionen, 1991, 177쪽 이하.; Schönke/Schröder/Stree/Kinzig, §46 StGB, Rn. 30.

24) 이진국, 행위자의 범행전후의 태도와 양형책임, 동아법학 제29호, 2001, 110쪽.

25) Frisch, Gegenwärtiger Stand und Zukunftsperspektiven der Strafzumessungsdogmatik, ZStW 99(1987), 772쪽; Lang-Hinrichsen, Bemerkungen zum Begriff der „Tat„ im Strafrecht unter besonderer Berücksichtigung der Strafzumessung, des Rücktritts und der tätigen Reue beim Versuch

간접구성론에 대해서는 예를 들어 형사절차에서 피고인의 태도와 같은 범행이후의 태도로부터 행위자가 가지고 있는 범행에 대한 관념을 추론해내는 것이 허용되는지, 만약 허용된다면 어느 정도까지 허용될 수 있는 것인지에 대한 심리학적 접근방식이 결여되어 있다는 비판이 제기된다.

다. 검 토

확장된 구성요건론에 의하면 양형의 출발점은 범죄구성요건이기 때문에 '사안별로' 구성요건표지와 관련을 가지고 있는 사실들만 양형에서 고려된다. 그러나 확장된 구성요건론은 유책한 행위와 결합하여 구성요건적 색채를 띨 수 있는 사실들만 양형책임의 범주에 포함시킴으로써 양형책임의 범위를 너무 좁혀버린다는 비판이 제기될 수 있다. 오히려 범죄실행의 외부에 놓여 있는 사정들이 당해 범죄와 내적인 연관성을 가지고 있는 경우에는 그 사정이 행위자의 인격적 요소이든 범행 이후의 사정이든 이는 책임판단의 대상에 포함된다고 보는 간접구성론이 타당한 것으로 보인다.

Ⅲ. 양형책임의 두 가지 요소: 결과반가치와 행위반가치

양형론에서는 일반적으로 양형책임을 행위자가 저지른 유책한 불법과 관련지운다. 이러한 이유로 양형론에서는 범죄론에서 전개하는 불법의 구성요소인 결과불법(결과반가치)과 행위불법(행위반가치)의 관념도 원용하고 있다.

1. 양형에서 결과반가치와 행위반가치

양형책임을 형벌근거책임과 동일하게 행위자가 실현한 불법과 관련지우면 책임의 내용은 불법의 결과요소와 행위요소로 세분화할 수 있다.[26] 여기서 결과요소는 유책한 불법의 정도로 결과반가치(Erfolgsunwert)에 상응하는 개념이다. 그리고 결과반가치는 각각의 보호객체에 대한 침해나 위험의 정도를 그 내

---

und der Teilnahme, FS-Engisch, 1969, 366쪽; Maurach/Gössel/Zipf, Strafrecht AT 2, 1989,§63 I, Rn. 56.

26) 독일 연방법원은 일반적으로 양형책임을 결과불법과 행위불법으로 구분한다. BGHSt 20, 264(266); BGH NJW 1965, 2016; BGH NStZ 1987, 405; BGH StV 1983, 102.

용으로 한다. 이에 반해 행위요소는 행위자가 범한 행위의 비난가능성의 정도로 행위반가치(Handlungsunwert)에 상응한다. 행위반가치에 속하는 사정은 범죄실행의 방법, 의무위반, 행위자의 인격에 내재되어 있는 불법성의 표지들(범행동기, 목적, 고의, 주의의무위반 등) 등이다.[27]

양형책임을 구성하는 불법의 결과요소와 행위요소는 상호 독립적으로 파악되어서는 안된다. 특히 결과요소를 행위요소에 비하여 과대평가해서는 안 되고, 그 반대도 마찬가지이다.[28] 또한 결과요소와 행위요소는 하나의 불법을 구성하는 각각의 요소이지만 상호 동등하기 때문에 양형책임을 완전하게 파악하기 위해서는 이들 요소 중 어느 하나만 고찰의 대상으로 삼아서도 안 된다.[29]

양형책임을 결과요소와 행위요소로 구분하는 것은 양형책임의 요소를 보다 분명하게 개관하기 위함이다. 다른 한편으로 결과반가치는 결과가치를 통하여, 행위반가치는 행위가치를 통하여 양형책임을 상호 상쇄할 수 있는 가능성을 제공해준다. 예를 들어 범죄피해의 결과가 중대한 경우 결과반가치가 중하지만 행위자가 피해자에게 피해회복을 한 경우에는 결과반가치가 상쇄된 것으로 평가할 수 있다.

2. 결과반가치와 행위반가치 구분의 타당성

결과(반)가치와 행위(반)가치의 이분화가 타당한 것인지는 형법각칙에서 불법의 정도(결과반가치)와 행위의 비난가능성의 정도(행위반가치)에 따라 법정형을 상이하게 설정하고 있는 예를 들어보면 이해할 수 있다. 현행 형법에 의하면, 행위반가치가 동등한 경우에도 결과반가치가 더 큰 경우에는 그에 대한 법정형이 높게 설정되어 있다. 과실치사죄와 과실치상죄의 구성요건을 비교해보면, 동일한 주의의무위반으로 행위반가치가 동등한 정도인 경우에도 입법자는 사망이라는 침해결과를 중대하게 평가하여 과실치사죄를 과실치상죄에 비하여 중하게 처벌한다. 이와 반대로 결과반가치가 동등하지만 행위반가치에서 차이가 있는 경우에도 법정형을 달리하고 있다. 고의살인죄와 과실치사죄를 비교해

---

27) 결과반가치와 행위반가치에 속하는 인자에 관한 상세한 설명은 아래의 Ⅳ. 참조.
28) Schäfer/Sander/van Gemmeren, Praxis der Strafzumessung, 2008, Rn. 312.
29) Meier, Strafrechtliche Sanktionen, 2001, 167쪽.

보면 알 수 있다.[30] 이와 같이 입법자가 개별 구성요건에 상응하는 법정형을 설정할 때 고려했던 관점들은 양형에서도 기준이 되는 관점으로 채용할 수 있다. 따라서 제한속도를 초과하여 운행함으로써 피해자에게 상해를 입힌 과실치상죄에서 운전사의 주의의무 위반 행위가 동등하다고 가정할 경우 상해의 정도가 경미하여 결과반가치가 낮은 범행은 상해의 정도가 중하여 결과반가치가 높은 범행에 비하여 경한 것으로 평가할 수 있다.[31]

3. 결과반가치와 행위반가치의 상쇄

구성요건적 불법을 대상으로 하는 형벌근거책임은 범죄의 기수로써 확정되지만 양형책임의 관점에서 보면 이러한 범죄의 기수는 하나의 잠정적인 평가에 불과하다. 양형책임은 형벌근거책임보다 더 넓게 이해되기 때문이다. 이것은 행위자가 범행 기수 이후 수개월 또는 수년이 지난 다음에 수사기관에 자수한 사정이 양형책임을 감경시킨다는 점을 보면 알 수 있다. 그렇다면 형벌근거책임의 내용인 구성요건적 불법의 결과요소 뿐만 아니라 행위요소도 사후에 그 양적으로나 질적으로 변경될 수 있다는 것을 의미한다.

행위자가 범죄를 통하여 실현한 결과반가치가 범행의 기수 시점에 발생한 결과뿐만 아니라 행위자에게 귀속시킬 수 있는 모든 후속적인 결과(예를 들어 기수 이후의 피해의 가중)도 포함하는 것과 마찬가지로 행위자는 범행의 기수 이후에 그 결과를 제거하고자 하는 다양한 활동을 통하여 결과반가치를 상쇄 또는 감경시킬 수 있다. 예를 들어 행위자가 범행 이후에 자신이 범한 불법을 상쇄시키거나 감경시키기 위하여 행하는 피해회복 행위는 결과불법의 정도를 줄일 수 있다. 즉, 기존에 발생한 결과반가치에 대하여 결과가치로써 상쇄하거나 감경시킬 수 있는 것이다. 예를 들어 피해자에게 상해를 입힌 결과반가치는 피해자에 대한 치료비나 위자료 지불 등 결과가치를 통하여 이미 발생한 상해의 불법을 상쇄 내지 감경시킬 수 있다.

행위반가치의 경우에도 이를 상쇄하거나 감경하는 행위가치를 통하여 행위자에게 귀속될 수 있는 구체적인 형량을 감경하게 할 수 있다. 예를 들어 행

30) Schäfer/Sander/van Gemmeren, Praxis der Strafzumessung, 2008, Rn. 312.

31) Schäfer/Sander/van Gemmeren, Praxis der Strafzumessung, 2008, Rn. 313.

위자가 범행이후에 수사기관에 자수한 태도는 기존의 불법을 상쇄하거나 감경해 주기에 충분하다.

Ⅳ. 결과반가치와 행위반가치의 요소

앞에서 언급한 것과 같이 양형책임은 유책한 불법의 결과요소와 행위요소로 구분되고, 이러한 결과요소는 결과반가치로 행위요소는 행위반가치로 나타난다. 이와 관련하여 결과반가치와 행위반가치에 속하는 요소 내지 인자가 무엇인지 논의해볼 필요가 있다. 학설에서는 양형책임의 인자를 객관적 인자와 주관적 인자, 행위요소와 행위자요소[32] 등으로 구분하고 있으나 여기서는 결과반가치에 속하는 인자와 행위반가치에 속하는 인자로 구분하여 논의할 것이다.

1. 결과반가치에 속하는 인자

가. 법익침해의 정도

구성요건적 결과와 질적·양적인 차이가 있는 결과는 특정한 범죄실행의 결과반가치에 속한다. 살인죄에서 피해자의 사망은 구성요건적 결과 그 자체이므로 피해자의 사망을 형가중사유로 삼는 것은 이중평가금지로 인하여 허용되지 않는다. 그러나 상해죄나 재산죄에서 피해자의 수, 상해죄에서 피해의 유형과 그 정도, 재산죄에서 손해의 유형과 그 정도, 마약류 관련 범죄에서 거래된 마약류의 수량과 위험성의 정도 등과 같이 구성요건적 결과와 질적 또는 양적인 차이가 있는 결과(법익침해의 유형과 정도)는 결과반가치를 특징지우는 인자들이다.[33]

미수범의 경우 결과가 발생하지 않았다는 것은 결과반가치가 흠결되었다는 것이기 때문에 양형책임이 감경된다. 이 경우 행위자가 원래 의도하였던 결

32) 현행 양형기준은 양형인자를 행위요소와 행위자요소로 구분하고 있다. 이러한 구분은 양형책임을 행위책임과 행위자책임으로 구분하는 것과 유사하다. 그러나 행위자가 위법한 행위로 인하여 책임비난을 받는 것이 아니라 행위자에 내재된 성격 또는 잘못된 생활로 인하여 책임비난을 받아야 한다는 점을 내용으로 하는 행위자책임은 오늘날 극복되어야 할 과제이고, 형법도 기본적으로 행위형법에 기초하고 있다는 점에서 양형책임을 행위책임과 행위자책임으로 구분하는 우리나라 양형기준의 분류체계는 적절하지 못하다.

33) Schäfer/Sander/van Gemmeren, Praxis der Strafzumessung, 2008, Rn. 317.

과에 대한 표상은 행위반가치를 평가할 때 고려된다.[34]

개별 범죄들을 보면, ① 살인죄의 경우 피해자의 수, ② 상해죄의 경우 피해의 유형과 피해의 정도 및 피해자의 수, ③ 성범죄의 경우 행위자가 행사한 폭행 또는 협박의 정도, 피해자의 성적 자기결정권에 대한 침해의 정도, ④ 절도죄와 횡령죄의 경우 도품이나 횡령물의 유형과 가치, ⑤ 사기죄와 배임죄의 경우 손해의 유형과 그 정도 및 피해가 현실화되었는지 여부, ⑥ 공갈죄와 강도죄의 경우 손해의 유형과 그 정도 및 폭행 또는 협박의 정도, ⑦ 마약류 범죄의 경우 거래 또는 소지하고 있는 마약류의 수량과 제3자에 대한 위험성의 정도 등이 결과반가치에 속하는 인자들이다.[35]

나. 피해자 등 제3자에게 범행에 일정한 책임이 있는 경우

제3자나 피해자가 행위자의 범행에 일정한 책임이 있는 경우에는 행위자에게 귀속될 범행결과의 무게가 줄어들고, 따라서 형감경적으로 작용한다. 이는 특히 교통범죄에서 많이 발생한다. 또한 위증죄에서 증언거부권을 불고지한 경우 또는 기회제공형 함정수사로 인하여 행위자가 유죄로 인정된 경우에도 행위자의 결과반가치는 감경될 수 있다.[36]

다. 구성요건 외적인 범행의 결과

형법각칙의 대부분의 구성요건은 행위자가 자신의 행위를 통하여 구성요건적으로 정확하게 기술된 특정한 결과를 야기할 것을 규정하고 있다. 예를 들어 상해죄(제257조)에서는 '사람의 신체를 상해'할 것을 규정하고 있고, 배임죄(제355조 제2항)에서는 '손해를 가한 때'라고 명시하고 있다. 이처럼 행위자에게 귀속시킬 수 있는 결과의 유형과 정도가 양형책임에 직접적으로 영향을 미친다는 점에 대해서는 의문이 제기되지 않는다.

문제는 양형책임이 구성요건 외적인 범행결과의 유형과 정도에도 영향을 미치는 것인지, 이를 긍정한다면 어떠한 요건 하에서 영향을 미치는지의 여부이다. 여기서 구성요건 외적인 범행의 결과란 구성요건에 포함되어 있지 아니한 범행의 결과(Tatfolgen) 또는 범행의 영향(Tatauswirkungen)을 말한다. 예를 들

34) Schäfer/Sander/van Gemmeren, Praxis der Strafzumessung, 2008, Rn. 317.
35) Schäfer/Sander/van Gemmeren, Praxis der Strafzumessung, 2008, Rn. 318.
36) Schäfer/Sander/van Gemmeren, Praxis der Strafzumessung, 2008, Rn. 319.

어 피해자가 행위자의 사기행위로 인하여 자신의 채권자에게 변제하지 못하게 되어 결국 도산하였다거나 피해자가 강간으로 인하여 자살한 경우 피해자의 도산 또는 자살이라는 구성요건 외적인 범행결과가 행위자에게 형가중적인 영향을 미칠 수 있는지의 여부이다.[37)]

구성요건 외적인 범행결과를 양형책임의 범위에 포함시켜서 형가중적으로 고려하기 위해서는 행위자에게 그러한 결과에 대한 유책성이 인정되어야 한다. 행위자에게 아무런 유책성을 인정할 수 없음에도 구성요건 외적으로 결과가 발생하였다는 이유만으로 그 책임을 행위자에게 떠넘기면 책임주의에 반하기 때문이다. 이러한 유책성을 인정하기 위해서는 우선 행위자가 자신의 범행을 통하여 관련되는 결과의 발생에 원인을 제공했어야 하고(인과관계의 존재), 행위자가 구성요건 외적인 결과발생을 예견할 수 있어야 하며(예견가능성),[38)] 나아가 구성요건 외적인 결과가 규범의 보호범위에 포함되어야 한다(규범의 보호범위).[39)]

특히 규범의 보호범위에 포함되는 구성요건 외적인 범행결과를 예로 들어 보면, ① 살인죄와 상해죄의 경우 피해자와 인적으로 밀접한 관계에 있는 사람에 대한 영향(아이가 살인으로 인하여 부모를 잃은 사정), ② 아동대상 성범죄의 경우 피해아동의 정신적 피해, 일반 강간죄의 경우 정신적 피해에 이은 피해자의 자살, 정상적인 성관계의 장애, 성병 또는 에이즈감염, 수사관서에서의 신문 등으로 인한 2차 피해, ③ (주거·건조물) 침입절도죄의 경우 보호된 영역의 침해에 따른 심리적 피해, ④ 사기죄의 경우 손해발생의 현실화 및 손해발생의 경제적 효과(피해자의 도산 등), ⑤ 위험범의 경우 위험의 현실화 등이다.[40)]

2. 행위반가치에 속하는 인자

가. 행위자의 신분

행위자의 사회적 지위나 직업 등 신분을 양형책임의 판단요소로 고려할 수 있는지, 이를 긍정한다면 어느 범위까지 고려할 수 있는지 문제된다. 일반적으로 인격적 요소는 양형책임에서 의미하는 행위책임과는 무관한 것이므로 기껏

37) Meier, Strafrechtliche Sanktionen, 2001, 172쪽.
38) BGH NStZ 1986, 86; BGH StV 1987, 100.
39) Meier, Strafrechtliche Sanktionen, 2001, 173쪽.
40) Schäfer/Sander/van Gemmeren, Praxis der Strafzumessung, 2008, Rn. 325.

해야 예방적 요소로서 고려할 수 있을 것이다. 그러나 예방적 요소와는 별개로 행위자의 인격적 요소를 양형책임의 판단대상에서 제외시키면 적정한 책임형을 확보할 수 없을 뿐만 아니라 양형의 실무에도 배치되는 문제가 있다.

독일 연방법원은 피고인의 직업상의 임무와 결부되어 있는 의무에 대하여 일반인이 피고인에게 고도의 책임감을 기대할 수 있고 피고인의 직업상의 의무의 범위와 당해 범죄 사이에 최소한의 내적 관련성이 있는 경우에는 피고인의 사회적 지위는 (가중적) 양형사유가 될 수 있다고 판시한다. 원래 불법의 관점에서 보면 행위자의 신분이 어떠한 것이든 행위의 외적인 결과는 동일한 것이기 때문에 행위자의 신분을 근거로 책임가중사유로 삼기 위해서는 행위자가 침해 법익에 대하여 보증인적 의무를 가지고 있는 경우로 좁게 보아야 한다.[41] 이러한 관점에서 보면, 예를 들어 경찰관이 순찰 중에 절도를 범한 경우,[42] 세관 공무원이 밀수에 가담한 경우,[43] 교통경찰관이 교통사고로 사람을 상해한 경우[44]에는 피고인의 신분을 형가중 사유로 고려할 수 있으나 국회의원이 위증을 한 경우[45]에는 책임형벌의 가중사유로 고려하는 것이 허용되지 않는다고 보아야 한다.[46]

나. 범행의 동기와 목표

행위자의 범행동기와 목표는 중요한 양형요소이다. 다만 범행동기와 목표가 구성요건요소로 명시되어 있는 경우에는 이중평가금지의 적용을 받게 된다. 고의의 형식, 즉 확정적 고의나 미필적 고의 그 자체는 양형인자로 고려되어서는 안되고 행위자의 관념 및 목표와 연관 지어지는 경우에 한해서만 양형의 인자가 된다.[47] 고의는 그것이 확정적 고의이든 미필적 고의이든 이미 범죄구성요건에 포함되어 있는 인자이기 때문이다.

---

41) BGH MDR 1966, 26.

42) Frisch, Gegenwärtiger Stand und Zukunftsperspektiven der Strafzumessungsdogmatik, ZStW 99(1987), 764쪽.

43) BGH NJW 1971, 2141.

44) Braunschweig NJW 1960, 1073.

45) Bruns, Das Recht der Strafzumessung, 1985, 194쪽.

46) Frisch, Gegenwärtiger Stand und Zukunftsperspektiven der Strafzumessungsdogmatik, ZStW 99(1987), 764쪽 이하.

47) BGH StV 1990, 304; 1993, 72.

비열한 동기, 탐욕 또는 일반적인 이기주의적인 동기는 형가중사유로 작용한다.[48] 이에 반해 동정심,[49] 긴급피난과 유사한 상황,[50] 경제적 곤궁에서 행한 범행[51] 등과 같이 실감할 수 있는 동기들은 형감경사유가 된다.

이른바 확신범 또는 양심범의 경우에는 행위자의 범행결의가 진지한 내면적인 심사 끝에 이루어진 경우에는 형감경사유로 고려할 수 있다.[52] 정치적 동기로 범죄를 범한 경우 이를 형감경사유로 볼 것인지, 형가중사유로 볼 것인지 논란이 될 수 있으나 앞에서 언급한 바와 같이 범행동기의 내용에 따라 형감경 또는 형가중사유로 판단해야 할 것이다.

다. 범행을 통하여 표출된 성향

범행을 통하여 표출된 성향이란 행위자의 일반적인 성향을 말하는 것이 아니라 개별 범행에 대한 행위자의 성향을 말한다. 범행을 통하여 표출된 성향은 행위자에게 전가할 수 있는 것이어야 한다. 즉, 범행을 통하여 표출된 성향은 그 뿌리가 행위자의 정신적 결함에 기초하고 있어서는 아니된다.[53] 범행에서 표현되는 인명경시적 태도, 비양심적인 태도, 악의적 태도, 잔혹성 등과 같은 성향은 형가중적 요소로 고려된다.

라. 범행의지

범행에 활용된 의지는 행위자가 자신의 목표를 추구했고 이를 통하여 행위자의 범죄적 에너지를 추론할 수 있는 지속성과 강도(强度)에 관한 것이다. 행위자가 범죄를 실행할 당시 어려움이 많았음에도 불구하고 자신의 범행목표를 집요하게 추구하였다면 행위자에게 가해지는 비난의 정도도 그 만큼 중하게 된다.[54] 특히 장기간 범행을 끈질기게 계획한 경우에는 형가중사유가 된다.[55] 이에 반해 범행에 대한 의지가 옅은 경우,[56] 피해자에게 피해를 덜 입히는 수단을

48) BGH NJW 1966, 787, 788.
49) LPK－Kindhäuser,§46 StGB, Rn. 33.
50) BGH NStZ－RR 2006, 270 f.
51) BGH StV 1988, 248, 249.
52) BGHSt 8, 162 f.
53) BGHSt 16, 360; BGH StV 2003, 669.
54) Schönke/Schröder/Stree/Kinzig, §46 StGB, Rn. 16.
55) BGH, NJW 1982, 2264, 2265.

사용한 경우[57] 또는 유리한 범행기회 등 유혹이 있었던 경우에는 형감경사유로 고려된다.

마. 의무위반의 정도

의무위반의 정도는 주로 과실범에서 문제된다. 이 경우 의무위반의 정도를 결정할 기준은 행위자의 의무위반의 정도와 부주의의 정도이다.[58] 그렇지만 예를 들어 배임죄의 경우와 같은 고의범의 경우에도 의무위반을 내용으로 하는 범죄구성요건도 있다. 이러한 고의범의 경우에도 의무위반의 정도가 형가중의 주요 판단사유가 된다. 다만 의무위반이 이미 구성요건요소로 명시되어 있는 경우에는 양형에서는 의무위반의 '정도'만 고려해야 한다. 이중평가금지에 위반되어서는 안되기 때문이다. 이 경우 의무위반의 '정도'를 판단하는 기준은 행위자가 자신에게 부여된 의무로부터 이탈한 범위와 행위자가 책임을 부담하는 업무의 범위이다.[59]

바. 범죄실행의 방법

범죄실행의 방법이란 범행의 범위, 소요기간, 위험성, 투입된 범행수단의 종류, 범죄수법(특히 잔혹성, 음탕함, 주어진 상황의 악용 등) 및 행위자와 피해자 간의 관계[60] 등을 말한다. 또한 예를 들어 도로교통에서 행위자 이외의 제3자나 피해자가 행위자와 함께 사고에 관여하여 공동책임이 있는 사정이나 적어도 공동으로 야기하였다는 사정(교통규칙을 준수하지 않은 피해자를 행위자가 운전 중 충격한 경우)은 전형적인 형감경요소이지만 반드시 형벌감경으로 되어야 하는 것은 아니다.[61]

범행방법이 범죄구성요건의 요소로 명시되어 있는 경우(예: 위험한 물건을 휴대하여 폭행한 경우) 그러한 범행방법을 양형에서 고려하는 것은 이중평가금지에 해당하지만 다수의 범행방법이 경합하는 경우(예: 2명 이상이 위험한 물건을

56) Schönke/Schröder/Stree/Kinzig, §46 StGB, Rn. 16.
57) BGH, NJW 1996, 857, 863.
58) Schönke/Schröder/Stree/Kinzig, §46 StGB, Rn. 17.
59) Schönke/Schröder/Stree/Kinzig, §46 StGB, Rn. 17.
60) BGH NStZ-RR 2003, 168.
61) BayObLG NJW 1994, 1358.

휴대하고 잔혹하게 상해한 경우)에는 형가중사유로 작용하고, 예를 들어 강도죄의 경우 폭행의 정도와 같이 사용된 범행수단의 강도(强度)도 형가중사유가 된다.[62] 또한 아마추어 같은 범죄실행은 형감경사유가 되지만 전문적인 범죄실행은 형가중사유가 된다.

3. 범행 이전의 태도 및 범행 이후의 사정

'범행 이전의 태도 또는 범행 이후의 사정'이라는 포괄적인 양형사유에는 개별적으로 수많은 양형인자들이 포함된다. 아래에서는 '범행 이전의 태도 또는 범행 이후의 사정'의 규범적 표지에 속하지만, 학계와 실무에서 아직도 많은 논란이 있는 대표적인 양형사안들, 즉 범행 이전의 태도로서 행위자의 전과와 범행 이후의 사정으로서 행위자가 피해자에게 피해를 배상한 사실 및 공판절차에서의 행위자의 태도에 대해서 살펴보기로 하겠다.

가. 전 과

형법 제51조는 행위자의 전과에 관하여 명시하고 있지 않지만 행위자의 전과가 비기술적 양형요소라는 점은 부정할 수 없다. 행위자의 전과는 적어도 형법 제51조 제1호의 '범인의 성행'에 포함되는 것으로 볼 수 있기 때문이다. 특히 실무에서는 공소장에 행위자의 전과사실을 기재함으로써 법원으로 하여금 행위자에게 불리한 제재를 부과하도록 하며 경우에 따라서는 형을 가중하는 효과를 가져온다.[63]

행위자의 전과가 양형책임에서 중요성을 가지는 근거는 행위자가 전과에 의하여 유발된 국가형벌권의 경고기능을 무시함으로써 비난가능성의 정도가 증대되었다는 점에 기인하며, 예방영역에서는 행위자의 장래의 위험성과 관련한 재범위험성을 추론할 수 있다는 점이 고려되기 때문이다.[64] 양형과정에서 전과의 형가중적 효과를 판단함에 있어서는 당해 범죄와 관련을 가지는 전과뿐만 아니라 당해 범죄와 아무런 관련을 가지지 않는 전과 및 기소유예된 적이 있는 사실까지도 포함된다. 물론 당해 범죄와 관련을 가지는 전과에는 당해범죄와

---

62) Schönke/Schröder/Stree/Kinzig, §46 StGB, Rn. 21.

63) 이진국, 행위자의 범행전후의 태도와 양형책임, 동아법학 제29호, 2001, 113쪽.

64) Jescheck/Weigend, Strafrecht AT, 1996, 892쪽.

아무런 관련을 가지지 않는 전과보다 더 큰 경고기능이 인정된다. 당해 범죄와 전과의 관련성은 형법이론의 기준에 따라서 판단되는 것이 아니라 범죄학적 관점에 따라서 판단된다. 따라서 규범에서 보호된 법익만이 판단기준으로 작용하는 것은 아니며, 여기에 침해행위의 유형과 행위자의 관념도 포함시켜서 판단해야 한다.[65)]

그러나 행위자의 전과를 고려한 책임가중의 근거가 국가형벌권의 경고를 무시한데 대한 비난가능성을 증대시킨 것이고, 이는 곧 재범자는 초범자보다 더 많은 범죄에너지와 법적대성을 드러내 보이는 것이라는 점에 대해서는 문제가 제기된다. 재범은 행위자가 이전보다 더 많은 범죄에너지와 더 짙은 법적대성을 가지고 행위했다는 징표라기보다는 이전의 경험(즉 판결이나 형집행)을 적절하게 극복하여 이를 사려깊고 신중하게 전환할 능력이 없었다는 징표라고 볼 수 있다.[66)] 그렇다면 재범자가 자신의 경험으로부터 자기가 저지른 행위가 당벌적이라는 사실을 무시하였다는 점으로부터 보다 높은 범죄에너지를 추론할 수 있다고 일반화시키기는 어렵다. 따라서 재범을 양형책임의 한 요소로 보는 것은 오히려 범죄예방의 저해요소로 작용할 수도 있으며 다른 한편으로 행형에서도 부정적인 효과를 초래할 수 있다. 게다가 수없이 많은 숨은 범죄와 관련하여 법원으로부터 처음으로 선고받은 범행이 반드시 초범이 아닐 수 있다는 가정은 전과있는 행위자와 전과없는 행위자를 차별대우해야 할 근본적인 근거를 제공해주지 못한다.

행위자의 오랜 전 전과사실까지도 양형에 포함하여 행위자의 무한한 책임가중의 효과를 막기 위해서는 양형자료로 삼을 수 있는 전과의 시간적 한계를 설정할 필요가 있다. 참고로 연방전과자등록법(Bundeszentralregistergesetz) 제51조 제1항은, "전과자등록부에 유죄판결에 관한 등록이 실효되었거나 실효되어야 하는 경우에는 법률관계에서 관련자에게 그 범행과 유죄판결을 비난의 대상으로 삼아서는 아니되며 관련자에게 불이익하게 평가해서는 아니된다"고 규정하고 있다.

---

65) 이진국, 행위자의 범행전후의 태도와 양형책임, 동아법학 제29호, 2001, 114쪽.
66) Stratenwerth, Tatschuld und Strafzumessung, 1972, 16쪽 이하.

나. 피해회복

피해회복은 형법 제51조 제4호의 '범행후의 정황'에 속하는 대표적인 양형인자이다. 여기서 피해회복이란 행위자가 범죄로 인하여 발생한 손해를 피해자에게 배상하는 급부를 말한다.

피해회복은 양형실무에서 가장 빈번하고 일상적으로 나타나는 양형인자이다. 현행 양형기준도 피해회복을 감경적 양형인자로 반영하고 있다.[67] 다만 우리나라 양형기준은 행위자의 피해회복과 관련된 태도를 처벌불원(즉, 완전한 형태의 피해회복), 상당부분의 피해회복(손해액의 약 2/3 이상의 피해가 회복되거나 회복될 것이 확실시되는 경우), 피해회복을 위한 진시한 노력(피고인이 피해회복을 위한 진지한 노력 끝에 유족이나 피해자와의 합의에 준할 정도의 상당한 금액을 공탁한 경우), 상당금액의 공탁(피해회복을 위한 진지한 노력을 하였으나 합의에 이르지 못하여 상당한 금액을 공탁한 경우) 등 4가지 유형을 제시하고 있다.[68] 이 외에도 거의 모든 범죄에서 '진지한 반성'을 일반감경인자로 설정해두고 있는데, 이는 위에서 언급한 피해회복 유형의 어느 하나에도 해당되지 않을 경우에 보충적으로 적용될 여지가 있다.[69]

---

67) 일반적으로 피해회복이란 피고인이 당해 범죄로 인하여 침해당한 피해에 대하여 물질적 또는 비물질적 방식으로 회복하는 것을 말한다. 그런데 우리나라의 양형기준은 피해회복에 대한 피고인의 태도를 양형인자로 반영함에 있어 해당 범죄의 법익에 초점을 두고 있다. 예를 들어 개인적 피해자가 존재하는 범죄에서 처벌불원이 특별감경요소로 설정되어 있지만 위증범죄와 무고범죄는 일반감경요소에 불과하다. 이는 위증범죄와 무고범죄가 국가적 법익이라는 점을 고려했기 때문인 것으로 보인다. 사문서범죄에서는 피해회복 여부가 아예 양형인자로 설정되어 있지 않다. 그러나 피해회복의 맥락에서 피해는 형식적 법익을 기준으로 판단하는 것이 아니라 당해 범죄로 인하여 개인적 피해자를 특정할 수 있는지의 여부로 판단해야 한다. 피해회복에서는 현실적으로 피해를 당한 개인적인 피해자의 존부가 중요하기 때문이다. 이 점에서 공무집행방해죄나 위증범죄 또는 무고범죄의 경우에도 개인적 피해자를 확정할 수 있는 한 피해를 회복한 사실(즉, 처벌불원의 경우)은 특별감경요소로 되어야 할 것이다. 이진국, 양형기준에서 특별감경요소로서 '피해회복을 위한 진지한 노력'에 관한 고찰, 형사정책연구 제27권 제3호, 2016, 137~138쪽.

68) 개별적인 유형에 관한 상세한 내용은 양형위원회, 양형기준, 2016, 8쪽 및 74쪽 참조.

69) 독일 형법 제46조 제2항 제2문은 행위자의 범행이후의 태도 중에 우선적으로 고려해야 할 사항으로 행위자의 피해배상에 대한 노력을 언급하고 있고 1994년에 독일 형법전으로 편입된 제46a조(가해자－피해자－조정)는 행위자의 피해자에게 대한 피해배상을 한층 더 강조하고 있다. 독일형법 제46a조의 내용과 비판에 대해서는 이진국, 독일형법 제46a조: 자율적 범행원상회복, 비교형사법연구 1999, 410~430쪽 참조. 피해배상으로 인하여 행위자는 규범을 승인하고 규범가치를 확증하고 범행의 결과반가치를 줄인다는 점에서 피해배상은 책임판단에서 매우 중요한 역할을 한다. 책임관점에서 양형요소로서의 피해배상

양형이론에서는 전통적으로 책임에 대한 평가와 예방필요성에 대한 평가를 구분하고 있다. 여기서 책임평가란 법위반에 대한 비난가능성의 정도, 즉 당해 범죄와 관련된 불법의 중대성을 특징지우는 사정에 대한 평가를 말한다. 이에 반해 예방필요성에 대한 평가란 범죄척결의 일반적인 목표(일반예방)와 개별사건에서의 예방의 목표(특별예방) 및 이러한 목표를 달성하기 위한 형사제재의 활용(예: 집행유예)에 대한 평가를 의미한다.[70]

피해회복을 위한 행위자의 태도와 관련하여 그 예방필요성은 어렵지 않게 평가할 수 있다. 행위자가 자신의 책임을 인정하면서 피해자에게 사죄하고 피해를 배상하는 태도는 장래에 새로운 범죄를 범하지 않겠다는 의지를 표현한 것으로 볼 수 있고(특별예방의 관점) 이러한 행위자의 태도를 통하여 파괴된 규범이 안정화되고 규범이 존속성에 대한 일반국민의 신뢰를 확인할 수 있다(적극적 일반예방의 관점).[71] 그렇지만 단순히 예방적 관점에만 근거하여 피해회복을 위한 행위자의 태도에 대하여 감경의 혜택까지 부여하는 것은 논증이 박약할 뿐만 아니라 행위자에 대한 과도한 특혜라는 비판도 제기될 수 있다.[72] 양형에서 그 기초가 되는 것은 행위자의 책임이라는 점에 주목해보면 행위자의 피해회복에 대하여 특별감경까지 인정해주기 위해서는 무엇보다도 양형책임의 관점과 결부시켜서 그 근거를 구해야 한다.

양형책임의 관점에서 보면 행위자가 실현한 불법 그 자체(즉, 범행책임)는 행위자에게 귀속될 구체적 형량에 대한 잠정적인 평가에 불과할 뿐이다. 행위자의 전과뿐만 아니라 형사절차에서의 태도(자백 또는 증거가 명백함에도 불구하고 끈질기게 범행을 부인하는 경우)도 양형책임의 판단요소에 포함되고 행위자가 피해를 회복했다는 사실도 범행이후의 태도로서 책임평가의 대상이 되기 때문이다. 다만 이 경우 범행 이후의 태도가 직접적인[73] 책임판단의 대상인지 아니

의 가치를 논한 대표적인 문헌으로는 Brauns, Die Wiedergutmachung der Folgen der Straftat durch den Täter, 1996, 171쪽 이하 참조.

70) 이진국, 양형기준에서 특별감경요소로서 '피해회복을 위한 진지한 노력'에 관한 고찰, 형사정책연구 제27권 제3호, 2016, 141쪽.

71) Roxin, Die Wiedergutmachung im System der Strafzwecke, 1987, 52쪽.

72) 이진국, 양형기준에서 특별감경요소로서 '피해회복을 위한 진지한 노력'에 관한 고찰, 형사정책연구 제27권 제3호, 2016, 141쪽.

73) LK-Theune, §46 StGB, Rn. 6; Maurach/Gössel/Zipf, Strafrecht AT 2, 1989, §63 I Rn. 52 ff;

면 책임판단에 간접적으로만 관련되어 있는 것인지에 대해서는 견해가 갈리고 있다. 그러나 어쨌든 행위자가 피해자에게 피해를 회복한 사실은 양형책임의 판단대상이 되는 불법의 양에 영향을 미치게 된다.

행위자가 피해자에게 피해를 회복한 사실이 양형책임의 판단대상인 불법의 양에 영향을 준다는 것은 결국 행위자의 범행 이후의 태도가 불법의 결과요소와 행위요소를 사후적으로 변경시킬 수 있다는 것을 의미한다.[74] 다시 말해서 결과반가치는 이에 대응하는 결과가치를 통하여 행위반가치는 행위자의 행위가치를 통하여 각각 상쇄시킬 수 있다. 여기서 피해회복을 통하여 양형책임을 감경시키는 중요한 결과가치는 피해회복의 여부와 정도이고 행위가치를 가지는 행위자의 행위는 바로 피해회복을 위한 (진지한) 노력이다. 이 점에서 피해회복이 특별감경으로 이어질 수 있는 가장 이상적인 사례는 바로 결과가치와 행위가치가 모두 충족되어 발생한 불법과 관련한 결과반가치와 행위반가치를 상쇄시키는 경우라 할 수 있다.

피해회복과 양형책임의 관계에서 보면 행위자가 피해자에게 사과를 하면서 피해를 모두 배상한 사례는 피해회복의 결과가치와 행위가치가 모두 충족된 대표적인 예이다. 물론 이 경우 행위자가 금전적 피해회복을 불충분하게 이행한 경우도 있을 수 있으나 피해회복은 반드시 금전에 의한 배상만 의미하는 것이 아니라 경우에 따라서는 난순한 사과만으로도 결과반가치를 상쇄시킬 수 있는 것이므로 피해자와 합의 — 최선의 경우에는 화해 — 에 도달하였다는 사정은 책임을 감경시키는 사유로 되기에 충분하다.

다. 형사절차상 피고인의 태도

형사절차상 피고인의 태도라는 양형사유는 주로 피고인이 범죄사실을 자백하거나 부인할 때 이러한 피고인의 태도가 책임의 정도에 영향을 미치는가의 여부와 관련을 가진다. 공판절차상 피고인의 태도 중에 종종 볼 수 있는 것이 피고인의 자백이다. 형사절차에서의 피고인의 태도를 양형책임의 한 요소로 보는 것과 관련하여 제기되는 본질적인 문제점은 구체적인 소송상황으로부터 어

Frisch, Gegenwärtiger Stand und Zukunftsperspektiven der Strafzumessungsdogmatik, ZStW 99(1987), 779쪽 이하.

74) Meier, Strafrechtliche Sanktionen, 2001, 178쪽.

느 정도로 행위자의 비난가능성을 추단해 낼 수 있는가 하는 점이다. 이에 대해서는 지금까지 상세한 논의가 전개되지 않았다.

예를 들어 피고인이 자신의 범행에 대하여 책임의식을 가지고 뉘우치면서 행한 자백에 대해서는 책임감경적으로 평가하는 반면 범죄사실에 대한 충분한 증거가 확보되어 있어 부인하는 것이 무의미하다고 판단하여 책략적으로 행한 자백에 대해서는 책임이 감경되지 않는다고 평가할 수 있을 것이다. 그러나 구체적 소송에서 피고인의 이와 같은 다양한 유형의 태도를 심리학적으로 확정하는 것은 거의 불가능하다. 따라서 사실심 법관은 피고인의 책략자백이라는 뚜렷한 확신을 가지지 못한 경우에는 '의심스러운 때는 피고인의 이익으로'의 원칙에 따라서 가중적 양형조건으로 고려해서는 안 될 것이다.[75]

독일 판례[76]는 소송절차에서 행한 피고인의 자백이 책임감경적으로 작용한다고 판시하면서도 피고인이 범죄사실을 (집요하게) 부인하거나 진실에 반하는 주장을 하는 경우에는 부분적으로 책임가중적 양형인자가 될 수 있다고 한다. 피고인의 이러한 소송절차상의 태도는 완강함, 교활함 및 참회나 반성의 부족을 징표할 뿐만 아니라 장래의 법위반을 징표하는 한층 고조된 법적대성을 드러내는 것이기 때문이라는 것이다. 우리나라 대법원도 "형법 제51조 제4호에서 양형의 조건의 하나로 정하고 있는 범행후의 정황 가운데는 형사소송절차에서 피고인의 태도나 행위를 들 수 있는데, 모든 국민은 형사상 자기에게 불리한 진술을 강요당하지 아니할 권리가 보장되어 있으므로(헌법 제12조 제2항), 형사소송절차에서 피고인은 방어권에 기하여 범죄사실에 대하여 진술을 거부하거나 거짓 진술을 할 수 있고, 이 경우 범죄사실을 단순히 부인하고 있는 것이 죄를 반성하거나 후회하고 있지 않다는 인격적 비난요소로 보아 가중적 양형의 조건으로 삼는 것은 결과적으로 피고인에게 자백을 강요하는 것이 되어 허용될 수 없다고 할 것이나, 그러한 태도나 행위가 피고인에게 보장된 방어권 행사의 범위를 넘어 객관적이고 명백한 증거가 있음에도 진실의 발견을 적극적으로 숨기거나 법원을 오도하려는 시도에 기인한 경우에는 가중적 양형의 조건으로 참작될 수 있다"[77]고 판시한다.

---

75) 이진국, 행위자의 범행전후의 태도와 양형책임, 동아법학 제29호, 2001, 117~118쪽.

76) BGHSt 1, 105(106); BGH NJW 1955, 1158.; BGH NStZ 1983, 453.

그러나 소송절차에서 범죄사실에 대하여 부인하는 피고인이 그렇지 아니한 피고인보다 법적대성을 더 강하게 드러낸다고 속단할 수 없을 뿐만 아니라 피고인은 그에게 주어진 정당한 방어권을 향유하는 주체임을 간과해서는 안된다. 진실을 규명하고 확정하는 것은 수사기관과 법원의 임무에 속한다. 따라서 피고인은 그에게 불리한 사항에 대하여 침묵하거나 부인하거나 거짓말을 할 수 있다. 헌법 제12조 2항도 피고인에게 형사상 자기에게 불리한 진술을 강요당하지 아니할 권리를 인정하고 있으므로 피고인은 형사절차에서 진실만을 진술할 의무를 부담하지 않는다. 범죄사실을 묵비하거나 부인하는 피고인의 태도를 양형에서 책임가중적으로 고려한다면 결과적으로 피고인에게 자백을 강요하는 것으로 되기 때문에 허용될 수 없다고 보아야 한다. 다만 예외적으로 피고인의 소송상의 태도가 피고인에게 인정되는 방어권행사의 범위를 넘어 악의적인 동기 또는 불법적인 방법에 해당할 경우 — 예를 들어 범죄행위로 인하여 불법취득한 물건의 소재를 확인할 수 없도록 하기 위하여 범행을 부인하면서 그 물건을 숨기거나 해외로 빼돌린 경우 — 에는 양형에서 책임가중적으로 고려할 수 있다.[78)]

---

77) 대법원 2001.3.9. 선고 2001도192 판결.

78) 이에 반해 이상돈, 형법강론, 2015, 667쪽에서는 피고인의 범행 부인을 가중적 양형조건으로 삼게 되면 무죄추정원칙에 위반되므로 피고인의 범행 부인은 어떤 경우에도 가중적 양형의 조건으로 취급되어서는 안된다고 강조한다.

§3 양형에서 예방

전통적인 이해에 따르면 양형은 행위자의 책임을 기초로 하되 예방적 관점도 고려해야 한다. 법원조직법 제81조의6 제2항도 양형기준의 설정·변경시 피고인의 책임의 정도를 반영하는 것 이외에 예방적 관점도 고려하도록 규정하고 있다. 여기서 예방적 관점이란 — 책임범위이론에 따르면 — 사건의 예방적 필요성, 즉 양형책임을 고려하여 설정된 범위 안에서 예방적 관점을 고려하여 행위자에게 선고할 형을 가중 또는 감경할 필요성을 판단하는 모든 사정 내지 인자를 말한다. 양형에서 고려될 수 있는 예방적 관점에는 일반예방과 특별예방이 있고, 이러한 예방적 관점은 각각 그 의미내용에 따라 소극적 예방과 적극적 예방으로 다시 세분화할 수 있다.

I. 일반예방

1. 소극적 일반예방

소극적 일반예방(negative Generalprävention)이란 당해 사건의 행위자를 (엄하게) 처벌하여 국민일반으로 하여금 처벌에 대한 두려움을 느끼게 함으로써 범죄를 예방해야 한다는 접근방식을 말한다. 소극적 일반예방에서는 법원이 당해 사건의 피고인에 대한 형벌의 종류와 범위를 결정하지만, 이러한 결정을 할 때 주된 고찰의 대상은 국민일반에 대한 위협의 필요성이다.

학계에서는 소극적 일반예방의 관점을 형가중적 사유로 보는 것에 반대하는 것이 일반적이다.[1] 이에 반해 실무에서는 현재 심판의 대상이 되고 있는 사건과 동일하거나 유사한 사건이 증가하고 있고 그것이 사회에 미치는 위험성이 크다고 판단할 경우에 소극적 일반예방을 이유로 형을 가중하기도 한다. 우리

1) Roxin, Strafrecht AT, 1997, §3 Rn. 32; Bruns, Neues Strafzumessungsrecht?, 1988, 19쪽; Frisch, Gegenwärtiger Stand und Zukunftsperspektiven der Strafzumessungsdogmatik, ZStW 99(1987), 371쪽.

나라 법원조직법 제81조의6 제2항 제2호도 양형위원회가 양형기준을 설정·변경할 때 범죄의 일반예방을 고려하도록 명시하고 있다.

잠재적 범죄인인 국민일반을 위협하기 위하여 당해 사건의 피고인에게 중형을 선고하는 것이 가능하다고 하더라도 그 구체적 형량은 책임에 적정한 범위를 초과해서는 아니된다. 따라서 소극적 일반예방의 필요성을 근거로 처단형을 초과하는 형량을 선고하는 것은 책임주의에 위반된다. 현행 양형기준제의 관점에서 보면 법관이 소극적 일반예방을 이유로 양형기준에서 정한 권고형량범위를 초과해서는 안된다는 것을 의미한다. 권고형량범위를 양형위원회가 설정해 둔 당해 범죄에 대한 책임범위로 이해하는 경우에는 그러한 권고형량범위를 초과하여 선고형을 결정하는 것은 책임주의에 위반되는 결과를 초래하기 때문이다.

또한 소극적 일반예방을 할 적합하고 필요한 상황에 한하여 형가중이 허용된다. 여기서 적합한 상황이란 국민일반에 대한 위협적 효과를 행할 필요가 있는 일반적인 상황을 말하며, 간헐적으로 발생하는 예외적 상황을 말하는 것이 아니다. 또한 일반예방을 근거로 한 형가중의 필요한 상황이란 당해 사건과 동일하거나 유사한 범죄가 증가할 위험이 있는 경우 또는 모방범죄가 발생할 우려가 있는 경우를 말한다.2)

2. 적극적 일반예방

적극적 일반예방(positive Generalprävention)이란 형벌의 과제를 법질서에 대한 사회의 신뢰 강화에 두는 예방적 접근방법이다. 적극적 일반예방에서는 위협효과를 주된 내용으로 하는 소극적 일반예방과는 달리 규범확증의 강화가 핵심적인 내용이다. 적극적 일반예방에 의하면, 국가는 형벌로써 잠재적 범죄인에 대한 위협을 의도할 뿐만 아니라 특히 정당한 형사입법과 가치있고 동등한 형법적용을 통하여 국민일반의 법의식을 강화하여 자발적인 법준수에 대한 교육을 의도하는 것을 주된 과제로 삼게 된다.3)

그러나 적극적 일반예방론 내부에서는 그 접근방식과 뉘앙스를 달리하는

2) Schäfer/Sander/van Gemmeren, Praxis der Strafzumessung, 2008, Rn. 467.

3) Jescheck/Weigend, Strafrecht AT, 1996, 68~69쪽.

다양한 관점들이 있다. 예를 들어 Roxin의 통합예방(Integrationsprävention)도 적극적 일반예방의 형벌목적 중의 하나이다. Roxin은 '법질서의 존속력과 관철력에 대한 신뢰의 유지와 강화'를 본질로 하는 적극적 일반예방론을 재해석하는 과정에서 적극적 일반예방론에 세 가지 상이한 효과가 있음을 지적하였다. 적극적 일반예방론의 세 가지 효과로는, ① 법충실에의 훈련을 가져올 사회교육학적으로 동기지워진 학습효과(Lerneffekt), ② 시민이 법이 실제로 관철되는 것을 볼 때 그 결과로 일어나는 신뢰효과(Vertrauenseffekt), ③ 국민일반의 법의식이 법위반에 대하여 분노를 가라앉히고 행위자와의 갈등을 해결하는 것으로 나타날 만큼 행위자가 적극적으로 노력할 경우에 나타나는 평화초래효과(Befriedungseffekt)를 말한다. Roxin은 이 중에서 학습효과와 신뢰효과는 적극적 일반예방의 목적인 반면, 평화초래효과를 별도로 '통합예방'이라고 명명하면서 형벌의 정당성의 근거로 제시하고 있다.[4)]

양형단계에서 적극적 일반예방의 관점은 형의 종류를 선택할 경우와 형의 범위를 정할 경우에 모두 반영된다. 형의 종류를 선택할 때 적극적 일반예방은 그 자체 선고형이 낮음에도 집행유예나 선고유예를 선고하지 않는 근거로 작용할 수 있다. 국민일반의 법과 법의 관철에 대한 신뢰의 강화라는 적극적 일반예방의 관점에서 보면, 이러한 신뢰를 깨트릴 수 있는 예외적인 상황(예: 재범)에서는 당해 범죄의 불법성이 경미한 범죄인 경우에도 집행유예나 선고유예를 선고하지 않고 그 대신 실형을 선고할 수 있기 때문이다. 이에 반해 형의 범위를 정할 때 적극적 일반예방의 관점에 근거한 형의 가중 또는 감경이 허용되는지에 대해서는 논란이 있다. 우선 적극적 일반예방을 근거로 형을 가중하는 것은 허용되지 않는다.[5)] 무엇보다도 적극적 일반예방적으로 정당화된 형량에 관하여 경험적으로 입증할 수 없고, 입증되지도 않았기 때문이다. 앞에서 언급한 사안에서와 같이 당해 범죄의 불법성이 경미함에도 불구하고 집행유예나 선고유예를 선고하지 않는 것을 두고 적극적 일반예방에 근거한 형가중으로 볼 여지도 있으나, 이는 개별사건의 특수성을 고려하여 형의 종류를 집행유예나 선고유예가 아닌 실형을 선고한다는 것에 불과할 뿐이지 형의 가중으로 이해되어서는

---

4) Roxin, Strafrecht AT I, 1997, §3 I, Rn. 27.

5) Schäfer/Sander/van Gemmeren, Praxis der Strafzumessung, 2008, Rn. 469.

안 된다. 오히려 피고인에게 선고된 형벌이 피고인의 (양형)책임의 정도를 표현해주는 정도이면, 이것은 적극적 일반예방을 최대한 고려한 것으로 볼 수 있다.[6] 따라서 통상적인 사안에서 책임에 적정한 형벌은 적극적 일반예방의 관점에서도 가장 효과가 높은 것으로 볼 수 있다.[7]

이에 반해 적극적 일반예방의 관점을 고려하여 책임에 적정한 형벌이 감경될 수 있다는 점은 일반적으로 승인되고 있다. 적극적 일반예방의 관점에서 형의 감경으로 이어질 수 있는 사안은 특별한 사정에 비추어볼 때 국민일반이 책임에 적정한 형 그 자체만으로는 정당한 것으로 보지 않는 경우이다.[8] 이에 해당하는 구체적인 사정을 예로 들어보면, ① 수사기관의 함정수사가 적법하지만 과도한 경우, ② 행위자에게 귀책사유가 없는 수사절차 및 재판절차의 장기화된 경우, ③ 범행 이후 장기간이 지난 후 행위자가 자신의 삶을 바꾸어 사회생활에 적합한 행위를 노력하여 행위자에게 책임형을 선고하는 것이 오히려 탈사회화의 효과를 가져오는 경우, ④ 범행 이후 행위자가 피해자에게 사과하거나 피해배상을 한 경우, ⑤ 피의자나 피고인에게 진술거부권을 (완전하게) 고지하지 않았거나 불충분하게 고지한 경우 등이다.[9]

Ⅱ. 특별예방

1. 소극적 특별예방

소극적 특별예방(negative Spezialprävention)이란 형벌을 통하여 행위자의 자유를 제한하는 것을 내용으로 하는 예방적 접근방법이다. 소극적 특별예방에서는 행위자에 대한 형벌의 위협효과와 보안효과가 중점에 위치한다. 이와 관련하여 행위자에 대한 위협과 보안의 필요성이 형가중적 고려의 근거로 될 수 있는지가 문제로 된다.

소극적 특별예방에서 형벌의 위협효과는 소극적 일반예방의 경우와 동일

6) Meier, Strafrechtliche Sanktionen, 2001, 182쪽.

7) Meier, Strafrechtliche Sanktionen, 2001, 182쪽.

8) Schäfer/Sander/van Gemmeren, Praxis der Strafzumessung, 2008, Rn. 470.

9) Meier, Strafrechtliche Sanktionen, 2001, 183쪽; Schäfer/Sander/van Gemmeren, Praxis der Strafzumessung, 2008, Rn. 470.

하지만 그 대상이 국민일반이 아니라 행위자 개인이라는 점에서 차이가 있다. 행위자에 대한 위협효과와 보안효과는 행위자에게 자신이 범한 범죄를 분명하게 인식하게 함과 동시에 형법규범의 준수를 기억하게 하여 장래에 재범없는 삶을 살도록 동기를 부여하기 위한 목적으로 형벌, 그것도 자유형을 투입할 수 있다는 점에서 출발한다.[10] 이러한 목적으로 형벌을 선고함으로써 행위자의 또 다른 범죄를 예방할 수 있다는 것이다.

그러나 소극적 특별예방이 의도하는 위협효과와 보안효과는 어차피 책임에 적정한 범위 속에서 형종과 구체적 형량을 선고함으로써 달성될 수 있으므로 별도로 이러한 효과를 인정할 필요는 없다고 본다. 물론 이 경우 행위자에 대한 위협효과를 고려하여 책임형의 범위 속에서 형량을 가중하는 것을 고려해 볼 수 있다. 그러나 행위자에 대한 중형선고를 통하여 행위자의 재범을 예방할 수 있다는 사고는 경험적으로나 이념적으로 타당하지 않은 것이다. 경험적 연구에 의하면, 행위자에 대한 위협효과는 범행발각(검거)과 형사소추의 위험에 있는 것이지 행위자에게 선고되는 형벌의 종류와 형량이 행위자의 재범을 예방하는 데 결정적인 것은 아니기 때문이다. 다만 환경범죄나 경제범죄 등과 같은 경제적 동기에서 범하는 범죄의 경우에는 행위자에 대한 형종과 형량의 정도가 재범예방에 의미를 가질 수 있다. 이들 범죄에서는 행위자가 범죄로 인한 이익이 처벌보다 더 가치있다고 합리적으로 판단하는 경우에는 재범으로 나올 위험이 있기 때문이다. 그러나 이 경우에도 행위자에 대한 형의 가중은 책임범위 속에서 이루어져야 하는 것이지 소극적 특별예방을 이유로 책임범위를 이탈하여 형을 선고하는 것은 허용되지 않는다.

결론적으로 소극적 특별예방은 양형에서 일반적으로 승인된 형벌목적으로 볼 수 없다. 참고로 독일에서는 소극적 특별예방적 견지에서 재범자에게 형을 가중하는 실무는 많지 않다고 한다. 그 이유는 성인범죄자에 대하여 교육적 관점에서 형을 가중하는 것이 승인되고 있지 않으며 재범 등의 요소는 이미 책임형의 범위 내에서 가중적 양형인자로 될 수 있기 때문이다.[11]

---

10) Meier, Strafrechtliche Sanktionen, 2001, 187쪽.

11) Schäfer/Sander/van Gemmeren, Praxis der Strafzumessung, 2008, Rn. 471.

2. 적극적 특별예방

적극적 특별예방(positive Spezialprävention)은 형벌의 효과를 행위자의 재사회화와 개선에 맞추고 있다. 적극적 특별예방의 관점은 주로 형감경과 관련되어 있다. 법원조직법 제81조의6 제2항 제2호가 양형기준을 설정·변경할 때 피고인의 사회복귀를 고려하도록 한 것은 바로 적극적 특별예방을 고려했기 때문이다. 이 규정을 보면, 형벌은 책임응보라는 그 자체의 목적이 되어서는 안 되며 사회적 환경 속에 있는 행위자에게 그 방향을 설정해야 한다는 점을 알 수 있다. 이 점에서 적극적 특별예방의 이념으로부터 가급적 형벌의 부작용을 피해야 한다는 요청이 도출된다. 적극적 특별예방을 이유로 형을 감경할 수 있는 사안으로는 행위자가 이전에 미결구금상태에 있었던 경우 또는 범행 이후에 시간이 많이 지나 행위자의 생활상태가 긍정적으로 안정화된 사실이 밝혀진 경우 등이다.[12] 그리고 적극적 특별예방의 이념은 행위자에 대한 형량뿐만 아니라 형종을 선택할 경우(예: 집행유예)에도 고려할 수 있다.[13]

Ⅲ. 예방과 책임의 조화가능성

양형의 출발점이 책임이라는 전제에서 출발할 때 앞에서 언급한 형벌목적들이 국가적 형벌의 책임주의와 조화를 이루는 것인지 논의해 보아야 한다.

1. 일반예방과 책임

이론적 관점에서 보면 소극적 일반예방은 당해 사건의 행위자를 잠재적 범죄자가 범죄를 저지르지 않도록 하기 위한 도구와 본보기로 삼는다는 점에서 인간존엄성에 반한다는 문제가 제기된다. 소극적 일반예방에 의하면 당해 사건의 행위자에게 선고하는 형벌이 중하면 중할수록 일반국민에 대한 형벌의 위협효과도 커지게 된다. 어차피 잠재적 범죄자로 하여금 범죄로 나오지 않도록 하는 것이 그 목표이기 때문에 소극적 일반예방에서는 행위자의 책임이 중요한 역할을 하는 것은 아니다. 이 점에서 소극적 일반예방은 이미 이론적으로 책임

12) Schäfer/Sander/van Gemmeren, Praxis der Strafzumessung, 2008, Rn. 475.
13) Schäfer/Sander/van Gemmeren, Praxis der Strafzumessung, 2008, Rn. 475.

주의와 조화될 수 없는 문제가 있다. 다만 양형단계에서 특정한 예외적 사안에서는 책임범위 내에서 소극적 일반예방을 고려할 수는 있을 것이다.

적극적 일반예방은 법과 법의 관철에 대한 국민일반의 신뢰강화(또는 규범확증)에 국가형벌권 행사의 초점을 맞추고 있다. 그러나 양형의 기준으로서 적극적 일반예방의 내용에 관해서는 아직 분명하게 밝혀진 경험적 수치가 없다. 이러한 이유로 학설에서는 적극적 일반예방을 이유로 행위자에게 형을 가중하는 것은 허용되지 않으며, 행위자에게 선고된 형벌이 행위자의 책임의 정도에 적정한 것인 경우에는 적극적 일반예방이 최대한 반영된 것으로 보고 있다.[14] 또한 적극적 일반예방에서는 국민일반이 책임에 적정한 형 그 자체만으로는 정당한 것으로 보지 않는 특별한 상황에서는 형의 감경을 허용하고 있다. 물론 이 경우 형의 감경은 책임형의 범주 속에서 이루어지는 것이다. 이 점에서 적극적 일반예방은 책임주의와 조화되는 것으로 평가할 수 있다.

2. 특별예방과 책임

행위자에 대한 위협과 보안을 형가중적 고려의 근거로 삼고 있는 소극적 특별예방을 일관되게 유지하면 책임범위를 이탈하여 형을 선고할 위험이 있다. 이 점에서 소극적 특별예방을 양형의 지침으로 활용할 수 있는 정당한 형벌목적으로 볼 수 없다. 이에 반해 행위자의 사회복귀를 주된 내용으로 하는 적극적 특별예방에 의하면 가능한 한 형벌의 부작용을 피하는 방향으로 양형판단을 할 것을 요구한다. 물론 적극적 특별예방의 관점을 고려하여 자유형의 부작용을 피하기 위한 형감경이 가능하기 위해서는 책임주의와 조화를 이루어야 한다. 이러한 책임주의와 조화를 이루는 한에서 적극적 특별예방은 형량뿐만 아니라 형종을 선택할 경우에도 고려할 수 있다.

---

14) Meier, Strafrechtliche Sanktionen, 2001, 182쪽.

§4 양형에서 책임과 예방의 관계

I. 서 설

사고상의 양형과정을 보면, 법관이 범죄구성요건에 명시되어 있는 법정형을 기초로 경합범 가중 등을 통하여 형벌의 범위를 상한과 하한으로 산출한 처단형의 형량범위 속에서 피고인에게 구체적으로 선고할 형량을 결정하여 선고하는 단계를 거치게 된다. 특히 선고형의 단계에서 법관은 일정한 판단지침에 기초하여 양형의 조건 내지 양형의 요소들을 참작하여 피고인에게 구체적 형량을 선고하게 된다. 그런데 앞에서 언급한 것과 같이 사실심 법관이 피고인에게 구체적 형량을 선고함에 있어서 일차적으로 판단해야 할 지침이 바로 양형의 원칙이다. 여기서 양형의 원칙은 행위자의 책임을 기초로 하되 형벌의 부과에 따른 장래의 범죄 예방 및 행위자의 재사회화도 고려해야 하는 것으로 이해된다. 문제는 양형의 원칙을 구성하는 책임과 예방이 상호 모순관계에 있다는 점이다. 피고인의 책임을 고려하면 중한 형량을 선고해야 하지만 예방적 관점을 고려하면 중한 형량이 불필요한 결론에 이를 수도 있고, 특별한 사정이 있는 예외적인 경우에는 책임형을 하회하는 형량도 선고할 수 있기 때문이다. 이와 같이 책임과 예방간의 형벌목적의 이율배반성(Antinomie der Strafzwecke)으로 인하여 법관이 구체적 사건에서 선고할 형벌을 발견함에 있어 상반되는 책임과 예방을 어떻게 고려할 것인지 문제가 제기된다. 책임과 예방이라는 형벌목적간의 목표상충을 해결하기 위하여 독일 학계에서는 책임범위이론, 위가이론, 유일점이론 등 다양한 이론이 전개되어 왔고, 우리나라에서도 이들 이론을 원용하여 양형에 있어서 책임과 예방의 관계를 규명하고자 하는 시도들이 나오고 있다.

Ⅱ. 유일점형이론

유일점형이론[1]은 특정한 하나의 형벌만이 책임에 상응할 수 있다고 이해한다. 전통적인 이해에 의하면 유일점형이론은 응보사상의 형이상학적인 근거에서 주장되었고 절대적인 형벌의 정당성을 문제삼는 것으로 평가되어 온 것이다. Arthur Kaufmann은 "형이상학적인 인식의 불명확성이 형이상학적인 대상의 불명확성까지 의미하는 것은 아니다"[2]는 전제에서 책임의 양을 일의적으로 확정할 수 없다고 해서 책임형이 원래 확정한 양을 가지지 않은 채 어느 정도의 크기를 가지고 일정한 범위의 내부를 움직이는 것이라고 추론하는 것은 허용되지 않다고 보았다. Heinitz가 "책임에 상응한 형벌은 항상 단지 하나이지만 우리의 인식능력이 그 크기를 일의적으로 결정할 수 있는 상황에 있지 않을 뿐이다"고 말한 것도 유일점형이론의 근거가 된다.[3]

유일점형이론은 원래 "모든 법적·사실적 지침들을 상세히 고찰해보면 모든 범죄의 무게에 상응하는 하나의 형벌이 있다"[4]고만 말하였을 뿐 법정형의 범위 내에서 하나의 형벌이 어디에 있으며 어떻게 찾을 것인지에 관한 정보는 제공해주지 않는다. 또한 유일점형이론에 의하면 책임형이 유일한 점으로 결정되고 그러한 유일형을 부과하는 것만이 책임의 기초가 되기 때문에 양형의 과정에서 어떠한 관점 내지 형벌목적에 대한 고려가 어느 정도로 고려될 수 있는

1) 점(點)으로 된 특정가능한 책임형이 있다는 유일점형이론의 이념은 책임범위이론이 등장하기 전까지만 해도 전통적인 관점이었으나 독일 학계에서는 이를 '유일점형'이라는 표현을 사용하지 않았다. 유일점형이론을 주장한 견해로는 Henkel, Die "richtige"Strafe, 1969; Arthur Kaufmann, Das Schuldprinzip, 1976, 261쪽; Jescheck, Lehrbuch des Strafrechts AT, 1988, 786쪽; Frisch, Gegenwärtiger Stand und Zukunftsperspektiven der Strafzumessungsdogmatik ZStW 99(1987), 361쪽 이하 등을 참조. Bruns는 1967년에 출간된 자신의 양형법 제1판(Strafzumessungsrecht. Allgemeiner Teil)에서 책임범위이론에 반대하면서 유일점형이론을 주장하였으나, 1974년에 발간된 양형법 제2판(Strafzumessungsrecht. Gesamtdarstellung)에서는 책임범위를 중간단계로 개념지우고 그 범위 자체를 좁게 설정하는 것을 전제로 책임범위이론을 수용하였고, 1985년에 발간된 실무중심적인 양형법 저서(Das Recht der Strafzumessung, 2. Aufl., 1985)에서는 책임범위이론을 전면적으로 수용하였다.

2) A. Kaufmann, Das Schuldprinzip, 1961, 66쪽.

3) Heinitz, Der Entwurf des Allgemeinen Teils des Strafgesetzbuches vom kriminalpolitischen Standpunkt aus, ZStW 70(1958), 5쪽.

4) Jescheck/Weigend, Strafrecht AT, 1996, 880쪽.

지에 대해서도 아무런 답을 제시하지 못한다.[5] 유일점형이론을 원용하여 행위자의 책임을 양형의 기초로 하게 되면 특별예방적 고려나 일반예방적 고려를 할 여지가 없어지게 되는 것이다. 이 점에서 유일점형이론은 책임을 기초로 하고 있는 한 예방목적을 전혀 고려하지 않는 경우를 원칙으로 하는 것이며 어느 정도 예방목적을 고려하는지는 분명하지 않고 형벌목적들 간의 이율배반성을 해결하는 기준을 전혀 제시하지 못한다는 비판을 받는다.

Ⅲ. 책임범위이론

양형이론으로서 책임범위이론은 이 이론이 태동한 독일에서 뿐만 아니라 우리나라에서도 통설로 받아들여지고 있다는 점에서 보다 상세한 검토가 필요하다.

1. 의 의

책임범위이론(Schuldrahmentheorie)은 우선 양형책임을 평가하여 책임의 범위를 정한 다음 그러한 책임의 범위 속에서 예방적 관점을 고려하여 종국적인 형량을 확보함으로써 양형의 과정에서 나타나는 책임과 예방의 이율배반적 관계를 해결하고자 한다.[6] 책임범위이론에 의하면 책임에 적합한 형벌은 책임평가의 복합성 때문에 고정된 점의 크기로 존재하는 것이 아니라 법관이 형량을 정할 때 '이미 책임에 적정한'(schon schuldangemessen) 형벌을 통하여 하한을 제한하고 '아직 책임에 적정한'(noch schuldangemessen) 형벌을 통하여 상한을 제한하는 판단의 여지를 가지고, 이러한 판단여지의 범위 속에서 특별예방과 일반예방의 목적을 고려하여 구체적 선고형을 발견할 수 있다고 이해한다. 이 점에서 책임범위이론을 폭의 이론 또는 판단여지이론(Spielraumtheorie)이라고 부르기도 한다.

책임범위이론에 의하면 책임에는 범위가 있고, 이 범위 내에 있는 형량 모두가 책임에 상당한 것이 되므로 사실심법관은 이러한 책임범위 내에서 형벌의

---

5) Reichert, Intersubjektivität durch Strafzumessungsrichtlinie, 1999, 102쪽.

6) LK－Theune §46 StGB, Rn. 39 ff; Bruns, Das Recht der Strafzumessung, 1985, 105쪽 이하; Maurach/Gössel/Zipf, Strafrecht AT 2, 1989, §62 Rn. 17 ff; Jescheck/Weigend, Strafrecht AT, 1996, 880쪽 이하.

예방목적, 그것도 일반예방과 특별예방 모두를 고려하여 최종적으로 구체적인 하나의 형량을 결정하게 된다. 독일의 통설과 연방법원의 판례[7]가 취하고 있는 이론이며 우리나라의 통설이기도 하다.

독일의 통설과 판례가 책임범위이론을 취하게 된 이유는 이 이론이 행위자의 책임을 기초로 함과 동시에 예방목적을 고려하도록 하는 독일 형법 제46조 제1항 소정의 양형의 원칙 규정을 가장 무난하게 해석하는 접근방식으로 받아들여지고 있기 때문이다.[8] 책임범위이론에서는 책임의 범위 내에서 예방목적을 고려함으로써 유일한 형량을 결정하는 것이기 때문에 양형에서 예방적 관점을 고려하는 것이 무제한으로 허용되는 것이 아니다. 이러한 의미에서 책임범위이론은 상대적 응보형론, 그것도 응보와 예방이 항상 병존하여야 한다는 관점을 반영한 것이라고 할 수 있다.

2. 책임범위이론에 따른 양형의 과정

책임범위이론에 따른 양형의 과정은 법정형의 발견, 법정형 속에서 책임범위의 확정, 책임범위 속에서 구체적 선고형의 발견 등 크게 3단계로 구분된다. 첫 번째 단계는 법정형을 조사하는 단계이다. 당해 범죄에 상응하는 기본구성요건, 가중구성요건 또는 감경구성요건의 법정형을 찾아야 한다. 잘못 발견된 법정형에 기초하여 최종적인 선고형이 선고된 경우에는 그 판결은 파기를 면치 못한다. 두 번째 단계는 법정형의 범위 속에서 법관의 사고상의 조작을 통하여 좁혀진 책임범위를 확정한 후 양형의 원칙 내지 양형의 기준에 따라 법관의 재량 작용을 통하여 불법과 책임의 내용을 평가함으로써 당해 범행이 책임범위

---

7) 1954. 11. 10. 선고된 독일 연방법원 제5형사부 판결(BGH Urteil vom 10.11.1954-5 StR 476/54=BGHSt 7, 28)은, "어떠한 형벌이 책임에 적정한 것인지는 정확하게 정할 수 없다. 이 경우에는 하한으로는 이미 책임에 적정한 형벌에 의하고(nach unten durch die schon schuldangemessene Strafe) 상한으로는 아직 책임에 적정한 형벌에 의하여(nach oben durch die noch schuldangemessene Strafe) 제한되는 범위가 존재한다. 사실심 법관은 이러한 상한선을 초과해서는 아니된다. 다시 말해서 사실심 법관은 그 형량이나 형종이 중하여 자신이 스스로 판단할 때에도 더 이상 책임에 적정한 것으로 느끼지 않는 형벌을 선고해서는 아니 된다. 그러나 사실심 법관이 이러한 범위 속에서 얼마나 중하게 설정할 것인지를 자신의 재량에 따라 판단하는 것은 허용된다"고 판시하였다.

8) 독일 형법 제46조에 관해서는 고봉진, 독일의 양형원리와 정책 -Streng의 입장을 중심으로-, 법과 정책 제14집 제2호, 2008, 23~61쪽 참조.

내부에서 어디에 위치하는지를 정한다. 이 경우 책임범위 속에서 하한으로는 이미 책임에 적정한 형벌을, 상한으로는 아직 책임에 적정한 형벌을 확정한다. 세 번째 단계에서는, 이미 책임에 적정한 하한과 아직 책임에 적정한 상한 속에서 구체적인 형의 종류와 형량을 정하고, 이어서 형의 집행유예나 보안처분 등 후속되는 처분을 결정한다. 세 번째 단계에서 책임범위 속으로 범행을 포섭시킬 때 고려해야 할 요소는 형벌목적의 방향설정(즉, 일반예방 또는 특별예방 중 어떤 것에 중점을 둘 것인지), 책임관련적 인자와 예방관련적 인자의 조사, 양형인자의 형벌가중 또는 형벌감경적 작용의 확정, 관련되는 양형인자들간의 비교교량, 구체적인 형벌의 결정 등이다.

그러나 책임범위이론을 취하면서 예방적 관점에 중점을 누는 경우에는 양형의 과정이 앞에서 언급한 3단계 보다 복잡해질 수 있다. Roxin의 통합예방론(Vereinigungstheorie)에 따라 양형의 과정을 개관해보면, ① 당해 사건에 대하여 형벌로써 어떠한 목적을 달성할 것인지에 관한 형벌목적을 확정하는 단계, ② 당해 범행에 대한 경합범 관련 규정 등을 적용한 처단형의 범위를 산출하는 단계, ③ 당해 범행에 관련되는 책임 및 예방 관련적 양형인자를 조사하는 단계, ④ 다양한 양형인자들이 피고인에게 유리·불리한 것인지, 형가중적·형감경적인 것인지 등에 관한 평가의 방향(Bewertungsrichtung)을 결정하는 단계(이 과정에서는 어떠한 형벌목적을 취하는가에 따라 상이한 결론이 도출될 수 있다), ⑤ 개별적인 양형인자들의 무게설정(예: 특별가중·감경/일반가중·감경) 및 비교형량(피고인에게 유리·불리한 사정들 간의 상호비교)을 하는 단계, ⑥ 처단형의 범위 속에 범행을 배치시킴으로써 비교형량의 결과를 재평가하는 단계, ⑦ 구체적인 형종과 형량 및 집행유예 등을 선고하는 단계로 이어진다.[9]

3. 책임형의 범위와 책임범위의 이탈 가부

책임범위이론에 대한 이해와 관련하여 유의할 것이 있다. 우선 책임범위이론에서 말하는 책임형의 범위는 행위책임에 대응하는 형의 범위일 뿐 행위자책임 또는 행위자의 위험성을 더하여 고려된 범위가 아니라는 것이다.[10] 이 점에

9) 상세한 내용은 Meier, Strafrechtliche Sanktionen, 2001, 143~145쪽 참조.

10) Bruns, Das Recht der Strafzumessung, 1985, 245쪽 이하; Meier, Strafrechtliche Sanktionen,

서 상습범을 근거로 책임범위를 확장시키는 것은 책임범위이론과 어울리지 않는 결론이다.

책임범위이론에 따를 때 예외적으로 예방적 관점을 고려하여 책임범위의 상한을 이탈하여 중형을 선고하거나 책임범위의 하한을 이탈하여 보다 경한 형을 선고하는 것이 허용되는지 문제된다.

책임범위의 상한 이탈의 허용성에 관하여 독일의 통설[11)]과 판례[12)]는 이를 부정한다. 책임범위의 상한을 이탈하여 형을 선고하는 것은 국가형벌권을 제한하는 책임주의에 정면으로 반한다는 것이 그 핵심적인 이유이다. 특히 독일 연방헌법재판소는 독일 기본법 제1조 제1항과 제2조 제1항 및 법치국가원리에서 파생된 책임주의에 따라서 구성요건과 법적 효과는 상호 적절하게 조화되어야 하므로 모든 형은 범죄행위의 중대성 및 행위자의 유책성과 상당한 관계에 있어야 하고, 따라서 행위자에게 부과되는 형벌은 행위자의 책임을 초과해서는 안된다고 판시[13)]하는 등 헌법상의 원칙인 책임주의로부터 책임형을 초과하는 형의 선고가 금지된다는 점을 지속적으로 확인하고 있다.[14)]

문제는 특별예방적 관점을 고려하여 책임범위의 하한을 이탈할 수 있는지의 여부이다. 독일 학설의 전통적인 태도[15)]와 연방법원의 판례[16)]는 책임범위의 하한을 이탈하게 되면 형벌의 책임상쇄 기능과 부합하지 않는다는 점을 들어 이를 부정하고 있다. 이에 대해 소수설[17)]은 예방적으로 근거지울 수 없는 형벌은 피고인의 권리영역을 과도하고 위법하게 침해하는 것이라는 점을 들어 예방

2001, 166쪽.

11) Bruns, Das Recht der Strafzumessung, 1985, 105쪽; Schönke/Schröder/Stree/Kinzig, §46 StGB, Rn. 5; Maurach/Zipf, Strafrecht AT 1, 1992, §7 Rn. 27; NK-Streng,§46 StGB, Rn. 49; Jescheck/Weigend, Strafrecht AT, 1996, 879쪽.

12) BGH 7, 28(32); BGH 20, 264(266); BGH24, 132; BGH 28, 318.

13) BverfGE 54 100(108).

14) 예를 들어 BverfGE 20, 323(331); BverfGE 25, 269(285 f.); BverfGE 45, 187(259); BverfGE 50, 5(12); BverfGE 86, 288(313).

15) Bruns, Das Recht der Strafzumessung, 1985, 96쪽; Bruns, Neues Strafzumessungsrecht?, 1988, 36쪽 이하; Jescheck/Weigend, Strafrecht AT, 1996, 879쪽 이하.

16) BGH 24, 132(134).

17) Roxin, Zur jüngsten Diskussion über Schuld, Prävention und Verantwortlichkeit im Strafrecht, FS-Bockelmann, 1979, 307쪽; Meier, Strafrechtliche Sanktionen, 2001, 147쪽.

적 근거에서 책임범위의 하한을 이탈하는 것이 허용된다고 이해한다.

책임범위의 하한 이탈이 허용되는지의 여부는 책임주의와의 관계에서 고찰해보아야 한다. 책임주의의 원래의 목표는 책임범위의 상한 이탈을 방지함으로써 시민의 자유를 보호하는데 있다. 이에 반해 책임범위의 하한 이탈은 절대적 응보를 추구하지 않는 한 책임주의가 추구하는 시민의 자유보호 기능에 위배되는 것이 아니다. 특히 형법이 선고유예나 집행유예를 명시적으로 규정해두고 있고, 재판실무에서도 특별한 사정이 없는 한 단기자유형을 과하지 않는다는 사실을 고려해보면 행위자에게 책임형을 부과함으로써 오히려 부작용이 가중되는 경우 특별예방을 이유로 하여 책임범위의 하한을 이탈하는 것은 허용된다고 보아야 할 것이다.

4. 책임범위이론에서 예방적 관점의 고려

책임범위이론은 전통적으로 행위자의 범죄의 중대성에 상응하는 책임의 범위를 정한 다음 그러한 책임형의 범위 내에서 예방적 관점을 고려하여 최종적인 선고형을 발견하는 것을 상정하고 있다.[18] 이와 관련하여 책임범위이론에 따를 때 그 책임범위 내에서 어디를 예방적 관점을 고려하기 위한 출발점으로 삼아야 할 것인지가 문제된다. 일반적으로 생각해보면 사고상의 책임범위의 한가운데를 기점으로 예방적 필요성이 크면 그 범위의 위로 예방적 필요성이 낮으면 그 범위의 아래로 선고형이 움직이는 것으로 이해할 수 있다. 그러나 일반예방과 특별예방의 관점에서 볼 때 중형선고가 원칙적으로 의미가 있다는 아무른 과학적·경험적 근거가 없다는 점, 헌법상 비례원칙으로부터 과잉된 형벌은 배척되어야 한다는 점, 자유형의 유해한 작용을 피하는 것이 우선되어야 한다는 점 등에 비추어보면 예외적으로 중형을 선고할 특별한 사유가 없는 한 양형의 출발점은 원칙적으로 책임범위의 하한이어야 한다.[19] 따라서 책임형의 범위가 1년부터 2년까지의 자유형이고, 1년의 자유형이나 2년의 자유형도 예방의 관점에서 보면 등가적이라고 가정할 경우 책임범위의 하한인 1년을 넘는 형을 과하는 것은 허용되지 않는다고 보아야 한다. 책임범위의 상한형(2년)이 하한형

18) Bruns, Strafzumessungsrecht, 1974, 269쪽 이하.

19) 이러한 입장이 독일의 통설이기도 하다. 대표적으로 NK-Streng, §46 StGB, Rn. 102 참조.

(1년) 보다 더 큰 이익을 가져오지 않는다면 과잉금지원칙에 비추어볼 때 상한의 형을 선고하는 것은 안되고, 책임상쇄의 요청은 이미 1년의 자유형을 선고함으로써 충족되기 때문이다.[20]

한편 책임범위이론에서 고려되어야 할 예방적 관점에 특별예방이 포함된다는 점에 대해서는 의문이 제기되지 않지만 책임범위 속에서 일반예방의 목적을 고려하여 행위자에게 중형을 선고할 수 있는지에 대해서도 논란이 있다. 우선 행위자가 침해한 규범의 확증을 본질로 하는 적극적 일반예방의 관점은 무엇이 규범안정화에 필요하고 충분한 것인지 개별 사건에서 확정할 수 없고 양형단계에서는 책임상당성의 기준으로 되돌아가기 때문에 피고인에게 책임에 상당한 형을 과하는 것으로 적극적 일반예방의 목적은 달성되는 것으로 볼 수 있다.[21] 이에 반해 잠재적인 범죄자를 위협하기 위한 형벌부과를 본질로 하는 소극적 일반예방을 이유로 당해 피고인에게 책임범위 속에서 그 상한으로 형을 가중하는 것이 허용되는지에 대해서는 많은 논란이 있다. 소극적 일반예방론이 전제하고 있는 (잠재적 범죄자에 대한) 위협사상이 행위자를 본보기로 삼는다는 점과 행위자의 유책한 불법을 초과한다는 점에 대해서는 이론의 일치를 보고 있다.[22] 그럼에도 불구하고 책임범위 속에서 소극적 일반예방의 관점을 고려할 수 있다는 것이 일반적으로 받아들여지고 있다.[23] 독일 판례는 현재 심판의 대상이 된 범죄 또는 그와 유사한 범죄가 증가하고 있는 경우에 한하여 소극적 일반예방에 근거한 형의 가중을 인정한다.[24] 그러나 일반국민에 대한 강력한 위협이 필요하다는 이유로 행위자에게 형을 가중하는 것은 허용되지 않는다고 보아야 한다. Feuerbach식의 소극적 일반예방론은 행위자를 수단으로 취급함으로써 헌법상의 인간존엄성 요구에 반할 뿐만 아니라 경험적 연구에서도 그 예방효과가 입증되지 못했고 행위시도 아닌 유죄판결시에 범죄의 발생빈도가 높다는 점이 행위자에게 형을 가중할 이유가 될 수는 없기 때문이다.

---

20) Roxin, Prävention und Strafzumessung, FS-Bruns, 1978, 191쪽 이하.
21) Jescheck/Weigend, Strafrecht AT, 1996, 881쪽.
22) Jescheck/Weigend, Strafrecht AT, 1996, 881쪽; BGH 20, 264(267).
23) Bruns, Neues Strafzumessungsrecht?, 1988, 27쪽 이하.
24) BGH NStZ 1986, 358; BGH 1992, 275; BGH Detter NStZ 1994, 476.

5. 책임범위이론에 대한 비판

책임범위이론에 대해서는 법관의 판결문에 책임의 범위가 설시되지 않는 실무에 비추어보면 어떠한 관점에 따라서 책임범위를 정할 것인지 완전히 해명되지 않고 있을 뿐 아니라 예방적 목적도 정확하게 어떠한 예방목적이 어느 정도의 중요성을 가지고 책임범위 내에서 고려되어야 하는지 분명하게 밝혀지지 않고 있다는 문제가 제기된다. 이 점에서 책임범위이론이 독일 형법 제46조의 형벌목적의 이율배반적 관계를 설명하기 위한 의미있는 접근방식임에도 불구하고 그 복잡한 과정과 불투명성으로 인하여 학계의 비판을 받고 있다.

책임범위이론에 대하여 제기되는 비판은 크게 두 가지 관점에서 찾아볼 수 있다.

우선 독일의 통설과 판례는 책임범위이론에 기초하여 책임상쇄와 예방목적의 이율배반적 관계를 조화시킬 수 있다고 주장하지만, 이를 비판하는 입장에서는 예방목적이 이미 형량(Strafhöhe)을 결정하는 데 원용되어 버렸기 때문에 행위자에게 어떠한 형종(Strafart)을 귀속시킬 것인지 책임범위이론은 분명하게 답하지 못한다는 반론을 제기한다.[25] 위가이론 내지 단계이론이 등장하게 된 계기도 바로 이러한 문제점에 기인한다.

책임범위이론에 대한 또 다른 비판으로는 책임범위이론이 전제하고 있는 책임상쇄나 예방목적 등 형벌이론이 개별적이고 구체적인 형량을 결정하기 위한 접근방식으로 작용할 수 없기 때문에 양형을 정당화하기 위해서는 독자적인 접근방식이 필요하다고 주장한다.[26] 이러한 독자적인 접근방식의 하나로 등장한 양형이론이 바로 양형을 행위자의 인격성과 결부시켜서는 안되며 오로지 범행의 중대성과 범행에 비례적인 반가치의 정도에만 결부시켜야 한다는 범행비례적 양형론이다.

Ⅳ. 사회적 형성작용이론

독일 양형이론에서는 전통적으로 책임범위이론에 대하여 특정한 범행의

25) SK－Horn, §46 StGB, Rn. 23 ff.
26) Hörnle, Tatproportionale Strafzumessung, 1999, 27쪽 이하.

책임에 상응하는 형벌은 유일한 것이지만 인간의 인식능력이 부족하여 그것을 명확하게 특정할 수 없을 뿐이라는 유일점형이론이 대치되어 왔다. 만약 유일점형이론을 전제로 하면서 책임형법인 이상 책임범위의 상한 이탈뿐만 아니라 하한 이탈도 허용되지 않는다는 엄격한 입장을 취하게 되면 양형에서 예방적 관점의 고려는 거의 불가능하게 된다. 그러나 엄격한 책임형을 고수하는 사고는 1960년대 독일에서 유행했던 특별예방사상을 고려해보면 수용하기 어려운 것이다. 이러한 의미에서 Dreher는 유일점형이론에 가까우면서도 예방적 관점을 고려할 수 있는 현실적인 이론구성을 시도하였다. 그것이 바로 사회적 형성작용이론이다.

사회적 형성작용이론(Theorie des sozialen Gestaltungsaktes)은 특정한 범죄에 대하여 법관이 발견해야 할 유일한 정당한 형벌(즉, 유일점형)은 없고, 법관 스스로에 의한 창조적인 사회적 작용의 결과가 정당한 형벌이라는 점에서 출발한다.[27] 사회적 형성작용이론에 의하면 당해 사건에 대한 법관의 종합적인 고찰과 평가의 작용을 통하여 법적으로 타당한 형량이 결정되는데 이 경우 법관이 형량을 발견할 때 법률상의 지침을 존중하였고 자의적이지 않으며 재량권의 범위 내에서 결정한 경우에는 그러한 형량은 '법적인 형벌'에 상응하는 것이라고 이해한다. Dreher는 책임범위이론은 구체적인 범행에 대하여 고정된 크기의 형량이 객관적으로 존재하지 않는다고 전제한 점은 타당하지만, 책임에 상응하는 형량의 고정된 한계량도 존재하지 않는다는 것은 문제가 있다고 지적하면서 결국 책임범위이론에 반대하였다. Dreher에 의하면 법관은 법질서의 가치척도에 관한 자신의 확신에 따라서 책임에 적정한 형을 결정해야 하지만 책임은 양형의 기초에 불과한 것이므로 행위자에게 일정한 영향을 미치기 위하여 책임범위를 이탈하는 것은 구체적인 형이 그 핵심에 있어서는 책임범위 안에 머물고 있는 한 그 위나 아래도 허용된다고 이해한다.[28]

그러나 사회적 형성작용이론은 결과적으로 책임범위이론과 거의 구별할 수 없다. 책임범위이론에서 뿐만 아니라 사회적 형성작용이론에서도 법관에게

27) Dreher, Zur Spielraumtheorie als der Grundlage der Strafzumessungslehre des Bundesgerichtshofs, JZ 1967, 43쪽 이하; Günther, Systematische Grundlagen der Strafzumessung, JZ 1989, 1026쪽.
28) Dreher, §46 StGB, Rn. 12.

형량발견과 관련한 재량을 인정하고 있고, 특히 책임에 적정한 점으로서의 형량을 이탈하는 것이 허용되는 범위도 책임범위이론과 동일하기 때문이다.[29] 독자적인 양형지침이나 양형기준이 결여되어 있는 것도 동일하다. 사회적 형성작용이론과 책임범위이론 간의 유일한 차이는 책임범위이론에서는 법관의 구체적인 판단과 무관하게 처음부터 어떠한 형벌이 당해 사건에 대한 책임에 적정한 것인지 정해져 있음에 반해 사회적 형성작용이론에서는 법창조적 작용 과정에서 법관의 양형판단을 통하여 비로소 법률에 적합한 형벌이 결정된다는 점이다.

Ⅴ. 위가이론

Henkel[30]이 명명한 위가이론(Stellenwerttheorie)은 양형의 과정을 두 단계로 구분하여 첫 번째 단계에서는 행위자의 유책한 불법(즉 책임)의 정도를 기초로 형량을 정하되 두 번째 단계에서는 예방적 관점에서 형벌의 종류와 그 형벌의 집행여부를 결정하여 책임과 예방의 이율배반관계를 해소하고자 한다. 다시 말해서 양형의 첫 번째 단계에서는 책임만을 고려하여 책임형량을 결정하고, 두 번째 단계에서 예방적 관점을 고려하여 형벌의 종류와 집행여부(집행유예 등)를 결정하는 것이다. 이 점에서 위가이론은 Schöch[31]와 Horn[32]이 발전시킨 단계이론(Stufentheorie)과 동일하나.

독일에서 위가이론이 등장하게 된 배경은 독일 형법 제47조(단기자유형의 제한)와 제56조(보호관찰부 집행유예)의 해석과 밀접한 관계가 있다. 독일 형법 제47조 제1항에 의하면, 법원은 범죄행위 또는 행위자의 인격에 나타난 특별한 사정이 행위자의 교화 또는 법질서의 방위를 위하여 불가피하게 자유형의 선고를 필요로 하는 경우에 한하여 6월 이하의 자유형을 선고하도록 규정하고 있다. 또한 독일 형법 제56조는 집행유예의 대상이 되는 선고형의 기간이 6개월 미만인 사안에서 재범위험성이 없는 경우에는 법원은 반드시 집행을 유예할 것을 규정하고 있다(제56조 제1항 및 제3항). 선고형의 기간이 6개월 이상 1년 이하인

29) Roxin, Prävention und Strafzumessung, FS－Bruns, 1978, 184쪽.
30) Henkel, Die “richtige”Strafe, 1969, 23쪽.
31) Schöch, Grundlage und Wirkung der Strafe, FS－Schaffstein, 1975, 259쪽.
32) Horn, Wider die “doppelspurige”Strafhöhenbemessung, FS－Shaffstein, 1975, 241쪽 이하.

경우에는 재범위험성의 부존재 이외에 법질서방위를 위한 실형선고의 필요성이 없어야 집행유예가 가능하다(제56조 제3항).[33] 선고형의 기간이 1년 이상 2년 이하인 경우에는 재범위험성의 부존재, 법질서방위를 위한 실형선고의 필요성 부존재 및 범죄행위와 행위자의 인격에 대한 종합적인 평가결과 형의 집행을 유예하여야 할 특별한 사정의 인정 등 세 가지 요건이 구비되어야 한다(제56조 제2항). 이와 같이 독일 형법 제46조와 제57조를 체계적으로 고찰해보면, 일반적으로 피고인에 대한 책임형량이 결정되고 난 후 그 책임형량에 따라서 단기자유형의 회피 또는 집행유예의 가능성 여부를 결정하는 구조로 되어 있다. 그래서 위가이론의 논리에 의하면, 두 번째 단계가 오로지 예방적 고려에 지배되고 있으므로, 첫 번째 단계에서도 이러한 고려를 수용한다면, 그것은 특히 행위자에게 재범의 가능성이 있는지 여부라는 문제를 이중으로 평가하는 것이 되므로 첫 번째 단계인 책임형을 결정하는 단계에서는 예방적 요소를 고려하지 않고 오로지 책임형만으로 형량을 정하게 된다.

그러나 형량을 오로지 책임의 정도에 의해서 결정하려는 위가이론에 대해서는 양형에 있어 행위자의 책임을 기초로 하되 예방적 고려도 해야 한다는 양형의 원칙에 반한다는 문제가 제기된다. 형의 양정을 함에 있어 행위자의 책임을 기초로 하되 예방적 요소도 고려해야 한다는 명제는 행위자의 책임 이외의 관점들도 형의 양정에서 일정한 역할을 해야 한다는 것인데, 위가이론에 의하면 형량에 대한 결정이 오로지 책임에만 근거하게 되어 있으므로 이는 양형의 원칙에 배치되기 때문이다. 나아가 위가이론에 대해서는 독일 형법 제56조가

33) 엄격한 의미에서 보면, 독일 형법 제56조의 집행유예의 요건은 1년 이하의 자유형을 선고할 경우(제1항)와 1년 이상 2년 미만의 자유형을 선고할 경우(제2항) 등 두 가지 유형만 규정하고 있다. 그러나 제56조 제3항에서 6개월 이상의 자유형을 선고할 경우 법질서의 방위를 위하여 실형선고가 요구되는 경우에는 집행을 유예해서는 안된다고 명시하여 1년 이하의 자유형 선고시 집행유예의 가능성을 제한하고 있다. 따라서 제56조 제1항에 따라 1년 이하의 자유형을 선고하는 경우 긍정적 예측(재범위험성이 없을 것)만 있으면 반드시 집행을 유예해야 하지만, 제56조 제3항의 제한으로 인하여 6개월 미만의 경우에는 긍정적 예측만 있으면 반드시 집행을 유예하고, 6개월 이상 1년 미만의 자유형을 선고할 경우에는 긍정적 예측과 법질서방위를 위한 실형선고의 필요성이 존재하지 않아야 한다는 상이한 요건이 설정될 수밖에 없다. 독일 형법상 집행유예의 요건을 논의함에 있어 일반적으로 6개월 미만, 6개월 이상 1년 미만, 1년 이상 2년 미만 등 세 단계로 구분하는 이유도 바로 여기에 있다. 독일 형법상 집행유예의 기준에 관해서는 이진국, 독일 형법상 집행유예의 요건과 기준, 보호관찰 제11권 2호, 2011, 260~283쪽 참조.

적용되지 않는 영역, 즉 선고형이 2년 이상인 경우에는 집행유예의 가능성이 처음부터 차단되어 버리기 때문에 예방적 고려도 전혀 할 수 없다는 문제점을 드러낸다.

Ⅵ. 양형이론으로서 적극적 일반예방이론

형벌목적론으로서의 적극적 일반예방론(Theorie der positiven Generalprävention)은 일반국민에 대한 위협을 통한 범죄예방을 추구하는 소극적 일반예방론과는 달리 형법의 과제를 법질서의 존속력과 관철력을 유지·강화하는 데 중점을 둔다. 즉 적극적 일반예방에서는 규범확증(Normbekräftigung)이 핵심이다. 그러나 자세하게 보면 적극적 일반예방론은 Jakobs식의 단순한 적극적 일반예방론,[34] Roxin의 통합예방론(Integrationsprävntion) 및 Bottke의 연합예방론(Assoziationsprävention)[35]을 모두 포괄하는 개념이다.

적극적 일반예방론의 특징을 가지는 형벌목적론들은 양형이론들 중에서 특히 책임범위이론과 합치된다. 예를 들어 통합예방론의 대표자인 Roxin은 책임범위이론에 따르고 있다.[36]

Roxin은 책임과 예방이 교차적으로 제한하는 관계에 있다고 한다.[37] 통합예방은 형벌의 필요성을 정당화하는 기능을 수행하기 때문에 비록 책임에 적징한 형량 그 자체가 높다고 하더라도 예방적으로 효과가 있는 형량만 허용되고, 이와 반대로 예방적 관점에서 형량이 높게 나타나는 경우에도 책임의 정도가 이를 제한하는 기능을 수행하게 된다는 것이다.[38][39]

그러나 양형에서 적극적 일반예방론은 비교적 넓은 범위를 형성하는 데에

34) Jakobs, Strfrecht AT, 1993, 1. Abschn., Rn. 4－16.

35) Bottke, Assoziationsprävention, 1995.

36) Roxin, Strafzumessung im Lichte der Strafzwecke, 1977, 58쪽 이하.

37) Roxin, Was bleibt von der Schuld im Strafrecht übrig?, SchwZStr 104(1987), 372쪽 이하.

38) 최석윤 교수는 적극적 일반예방이론에 따를 경우 책임원칙이 양형의 지도원리로 기능하게 되며, 예방목적은 불법과 책임에 상응하는 형벌을 통해 간접적으로만 추구되기 때문에 책임과 예방의 이율배반문제가 발생하지 않는다고 한다. 최석윤, 양형기준설정과 관련된 몇 가지 고려사항, 비교형사법연구 제10권 제1호, 2008, 85－86쪽 참조.

39) Roxin, Was bleibt von der Schuld im Strafrecht übrig?, SchwZStr 104(1987), 373쪽.

만 활용할 수 있을 뿐이다. Jakobs도 인정하는 것처럼 적극적 일반예방론을 원용하여 분명하고 특정한 형량을 산정할 수 없기 때문이다.[40] 오히려 적극적 일반예방론은 법위반에 대하여 '이미 심각하게 받아들여지는 대응에서부터 아직 과도하지 않은 강력한 대응'을 할 수 있는 범위를 제공해준다.[41] 그리고 이러한 범위는 보다 효과적인 처분이 가능한 한에서 특별예방이 채울 수 있다. 그렇지 않으면 이미 심각하게 받아들여지는 대응의 최소한에 머물러야 할 것이다.[42]

Ⅶ. 범행비례적 양형론

범행비례적 양형론(Theorie der Tatpropotionalität)[43]은 행위자의 인격성에 양형의 초점을 두는 것이 아니라 범행의 중대성에 양형의 중점을 설정한다.[44] 범행의 중대성에 대한 판단은 오로지 결과불법과 행위불법으로 구분된 범행의 불법과 범행의 주관적 귀속가능성에 국한된 책임감경적 사정에만 초점을 맞추고 있다. 달리 말하면 형종과 형량은 법익침해의 종류, 정도 및 유형으로 나타나는 범행에 대한 반가치의 정도에 상응하여야 한다는 것이다. 따라서 범행비례적 양형론에서는 불법을 제외한 행위자의 인격성과 관련되는 모든 사정을 고

---

40) Jakobs, Strfrecht AT, 1993, 1. Abschn., Rn. 50.

41) Jakobs, Strfrecht AT, 1993, 1. Abschn., Rn. 50.

42) Jakobs, Strfrecht AT, 1993, 1. Abschn., Rn. 50.

43) 범행과 비례하는 양형으로서의 의미를 지닌 범행비례적 양형론은 원래 영미권이나 북유럽에서 유행하던 양형이론이었다. 이 이론을 대륙법계 국가인 독일에 처음으로 접목시킨 학자는 Schünemann이었다. Schünemann, Plädoyer für eine neue Theorie der Strafzumessung, 1987, 224쪽 이하 참조. Schünemann은 독일의 통설과 판례가 취하고 있는 책임범위이론이 법관의 자의를 낳을 위험이 크다는 점을 지적하면서 이를 방지하고 양형의 평등과 계측의 가능성을 확보하기 위해서는 예방적 관점인 행위자의 인격적 요소를 양형판단의 대상에서 배제해야 한다고 주장하였다. Schünemann, a.a.O., 226쪽 이하. 그렇지만 Schünemann 자신도 기존의 양형이론에 얽매여 범행비례적 양형론을 주장하면서도 특별예방에 근거한 형의 감경이나 가중을 인정함으로써 정치한 양형이론을 전개하지 못하였다. Schünemann, a.a.O., 217쪽 이하 참조. Schünemann 이후 범행비례적 양형론을 보다 체계적으로 구축하면서 독일의 범죄체계론과 통합을 시도한 학자는 바로 Schünemann의 제자였던 Hörnle였다. Hörnle, Tatproportionale Strafzumessung, 1999 참조.

44) 범행비례적 양형론에 관한에 상세한 문헌으로는 손동권·김재윤, 범행비례적 양형론에 관한 연구, 한국형사정책연구원, 2016 참조; 또한 개괄적으로 소개한 문헌으로는 최석윤, 양형위원회와 양형이론, 형사정책연구 제18권 제3호, 2007, 436쪽 참조.

려의 대상에서 제외시키기 때문에 예방적 요소들은 처음부터 법관의 양형판단의 대상에서 배제된다. 범행비례적 양형론을 상세하게 다룬 Hörnle에 의하면 행위자의 범죄적 에너지나 범행의 동기 또는 행위자의 전과 등과 같은 행위자의 인격성에 속하는 사정을 양형에 결부시키는 것은 객관적이고 체계적인 양형을 어렵게 하고 예방적 관점들도 그 효력에 관하여 입증할 수 없을 뿐만 아니라 예방적 이론에 내재되어 있는 정의의 기준이 흠결되어 있어 양형에서 배제되어야 한다고 주장한다.[45)]

원래 범행비례성(Tatpropotionalität)의 개념은 범행의 중대성과 형량이 비례 내지 균형을 이루어야 한다는 것을 의미하지만 보다 상세하게 보면 이에는 상대적 비례와 절대적 비례, 소극적 비례와 적극적 비례로 구별된다. 상대적 비례와 절대적 비례는 특정한 범행에 대한 처벌의 비례를 다른 범행과 비교하여 문제삼는 것임에 반해, 소극적 비례와 적극적 비례는 특정한 범행에 대한 처벌 그 자체를 문제삼아 그 처벌이 지나치게 중하거나 지나치게 경한 것인지를 문제삼는 개념이다. 이 중에서 범행비례적 양형론은 상대적 비례에 중점을 두고 있다. 범행의 무게가 동등한 각각의 피고인에게 다른 형을 과하는 것은 동일하게 비난되어야 할 피고인들에게 다른 무게의 비난을 가하는 것이 되어 공정하지 못한 결과를 초래한다고 보기 때문이다.

범행의 중대성만 양형판단의 대상으로 삼는 범행비례적 양형론의 접근방식은 외형적으로 보면 절대적 응보형론과 유사하다.[46)] 그러나 절대적 응보형론이 양형의 기준을 응보라는 형벌목적에서 도출하는 반면, 범행비례적 양형론은 양형의 기준을 형벌목적과는 다른 독자적인 양형원리에서 도출한다는 점에서 구별된다. 다시 말해서 범행비례적 양형론은 형벌제도 일반의 정당화에 관한 문제와 구체적인 형의 배분의 정당화에 관한 문제는 구별되어야 한다는 Hart[47)]의 사상을 기반으로 하여[48)] 양형의 전제로서 형벌목적을 확정할 필요가 있다는 전통적인 입장과는 달리 형법체계의 정당화(즉, 형벌목적론)와 개별적인 양형의

45) Hörnle, Tatproportionale Strafzumessung, 1999 143쪽 이하.

46) Hörnle, Tatproportionale Strafzumessung, 1999, 126쪽.

47) Hart, Punishment and Responsibility, 1968, 8~11쪽.

48) von Hirsch/Nils Jareborg, Strafmaß und Strafgerechtigkeit, 1991, 11쪽; Hörnle, Tatproportionale Strafzumessung, 1999, 125쪽 이하.

관계를 단절시키면서 형법체계가 예방적으로 정당화된다 하더라도 양형의 기준은 그러한 형법체계에 따를 필요가 없고, 따라서 별도의 논증이 요구된다고 이해한다.[49)]

범행비례적 양형론에서 범행비례적 처벌을 정당화하는 핵심적인 요소는 해악부과(Übelszufügung)와 범행에 대한 반가치판단(Unwerturteil)이다.[50)] 범죄에 대한 대응으로서의 형벌은 해악부과로서의 의미뿐만 아니라 범행에 대한 비난(Tadel), 불승인(Mißbilligung) 또는 반가치판단도 내포하고 있다.[51)] 여기서 해악부과의 정도는 비난의 정도로 반영되기 때문에 범행에 대한 형량도 그 범행에 대한 비난의 정도를 표현해준다.[52)] 이는 달리 표현해보면 범행의 무게가 동등하다면 그 비난의 정도도 같아야 한다는 것을 의미한다. 따라서 예를 들어 같은 정도의 무게를 지닌 범죄를 범한 甲과 乙 중에서 법관이 甲에게 재범위험성이 높다고 판단하여 재범의 위험성이 없는 乙보다 더 중한 형을 선고한다면, 甲과 乙이 범한 범행에 대한 비난의 정도가 동일함에도 불구하고 형을 달리 선고한 결과가 되어 공정성원칙에 반하게 된다. 범행비례적 양형론이 예방적 관점(앞의 재범의 위험성)을 양형의 대상에서 배제하여 객관적인 범행을 중대성만 양형의 대상으로 삼고자 하는 이유도 바로 여기에 있다.

범행의 무게가 동등한 사건에서는 그 비난으로서의 형량도 동일해야 한다는 범행비례적 양형론은 행위자의 범행동기나 목표 등과 같은 범행의 주관적 요소를 제외한 주관적인 사정들을 양형의 대상에서 전면적으로 배제시킨다. 원래 독일 양형론의 통설[53)]과 판례[54)]는 책임에 적정한 형벌을 양정함에 있어 객관적으로 평등한 형이 아니라 개인적인 형벌고통(individuelle Strafleiden)의 평등이 중요한 것이라고 이해하고 있다. 행위자가 주관적으로 느끼는 형벌감응성을 고려하여 행위자에 대한 구체적인 형량을 산정해야 한다는 것이다. 이

---

49) Hörnle, Tatproportionale Strafzumessung, 1999, 388쪽.

50) Hörnle, Tatproportionale Strafzumessung, 1999, 388쪽.

51) Hörnle, Tatproportionale Strafzumessung, 1999, 135쪽 이하.

52) Hörnle, Tatproportionale Strafzumessung, 1999, 135쪽.

53) Maurach/Gössel/Zipf, Strafrecht AT 2, 1989, §63 Rn. 117 ff; Bruns, Das Recht der Strafzumessung, 1985, 144쪽, 196쪽 이하; Schünemann, Plädoyer für eine neue Theorie der Strafzumessung, 1987, 227쪽; Meier, Strafrechtliche Sanktionen, 2001, 201~202쪽.

54) BGHSt 7, 28, 31; BGH StV 1983, 326; BGH StV 1992, 106.

와 관련하여 과거 Henkel[55]은 형벌감응성(Strafempfindlichkeit)[56]과 형벌감수성(Strafempfänglichkeit)을 구분하면서 형벌감응성을 책임에 적정한 형벌과 관련지우되 형벌감수성을 특별예방적 필요성과 관련지우면서 책임에 적정한 형벌을 양정하는 경우(즉, 형벌감응성 관련)에는 객관적으로 평등한 정도의 형벌이 중요한 것이 아니라 개인적인 형벌의 고통이 중요한 것이라고 하였다.[57] 이에 반해 Hörnle는 독일의 통설과 판례가 폭넓게 활용하는 형벌감응성의 관념에 대하여 의문을 제기하면서, 범행을 평가할 때 수없이 비판된 행위자의 인격성에 대한 평가가 양형판단의 '뒷문'을 통하여 다시금 등장한다고 비판하고 있다.[58] 양형판단에서 형벌감응성을 고려하는 것은 양형의 불평등성을 촉진시키게 될 것이라는 것이다.[59]

한편 범행비례적 양형론과 같이 예방적 관점을 양형판단의 대상에서 제외시키게 되면 "양형은 행위자의 책임을 기초로 하되 예방적 관점을 고려해야 한다"는 양형원칙(독일 형법 제46조 제1항)에 배치된다는 문제가 제기된다. 이에 대하여 Hörnle는 이러한 양형원칙은 사실심 법관이 양형을 할 때 '책임'평가에 그 의미가 있는 형벌감응성을 고려하라는 것이지 국가형벌권의 예방적인 개입의 필요성을 의미하는 형벌감수성까지 반드시 관련지울 필요가 없다는 전제에서 이러한 예방적 요소를 처음부터 양형의 판단대상에서 제외시키고 오로지 불법의 관점만 양형에 포함시키게 되면 책임과 예방의 이율배반성에 관한 문제가 처음부터 제기되지 않는다고 한다.[60] 또한 범행비례적 양형론에서는 책임범위이론에 따라 행위자의 재사회화에 도움이 되는 특정한 처우목표를 달성하기 위

55) Henkel, Strafempfindlichkeit und Strafempfänglichkeit des Angeklagten als Strafzumessungsgründe, FS－Heinrich Lange, 1970, 179쪽 이하.

56) 이러한 형벌감응성 개념을 고려해보면 행위자 인격의 특성이나 사정들이 상이하기 때문에 개별적인 피고인에게 부과될 형벌의 중대성에서도 상이하게 나타날 수 있다. 예를 들어 고령자인 피고인, 건강상태가 좋지 않은 피고인 또는 여러 명의 자식을 부양하는 피고인 등에 대한 구금형의 선고는 당해 피고인에게 중하게 다가올 수 있고, 이로써 형벌감응성이 높은 것으로 볼 수 있다. 일반적으로 보면 높은 형벌감응성은 형벌감경과 관련되어 있다.

57) Henkel, Strafempfindlichkeit und Strafempfänglichkeit des Angeklagten als Strafzumessungsgründe, FS－Heinrich Lange, 182쪽 이하.

58) Hörnle, Tatproportionale Strafzumessung 1999, 168쪽.

59) Hörnle, Tatproportionale Strafzumessung 1999, 168쪽.

60) Hörnle, Tatproportionale Strafzumessung 1999, 143쪽 이하.

한 형벌가중이 인정되지 않고 처우의 필요성이 없는 행위자에게 자유박탈을 면하게 할 목표만으로 추구하는 형벌감경도 인정되지 않는다고 한다.[61]

그러나 범행비례적 양형론은 그 논리적 정치성과는 달리 독일 학계와 판례로부터 많은 동의를 받지 못했다. 범행비례적 양형론에 대하여 적지 않은 비판이 제기되었기 때문이다.

우선 범행비례적 양형론이 전제로 하고 있는 형벌제도의 목적과 양형원리간의 분리에 대해서는, 형법이 사회적인 임무를 수행하여야 한다면 형벌의 목적은 형법의 근거지움 뿐만 아니라 양형에서도 기준이 되어야 하기 때문에 양형을 형벌목적과 분리하는 것은 타당하지 않다는 지적이 있다.[62]

또한 양형에서 예방적 고려를 배제하는 범행비례적 양형론에 대해서는 양형판단에서 예방적 고려를 배제하는 것은 허용될 수 없고, 행위자의 책임을 기초로 예방을 고려하도록 하는 양형원칙에도 반하며, 형벌을 오로지 범행비례성에 방향을 설정하는 경우에는 결과적으로 반드시 평균 형량이 높아지는 문제가 발생하고, 인도주의원칙이나 시민의 자유의 원칙 등 형사정책적인 관점에서도 양형에서 특별예방적 고려를 하도록 하는 것이 타당하다는 비판[63]이 제기된다.

마지막으로 행위자의 인격적 요소를 양형판단의 대상에서 배제시키고자 하는 범행비례적 양형론에 대해서는 양형책임으로서 행위책임으로부터 인적 요소를 배제시킴으로써 오히려 국민의 법감정을 해치게 되고 이로써 형법의 핵심적 임무인 규범확증 임무에 역효과를 초래하게 되며[64] 특히 피고인의 전과는 실무에서 매우 중요하고 대부분의 국가에서 고려되는 가중요소임에도 이를 양형판단의 대상에서 배제시키고자 하는 접근방식은 문제가 있다.[65]

---

61) Hörnle, Tatproportionale Strafzumessung 1999, 336쪽 이하.

62) Streng, Kommentar zu “Kriterien für die Herstellung von Tatproportionalität”, 2003, 129쪽.

63) Dölling, Über die Strafzumessung beim Raub, GS－Zipf, 1999, 193쪽 이하.

64) NK－Streng, §46 StGB, Rn. 112.

65) Frisch, Maßstäbe der Tatproportionalität und Veränderungen des Sanktionenniveaus, 2003, 9쪽.

Ⅷ. 검 토

양형에서 책임과 예방의 관계에 관한 다양한 학설 중에서 독일과 우리나라의 통설이 취하고 있는 책임범위이론은 일응 현재의 양형실무를 비교적 설득력 있게 설명해주는 것처럼 보이지만 세부적으로 보면 적지 않은 문제점을 안고 있다. 양형의 기초가 되는 책임을 어떻게 설정할 것인지에 관한 문제에서부터 그러한 책임범위 속에서 예방적 관점을 어떠한 비중을 두어서 어느 정도로 고려할 것인지에 관한 문제도 해결되지 않은 채 남아있기 때문이다. 그럼에도 불구하고 유일점형이론이나 위가이론 및 범행비례적 양형론이 책임범위이론보다 더 나은 대안이라고도 보기 힘들다. 유일점형이론이나 위가이론 및 범행비례석 양형론이 일응 형벌목적의 이율배반성 문제를 해결하는 것처럼 보이지만 적지 않은 이론상의 문제점을 안고 있기 때문이다. 이에 반해 책임범위이론은 비록 이론상의 문제점이 있다고 하더라고 적어도 양형실무에서 법관이 형량을 발견함에 있어 그 방향을 설정할 수 있도록 하는 하나의 지침은 제공해줄 수 있는 것으로 보인다.

제 3 장

양형의 단계

§5 양형의 구체화 과정

행위자의 범죄사실에 대한 증명이 있고 죄수가 결정되면, 법원은 피고인에 대한 구체적인 형을 선고한다. 이 경우 법원은 범죄구성요건에 규정되어 있는 법정형을 기초로 특정한 처단형을 찾아서 피고인에게 구체적인 형벌의 종류와 형량을 선고하게 된다. 이러한 일련의 과정을 형의 양정이라 한다.[1)]

Ⅰ. 법정형

법정형(Strafdrohung)이란 입법자가 특정한 범죄에 대한 법적 효과로 명시해둔 형벌의 종류와 그 범위를 말한다. 예를 들어 절도죄(형법 제329조)에 대한 법적 효과는 6년 이하의 징역 또는 1천만 원 이하의 벌금으로 명시되어 있는데, 이 경우 형벌의 종류는 징역형과 벌금형이고 그 범위는 징역형의 경우 1월 이상 6년 이하이고(형법 제42조 참조) 벌금형의 경우에는 5만 원 이상 1천만 원 이하이다(형법 제45조 참조).

법정형은 양형의 출발점이 된다. 권력분립원칙에 따라 법을 적용하는 법관은 입법자가 정해 둔 법정형을 기초로 하여 피고인에게 구체적인 형벌의 종류와 그 범위를 결정해야 하기 때문이다. 현행 형법상 법정형이 유일점으로 규정되어 있는 예는 여적죄(형법 제93조)뿐이다. 대부분의 범죄구성요건은 범죄에 대한 법적 효과를 벌금형이나 징역형 또는 금고형 등과 같은 둘 이상의 형벌의 종류를 규정해두고 있고 강도죄(형법 제333조)와 같이 유기징역 하나만 형벌의 종류를 규정하는 경우에도 그 법정형의 범위를 '3년 이상'으로 명시하여 그 범위

---

1) 배종대, 형법총론, 2014, 800쪽 이하에서는, 양형이 법정형 → 처단형 → 선고형의 순서로 이어지는 것은 하나의 인식론적 오류에 속한다고 이해하고 있다. 양형의 실무에서 작량감경제도가 법관이 직관적으로 피고인에게 선고할 적당한 형량을 정하고 나서, 그 형량이 법정형에 대해 법률상 가중·감경한 형벌범위 안에 들어오지 않을 경우에 그것을 고치는 수단으로 이용될 뿐이기 때문에 실제는 선고형 → 작량감경 → 처단형의 순서로 양형이 이루어지기 때문이라는 것이다.

속에서 구체적인 형벌을 선고하도록 규정하고 있다. 다만 2010. 4. 15. 형법개정을 통하여 유기징역과 무기징역의 최장기가 15년에서 30년까지로 연장되었고 유기징역 또는 유기금고에 대하여 형을 가중하는 경우에는 그 최장기가 25년에서 50년까지로 연장되었다(형법 제42조).

법정형은 양형의 기초를 형성한다는 점에서 범죄와 그에 대한 법적 효과인 법정형은 일정한 비례관계에 있어야 한다.[2] 예를 들어 법정형의 하한을 과도하게 상향하는 형사입법은 행위자가 저지른 불법의 내용을 초과하여 행위자에게 귀속시킴으로써 과잉금지원칙과 책임주의에 위반될 수 있고 입법목적과 수단 간의 심각한 불균형을 초래할 수 있으며 법관의 양형재량 마저 빼앗아 버림으로써 종국적으로 헌법이 보장하는 법관의 독립(헌법 제103조)을 해칠 수도 있다. 특히 법정형의 하한을 '7년 이상의 징역' 등으로 대폭적으로 상향하는 형사입법에 대하여 헌법재판소는 "범죄화에 관해서는 입법자에게 광범위한 입법형성의 자유가 인정되기 때문에 어느 범죄에 대한 법정형이 전체 형벌체계상 현저히 균형을 잃는다든지, 헌법규정이나 헌법상의 제원리에 반하여 자의적으로 행사된 경우가 아닌 한, 법정형의 경중은 헌법위반의 문제로 볼 수 없다"고 판시하고 있다.[3] 그러나 이러한 헌법재판소 결정례는 법정형의 강화 내지 중벌화 경향에 대한 통제의 지침을 제공해주지 못한다. 개별 사례에 맞추어 판단하는 헌법재판소 결정례는 형법 및 형사특별법상의 법정형 체계를 구조적으로 조망하지 않고 있기 때문이다.

문제는 법정형 하한을 상향해 둔 범죄구성요건이 과잉금지원칙에 위반된다고 볼 수 있는 판단기준이 무엇인지의 여부이다. 이 문제에 대해서는 획일적인 답이 주어질 수 없으며 개별 범죄구성요건의 법익과 불법성이 형법의 전체 체계에서 어떠한 의미를 가지고 있는지를 검토해보아야 한다. 이러한 의미에서 징역 6년 이하 또는 1천만 원 이하로 규정되어 있는 절도죄의 법정형을 입법자가 징역 5년 이상으로 상향조정한 경우에는 비록 구체적 양형과정에서 피고인

2) 형법상 법정형체계와 그 문제점에 관해서는 김혜경, 법정형체계의 정비방안, 2006 참조.

3) 대표적인 헌법재판소 결정예로는 헌법재판소 2001. 11. 29. 선고 2000헌바37 결정(보건범죄단속에 관한 특별조치법 제5조에 대한 위헌소원); 헌법재판소 2001. 11. 29. 2001헌가16 결정(성폭력범죄의 처벌 및 피해자보호 등에 관한 법률 제5조 제2항에 대한 위헌제청) 등 참조.

에게 집행유예가 가능하다고 하더라도 과잉금지에 위반된다. 이러한 사례에서는 보호법익과 불법성이 생명(살인죄)보다 근본적으로 우월적이지 못하기 때문이다.

Ⅱ. 처단형

1. 처단형의 산정 순서

처단형(gesetzlicher Strafrahmen)이란 법정형을 기초로 형의 상한과 하한을 정하여 도출된 형벌범위를 말한다. 예를 들어 강도죄(형법 제333조)의 법정형은 '3년 이상의 유기징역'이고 그 장기는 형법 제42조에 따라서 30년인데, 법률상 감경사유가 있는 경우에는 형법 제55조 제1항 제3호("유기징역 또는 유기금고를 감경할 때에는 그 형기의 2분의 1로 한다")에 의하여 그 법정형의 2분의 1, 즉 장기(상한)는 15년, 단기(하한)는 1년 6월이 정해지고, 이와 같이 계산된 결과로서 단기 1년 6월부터 장기 15년까지의 범위가 처단형이다. 그리고 이러한 처단형의 범위 속에서 법관은 최종적으로 선고형을 결정하게 된다.

처단형의 범위는 입법자가 제시한 객관적인 기준에 따라 기계적으로 계산된다.[4] 이 경우 처단형의 범위를 정하는 데 기준이 되는 것은 형법 제56조이다. 형을 가중, 감경할 사유가 경합된 경우 이에 관한 처리를 규정하고 있는 형법 제56조에 의하면, ① 각칙 본조에 의한 가중, ② 형법 제34조 제2항의 가중, ③ 누범가중, ④ 법률상 감경, ⑤ 경합범 가중, ⑥ 작량감경의 순서에 따라 처단형의 범위를 계산한다.

2. 형사재판 실무에서 양형 관련 법령적용의 순서

형사소송법 제323조 제1항에 의하면, 법원이 피고인에 대하여 형을 선고하는 때에는 판결이유에 범죄될 사실, 증거의 요지와 법령의 적용을 명시해야 한다. 여기서 '법령의 적용'이란 당해 사건에 대한 범죄구성요건에 해당하는 법령의 적용 뿐만 아니라 선고형을 도출하는 과정에서 적용한 법령도 포함한다. 이

---

4) 신동운, 형법총론, 2011, 794쪽.

와 관련하여 형사재판 실무에서는 형법 제56조를 기본으로 하여 양형과 관련된 법령의 적용 순서를 다음과 같이 나열하고 있다.[5)]

양형 관련 법령적용의 순서

① 범죄사실에 대한 해당법조
② 각칙 본조에 의한 가중과 형법 제34조 제2항의 가중
③ 상상적 경합
④ 형의 선택
⑤ 누범가중
⑥ 법률상 감경
⑦ 경합범 처리(후단 경합범)
⑧ 경합범 처리(전단 경합범)
⑨ 작량감경
⑩ 환형유치 근거 법령
⑪ 집행유예 근거 법령 및 이유
⑫ 몰수의 근거 법령
⑬ 폐기의 근거 법령
⑭ 추징의 근거 법령
⑮ 피해자 환부 근거 법령
⑯ 피해자 교부의 근거 법령
⑰ 가납명령의 근거 법령

이상과 같은 양형관련 법령적용의 순서에 따라 형사재판의 실무는 판결서에 문장식 또는 나열식으로 법령을 적용하였으나 1998년경부터 나열식으로 법령적용을 기재하도록 하고 있다.[6)] 예를 들어 피고인 甲과 乙에 대한 판결서의 법령적용의 예를 나열식으로 표현하면 다음과 같다.[7)]

---

5) 아래의 표는 사법연수원, 형사실무강의(형사절차법), 2013, 472쪽의 표를 인용한 것임.
6) 사법연수원, 형사실무강의(형사절차법), 2013, 473쪽.
7) 아래의 표는 사법연수원, 형사실무강의(형사절차법), 2013, 473~474쪽의 표를 인용한 것임.

나열식 법령적용의 예

1. 범죄사실에 대한 해당법조
   가. 피고인 甲 : 형법 제331조 제2항, 제1항(특수절도의 점),[8] 형법 제225조(공문서위조의 점), 각 형법 제334조 제2항, 제1항, 제333조(특수강도의 점)
   나. 피고인 乙 : 형법 제331조 제2항, 제1항(특수절도의 점), 도로교통법 제154조 제2호(무면허운전의 점)
2. 상상적 경합
   피고인 甲 : 형법 제40조, 제50조(각 특수강도죄 상호간, 범정이 더 무거운 ○○○에 대한 특수강도죄에 정한 형으로 처벌)
3. 형의 선택
   특수강도죄에 대하여 유기징역형, 도로교통법위반(무면허운전)죄에 대하여 벌금형을 각 선택
4. 누범가중
   피고인 甲 : 형법 제35조(절도죄의 전과가 있으므로, 다만 특수강도죄에 대하여는 형법 제42조 단서의 제한 내에서)
5. 법률상 감경
   피고인 甲 : 형법 제52조 제1항, 제55조 제1항 제3호(자수)
6. 경합범 처리
   피고인 甲 : 형법 제37조 후단, 제39조 제1항 전문(공문서위조죄와 판결이 확정된 상해죄 상호간)
7. 경합범 가중
   가. 피고인 甲 : 형법 제37조 전단, 제38조 제1항 제2호, 제50조(특수절도죄와 특수강도죄 상호간, 형이 더 무거운 특수강도죄에 정한 형에 경합범 가중)
   나. 피고인 乙 : 형법 제37조 전단, 제38조 제1항 제3호
8. 작량감경
   피고인 甲 : 형법 제53조, 제55조 제1항 제3호(특수절도죄, 특수강도죄에 대하여, 각 범행의 피해정도가 그리 크지 않고 피해품들이 모두 회복된 점 등 참작)
9. 노역장유치
   피고인 乙 : 형법 제70조, 제69조 제2항
10. 집행유예
    피고인 乙 : 형법 제62조 제1항, 제2항(아직 나이가 어리고 자신의 잘못을 깊이 뉘우치고 있으며 특수절도의 범행에 가담한 정도가 가벼운 점 등 참작)
11. 몰수
    각 형법 제48조 제1항 제1호
12. 폐기
    피고인 甲 : 형법 제48조 제1항 제2호, 제3항

13. 피해자 환부
    형사소송법 제333조 제1항
14. 피해자 교부
    형사소송법 제333조 제2항, 제1항

3. 양형 관련 법령적용에 대한 설명

앞에서 언급한 양형 관련 법령적용의 순서 중 '범죄사실에 대한 해당법조'의 기재는 양형과 직접적으로 관련된 것이 아니고, 노역장유치, 집행유예, 몰수, 폐기, 피해자 환부, 피해자 교부도 부수적인 문제라는 점에서 여기서는 양형과 관련된 핵심적인 법령적용에 대해서만 부연 설명하기로 한다.

가. 각칙 본조에 의한 가중

각칙 본조에 의한 가중이란 형법각칙의 특별구성요건에 의한 가중을 말한다. 각칙 본조에 의한 가중의 근거는 예를 들어 상습폭행죄(형법 제264조)의 경우와 같이 "그 죄에 정한 형의 2분의 1까지 가중한다"는 방식으로 해당 범죄의 법정형에 일정 비율만을 가중하도록 규정하여 상습성을 형의 가중사유로 규정해둔 경우가 있는 반면 상습도박죄(형법 제246조)와 같이 "상습으로 제1항의 죄(도박죄)를 범한 사람은 3년 이하의 징역 또는 2천만 원 이하의 벌금에 처한다."고 명시하여 상습성을 가중적 구성요건의 표지로 규정해두는 예도 있다.

나. 형법 제34조 제2항의 가중

형법 제34조 제2항의 가중이란 특수교사·방조시의 가중을 말한다. 형법 제34조 제2항에 의하면, 자기의 지휘, 감독을 받는 자를 교사 또는 방조하여 전항의 결과를 발생하게 한 자는 교사인 때에는 정범에 정한 형의 장기 또는 다액에 그 2분의 1까지 가중하고 방조인 때에는 정범의 형으로 처벌한다고 규정하고 있다.

---

8) 형법 제331조 제2항 이외에 제1항을 기재한 이유는 형법 제331조 제2항은 "흉기를 휴대하여 2인 이상이 합동하여 타인의 재물을 절취한 자도 전항의 형과 같다"라고만 하여 구성요건만 있지 법정형이 규정되어 있지 않으므로 '제331조 제2항'만 기재해서는 '죄형법정주의'의 '형'이 드러나지 않게 되므로 "1년 이상 10년 이하의 징역에 처한다"고 규정한 '제1항'을 함께 기재해야 한다. 사법연수원, 형사실무강의(형사절차법), 2013, 475쪽.

다. 상상적 경합

상상적 경합이란 1개의 행위가 실질적으로 수개의 구성요건을 충족하는 경우를 말하고 법조경합은 1개의 행위가 외관상 수개의 죄의 구성요건에 해당하는 것처럼 보이나 실질적으로 1죄만을 구성하는 경우를 말한다.[9][10] 상상적 경합범의 경우에는 가장 중한 죄에 정한 형으로 처벌하므로(형법 제40조), 형의 경중은 형법 제50조를 적용하여 밝혀야 한다.[11] 이 경우 형의 경중의 비교는 처단형이나 선고형에 의할 것이 아니라 원칙적으로 법정형을 표준으로 해야 하고, 법정형의 경중을 비교함에 있어서 법정형 중 병과형 또는 선택형이 있을 때에는 이 중 가장 중한 형을 기준으로 하여 다른 형과 경중을 정하는 것이 원칙이다.[12] 또한 형법 제40조에서 "가장 중한 죄에 정한 형으로 처벌한다"란 수개의 죄명 중 가장 중한 형을 규정한 법조에 의하여 처단한다는 취지와 함께 다른 법조의 최하한의 형보다 가볍게 처단할 수 없다는 취지 즉, 각 법조의 상한과 하한을 모두 중한 형의 범위 내에서 처단한다는 것을 포함한다.[13]

---

9) 대법원 2002. 7. 18. 선고 2002도669 전원합의체 판결: … 따라서 업무상배임행위에 사기행위가 수반된 때의 죄수 관계에 관하여 보면, 사기죄는 사람을 기망하여 재물의 교부를 받거나 재산상의 이익을 취득하는 것을 구성요건으로 하는 범죄로서 임무위배를 그 구성요소로 하지 아니하고 사기죄의 관념에 임무위배 행위가 당연히 포함된다고 할 수도 없으며, 업무상배임죄는 업무상 타인의 사무를 처리하는 자가 그 업무상의 임무에 위배하는 행위로써 재산상의 이익을 취득하거나 제3자로 하여금 이를 취득하게 하여 본인에게 손해를 가하는 것을 구성요건으로 하는 범죄로서 기망적 요소를 구성요건의 일부로 하는 것이 아니어서 양 죄는 그 구성요건을 달리하는 별개의 범죄이고 형법상으로도 각각 별개의 장(章)에 규정되어 있어, 1개의 행위에 관하여 사기죄와 업무상배임죄의 각 구성요건이 모두 구비된 때에는 양 죄를 법조경합 관계로 볼 것이 아니라 상상적 경합관계로 봄이 상당하다 할 것이고, 나아가 업무상배임죄가 아닌 단순배임죄라고 하여 양 죄의 관계를 달리 보아야 할 이유도 없다.

10) 위의 표 <나열식 법령적용의 예>에서 2개 이상의 특수강도죄가 상상적 경합관계에 있다는 것은 1개의 특수강도의 기회에 2개 이상의 특수강도죄를 범하였다는 것을 의미하는 것이므로 이러한 경우에는 특수강도의 피해자가 2명 이상일 경우를 예상할 수 있다. 또한 '범정이 더 무거운 ○○○에 대한 특수강도죄에 정한 형으로 처벌'한다는 의미는 예를 들어 피해자 A에 대한 특수강도죄와 피해자 B에 대한 특수강도죄가 하나의 기회에 이루어졌다면 두 개의 특수강도죄의 법정형이 동일하기 때문에 결국 두 피해자에 대한 폭행·협박의 정도, 피해자의 연령, 피해액수 등 '범정'으로 비교하여, 그 결과 피해자 ○○○에 대한 특수강도죄가 '범정'이 더 무겁다는 결론에 이르렀음을 보여주는 것이다. 사법연수원, 형사실무강의(형사절차법), 2013, 476쪽 및 477쪽.

11) 대법원 1983. 5. 10. 선고 83도612 판결.

12) 대법원 1992. 11. 13. 선고 92도2194 판결.

13) 대법원 2008. 12. 24. 선고 2008도9169 판결.

라. 형의 선택

형의 선택이란 해당 범죄구성요건의 법정형의 종류가 여러 가지일 경우 그 중 어느 하나의 형을 선택하는 것을 말한다. 형사재판 실무에서 형의 선택의 순서를 상상적 경합범에 대한 판단 이후에 위치시키고 있는 이유는 상상적 경합범의 경우 가장 중한 죄에 정한 형으로 처벌해야 하고(형법 제40조) 가장 중한 죄를 밝혀내기 위해서는 선택형이 포함된 상태의 법정형 상호간을 비교해야 하므로 형의 선택이 논리적으로 상상적 경합범의 처리 다음 단계에서 이루어져야 하기 때문이다.[14] 또한 형의 선택은 누범가중 이전 단계에서 이루어져야 하는데, 그 이유는 누범가중이 유기징역형을 선택하였을 경우에만 가능하기 때문이다. 따라서 형의 선택은 상상적 경합범에 대한 처리 후 누범가중, 법률상감경, 경합범가중, 작량감경을 하기 전에 이루어지게 된다.[15]

마. 누범가중

형법상 누범이란 '금고 이상의 형을 받아 그 집행을 종료하거나 면제를 받은 후 3년 내에 금고 이상에 해당하는 죄를 범한 자'를 말한다(형법 제35조 제1항). 누범가중의 요건인 '금고 이상의 형'이란 전범에 대한 선고형이 금고 이상의 형이어야 한다는 것을 의미한다. 따라서 자격상실, 자격정지, 벌금, 구류, 과료, 몰수의 형을 선고받은 경우에는 누범전과에 해당하지 아니한다. 또한 법정형에 금고 이상의 형과 벌금형이 선택적으로 규정되어 있는 경우 벌금형을 선고받은 전과[16]도 누범전과에 해당하지 아니한다. 이 경우 '금고 이상의 형'의 선고는 유효해야 한다. 따라서 형면제의 판결을 받은 경우 또는 형의 선고의 효력이 상실되는 일반사면[17](사면법 제5조 제1항 제1호)된 경우에는 그 범죄는 누범의 전과가 될 수 없다. 그러나 특별사면을 받아 형의 집행을 면제받은 자에 대하여는 누범가중을 할 수 있다.[18] 또한 복권은 형의 선고로 인하여 상실 또는 정지된 자격을 회복시킴에 불과하므로 그 전과사실은 누범가중사유에 해당한다.[19]

---

14) 사법연수원, 형사실무강의(형사절차법), 2013, 478쪽.
15) 사법연수원, 형사실무강의(형사절차법), 2013, 478쪽.
16) 대법원 1982. 9. 14. 선고 82도1702 판결.
17) 대법원 1964. 6. 2. 선고 64도161 판결.
18) 대법원 1986. 11. 11. 선고 86도2004 판결.
19) 대법원 1981. 4. 14. 선고 81도543 판결.

형법 제35조에 따른 누범가중이 가능하기 위해서는 전범의 형집행 종료 또는 면제 후 3년 이내에 후범이 범해졌어야 한다. 여기서 '형집행 종료'란 형기가 만료된 경우를 말하고, '형집행의 면제'란 형의 시효가 완성된 때(형법 제77조), 외국에서 형의 집행을 받았을 때(형법 제7조) 등이다. 특별사면의 경우 형의 집행이 면제되는 특별사면(사면법 제5조 제1항 제2호 본문)으로 잔형기가 면제된 전과는 누범전과에 해당하지만,[20] 형의 선고의 효력을 상실케 하는 특별사면(사면법 제5조 제1항 제2호 단서)에 의하여 사면된 전과는 누범전과에 해당하지 않는다. 또한 전범으로 인한 형의 집행 전 또는 집행 중에 다시 죄를 범해도 누범이 될 수 없다. 따라서 금고이상의 형을 받고 그 형의 집행유예기간 중에 금고 이상에 해당하는 죄를 범하였다 하더라도 이는 누범가중의 요건을 충족시킨 것이라 할 수 없다.[21] 잔형기가 경과되기 전인 가석방기간 중에 다시 범죄를 범한 경우에도 이를 형법 35조에서 말하는 형집행종료 후에 죄를 범한 경우에 해당한다고 볼 수 없으므로 이에 대해서는 누범가중을 할 수 없다.[22]

누범가중의 요건인 '3년'이라는 기간의 기산점은 전범으로 인한 형의 집행을 종료한 날 또는 형의 집행을 면제받은 날이다. 이 경우 3년 내에 금고 이상에 해당하는 죄를 범하였는지 여부는 그 범죄의 실행행위를 하였는지 여부를 기준으로 결정하여야 하므로 3년의 기간 내에 실행의 착수가 있으면 족하고, 그 기간 내에 기수에까지 이르러야 되는 것은 아니다.[23]

누범에 대한 형은 그 죄에 정한 형의 장기의 2배까지 가중한다(형법 제35조 제2항). 그러나 단기에 대해서는 가중하지 아니한다. 다만, 장기를 2배까지 가중하여도 50년을 초과할 수 없다(형법 제42조 단서).[24] 누범의 경우에도 법률상 감

---

20) 대법원 1986. 11. 11. 선고 86도2004 판결: 형의 선고를 받은 자가 특별사면을 받아 형의 집행을 면제받고 또 후에 복권이 되었다 하더라도 형의 선고의 효력이 상실되는 것은 아니므로 실형을 선고받아 복역타가 특별사면으로 출소한 후 3년 이내에 다시 범죄를 저지른 자에 대한 누범가중은 정당하다.

21) 대법원 1983. 8. 23. 선고 83도1600 판결.

22) 대법원 1976. 9. 14. 선고 76도2071 판결.

23) 대법원 2006. 4. 7. 선고 2005도9858 전원합의체 판결.

24) 위의 표 <나열식 법령적용의 예>에서 피고인 甲만 누범에 해당하고, 누범전과는 절도죄의 전과임을 알 수 있으며, 甲이 행한 특수절도죄, 공문서위조죄, 특수강도죄가 모두 누범의 죄에 해당한다는 것을 알 수 있다. 따라서 형종으로 징역형을 선택한 이후 각각의 징역형의 장기의 2배를 가중하면 특수절도죄는 1년 이상 20년 이하의 징역형, 공문서위조죄

경이나 재판상의 감경(작량감경)이 가능하다.

바. 법률상 감경

법률상 감경이란 법률의 특별규정에 의하여 형이 감경되는 경우를 말한다. 법률상 감경에는 필요적 감경과 임의적 감경이 있다. 필요적 감경이란 일정한 사유가 있으면 반드시 감경해야 한다는 뜻이며, 임의적 감경은 일정한 사유가 충족된 경우에도 그 감경 여부가 법관의 재량에 달려있다.

필요적 감경사유에는 심신미약(형법 제10조 제2항), 농아자(형법 제11조), 중지범(형법 제26조), 종범(형법 제32조 제2항), 내란예비·음모죄의 자수(형법 제90조 제1항 단서), 외환예비·음모죄의 자수(형법 제101조 제1항 단서), 폭발물사용예비·음모죄의 자수(형법 제120조 제1항 단서), 위증죄의 자백·자수(형법 제153조), 허위감정죄등의 자백·자수(형법 제154조), 무고죄의 자백·자수(형법 제157조), 방화예비·음모죄의 자수(형법 제175조 단서), 통화위조예비·음모죄의 자수(형법 제213조 단서), 장물죄에서 본범과 장물범간의 친족관계(형법 제365조 제2항 본문) 등이 있다. 이에 반해 임의적 감경사유에는 외국에서 받은 형의 집행으로 인한 감경(형법 제7조), 과잉방위(형법 제21조 제1항), 과잉피난(형법 제22조 제3항), 과잉자구행위(형법 제23조 제2항), 미수범(형법 제25조 제2항), 불능미수(형법 제27조 단서), 자수 또는 자복(형법 제52조), 해방감경(형법 제295조의2, 제324조의6) 등이 있다.[25)]

형법 제55조 제1항은 법률상 형의 감경에 관한 기준을 규정하고 있다. 이에 의하면 사형을 감경할 때에는 무기 또는 10년 이상의 징역 또는 금고로(형법 제55조 제1항 제1호), 무기징역 또는 무기금고를 감경할 때에는 7년 이상의 징역 또는 금고로(형법 제55조 제1항 제2호), 유기징역 또는 유기금고를 감경할 때에는 그 형기의 2분의 1로(형법 제55조 제1항 제3호), 자격상실을 감경할 때에는 7년 이상의 자격정지로(형법 제55조 제1항 제4호), 자격정지를 감경할 때에는 그 형기

는 10년 이하의 징역형, 특수강도죄는 5년 이상 60년 이하의 징역형이지만, 특수강도죄의 경우에는 형법 제42조 단서의 제한에 따라 장기가 50년으로 된다. 사법연수원, 형사실무강의(형사절차법), 2013, 480쪽.

25) 위의 표 <나열식 법령적용의 예>에서 피고인 甲이 자수했기 때문에 형법 제52조 제1항(법률상 감경의 근거 규정)에 근거하여 형법 제55조 제1항 제3호(감경방법에 관한 규정)에 따라 감경한다는 점을 밝히고 있다. 사법연수원, 형사실무강의(형사절차법), 2013, 481쪽.

의 2분의 1로(형법 제55조 제1항 제5호), 벌금을 감경할 때에는 그 다액의 2분의 1로[26](형법 제55조 제1항 제6호), 구류를 감경할 때에는 그 장기의 2분의 1로(형법 제55조 제1항 제7호), 과료를 감경할 때에는 그 다액의 2분의 1로(형법 제55조 제1항 제8호) 한다. 법률상 감경할 사유가 수개 있는 때에는 거듭 감경할 수 있다(형법 제55조 제2항).

사. 경합범 처리(제37조 후단 경합범)

형사재판의 실무에서 판결서에 기재되어야 할 '경합범의 처리'란 형법 제37조 후단의 사후적 경합범, 즉 금고 이상의 형에 처한 판결이 확정된 죄와 그 판결 확정 전에 범한 죄를 말한다. 형법 제37조 후단의 사후적 경합범에 대한 형 선고의 기준은 형법 제39조에서 정하고 있다. 형법 제39조 제1항에 의하면, "경합범 중 판결을 받지 아니한 죄가 있는 때에는 그 죄와 판결이 확정된 죄를 동시에 판결할 경우와 형평을 고려하여 그 죄에 대하여 형을 선고한다.[27] 이 경우 그 형을 감경 또는 면제할 수 있다"고 규정하고 있다. 제39조 제1항의 규정내용은 피고인 보호의 관점에서 2005년에 개정된 것이다.[28]

아. 경합범 처리(제37조 전단 경합범)

형법 제37조 전단의 동시적 경합범이 성립하기 위해서는, 실체법적 요건으로는 행위자가 여러 개의 행위로 여러 개의 죄를 범했어야 하고 절차법적 요건으로는 이러한 여러 개의 죄에 대하여 모두 판결이 확정되지 않아야 하며 동시에 판결될 수 있어야 한다. 동시적 경합범 사례의 형량결정에 관하여 형법 제38조는 흡수주의, 가중주의, 병과주의의 세 가지 방식을 규정하고 있다.

---

26) 대법원 1978. 4. 25. 선고 78도246 전원합의체 판결: 형법 제55조 제1항 제6호의 벌금을 감경할 때의 「다액」의 2분의 1이라는 문구는 「금액」의 2분의 1이라고 해석하여 그 상한과 함께 하한도 2분의 1로 내려가는 것으로 해석하여야 한다.

27) 위의 표 <나열식 법령적용의 예>에서 피고인 甲에게 판결해야 할 죄는 특수절도죄, 공문서위조죄, 특수강도죄인데, 공문서위조죄가 먼저 범해졌고, 그 다음으로 상해죄에 대하여 형이 확정되었으며, 이어서 특수절도죄, 특수강도죄가 범해졌다. 따라서 판결이 확정된 상해죄와 공문서위조죄는 형법 제37조 후단의 사후적 경합범이 되고, 형법 제39조 제1항 전문에 따라서 두 죄를 동시에 판결할 경우와 형평을 고려하여 공문서위조죄에 대하여 형을 선고하였음을 알 수 있다. 사법연수원, 형사실무강의(형사절차법), 2013, 482쪽. 한편, 甲이 범한 특수절도죄와 특수강도죄는 형법 제37조 전단의 동시적 경합범 관계에 있다.

28) 형법 제39조 제1항에 관한 상세한 내용은 신동운, 형법총론, 2011, 767~773쪽 참조.

가장 중한 죄에 정한 형이 사형 또는 무기징역이나 무기금고인 때에는 가장 중한 죄에 정한 형으로 처벌한다(형법 제38조 제1항 제1호; 흡수주의).

각 죄에 정한 형이 사형 또는 무기징역이나 무기금고 이외의 동종의 형인 때에는 가장 중한 죄에 정한 장기 또는 다액에 그 2분의 1까지 가중하되 각 죄에 정한 형의 장기 또는 다액을 합산한 형기 또는 액수를 초과할 수 없다. 단 과료와 과료, 몰수와 몰수는 병과할 수 있다(형법 제38조 제1항 제2호; 가중주의).

각 죄에 정한 형이 무기징역이나 무기금고 이외의 이종의 형인 때에는 병과한다(형법 제38조 제1항 제3호; 병과주의).

경합범 가중의 경우 어느 죄의 형에 경합범 가중을 하는지를 밝혀야 하며, 경합범을 가중한 결과 형기가 50년을 초과하는 경우에는 형법 제42조 단서의 제한을 받게 된다.[29)]

자. 작량감경

작량감경이란 법률상 특별한 감경사유가 없음에도 범죄의 정상에 참작할 사유가 있는 때에 법원의 재량으로 감경하는 것을 말한다(형법 제53조). 작량감경은 법률상의 감경은 아니지만 작량감경에 따른 형의 감경은 법률상 형의 감경례를 규정한 제55조의 지침에 따른다.[30)] 이미 법률상 가중·감경을 한 경우에도 작량감경을 할 수 있다. 또한 형법 제38조 제1항 제3호에 의하여 징역형과 벌금형을 병과하는 경우(즉, 수개의 죄에 대하여 징역형과 벌금형을 병과하는 경우)에는 각 형에 대한 범죄의 정상에 차이가 있을 수 있으므로 징역형에만 작량감경을 하고 벌금형에는 작량감경을 하지 아니하였다고 하여 이를 위법하다고 할 수 없다.[31)][32)] 그러나 하나의 죄에 대하여 징역형과 벌금형을 병과하여야 할 경

29) 위의 표 <나열식 법령적용의 예>에서 피고인 甲이 범한 특수절도죄와 특수강도죄는 형법 제37조 전단의 동시적 경합범이고, 특수강도죄의 형이 더 중하므로 특수강도죄에 정한 형에 경합범가중을 하였음을 알 수 있다. 피고인 乙의 경우 乙이 범한 특수절도죄와 도로교통법 위반의 무면허운전죄도 형법 제37조 전단의 동시적 경합범인데, 특수절도죄의 법정형이 징역형 뿐이고, 도로교통법 위반의 무면허운전죄에 대해서는 벌금형을 선택하였으므로 형법 제38조 제1항 제3호에 따라 징역형과 벌금형을 병과하였음을 확인할 수 있다. 사법연수원, 형사실무강의(형사절차법), 2013, 484쪽.

30) 대법원 1992. 10. 13. 선고 92도1428 전원합의체 판결.

31) 대법원 2006. 3. 23. 선고 2006도1076 판결.

32) 형법 제37조 후단이 적용되어 2개 이상의 동종형을 선고하여야 할 때 그 중 어느 하나의 형에 대하여만 작량감경을 하는 경우 판결서에 작량감경의 대상이 되는 범죄를 특정해야

우에 특별한 규정이 없는 한 징역형에만 작량감경을 하고 벌금형에는 작량감경을 하지 않는 것은 위법하다.[33]

Ⅲ. 선고형

선고형이란 법관이 처단형으로 정해진 범위 내에서 구체적으로 양정하여 피고인에게 선고하는 형을 말한다. 이 경우 법관이 구체적인 유일점으로서의 형(예: 징역 3년)을 선고함에 있어 지침이 되는 것이 형법 제51조의 양형의 조건이다. 형법 제51조는 양형의 조건으로, ① 범인의 연령, 성행, 지능과 환경, ② 피해자에 대한 관계, ③ 범행의 동기, 수단과 결과, ④ 범행 후의 정황을 규정하고 있다. 그러나 형법 제51조에 명시된 요소들은 양형의 조건에 대한 예시에 불과할 뿐 그 이외의 요소도 양형의 조건으로 될 수 있다는 점에 의문이 제기되지 않는다.

Ⅳ. 양형기준제와 양형의 단계

현행 양형기준제[34]에 따른 구체적 양형단계는 ① 범죄유형의 결정, ② 권고형량범위의 결정, ③ 선고형의 결정, ④ 형의 집행유예 여부의 결정 등의 순서로 진행된다. 예를 들어 甲이 자신의 애인 A가 변심한 데 앙심을 품고 '계획적으로' A를 살해한 사실이 인정되는 경우, 살인범죄 양형기준에서 범죄유형은 제2유형(보통 동기 살인)이 되고 계획적 살인 범행을 특별양형인자 중 가중요소에 해당하여 권고형량범위가 가중구간(15년 이상, 무기 이상)에 해당되는데 이 중에서 법관이 유기징역형을 선택한 경우에는 피고인에게 15년 이상 30년 이하의 범위 속에서 구체적 선고형을 찾아서 선고한다.

한다. 위의 표 <나열식 법령적용의 예>에서 피고인 甲에게 형법 제37조 후단(사후적 경합범)이 적용되어 2개의 동종형을 선고함에 있어 그 중 공문서위조죄에 대하여는 작량감경하지 않고, 특수절도죄와 특수강도죄에 대하여만 작량감경하였음을 알 수 있다. 사법연수원, 형사실무강의(형사절차법), 2013, 485쪽.

33) 대법원 1997. 8. 26. 선고 96도3466 판결.

34) 양형기준제에 관한 상세한 논의는 아래의 제4장 참조.

현행 양형기준에서 가장 중요한 의미를 지니는 것은 3단계(기본, 가중, 감경)로 구분된 권고형량범위를 결정하는 단계이다. 이러한 권고형량범위가 결정되어야 법관은 그 범위 속에서 구체적인 선고형을 찾을 수 있기 때문이다.

사실심 법관이 권고형량범위를 결정하는 과정은 넓은 의미에서 보면 법률상 처단형의 도출과정과 유사한 것으로 이해할 수 있다. 법률상 처단형은 형법 제56조에 따라 법정형의 범위 속에서 형을 가중하거나 감경하여 도출된 형벌범위인데 이러한 결과를 보면 양형기준상 권고형량범위가 처단형의 범위와 유사한 것으로 볼 수 있기 때문이다. 다만 세부적으로 보면 법률상 처단형 도출의 과정과 양형기준상 권고형량범위의 결정과정은 다르다. 양형기준에 의하면 3단계(기본, 가중, 감경)로 구분된 권고형량범위를 정하는 과정은 ① 양형인자의 존부 확정→② 복수의 특별양형인자에 대한 평가→③ 형량범위의 특별조정 및 서술식 기준 적용→④ 다수범죄 처리기준 적용의 순서로 진행되는데,[35] 이는 처단형의 도출에 있어 형법에서 요구되는 지침들을 반영하지 않고 그 대신 포괄적인 과정을 거쳐 형량범위를 도출하도록 정하고 있기 때문이다. 이런 이유로 인하여 양형기준상 권고형량범위와 형사실체법상 처단형의 관계에 따른 권고형량범위의 추가 조정이 필요한 경우도 있다. 이에 따라 양형기준은 권고형량범위와 법률상 처단형의 관계를 명시하고 있다. 이에 의하면 양형기준상 권고형량범위가 법률상 가중·감경에 의한 처단형의 범위와 일치하지 않는 경우 법률상 처단형의 상한 또는 하한을 따르도록 하고 있다. 보다 상세하게 보면 양형기준상 권고형량범위의 상한이 법률상 처단형의 상한보다 높은 경우에는 법률상 처단형의 상한이 기준이 되고 양형기준상 권고형량범위의 하한이 법률상 처단형의 하한보다 낮은 경우에는 법률상 처단형의 하한이 기준이 된다. 이에 반해 양형기준상 권고형량범위의 상한이 법률상 처단형의 상한보다 낮은 경우 또는 양형기준상 권고형량범위의 하한이 법률상 처단형의 하한보다 높은 경우에는 결국 양형기준상 권고형량범위가 법률상 처단형의 범위 내에 있는 것이므로 법률상 처단형의 범위를 고려할 필요가 없고 양형기준상 권고형량범위를 그대로 적용하면 된다.[36]

35) 양형위원회, 양형기준, 2016, 527~528쪽.
36) 양형위원회, 양형기준, 2016, 576쪽.

그러나 양형기준에서 정하고 있는 양형기준상 권고형량범위와 법률상 처단형의 관계 설정은 양형기준상 권고형량범위와 법률상 처단형의 범위가 불일치할 경우 이를 조정하는 규칙에 불과하다. 결론적으로 양형기준에 따른 권고형량범위의 도출과정은 법률상 처단형 도출과정과 다르지만 양형기준상 권고형량범위는 결국 당해 사건의 불법성에 상응하는 처단형의 범위를 정해둔 것으로 이해되어야 한다.

§6 이중평가의 금지

I. 의 의

양형에서 이중평가금지(Doppelverwertungsverbot)란 행위자에 대한 가벌성을 인정할 때 근거로 삼은 양형인자를 구체적 선고형을 산정할 때 또 다시 피고인에게 불리하거나 유리하게 고려해서는 안 된다는 것을 의미한다.[1] 예를 들어 법관이 피고인에게 성폭력범죄의 처벌 등에 관한 특례법 제7조 소정의 13세 미만의 미성년자에 대한 강간죄에 대한 유죄를 인정하면서 '13세 미만의 사람에 대하여 강간했다는 사정'을 형가중적 사유로 고려하여 형을 선고하는 것은 이중평가금지에 위반된다. 입법자는 이미 성폭력범죄의 처벌 등에 관한 특례법 제7조를 신설할 때 13세 미만의 미성년자에 대한 강간에 상응하는 법정형을 설정해두었는데, 법관이 이 사정을 또 다시 고려하는 것은 행위자의 책임을 과도하게 평가한 것으로 되기 때문이다.

이중평가금지는 구성요건요소의 중복적 고려에만 국한된 것이 아니다. 이중평가금지는 처단형의 범위를 산정할 때 고려한 요소들도 구체적 선고형을 산정할 때 중복적으로 고려해서는 안된다는 것도 포함한다.[2] 예를 들어 상습도박죄(형법 제246조)로 유죄가 인정된 사안에서 가중사유인 '상습성'을 참작하여 처단형의 범위를 산정한 이후에는 최종적인 선고형을 산정하는 단계에서 이전에 고려하였던 상습성을 가중사유로 또 다시 고려하는 것은 이중평가금지에 위반된다. 피고인의 양형책임을 근거지우는 사정 내지 인자를 중복하여 사용함으로써 과잉책임의 결과를 가져오기 때문이다.

이중평가금지의 배경은 법관의 법률에의 구속(헌법 제103조)과 이와 결부되어 있는 형법규범에 표현된 입법자의 사전평가에 있다. 입법자가 이미 가벌적 행위를 구성요건화할 때 그러한 구성요건에 포함되는 사정들을 고려하여 그에

---

1) Schäfer/Sander/van Gemmeren, Praxis der Strafzumessung, 2008, Rn. 391.

2) NK-Streng, §46 StGB, Rn. 125.

상응하는 법정형을 규정해 두었기 때문에 구성요건요소를 양형에서 중복하여 고려하는 것은 책임을 이중으로 평가한 것으로서 타당하지 않다는 관점이 작용한 것이다.[3)]

이중평가금지의 법적 근거는 예를 들어 독일 형법 제46조 제3항에서 찾아 볼 수 있다. 이에 의하면, "이미 법적 구성요건에 해당하는 요소는 이를 고려하지 아니한다"고 명시하고 있다. 이에 반해 우리나라 형법은 양형법상 이중평가금지에 관한 명문의 규정을 두지 않고 있다. 그렇지만 통설은 독일 형법 제46조 제3항의 이중평가금지 규정을 원용하여 우리나라 형법에서도 이중평가금지가 이론상 당연한 것이라고 이해한다.[4)]

이중평가금지는 형벌은 책임의 정도에 그 방향을 설정해야 한다는 의미의 책임주의를 실천하는 양형원칙이라고 보아야 한다. 헌법상 서열을 지니고 있는 책임주의는 책임에 적정한 형벌을 정함에 있어 구성요건에 속하는 사정을 중복하여 가중하거나 감경하는 것을 금지한다. 특히 양형이론 중에서 책임범위이론을 취하게 되면 사실심 법관에게 판단의 여지가 존재하는 경우에도 피고인에게 부과될 형벌은 양형책임의 정도를 초과하거나 하회할 수 없다. 사실심 법관이 형량을 발견함에 있어 책임과 관련되는 사정들을 중복적으로 고려하여 책임을 가중하거나 감경하는 것은 책임주의에 위반된다.

Ⅱ. 이중평가금지의 적용범위

그러나 구체적인 사정이 이중평가금지에 해당하는지를 검토하는 것은 매우 복잡하고 난해하다. 여기서는 독일 연방법원의 판례를 참고로 하여 이중평가금지의 적용범위를 고찰할 것이다.

---

3) Schäfer/Sander/van Gemmeren, Praxis der Strafzumessung, 2008, Rn. 391.

4) 김성돈, 형법총론, 2009, 771쪽; 박상기, 형법총론, 2012, 553쪽; 배종대, 형법총론, 2014, 828쪽; 손동권/김재윤, 형법총론, 2011, 716쪽; 신동운, 형법총론, 2011, 800쪽; 오영근, 형법총론, 2002, 878쪽; 이재상/장영민/강동범, 형법총론, 2015, 585쪽; 김슬기, 법정형과 양형기준의 관계에 관한 고찰 －폭력범죄를 중심으로－, 형사법연구 제24권 제2호, 2012, 9~10쪽에서는 이중평가금지를 인정하면서도 개별 사례의 특별한 사정에 따라 구성요건표지의 내용을 구체화하는 것은 허용된다고 주장한다.

1. 구성요건요소의 이중평가금지

구성요건실현의 기본조건이 되는 객관적·주관적 구성요건요소는 이중평가금지의 적용범위에 포함된다. 따라서 범죄구성요건에 포함되어 있는 객관적·주관적 요소를 형의 가중 또는 감경의 논거로 사용하는 것은 허용되지 않는다. 이들 요소는 이미 범죄의 성립 여부를 판단할 때 고려되었기 때문이다. 예를 들어 ① 고의범으로 처벌하면서 피고인이 확정적 고의 또는 미필적 고의를 가지고 범죄를 실행했다는 사정,[5] ② 살인죄나 과실치사죄로 처벌하면서 사람의 사망을 초래하여 생명이라는 법익을 침해했다는 사정,[6] ③ 살인죄에서 피고인이 피해자의 사망을 방지하지 않았다는 사정,[7] ④ 사기죄의 경우 피고인 경제적 이익을 취하기 위하여 타인을 기망했다는 사정, ⑤ 강간범이 폭행을 행사하여 피해자를 강간했다는 사정, ⑥ 흉기휴대 특수절도죄로 처벌하면서 흉기를 휴대했다는 사정 등은 이미 구성요건요소로 명시되어 있기 때문에 양형판단에서(즉, 선고형을 발견할 때) 이러한 인자들을 형가중적이거나 형감경적으로 고려해서는 안 된다.

미수범의 경우 행위자가 실행을 중지할 수 있었음에도 중지하지 않았다는 사정을 고려하여 형을 가중적으로 고려하는 것은 미수를 이중적으로 평가한 것이며, 행위자가 피해자에 대한 살인을 실행한 후 아무런 구조를 취하지 아니하여 결과적으로 피해자를 사망에 이르게 하였다는 사정을 형가중적으로 고려하는 것은 살인죄의 기수범에 포함되기 때문에 이러한 사정을 별도로 고려하여 형을 가중하는 것은 이중평가금지에 위반된다.[8]

방조범의 경우 정범의 범행준비에 일정한 영향을 끼쳤다는 사정,[9] 정범을 위하여 원조행위를 했다거나 공동피고인 범행을 지원하면서 가담했다는 사정,[10] 피고인이 독자적인 동기에서 방조행위를 했다는 사정[11] 등은 방조의 개

5) BGH NJW 2003, 2468.
6) BGH NStZ-RR 2008, 106.
7) BGH NStZ-RR 2003, 41.
8) Schäfer/Sander/van Gemmeren, Praxis der Strafzumessung, 2008, Rn. 394.
9) BGH NStZ 98, 404.
10) BGH StV 08, 399.
11) BGH StV 2011, 364.

념을 풀어놓은 것에 불과하므로 이러한 사정을 근거로 형을 가중하거나 감경하는 것은 이중평가금지에 위반된다.

교사범의 경우 교사범이 당해 범죄에 대한 애초의 제안자라는 사정[12]도 이중평가금지의 대상이 된다.

부진정부작위범의 경우 피고인이 작위의무를 이행할 수 있었음에도 곤궁에 빠진 피해자에 대한 보증인의무를 위반하였다는 사정을 피고인에 대한 형가중사유로 고려해서는 안 된다.[13]

또한 구성요건에 합치되는 '행위' 또는 구성요건에 합치되는 '결과'만 다른 말로 바꾸어서 평가하는 경우에도 이중평가금지의 적용을 받는다.[14] 예를 들어 ① 살인죄의 경우 피해자를 살해하기 위하여 수 분간 지속적으로 피해자의 목을 조른 사정, 타인의 생명권을 경시했다는 사정, 반드시 살해할 의도로 피해자에게 생존의 기회를 주지 않았다는 사정, ② 장물범이 본범에게 장물을 매각할 기회를 제공했다는 사정, ③ 사기죄나 조세포탈죄의 경우 행위자가 법적 의무를 위반했다는 사정, ⑥ 성폭력범죄에서 폭행 또는 협박으로 피해자의 반항의지를 꺾어 피해자를 성적인 만족의 객체로 전락시켰다는 사정 등을 양형에서 고려하는 것은 이중평가금지에 위반된다.[15]

나아가 이중평가금지는 위법성조각사유의 요건이나 책임조각사유의 요건에 대해서도 적용되고[16] 형가중적 구성요건표지와 형감경적 구성요건표지에 대해서도 적용된다.[17]

2. 입법자의 입법의도

범죄구성요건을 신설하거나 개정하게 된 일반적인 입법목적, 규범의 보호목적 및 입법자의 동기와 의도 등과 같은 형사정책적 목적도 선고형 결정시 중하거나 경하게 고려되어서는 아니 된다.[18] 이러한 입법목적이나 입법의도는 이

12) BGH StV 2002, 190.
13) BGH StraFo, 2007, 299.
14) Schäfer/Sander/van Gemmeren, Praxis der Strafzumessung, 2008, Rn. 395.
15) Schäfer/Sander/van Gemmeren, Praxis der Strafzumessung, 2008, Rn. 395.
16) BGH StV 1997, 519.
17) HK–GS/Rössner/Kempfer, §46 Rn. 37.; BGH StV 1993, 521.
18) Schäfer/Sander/van Gemmeren, Praxis der Strafzumessung, 2008, Rn. 404.

미 법정형에 반영되었기 때문이다. 이 점에서 ① 성범죄의 보호법익인 성적 자기결정[19] 또는 상해죄의 보호법익인 신체적 온전성을 특별히 보호할 필요가 있다는 이유로 형을 가중하는 경우, ② 도주차량죄를 유죄로 인정하면서 행위자의 개인적인 이익을 피해자의 이익보다 우선시켰다는 이유로 형을 가중하는 경우[20], ③ 위증죄에 대하여 유죄로 인정하면서 증인의 선서가 사법에 대하여 중요한 의미를 가지므로 위증한 경우에는 중한 처벌이 요구된다는 점을 근거로 형을 가중하는 경우[21] 등은 이중평가금지에 해당한다.

3. 구성요건 실현시 양적·질적인 차등 또는 구성요건의 기수 이후의 행위방식

그러나 구성요건 실현시 양적 또는 질적인 차등이 있거나 구성요건의 기수 이후의 행위방식에 대해서는 이중평가금지가 적용되지 않는다. 다시 말해서 사실심 법관은 범죄실행의 방법과 태양을 특징지우거나 불법과 책임요소의 특정한 양과 질을 나타내는 구성요건실현의 개별적인 태양들을 양형에서 고려할 수 있고,[22] 구성요건이 기수에 이른 이후에 나타난 사정들도 양형에서 고려할 수 있다. 따라서 ① 하나의 행위를 통하여 다수의 피해자를 살인하거나 상해한 경우, ② 살인의 실행방법, ③ 살인죄에서 피해자가 사망시까지 앓았던 특별한 고통, ④ 상해피해의 정도, ⑤ 위험한 물건을 휴대하고 범한 특수상해죄에서 위험한 물건의 위험성의 정도 또는 그러한 위험한 물건의 행사의 정도, ⑥ 조세포탈의 경우 기망의 방법과 포탈세액의 정도, ⑦ 재산범죄에서 피해액의 정도 등과 같은 사정은 형가중적으로 고려할 수 있다.[23] 또한 행위자가 다수의 구성요건요소를 충족한 경우 그러한 구성요건요소들이 각각 비난가능성의 정도에 독자적인 의미를 지니고 있는 때에는 이러한 사정을 형가중적으로 고려할 수 있다.[24] 예를 들어 특수절도죄(형법 제331조)에서 2인 이상이 합동하여 야간에 흉

19) BGH StV 1987, 62.
20) Schönke/Schröder/Stree/Kinzig, §46 Rn. 46.
21) BGH 17, 324; BGH NJW 58, 1832.
22) Meier, Strafrechtliche Sanktionen, 2001, 188쪽.
23) Schäfer/Sander/van Gemmeren, Praxis der Strafzumessung, 2008, Rn. 396.
24) NK–Streng, §46 Rn. 130.

기를 휴대한 채 건조물의 일부를 손괴하고 침입하여 타인의 재물을 절취한 경우에는 형법 제331조 제1항과 제2항의 요건을 모두 충족하였고, 이 경우 제1항과 제2항이 각각 독자적인 의미를 지니고 있기 때문에 형가중의 대상이 된다.[25)]

4. 구성요건실현의 통상적인 사안

문제는 구성요건요소나 그 밖의 가벌성을 근거지우는 요소들 및 형사정책적 목표 이외에 이중평가금지의 적용을 받는 사안이 있는지 여부이다. 이와 관련하여 독일에서 특히 문제로 된 사안으로는 범죄를 실행함으로써 통상적으로 발생하는 전형적인 범행결과나 행위태양이 이중평가금지의 적용을 받는지의 여부였다. 예를 들어 강간죄와 관련하여 행위자가 피해자에 대한 성교를 하여 사정할 때까지 아무런 보호조치도 하지 않아 피해자의 임신이나 성병감염의 위험 등을 초래한 사정을 형가중적 양형인자로 평가할 수 있는지 아니면 이중평가금지의 적용을 받는지의 여부이다. 이 경우 피해자의 임신의 위험이나 성병감염의 위험 등의 사정 내지 인자는 강간죄의 구성요건실현에 전형적으로 결부되어 있는 사정으로서 '구성요건실현의 통상적인 사안(normaler Fall einer Tatbestandsverwirklichung)'[26)] 또는 '규범적 통상사안(normativer Normalfall)'[27)]이라 부른다.

이와 관련하여 종래 독일 연방대법원은 구성요건실현의 통상적인 사안에 대해서는 이중평가금지가 적용된다고 판시하였다.[28)] 강간죄의 실행으로 인한 임신의 위험이나 성병감염의 위험 등은 이미 입법자가 강간죄의 구성요건을 입법하면서 고려한 사정이기 때문에 이를 양형에서 다시 고려하는 것은 허용되지 않는다는 것이 그 이유였다. 그러나 1990. 8. 14. 독일 연방대법원 제1형사부[29)]는 구성요건실현의 통상적인 사안이 존재하지 않는다고 판시한 대형사부의 판결[30)]을 원용하여 구성요건실현의 통상적인 사안에 대하여 이중평가금지가 적

25) Schäfer/Sander/van Gemmeren, Praxis der Strafzumessung, 2008, Rn. 396.
26) Schäfer/Sander/van Gemmeren, Praxis der Strafzumessung, 2008, Rn. 405.
27) LK－Theune, §46 StGB, Rn. 268.
28) BGH NStZ 1981, 343; 1985, 215; StV 1987, 195; NJW 1990, 2570.
29) BGHSt 37, 153.
30) BGHSt 34, 345.

용되지 않는다고 판시하였다. 연방대법원 제1형사부에 의하면 이중평가금지는 '구성요건이 기수에 이르는데 필요한 요건'에 대해서만 적용된다는 전제에서 강간죄의 경우에는 질 내에 성기를 삽입함으로써 구성요건 실현이 기수에 이르렀으므로 그와 관련되어 계속된 사정 즉 질 내에 성기가 완전히 삽입하였는지 여부, 삽입시간, 임신이나 성병의 감염의 위험 여부 등은 강간죄에서 일반적으로 예상할 수 있는 경우이기는 하지만 구성요건이 기수에 이르기 위한 요건은 아니므로 양형에서 고려할 수 있다고 판시하였다.

그 이후 연방대법원 제1형사부는 독일 형법 제255조[31] 소정의 강도에 준하는 공갈죄 미수 사건에서 피해자가 행위자의 협박으로 인하여 죽음에 대한 공포를 느낀 사정은 이중평가금지의 적용을 받지 않는다고 판시하면서 이러한 사정을 형가중적 요소로 인정하였다. 그 이유는 강도에 준하는 공갈죄는 이미 신체적 온전성에 대한 협박을 함으로써 실현되고 따라서 협박의 종류와 정도를 특징지우는 고려사항만으로는 형법 제46조 제1항의 이중평가금지에 영향을 미치지 않기 때문이라는 것이었다.[32] 독일 학계의 다수설[33]도 이러한 판례의 태도에 대체로 동의하고 있다.

법관의 법률에의 구속은 범죄구성요건에 포함되어 있는 범죄실행과 동일한 사정들에 대해서만 적용된다. 따라서 범죄구성요건에 포함되어 있는 범죄실행과 동일하지 아니한 모든 사실들에 대해서는 이들 사실로부터 불법과 책임의 정도 또는 일반예방과 특별예방의 필요성을 추론할 수 있는 경우에는 이러한 사실을 양형에서 고려하는 것은 이중평가금지에 위배되는 것이 아니라고 할 것이다.[34] 독일 연방대법원이 '구성요건실현의 통상적인 사안'을 양형에서 고려하는 것은 이중평가금지에 위배되지 않는다고 판시한 것도 이러한 의미에서 이해할 수 있다.

---

31) 독일 형법 제255조(강도에 준하는 공갈) 공갈이 사람에 대한 폭행 또는 신체나 생명에 대한 현재의 위험을 고지한 협박에 의하여 이루어진 경우에 행위자는 강도와 동일하게 처벌된다.

32) BGH MDR 1992, 932; Schäfer/Sander/van Gemmeren, Praxis der Strafzumessung, 2008, Rn. 408.

33) Jescheck/Weigend, Strafrecht AT, 1996, 902쪽; Fahl, Zur Bedeutung des Regeltatbilds für die Bemessung der Strafe, ZStW 111(1999), 165쪽.

34) Meier, Strafrechtliche Sanktionen, 2001, 190쪽.

Ⅲ. 입법론: 이중평가금지 규정의 신설

현행 형법에는 이중평가금지에 관한 명시적인 규정이 없다. 양형기준제의 근거를 명시하고 있는 법원조직법 제81조의2 이하에서도 이중평가금지를 명시해두지 않고 있다. 심지어 정부(법무부)가 2011. 3. 25. 국회에 제출한 형법(총칙) 일부개정법률안 제46조도 "형은 범인의 책임을 기초로 하여 정하여야 한다"는 양형의 원칙으로서 책임주의만 규정하고 있을 뿐 이중평가금지를 입법의 대상에서 제외시키고 있다.[35)]

참고로 독일의 경우 이중평가금지는 이미 제국법원의 판례[36)]를 통하여 인정되어 왔고 2차 대전 이후에는 연방대법원의 판례에서도 수용되었다. 그 후 1969. 6. 25. 제1차 형법개혁법을 통하여 이중평가금지가 형법 제13조 제3항에 명시되었고 1969. 7. 4. 제2차 형법개혁법을 통하여 현재와 같이 형법 제46조 제3항에 자리를 잡게 되었다.

이중평가금지가 이미 헌법적 지위를 지니는 책임주의의 실천원칙이라는 점과 현 시점에서 양형의 과학화와 합리화가 중요하다는 점에 주목해보면 이중평가금지야 말로 양형 관련 조항에 포함되어야 할 핵심적인 규범이다. 특히 권고적 양형기준제를 시행하고 있는 현재의 양형실무에서는 이중평가금지에 위반된 것으로 평가할 수 있는 사례가 적지 않게 발생할 여지가 있다.[37)] 이 점에서 입법론적으로 형법에 이중평가금지에 관한 명문의 규정을 두어야 할 것이다.

---

35) 법무부, 형법(총칙)일부개정법률안 제안 이유서, 2011. 4, 54~55쪽.

36) RG 56, 73; RGSt 57, 379.

37) 이에 관한 상세한 내용은 §10 V. 참조.

제 4 장

양형기준제하에서의 양형

§7

양형기준제의 도입배경과 법적 근거

Ⅰ. 양형기준제의 도입배경

양형기준이란 법관이 합리적이고 적정한 양형을 도출하는데 참고 할 수 있도록 양형위원회가 설정한 양형에 관한 기준을 말한다(법원조직법 제81조의6 제1항). 우리나라에서 양형기준제는 참여정부(2013. 2~2017. 2)의 사법개혁 논의에서 출발하여 2007. 1. 26. 법원조직법의 개정으로 그 법적 근거가 마련되어 2009. 5. 7. 최초의 양형기준이 제정된 이래 지금까지 지속적으로 양형기준을 신설·수정하여 시행하고 있다.

양형은 형사재판에서 유죄로 인정된 피고인에게 형벌의 종류와 범위를 결정하는 과정이다. 그런데 우리나라와 같이 형사재판에서 무죄 선고율이 낮은 현실에서 볼 때 피고인의 입장에서는 자신이 어떠한 죄명으로 처벌받는지에 대한 관심보다는 자신에게 어떠한 종류의 형벌이 선고되고 그 형기가 어느 정도로 되는지에 더 많은 관심을 가질 수밖에 없다. 또한 양형은 국민일반의 사법부에 대한 신뢰와도 직결되어 있다. 예를 들어 우리나라에서 종종 발생하는 화이트칼라 범죄에서 법관이 선고하는 형량이 터무니 없이 낮은 경우에는 국민일반의 사법부에 대한 기대가 실추되는 부정적인 현상이 나타나고 이는 거시적인 관점에서 법질서가 안정화되지 못하는 결과를 초래하게 된다. 이 점에서 양형에 있어서는 법관이 구체적 사건에서 합리적이고 적정한 선고형을 발견하고 피고인과 국민일반이 납득할 수 있는 일정한 기준이 마련되어 있어야 한다.

그러나 우리나라에서는 그 동안 형법에서 양형에 관한 구체적인 지침이 제공되어 있지 않다는 문제점 이외에 양형실무에서도 다양한 문제점을 노정시켰다. 양형실무에서는 우선 양형심리가 불충분하다는 문제점이 지적되었다. 실무상 형사공판절차는 피고인의 책임 유무를 판단하기 위한 자료수집 위주로 진행되었을 뿐 양형심리는 부수적으로만 이루어졌다.[1] 또한 상소심에서 하급심의

1) 사법개혁위원회, 사법개혁위원회 자료집(VI) －제14차~제27차 회의 자료－, 2005. 1, 397쪽.

양형을 통제하기 어렵다는 문제도 지적되었다. 하급심 판결에 양형이유를 충분하게 설시하지 아니하는 경우가 많아 상소심에서의 철저한 양형 통제가 이루어지기 어렵고, 이에 따라 양형의 기준이나 지침이 될 수 있는 상급심 판례가 형성되지 않아 합리적 양형을 위한 기반이 구축되지 못했다.[2] 비교법적으로 보면 독일은 양형기준제를 채택하고 있지 않지만 하급심의 양형이 상고심의 통제대상으로 되고 있고[3] 연방법원의 판례를 통하여 양형의 세부적인 기준들이 축적되어 있다.[4] 특히 문제된 것은 법관별 양형 격차였다. 유사한 사건에 대하여 법관별로 양형의 격차가 나타나 피고인들의 관점에서는 자신에 대한 사건이 어느 법관에게 배당되는가에 따라 이해관계가 달라지는 문제가 발생했고 이는 곧 사법에 대한 국민의 신뢰 실추로 이어졌다.[5]

결국 우리나라에서 양형기준제의 도입 배경에는 크게 보면 양형에서의 투명성 확보라는 이념이 깔려있었지만 실무상으로는 법관별 양형 격차를 줄이기 위함이었다고 해도 과언이 아니다.

Ⅱ. 양형기준제 도입의 논의과정

양형의 투명성과 합리성이 법원이 직면한 가장 중요한 문제 중의 하나로 인식되기에 이르자 법원은 내부적으로 합리적 양형을 확보하기 위한 다양한 노

2) 사법개혁위원회, 사법개혁위원회 자료집(VI) －제14차~제27차 회의 자료－, 2005. 1, 397쪽.

3) 독일 형사소송법 제267조 제3항에 의하면, “또한 형사판결의 이유에서는 적용된 형법규정을 적시하여야 하고, 형의 양정을 결정한 사정을 밝혀야 한다. 형법에 감경사유가 규정되어 있어 경한 형의 규정이 적용된 경우 판결이유는 이들 사정을 받아들인 이유 또는 심리 중에 제기된 신청을 거절한 이유를 밝혀야 하며, 이는 형법 제47조에 따라 자유형을 부과하는 경우에도 준용한다. 또 판결이유에는 형법상 일반적으로 특히 중한 경우에 해당하는 요건이 충족되었음에도 이를 인정하지 않은 이유도 밝혀야 하며, 이들 요건이 존재하지 않음에도 불구하고 특히 중한 경우로 인정한 경우에는 제2문(형법상 특별히 규정한 가벌성의 배제·감경 또는 가중 사유를 심리 중에 주장한 경우 이들 사유가 확인된 것으로 여겨지는지 여부를 판결이유에 밝혀야 한다)을 준용한다. 더 나아가 판결이유는 보호관찰부 집행유예를 선고한 이유 또는 심리 중에 제기된 신청에 반하여 이를 유예하지 않은 이유를 밝혀야 하며, 이는 형의 선고유예나 형의 면제의 경우에도 준용한다. 판결이 합의(제257c조)를 전제로 한 경우에도 판결이유에 이를 명시해야 한다”고 명시하고 있다.

4) 독일의 형사판례를 통한 양형의 세부적인 기준에 관해서는 Schäfer/Sander/van Gemmeren, Praxis der Strafzumessung, 2008 참조.

5) 사법개혁위원회, 사법개혁위원회 자료집(VI) －제14차~제27차 회의 자료－, 2005. 1, 397~398쪽.

력을 기울였다. 법원의 자체적인 개선 노력 이외에 1999년의 사법개혁추진위원회는 객관적인 양형기준을 마련하기 위하여 대법원에 외부위원이 참여하는 양형조사위원회로 하여금 양형에 관한 조사·연구를 실시하여 표준양형기준을 만들도록 하되 이 양형기준에 대한 법적 구속력을 부여하지 않는 것을 내용으로 하는 개혁방안을 제시하였다.[6] 그러나 그 당시 사법개혁추진위원회의 권고는 실천되지 못했다.

우리나라에서 양형제도의 개혁이 본격적으로 논의된 시기는 참여정부 시절 사법개혁위원회가 설치·활동하면서 부터였다. 2003. 10. 출범한 사법개혁위원회(2003~2005)는 양형제도의 중요성을 인식하여 형사사법제도 개선의 한 분야로 양형제도를 선정하여 1년간의 논의 끝에 양형제도 개선방안을 내 놓았다. 그 당시 사법개혁위원회가 대통령에게 건의한 사법개혁 건의문에서 양형제도 개선방안[7]에 관한 내용으로는 양형자료조사제도의 도입, 양형데이터베이스시스템의 구축 및 참고적 양형기준제의 도입과 양형위원회의 설치였다.

사법개혁위원회의 건의사항을 법제화시키기 위하여 설치된 사법제도개혁추진위원회(2005~2006)는 양형자료조사제도의 도입, 양형데이터베이스시스템의 구축, 참고적 양형기준제 도입과 양형위원회의 설치에 관한 심도있는 논의를 진행한 끝에 참고적 양형기준제의 도입과 양형위원회의 설치를 위한 법원조직법 일부개정법률안을 정부안으로 입안하여 2006. 4. 10. 국회에 제출하였고, 이 법률안은 2006. 12. 22. 제263회 국회 임시회에서 수정가결(2007. 1. 26. 개정)되어 2007. 4. 27.자 법률 제8270호로 시행되었다.

2007. 1. 26. 법원조직법의 개정으로 양형기준을 마련하기 위한 양형위원회의 설치근거가 마련되었고 2007. 4. 27. 우리나라 사법사상 최초로 1명의 위원장과 12명의 위원으로 구성된 양형위원회가 출범하게 되었다. 이에 따라 양형위원회는 약 2년간의 집중적인 분석을 거쳐 2009. 5. 7. 살인범죄군, 뇌물범죄군, 성범죄군, 강도범죄군, 횡령·배임범죄군, 위증범죄군, 무고범죄군 등 7개 범죄군에 대하여 최초의 양형기준을 제정한 이래 지금까지 지속적으로 범죄군별 양

6) 사법개혁추진위원회, 민주사회를 위한 사법개혁, 2000, 137쪽 이하.

7) 사법개혁위원회, 국민과 함께하는 사법개혁 —사법개혁위원회 백서—, 사법개혁위원회 자료집(VIII), 2005, 213~214쪽.

형기준을 신설 또는 수정하고 있다.

Ⅲ. 양형위원회와 양형기준의 설정 지침

2007. 1. 26. 개정된 법원조직법 제8편(제81조의2 부터 제81조의12까지)은 양형기준에 관한 규정들을 두고 있다.

양형위원회는 법관이 형을 정할 때 국민의 건전한 상식을 반영하고 국민이 신뢰할 수 있는 공정하고 객관적인 양형을 실현하기 위하여 대법원에 설치된 기구이다(제81조의2 제1항). 양형위원회는 양형기준을 설정·변경하고 이와 관련된 양형정책을 연구·심의하는 것을 그 임무로 하며(제81조의2 제2항) 그 권한에 속하는 업무를 독립하여 수행한다(제81조의2 제3항).

양형위원회는 위원장 1명을 포함한 13명의 위원으로 구성하되 위원장이 아닌 위원 중 1명은 상임위원으로 한다(제81조의3 제1항). 위원장은 15년 이상 판사, 검사, 변호사, 국가, 지방자치단체, 국영기업체, 공영기업체, 공공기관, 그 밖의 법인에서 법률에 관한 사무에 종사한 사람, 공인된 대학의 법학 조교수 이상의 교수의 직에 있던 사람 중에서 대법원장이 임명하거나 위촉한다(제81조의3 제2항). 위원장은 위원회를 대표하고 위원회의 직무를 총괄하며 위원장이 부득이한 사유로 그 직무를 수행할 수 없을 때에는 상임위원, 위원장이 미리 지명한 위원의 순으로 그 직무를 대행한다(제81조의4).

양형위원회의 위원은 법관 4명, 법무부장관이 추천하는 검사 2명, 대한변호사협회장이 추천하는 변호사 2명, 법학 교수 2명, 학식과 경험이 있는 사람 2명을 대법원장이 임명하거나 위촉한다(제81조의3 제3항). 위원장과 위원의 임기는 2년으로 하고 연임할 수 있다(제81조의3 제4항).

양형위원회의 회의는 위원장이 소집하며, 위원장은 양형위원회의 의장이 되고 양형위원회는 재적위원 과반수의 찬성으로 의결한다(제81조의5).

법원조직법 제81조의6은 양형위원회의 양형기준 설정의 지침을 규정하고 있다. 이에 의하면 양형위원회는 법관이 합리적인 양형을 도출하는 데 참고할 수 있는 구체적이고 객관적인 양형기준을 설정하거나 변경한다(제81조의6 제1항). 양형위원회는 양형기준을 설정·변경할 때 ① 범죄의 죄질, 범정(犯情) 및 피고인의 책임의 정도를 반영할 것, ② 범죄의 일반예방과 피고인의 재범 방지 및 사회복귀를 고려할 것, ③ 같은 종류 또는 유사한 범죄에 대해서는 고려하여야 할 양형 요소에 차이가 없으면 양형에서 서로 다르게 취급하지 아니할 것, ④ 피고인의 국적, 종교 및 양심, 사회적 신분 등을 이유로 양형상 차별을 하지 아니할 것 등의 원칙을 준수하여야 한다(제81조의6 제2항).

또한 양형위원회는 양형기준을 설정·변경할 때 ① 범죄의 유형 및 법정형, ② 범죄의 중대성을 가중하거나 감경할 수 있는 사정, ③ 피고인의 나이, 성품과 행실, 지능과 환경, ④ 피해자에 대한 관계, ⑤ 범행의 동기, 수단 및 결과, ⑥ 범행 후의 정황, ⑦ 범죄 전력(前歷), ⑧ 그 밖에 합리적인 양형을 도출하는데 필요한 사항 등을 고려하여야 한다(제81조의6 제3항).

양형위원회는 양형기준을 공개하여야 한다(제81조의6 제4항). 이에 따라 양형위원회는 양형기준을 새로이 설정하거나 수정한 내용을 대법원 홈페이지에 게시하고 전체 양형기준을 엮은 책자[8]로 배포하고 있다.

Ⅳ. 양형기준의 효력

양형기준제를 법관이 양형기준에 기속되도록 할 것인지, 아니면 참고자료에 불과하도록 할 것인지에 따라 기속적 양형기준과 권고적 양형기준으로 나눌 수 있다. 법원조직법 제81조의7 제1항은 "법관은 형의 종류를 선택하고 형량을 정할 때 양형기준을 존중하여야 한다. 다만, 양형기준은 법적 구속력을 갖지 아니한다"고 규정하여 현행 양형기준제의 성격이 권고적 양형기준이라는 점을 밝히고 있다. 판례도 "대법원 양형위원회의 양형기준은 법적 구속력을 가지지 아니하고 단지 법관이 합리적인 양형을 정하는 데 참고할 수 있는 구체적이고 객관적인 기준을 정한다는 취지로 마련되어 그 내용의 타당성에 의하여 일반적인 설득력을 가지는 것으로 예정되어 있으므로 법관의 양형에 있어서 그 존중이 요구되는 것일 뿐이다"고 판시하여 양형기준이 권고적 성격을 지닌다는 점을 명확하게 밝히고 있다.[9]

8) 현재 양형위원회는 매년 수정된 양형기준을 포함한 '양형기준' 책자를 출판하여 배포하고 있다.
9) 대법원 2009. 12. 10. 선고 2009도11448 판결.

권고적 양형기준은 법관이 양형기준을 준수하지 않았을 경우에도 그 이유를 불문하고 그 자체로 위법한 판결로 평가받지 않는다. 다만 법관이 양형기준을 따르지 않았을 경우에는 법원조직법 제81조의7 제2항에 의거하여 양형의 이유를 설시하도록 하고 있다. 이와 관련하여 법관이 양형기준을 따르지 않았을 경우 양형의 이유를 설시하도록 규정하고 있다고 하여 현행 양형기준제가 기속적 양형기준이라고 해석할 여지는 없다. 현행 양형기준이 권고적 양형기준이라는 점은 사법개혁위원회의 양형기준제 도입 당시부터 확인되었고 법원조직법 제81조의7 제1항도 이 점을 명확하게 밝히고 있기 때문이다. 따라서 양형기준은 제1심 법관은 물론 항소심 법관도 참조하여야 하지만 제1심 판결이 양형기준을 준수하여야만 적정한 양형으로 평가받는 것은 아니다.[10] 제1심 법원의 양형이 양형기준을 준수하지 아니하였다고 하여 양형부당의 항소이유가 당연히 인정되는 것은 아니고 양형기준을 준수하였다고 하여 양형부당을 이유로 한 항소가 금지되는 것도 아니다.[11]

V. 양형기준의 이탈과 이유의 기재

1. 문제제기

현행 양형기준이 권고적 양형기준제를 채택하고 있으므로 사실심인 제1심과 항소심은 개별 사건에서 양형기준을 따르지 않을 만한 사유가 있으면 양형기준에서 권고하는 영역 밖에서 형을 선고할 수 있다. 이와 같이 사실심 법관이 양형기준상의 권고형량범위에 속하지 않는 형량을 선고하거나 집행유예 여부에 관하여 양형기준상의 권고 내용과 다른 결정을 하는 것을 '양형기준의 이탈'이라고 부른다. 그러나 사실심 법관이 양형기준을 이탈한 판결을 하는 경우에는 약식절차 또는 즉결심판절차의 경우를 제외하고는 판결서에 양형의 이유를 기재해야 한다(법원조직법 제81조의7 제2항). 이와 같은 양형이유의 의무적 기재는 현행 양형기준이 권고적 양형기준제를 도입함에 따라 법관이 양형기준을 충분히 참조할 수 있도록 하는 보완책의 하나로 도입된 것이다. 그런데 법원조직법

10) 양형위원회, 양형기준, 2016, 560쪽.
11) 양형위원회, 양형기준, 2016, 560쪽.

제81조의7 제2항에서 규정하고 있는 '양형의 이유'의 구체적인 의미가 논란이 된다. 다시 말해서 이 조항에서 말하는 '양형의 이유'를 사실심 법관이 양형기준을 이탈한 경우 그 '이탈'의 이유를 기재해야 하는 것으로 이해할 것인지 아니면 사실심 법관이 당해 사건에서 양형을 하게 된 이유를 기재하면 족한 것인지 문제로 된다.

2. 견해의 대립

가. 양형기준 이탈이유 기재설

양형기준 이탈이유 기재설은 법원조직법 제81조의7 제2항 소정의 '양형의 이유'란 법관이 양형기준에서 이탈하게 된 이유를 말한다고 이해한다. 그 근거로는 ① 양형기준을 존중해야 하는 법원이 양형기준을 이탈한 경우에는 양형기준으로부터 이탈한 사유를 판결서에 기재하여야 하는 것이 논리적 귀결이고, ② 법원이 양형기준을 이탈하면서도 그 이탈의 이유를 기재하지 않는 경우에는 양형기준제를 도입한 근본취지가 훼손될 수 있으며, ③ 양형기준의 이탈은 예외적 사례로 인식되어야 하므로 이탈이유의 기재는 양형기준을 적용하는 경우보다 더욱 자세하게 기재해야 하고 당해 양형이유만 기재하도록 하는 것은 법정책적으로 타당하지 않다는 점 등이 주장되고 있다.[12]

나. 당해 양형이유 기재설

이에 반해 당해 양형이유 기재설은 법원조직법 제81조의7 제2항 소정의 '양형의 이유'란 사실심 법관이 당해 사건에서 양형을 하게 된 이유를 기재하면 족하고 양형기준에서 이탈한 이유까지는 기재할 필요가 없다고 주장한다. 이 주장의 근거로는 ① 입법연역적 관점에서 현행 법원조직법 제81조의7 제2항의 문언이 제18대 국회 당시 박민식 의원이 대표 발의한 양형기준법안 제21조 제2항[13]의 문언과는 달리 당해 양형이유만 기재하면 족하도록 규정되었다는 점,[14]

---

12) 이호중, 우리나라 양형기준에 대한 비판적 분석, 형사법연구 제22권 제1호, 2010, 268쪽.

13) 박민식 의원이 대표 발의한 양형기준법안 제21조 제2항은 "법관은 양형기준이 적용되는 사건의 경우 판결서에 양형기준에 따른 양형이유를 설시하여야 하며, 양형기준을 벗어나서 형을 선고하는 경우에는 그 이탈 사유를 구체적으로 기재하여야 한다. 다만, 약식절차 또는 즉결심판절차에 의하여 심판하는 경우에는 그러하지 아니하다"고 규정하고 있었다.

14) 윤강열, 양형기준 이탈과 판결서 양형이유 기재, 재판실무연구 제5권, 2013, 411쪽.

② 문언해석의 관점에서 볼 때 법원조직법 제81조의7 제2항이 단지 '양형이유'를 기재하도록 규정하고 있을 뿐 '양형기준의 이탈이유'를 기재할 것을 요구하지 않고 있다는 점,[15] ③ 제도도입 취지의 관점에서 보아도 양형기준 이탈이유를 기재하도록 하는 경우에는 상급심이 양형기준 이탈이유의 기재 여부가 위법한 것인지 여부를 심사하여야 하는데 이는 결국 현재의 권고적 양형기준제도와 부합하지 않는다는 점[16] 등이 제시되고 있다.

다. 판례의 입장

대법원 판례[17]는 당해 양형이유 기재설의 입장을 취하고 있다. 대법원 판례의 기초가 된 사실관계는 다음과 같다. 누범 전과가 있는 피고인 甲이 피해자 A(여, 19세)에 대한 강제추행 및 폭행, 피해자 B(여, 12세)와 C(여, 10세)에 대한 성폭력범죄의 처벌 및 보호 등에 관한 법률 위반(13세 미만 미성년자에 대한 강제추행)의 사실로 공소가 제기되었다. 제1심 법원은 甲에 대하여 양형기준상의 권고형량범위 속에서 징역 3년을 선고하였다. 이에 양형부당을 이유로 한 검사의 항소에 대해 항소심이 양형기준의 권고형량 범위(3년)를 이탈하여 甲에게 징역 1년 6월의 징역형을 선고하였다. 그러자 검사는 법원조직법 제81조의7 제2항 소정의 '양형의 이유'는 '양형기준의 이탈이유'라는 전제에서 원심이 양형기준상 권고형량범위를 벗어난 징역 1년 6월을 선고하면서도 판결서에 권고 형량범위 이탈의 사유를 적시하지 아니하였다는 점을 들어 상고하였다.

이 사안에서 대법원은 "양형위원회 설치의 목적, 구성, 업무내용, 양형기준을 설정·변경함에 있어 준수하여야 하는 여러 원칙 및 고려사항, 양형기준의 효력 등에 관한 각 규정의 내용 및 그 입법 경위 등을 종합하면, 법관은 양형을 함에 있어서 위와 같은 양형기준을 존중하여야 하고, 법원은 약식절차 또는 즉결심판절차에 의하여 심판하는 경우가 아닌 한, 양형기준을 벗어난 판결을 함에 따라 판결서에 양형의 이유를 기재하여야 하는 경우에는 위와 같은 양형기준의 의의, 효력 등을 감안하여 당해 양형을 하게 된 사유를 합리적이고 설득력

15) 김현석, 양형기준의 작성원리와 내용, 2009, 14쪽; 윤강열, 양형기준 이탈과 판결서 양형이유 기재, 재판실무연구 제5권, 2013, 411쪽.
16) 윤강열, 양형기준 이탈과 판결서 양형이유 기재, 재판실무연구 제5권, 2013, 411쪽.
17) 대법원 2010. 12. 9. 선고 2010도7410 판결.

있게 표현하는 방식으로 그 이유를 기재하여야 할 것이다. 한편, 항소법원은 항소이유에 포함된 사유에 관하여 심판하여야 하므로(형사소송법 제364조 제1항), 양형부당을 이유로 항소된 경우에는 항소심 판결서에 제1심의 양형의 이유가 부당한지 여부에 관한 판단을 구체적으로 설시하였다면, 항소심이 제1심판결을 파기하고 양형기준을 벗어난 판결을 하면서 같은 내용의 양형의 이유를 중복하여 설시하지 않았다고 하여 위법하다고 할 수 없다"고 판시하였다.[18]

3. 검 토

현행 양형기준이 권고적 양형기준제를 채택하고 있다고 하더라도 사실심 법관은 양형기준을 최대한 존중해야 하고 특히 양형에 대한 상급심의 통제가능성이 거의 차단되어 있는 현실에 비추어보면 양형기준을 이탈하는 경우에는 그 이탈사유를 기재하도록 요구하는 것이 적정해 보인다. 그러나 법리적 관점에서 출발해보면 양형기준을 이탈한 경우 그 이탈의 이유를 기재하도록 하는 것은 양형기준에 대한 법관의 기속적 효력을 인정하는 입법례에서 중요한 의미를 가지고 있다. 기속적 양형기준제 하에서는 사실심 법관이 양형기준을 이탈한 경우 그러한 양형은 위법한 것으로 추정되므로 그 추정을 번복하기 위해서는 그 이탈을 허용할 만한 합리적 사유를 심리하여 판결서에 명시하도록 하여 이를 상급심의 심판대상으로 삼을 필요가 있기 때문이다. 이 점에서 법원조직법 제81조의7 제2항 소정의 '양형의 이유'를 '당해 양형의 이유'로 이해하는 것이 우리나라의 양형기준제의 기초를 형성하고 있는 권고적 양형기준제와 조화를 이루는 것으로 보인다.

18) 대법원 2010. 12. 9. 선고 2010도7410 판결.

§8 비교법적 관점에서 본 우리나라 양형기준제의 방식과 특징

현재 형사실무에서 활용되고 있는 양형기준은 미국과 영국 등의 양형기준제를 참고로 하되 우리나라의 독창적인 요소를 가미하여 제정된 것으로 알려져 있다. 이 점에서 현행 양형기준의 방식을 이해하기 위해서는 미국과 영국의 양형기준제를 고찰해 보아야 한다.

Ⅰ. 미국의 양형기준제

1. 양형기준제의 도입 배경

미국에서 양형기준제는 주 차원에서 먼저 시행되었고 이후 연방으로 확대되었다. 주 차원에서는 1980. 5. 1. Minnesota주가 미국에서 최초로 양형기준을 시행하였고 2004년 말 기준 적어도 18개주와 District of Columbia가 양형기준제를 도입·시행하고 있다.[1] 연방차원에서는 이미 1970년대 초에 양형의 통일성을 확보하기 위한 법안이 마련되었으나 좌초되었고 1984년에 가서야 의회에서 본격적으로 논의되었다. 미국 연방의회는 1984년 종합범죄통제법(Comprehensive Crime Control Act)상의 규정을 통하여 이른바 양형개혁법을 제정하여 연방양형기준을 제정하기 위한 독립기관인 연방양형위원회를 설치하여 양형기준을 마련하도록 하였다. 이에 연방양형위원회는 1987. 4. 13. 양형기준초안을 연방의회에 제출하여 1987. 11. 1.부터 연방양형기준법이 시행되었다.[2]

미국에서 양형기준제가 도입·시행된 배경은 몇 가지로 요약해볼 수 있다.

첫째, 미국에서 1960년대까지 지배하고 있던 부정기형제도 및 이와 결부된 재사회화사상에 대한 회의(懷疑)를 들 수 있다. 미국에서 부정기형제도는 법관

1) 박홍우, 미국 연방 및 주의 양형기준제도에 대한 평가, 2006, 110쪽.

2) 미국 연방양형기준에 관한 상세한 내용은 이재홍, 미국의 양형제도와 그 한국적 조명, 사법연구 자료 제17집, 1990, 447쪽 이하; 김희관, 미국연방양형기준법에 관한 고찰, 해외파견검사연구논문집 제10집, 1994, 257쪽 이하; 박홍우, 미국연방의 양형기준제도, 2002, 45쪽 이하 참조.

이 피고인에 대하여 일정한 형벌범위 또는 심지어 최저형만 선고하는 방식으로 운영되었다. 부정기형제도를 취하는 경우에는 선고된 형벌의 구체적 형기는 범죄자가 범한 불법의 정도와 처우필요성, 재사회화능력 및 조기의 재사회화 가능성에 따라서 정해진다. 그리고 교도소에서의 복역기간은 행정부에 소속된 일종의 형집행기관인 가석방위원회(parole boards)가 재사회화의 필요성 여부에 따라 결정하였다. 따라서 피고인의 관점에서는 형사소송이 개시되기 전뿐만 아니라 형사재판이 확정된 이후에도 구체적인 형량을 알 수 없었다. 그런데 가석방위원회의 석방 또는 수용시설에서의 계속 복역에 관한 결정이 수형자의 인종에 따라 자의적으로 나타났고 실제로 수용시설에서 3분의1만 복역하고 나면 석방되는 수형자들도 적지 않았다. 수형자들의 형기의 불균형이 사회적 문제로 되자 미국에서는 형기에 관한 결정을 더 이상 가석방위원회에 맡겨서는 안되며 입법부나 최소한 법관에게 그 권한을 넘겨야 한다는 지배적 여론이 형성되었다.

둘째, 앞에서 언급한 재사회화사상에 대한 회의는 책임비례처벌(just deserts)로의 패러다임 전환을 가져왔다. 미국에서는 1960년대 말에 형사정책적 조류인 "아무것도 통하지 않는다"(nothing works)는 주제어가 등장하였다. 이러한 범죄학적 인식은 행형을 통하여 국가가 범죄자를 개선·교육하고자 하는 시도가 아무런 효과가 없다는 결과로 이어졌다. 이는 곧 형벌목적으로서 재사회화는 그 의미를 상실했다는 점을 반영한 것이었다. 재사회화 정책에 대한 실패가 '정당한 형벌', 즉 응보형으로 회귀하게 된 것이었다. 여기서 응보주의는 범행비례적 양형론이 전제로 하고 있는 형벌의 비난적 관점을 강조한다. 미국의 책임비례처벌(just deserts)은 범행비례적 양형론[3]과 같이 형벌목적으로서 소극적 특별예방(범죄인에 대한 위협과 보안)이나 적극적 특별예방(재사회화)을 형량결정에 기준에서 배제시키면서 오로지 행위의 비난가능성을 형량산정의 기초로 삼고 있다.

마지막으로 미국에서 양형기준제가 등장하게 된 배경에는 교도소의 과밀화를 들 수 있다. 부정기형제도에 근거하여 지속적으로 증가한 수형자의 수와 이로 인한 교도소의 수용능력 초과는 교도소 내에서의 안전문제를 야기하였을 뿐만 아니라 가석방위원회로 하여금 행형목표를 달성하지 않았고 적정한 형기를 채우지 않았음에도 조기에 수형자를 석방하게 하였다. 이에 대해 양형기준

3) 위의 제2장 §4 VII 참조.

은 교도소에 범죄자를 수용하고 석방하는 것에 관하여 결정을 할 수 있게 해준다. 다시 말해서 양형기준은 어느 정도의 범죄의 심각성부터 행위자가 자유박탈을 감수해야 하는지 각각의 교도소 수용능력에 탄력적으로 맞출 수 있게 해준다. 이와 관련하여 예를 들어 Minnesota주에서는 양형위원회로 하여금 교도소의 수용능력도 고려할 것을 법적으로 명시하고 있고[4] 이에 따라 Minnesota 양형위원회는 1979. 11. 4. 교도소 수용인원이 교도소 수용능력의 95%를 넘지 않을 것을 결정한 바 있다.

2. 개별 주의 양형체계

가. 서 설

미국의 개별 주에서 양형개혁을 위한 노력은 크게 두 가지 방향으로 특징지울 수 있다.[5]

하나는 수형자의 재사회화 진척의 정도에 맞춘 조기의 석방을 금지하고 입법자가 형량을 확정해 두는 것을 특징으로 하는 정기형제도이다. 이 경우 법관에게 인정되는 양형재량의 범위는 각 주별로 많은 차이가 있다. Illinois주와 Indiana주에서는 입법자가 범죄를 일정한 등급으로 나누어서 이러한 등급마다 비교적 넓은 형량범위를 설정해 두고 있음에 반해 California주에서는 입법자가 개별적인 범죄에 상응하는 점으로 된 형식의 형량을 명시하여 법관의 양형재량을 대폭 제한하고 있다.

다른 하나의 방향은 양형위원회가 설정하여 법관으로 하여금 적용하도록 하는 양형기준제를 채택하는 방식으로 운영하고 있다. 물론 양형기준제를 채택하는 경우에도 다양한 모델이 있다. 예를 들어 법관의 양형기준에의 구속성의 정도와 관련하여 양형기준의 준수가 완전히 법관의 임의에 맡겨져 있는 임의적 양형기준제(voluntary guidelines)와 형량이 구속적으로 명시되어 있으나 예외적으로 특별한 근거설시를 조건으로 정규형량의 이탈을 허용하는 추정적 양형기준제(presumptive guidelines)로 구분되기도 한다.

---

4) Minnesota Statute 244.09, subd. 5(2).

5) 미국 개별 주의 양형제도에 대한 개관으로는 박형관, 미국 주 양형기준제 개관 및 주요 쟁점 검토, 형사법의 신동향 통권 12호, 2008, 62~128쪽 참조.

여기서는 양형기준제를 채택하지 아니하되 입법자가 개별적으로 구체적 형량을 명시해 두고 있는 California주의 양형과 양형기준제를 채택하면서도 추정적 양형기준제를 취하고 있는 Minnesota주 양형기준제를 소개할 것이다.

나. California주의 양형체계

California주는 이미 1976년에 그 이전에 시행되었던 부정기형제도를 폐지하면서 범행의 중대성에 따라 사전에 엄격하게 고정된 형량체계를 입법적으로 명시해두었다. California주 형법 제1170조(a)(1)은 범죄로 인한 자유박탈의 목적이 행위자의 처벌에 있고 이러한 목적을 달성하기 위해서는 범죄의 심각성(또는 중대성)과 적정한 관계에 있는 형벌을 선고해야 하며 또한 이러한 형벌은 동일하거나 유사한 조건하에서 범하는 행위자가 동등한 형벌을 받아야 한다고 명시하고 있다.

California주 형법에는 국가교도소에서의 자유형이 그 법적 효과로 규정되어 있는 범죄구성요건에 대하여 각각 감경, 기본 및 가중 등 3가지 유형의 형량그룹으로 구분하여 명시하고 있다. 여기서 기본형량은 통상적인 사안에서 적용되는 형량을 말한다. 아래의 표는 어떠한 범죄에 점으로 된 형량이 어느 정도인지를 분명하게 보여주고 있다.

범죄(California주 형법)	감경	기본	가중
단순 방화죄(제451조(d)	16월	2년	3년
중대한 피해를 수반한 상해죄(제243(d))	2년	3년	4년
통화위조죄(제478조)	2년	3년	4년
단순강도죄(제312조(a)(2))	2년	3년	5년
절도목적의 주거침입죄(제460조(a))	2년	4년	6년
택시강도죄 또는 주거침입강도(제212.5조(a))	3년	4년	6년
아동약취유인죄(제208조(a))	3년	5년	8년
강간죄(제261조, 제262조)	3년	6년	8년
사용중인 차량에 대한 강도죄(제215조(a),(b))	3년	5년	9년
중대한 피해를 수반한 방화죄(제451조(a))	5년	7년	9년
14세 미만 아동약취유인죄(제208조(b))	5년	8년	11년

위 표를 보면 예를 들어 행위자가 강간죄를 범한 경우 그와 관련된 가중사유나 감경사유를 고려함이 없어 곧바로 국가교도소에의 6년 형이 기본형으로 선고된다. 물론 이 경우 가중사유가 있는 경우에는 8년으로 선고되고 감경사유가 있으면 3년으로 감경된다. 감경형인 3년과 기본형인 6년 및 가중형인 9년 중간에서 선고할 형은 존재하지 않고 몇 개월 형식으로 선고될 수도 없다. 미수범의 경우에는 당해 범죄가 기수에 이른 경우의 형량에서 절반으로 감경된다.[6] 한편 재범과 그 밖의 상습범, 범행수법의 위험성, 피해의 중대성 등은 가중사유가 된다.

그러나 California주와 같은 방식으로 양형을 설정하는 경우에는 모든 조항(범죄구성요건)에 그 법적 효과를 감경형, 기본형 및 가중형을 사전에 명시해두어야 하고 이는 곧 사전에 법률에 설정해 둔 형량의 예견가능성과 명확성을 떨어뜨리는 결과를 가져올 수도 있다.

다. Minnesota주의 양형기준제

Minnesota주는 1980년에 미국에서 최초로 양형기준제를 채택·시행하였다.[7] Minnesota주는 추정적 양형기준을 도입하였다. 추정적 양형기준이란 양형기준에서 설정된 형량범위가 구속적인 효력을 가지는 것으로 추정되는 것을 의미한다. 추정적 양형기준에서는 법관이 양형기준에서 권고된 형량범위를 이탈하고자 하는 경우에는 그 이유를 설시할 의무가 있다. 9명으로 구성된 Minnesota주 양형위원회는 양형기준을 설정하기 위한 프로그램을 입안하였는데, 그 중 하나는 기존의 양형실무에서 적용되고 있는 서술적 기준을 양형기준에 포함시키면서도 규범적으로 장래의 양형구조의 중점을 확정하는 것이었으며 다른 하나는 교도소의 수용능력을 고려하여 양형기준을 설정하는 것이었다. Minnesota주 양형위원회는 양형기준을 설정하는 과정에서 핵심적인 형벌목적으로 책임비례처벌이론(just desrts theory)에 따라서 양형기준을 설정하기로 하였다.[8]

Minnesota주 양형기준은 모든 중죄(felonies)에 대하여 적용되지만 필요적 무기징역형으로 규정되어 있는 1급 살인죄는 양형기준의 적용범위에서 제외된

6) §664(a) Cal. Penal Code.
7) Frase, Sentencing Reform in Minnesota: Ten YearsAfter, Minn. L. Rev. 75, 1991, 727쪽.
8) Parent, Structuring Criminal Sentences, 1988, 38쪽 이하.

다. Minnesota주 양형기준에 의하면 피고인에게 선고될 구체적 형량은 범죄의 중대성과 피고인의 범죄경력간의 관계에서 도출된다. 격자형식으로 만들어진 Minnesota주 양형기준에서는 가로축에는 범죄전력, 세로축에는 범죄의 중대성이 위치하고 이러한 가로축과 세로축이 교차하는 부분에 각각 개월 수로 표시된 자유형의 형기가 표시되어 있는데 행위자에게 별다른 가중인자나 감경인자가 없는 경우에는 이러한 자유형의 형기가 선고된다. 참고로 2016년 현재 시행되고 있는 Minnesota주 양형기준을 소개하면 다음 표와 같다.

위 양형기준 격자표에서 검정색으로 두껍게 표시된 선의 아래쪽에 해당할 경우에는 법관은 피고인을 1년까지 카운티 교도소에 구금하거나 보호관찰을 조건으로 형의 집행을 유예할 수 있다.[9] 이에 반해 검정색으로 두껍게 표시된 선의 위쪽에 해당할 경우에는 실형을 선고한다. 그리고 격자 안에 표시되어 있는 이탤릭체 숫자의 범위는 법관이 구체적인 형을 발견하게 되는 형량범위를 의미한다. 법관은 이 형량범위 내에서 선고형을 발견하게 되지만 개별 사안에 맞추어 형량범위의 하한 15%, 상향 20%의 범위까지 벗어날 수 있고 이렇게 벗어나는 것은 이탈로 간주되지 않는다.

양형기준 격자표의 세로축에 해당하는 '범죄의 중대성 등급'(1~11)에 제시되어 있는 범죄유형들은 예시적인 것에 불과하다. 양형기준의 부록에 정리되어 있는 범죄유형 목록표에서 해당 구성요건을 찾아 그에 상응하는 중대성 등급을 확인하면 된다.[10]

범죄경력 점수는 과거의 중죄로 인한 유죄의 전과를 계량화함으로써 부여된다. 예를 들어 범죄의 중대성 등급이 1~2인 경우에는 ½점, 3~5인 경우에는 1점, 6~8인 경우에는 1½점, 9~11인 경우에는 2점이다.[11] 보다 쉽게 설명하기

9) 그러나 법률에서 최저형을 1년 이상의 자유형으로 규정하고 있는 이른바 최저형선고제도가 있는 경우에는 형의 집행유예가 원칙적으로 불가하다. 이 경우에는 양형기준에 따른 선고형과 최저형 중에서 높은 형을 선고해야 한다. 그럼에도 양형기준에서 최저형에 반하게 집행을 유예할 수 있는 자유형을 설정하고 있는 경우에는 검사의 신청 또는 법관의 직권으로 형의 집행을 유예할 수 있다. 물론 법관이 집행유예를 선고하는 경우에는 이탈의 경우와 마찬가지로 그 이유를 기재해야 한다. Minnesota Sentencing Guidelines Commission, Minnesota Sentencing Guidelines and Commentary, August 1 2016, 51쪽 이하 참조.

10) Minnesota Sentencing Guidelines Commission, ibid, 85쪽 이하 참조.

11) Minnesota Sentencing Guidelines Commission, ibid, 12쪽.

〈Minnesota주 일반범죄에 대한 양형기준 격자표(2016년)〉[12)]

범죄의 중대성 등급		범죄경력 점수						
		0	1	2	3	4	5	6 이상
2급 살인(고의; 운전중 총격살인)	11	306 *261–367*	326 *278–391*	346 *295–415*	366 *312–439*	386 *329–463*	406 *346–480*[2]	426 *363–480*[2]
3급 살인 2급 살인(과실치사)	10	150 *128–180*	165 *141–198*	180 *153–216*	195 *166–234*	210 *179–252*	225 *192–270*	240 *204–288*
1급 폭행	9	86 *74–103*	98 *84–117*	110 *94–132*	122 *104–146*	134 *114–160*	146 *125–175*	158 *135–189*
1급 가중강도 1급 주거침입(흉기휴대 또는 폭행행사)	8	48 *41–57*	58 *50–69*	68 *58–81*	78 *67–93*	88 *75–105*	98 *84–117*	108 *92–129*
음주운전 중죄 취약한 성인에 대한 경제적 착취	7	36	42	48	54 *46–64*	60 *51–72*	66 *57–79*	72 *62–84*[2,3]
2급 폭행 1급 주거침입(사용중 주거침입)	6	21	27	33	39 *34–46*	45 *39–54*	51 *44–61*	57 *49–68*
주거침입절도 단순강도	5	18	23	28	33 *29–39*	38 *33–45*	43 *37–51*	48 *41–57*
침입절도	4	12[1]	15	18	21	24 *21–28*	27 *23–32*	30 *26–36*
절도(5,000달러 이상)	3	12[1]	13	15	17	19 *17–22*	21 *18–25*	23 *20–27*
절도(5,000달러 이하) 수표위조(251달러~2,500달러)	2	12[1]	12[1]	13	15	17	19	21 *18–25*
4급 폭행 경찰관으로부터 도주	1	12[1]	12[1]	12[1]	13	15	17	19 *17–22*

1: 만 1년

2: Minnesota 주법 제244.09조는 양형기준이 각 양형셀에 제시된 형량에서 하한 15%, 상한 20%의 범위에서 주 교도소 자유형에 대한 추정적 양형범위를 제시하도록 규정하는데, 최소 형기는 1년 1일이고 최장기는 법정형 상한이다.

3: Minnesota 주법상 취약한 성인에 대한 경제적 착취의 최장기형은 240개월이다. 고정된 기간보다 더 많은 20%의 표준형량범위는 범죄경력점수 6 이상에 적용된다(그 형량범위는 62–86이다).

---

12) 아래의 양형기준표는 Minnesota Sentencing Guidelines Commission, Minnesota Sentencing Guidelines and Commentary, August 1 2016(November 17, 2016, update), 79쪽의 표를 번역하여 옮긴 것이다(http://mn.gov/msgc–stat/documents/2016%20Guidelines/11_17_2016_Update_August2016_Guidelines.pdf 참조). Minnesota주에서는 일반범죄에 대한 양형기준 격자표 이외에 성범죄와 마약범죄에 관한 양형기준 격자표를 별도로 갖추고 있다.

위하여 예를 들어보면 행위자가 6,000 달러 상당의 가치를 지닌 물건을 절취한 사실로 유죄가 인정된 경우 행위자에게 전과가 없다면 1년의 자유형의 집행유예[13]가 예상된다. 그러나 행위자가 이전에 절도범행으로 2회의 유죄를 선고받은 경우에는 범죄경력 점수가 3점이 된다. 6,000달러 이상의 가치를 지닌 절도죄의 중대성 등급은 3이고 이에 해당하는 범죄경력점수는 1점인데 행위자에게 또 다른 2회의 절도전과가 있으므로 전체 범죄경력점수는 3점에 해당하기 때문이다. 그렇다면 행위자에 대해서는 17개월(1년에 대한 집행유예+5개월의 국가교도소 구금)이 선고된다. 그리고 절도전과가 3회인 경우에는 행위자에게 19개월의 자유형(실형)이 선고된다.

Minnesota주 양형기준에서 범죄의 중대성과 범죄경력점수를 비교해보면, 행위자의 전과보다는 범죄의 중대성에 보다 더 큰 비중을 설정하고 있다. 이 점에서 Minnesota주 양형기준은 범죄의 객관적 불법성을 더 강조하는 것이라고 평가할 수 있다.

3. 연방의 양형기준제

가. 양형기준법상 형벌목적

미국에서 Minnesota주(1980), Pensylvania주(1982), Florida주(1983) 및 Washington주(1984)가 추정적 양형기준을 도입한 후 연방의회는 연방차원의 양형개혁에 착수하였다. 1987. 11. 1. 연방양형기준이 발효되기까지 연방형법은 부정기형제도를 시행하고 있었다. 연방형법은 대부분 최고형만 규정하여 폭넓은 형량범위를 규정하고 있었고 연방법관은 이러한 형량범위 속에서 구체적인 형량을 선고하였으며 이에 대한 상급심의 통제도 거의 이루어지지 않았다. 또한 법관이 선고한 형기의 1/3을 복역한 이후에는 가석방위원회가 수형자의 재사회화 여부를 판단하여 보호관찰부 가석방을 결정하는 것이 일반적이었다. 통계적으로 볼 때 범죄, 행위자 및 형량간의 관련성도 분명하지 않았다.[14] 연방의회가 1984년의

---

13) 물론 이 경우 집행유예는 반드시 실형을 복역하지 않는다는 의미를 가지고 있는 것은 아니다. 집행유예는 국가교도소에서의 구금이 되지 않는다는 의미를 가지고 있을 뿐이므로 카운티 교도소 내지 감방에서의 구금될 가능성이 남아있다.

14) Walker/Sager, Are the Federal Sentencing Guidelines Meeting Congressional Goals?, Emory L.J. 40(1991), 395쪽 이하.

종합범죄통제법을 통하여 미국 연방양형위원회[15]를 설치하여 양형기준을 작성하도록 한 것도 바로 이러한 폐해를 해결하기 위한 것이었다.

종합범죄통제법에 포함되어 있는 양형개혁법은 법원이 피고인에 대한 형벌을 선고할 때 고려해야 할 형벌목적으로 규범확증(promote respect for the law), 범행과 관련한 정당한 처벌(just punishment), 위협(deterrence), 범죄자로부터 국민일반의 보호(incapacitation), 행위자의 재사회화(rehabilitation) 등 5가지를 열거하고 있다.[16] 다만 입법자는 오로지 재사회화의 목적만을 달성하기 위한 자유형은 허용되지 않는다고 하여 재사회화의 적용범위를 제한하고 있다.[17]

양형개혁법에 명시되어 있는 형벌목적은 용어상의 약간의 차이가 있을 뿐 형벌이론에서 일반적으로 논의되고 있는 형벌목직과 그 의미가 동일하다.[18] 연방의회는 형벌목적을 5가지로 열거함으로써 한편으로는 신뢰가능하고 정당하며 통일적인 처벌의 필요성을 고려하였고 다른 한편으로는 개별 사안에서 행위자의 구체적 사정을 고려하고자 하였다. 그러나 연방의회는 양형개혁법상 5가지 형벌목적들 간의 서열을 부여하지는 않았다.[19] 연방의회는 실무에서의 유연한 대처를 가능하게 하기 위하여 특정한 형벌목적을 명시하는 것도 의도적으로 피하였다. 이 점은 양형개혁논의에서 구체적인 방향을 제시하였던 'just deserts'(책임비례처벌)라는 용어를 양형개혁법에 명시하지 않는 대신 중립적으로 'just punishment'(정당한 처벌)라는 용어를 명시해둔 것을 보면 알 수 있다. 이와 같이 5가지 형벌목적들을 병렬적으로 규정해둠으로써 개별 사건에서 법관이 특정한 형벌목적에 유리하거나 불리하게 형량을 하여 구체적인 선고형을 발견할 가능성을 보장하였다. 그렇지만 양형개혁법을 제정할 당시 연방의회는 그 이전까지 득세했던 재사회화 양형정책을 포기한다는 관점에서 기본적으로 행위자에 대한 정당한 처벌과 소극적 일반예방에서 말하는 위협효과를 보다 강조하였고

---

15) 미국 연방양형위원회의 구성과 임무에 관해서는 박홍우, 미국 연방의 양형기준제도, 2002, 53~56쪽 참조.

16) 18 U.S.C. §3553(a)

17) 28 U.S.C. §994(k)

18) Saltzburg, The Control of Criminal Conduct in Organizations, 71 Boston University Law Review, 1991, 423쪽.

19) Nagel, Structuring Sentencing Discretion: The New Federal Sentencing Guidelines, 80 The Journal of Criminal Law & Criminology (1989~1990), 914쪽 이하.

이로써 양형에서 행위자요소 보다는 행위요소에 더 중점을 두게 되었다. 또한 연방의회는 명시적으로 예견가능하고 정당한 형벌[20]을 인정하여 양형이 행위자의 전과와 범죄행위에 그 초점을 맞추어야 한다는 점을 강조하였다. 바로 이러한 배경에서 연방양형기준표는 세로축에 범죄행위와 관련된 범죄등급을, 가로축에 범죄경력을 위치시키고 있다. 미국에서 양형개혁법이 탄생하게 된 배경에 주목해보면 미국의 연방양형기준에서는 책임응보와 소극적 특별예방이 더 중요하게 고려되고 있는 것을 알 수 있다.[21]

한편 양형개혁법에는 법관이 선고할 수 있는 형사제재도 명시해두고 있다. 이에 의하면 자연인에 대한 형사제재는 벌금형, 자유형 및 보호관찰형이고,[22] 기업에 대한 형사제재로는 벌금형, 보호관찰형 및 벌금형과 보호관찰형의 병합형이 있다.[23] 법원이 이러한 형벌 중에서 어느 하나를 피고인에게 선고하는 경우에는 연방양형위원회가 설정한 양형지침을 준수해야 하고[24] 형종과 형량을 선택한 경우에는 그 이유를 제시하여 상급심의 양형심사를 가능하도록 해야 한다.[25]

나. 연방양형기준의 구조와 특징

(1) 연방양형기준의 특징

미국 연방양형기준[26]은 일차적으로 범죄의 (객관적 및 주관적) 불법요소와

---

20) 28 U.S.C. §991(b)(1)(B).

21) 미국 연방양형기준의 도입배경과 운용 경과에 관한 보다 상세한 내용은 박형관, 종합적 양형기준 설정방안에 관한 연구, 2011, 39~45쪽 참조.

22) 18 U.S.C. §3551(b).

23) 18 U.S.C. §3551(c).

24) 18 U.S.C. §3551(b).

25) 18 U.S.C. §3551(c).

26) 연방양형기준은 양형에 관한 상세한 지침들, 선고절차 및 형의 집행 등이 포함된 광범위한 목록으로 구성되어 있다. 연방양형기준은 총 8개의 장으로 구성되어 있는데, 제1장부터 제7장까지는 자연인에 대한 양형기준을 규정하고 있고 제8장에서는 기업에 대한 양형기준을 명시하고 있다. 제1장에서는 서언 및 일반적인 적용원칙, 제2장에서는 범죄행위(Offence Conduct), 제3장에서는 조정(Adjustments), 제4장에서는 범죄경력 및 범행성(Criminal History and Criminal Livelihood), 제5장에서는 정기형선고(Determining the Sentence), 제6장에서는 선고절차와 답변합의(Sentencing Procedures and Plea Agreements), 제7장에서는 보호관찰위반 및 관찰부 석방(Violations of Probation and Supervised Release)을 규정하고 있다.

행위자의 전과를 축으로 설정되어 있다. 양형기준표의 세로축은 범죄의 중대성을 기초로 기본범죄등급(base offence level)을 총 43개의 등급구간으로 나누고 가로축은 행위자의 전과에 근거한 범죄경력점수를 6등급으로 나누고 있다. 따라서 범죄의 중대성에 따른 기본범죄등급을 나타내는 세로축과 전과의 범주에 따른 가로축을 모두 합한 양형셀은 총 258개(43x6)가 된다. 이러한 양형기준표를 근거로 피고인의 구체적인 범죄와 전과에 대하여 가중·감경 등의 조정을 거쳐 구체적 지수를 결정한 다음 각 가로축과 세로축의 구체적인 지수가 만나는 곳을 피고인에 대한 양형 기준 범위로 삼아 그 범위 내에서 형을 선고하도록 하고 있다.[27)]

미국 연방양형기준은 종합적인 양형기준 설정방식을 취하고 있다. 종합적 양형기준 설정방식이란 주요 범죄 대부분에 대하여 공통적·통일적으로 적용되는 기준으로서 양형 목표를 성공적으로 달성하기 위한 여러 요소들을 고려하는 설정방식이다.[28)] 미국 연방양형기준의 또 다른 특징으로는 양형인자의 평가방식에 관하여 등급조정식 계량화방식을 취하고 있다는 점이다. 등급조정식 계량화방식이란 기본범죄수준을 찾고 양형인자를 고려하여 계량화된 가중·감경요소 및 범죄전력에 따른 수치 등을 가감하는 방식으로 등급조정을 하는 방식을 말한다.

(2) 범죄등급의 체계

미국 연방양형기준은 제2장에서 기본범죄등급이 명시되어 있는 연방법상의 범죄에 대해서만 적용된다. 이러한 기본적인 범죄의 중대성 등급은 양형인자에 따라 등급조정을 거쳐 최종적인 종합범죄등급으로 된다. 그 후 행위자의 전과에 따라 정해지는 가로축 등급을 찾아 세로축과 가로축이 교차하는 지점에 해당하는 양형기준을 찾게 된다.

범죄등급의 구조를 보다 명확하게 이해하기 위한 예를 하나 들어보면, 절도·횡령·장물 등과 같은 재산범죄에 대해서는 연방양형기준 §2B1.1이 적용된

27) 연방양형기준의 구체적인 적용방법에 관해서는 박경래·윤지영·승재현, 양형조사제도에 관한 연구 –조사기관을 중심으로–, 한국형사정책연구원, 2010, 71~76쪽 참조; 또한 박홍우, 미국 연방 및 주의 양형기준제도에 대한 평가, 사법개혁과 세계의 사법제도 IV, 한국사법행정학회, 2006, 113~125쪽 참조.

28) 박형관, 종합적 양형기준 설정방안에 관한 연구, 2011, 25쪽.

다. 이에 의하면 이들 범죄의 기본범죄등급은 일반적으로 6이다.[29] 이러한 기본범죄등급을 기초로 각 범죄유형군의 객관적 요소를 유형화한 특별범죄특성을 고려하여 기본범죄등급을 가중하거나 감경한다. 위의 재산범죄를 예로 들어보면 피해액이 6,500달러를 초과하는 경우에는 각각의 피해액에 따라 범죄의 중대성 등급이 높아진다. 피해액이 6,500달러 또는 그 미만인 경우에는 기본범죄등급에 머물게 되지만 피해액이 6,500달러 이상 15,000달러 이하인 경우에는 범죄의 중대성 등급이 2등급 더 올라가게 되고 피해액이 1,500,000달러 이상 3,500,000달러 이하인 경우에는 중대성의 등급이 16등급 더 올라간다.[30]

이렇게 도출된 수치는 연방양형기준 제3장에 규정되어 있는 피해자의 특성이나 가담의 형식 등을 고려한 조정을 거치고 연방양형기준 제4장에 명시되어 있는 범죄경력, 영업적 행위 등에 따른 또 다른 수정을 거쳐서 가중되거나 감경된다. 그리고 마지막으로 연방양형기준 제3장 제D절의 다수범죄 처리지침에 따라 더 가중될 수 있다.[31]

(3) 범죄경력점수의 체계

행위자의 전과는 연방양형기준에서 형가중적 요소로서 매우 중요한 역할을 담당한다. 행위자의 전과가 양형책임에 속하는 요소인지 논란이 될 수 있으나 연방양형기준은 전과가 많은 피고인은 초범보다 더 많은 책임을 부담하고 따라서 형량도 높아야 한다는 견해를 가지고 있다.[32]

양형기준표의 가로축에 있는 범죄경력범주를 계산할 때 포함되는 요소는 전과의 횟수와 복역기간 등이다. 예를 들어 1년 1월을 초과하는 자유형을 복역한 전과가 1회 있으면 범죄경력점수 3점을 가산하고 60일 이상의 자유형을 복역한 전과가 1회 있으면 범죄경력점수 2점을 가산한다.[33] 이렇게 해서 산정된 점수가 0또는 1이면 다른 사정이 없는 한 범죄경력범주의 I등급, 7점~9점이면 범죄경력범주 IV등급 등이 된다. 범죄경력범주를 계산할 때에는 10년 이내의 전

29) U.S.S.G. §2B1.1(a).
30) U.S.S.G. §2B1.1(b).
31) 연방양형기준의 구체적인 적용과정은 박홍우, 미국 연방양형기준제의 실제 적용방법, 2003, 109~121쪽 참조.
32) U.S.S.G §4A1.1(Introductory Commentary).
33) U.S.S.G §4A1.1(a).

과만 고려해야 하지만[34] 행위자가 1년 이상 자유형을 복역한 전과가 있는 경우에는 15년까지의 전과도 가중적으로 고려할 수 있다.[35] 그러나 행위자가 1년 이상의 자유형으로 규정된 폭력범죄나 마약류범죄로 인하여 적어도 2회의 전과를 가지고 있는 경우에는 연방양형기준상의 이른바 '범죄자경력'(career offenders)에 관한 규정[36]을 통하여 범죄경력범주가 또 다시 수정된다.

(4) 양형기준표

범죄의 중대성 등급을 내용으로 하는 세로축과 범죄경력점수를 내용으로 하는 가로축으로 구성된 양형기준표는 A군부터 D군에 이르기까지 4개의 군으로 나누어진다. 이러한 4개의 군에서 범죄의 등급과 전과를 고려하여 선고가능한 형벌이 정해진다. A군부터 B군에 명시되어 있는 형량범위는 보호관찰의 선고가 가능하다.[37] 그러나 B군에 해당하는 경우에는 일부집행유예 또는 가택구금 등 보호관찰의 조건이 부과된다. C군에 해당하는 경우에는 B군에 해당하는 경우와 같은 조건 하에서 선고된 형의 절반을 복역한 이후 가석방이 허용된다.[38] 참고로 미국 연방 양형기준표를 제시하면 다음 표와 같다.

(5) 양형기준의 이탈

미국의 연방양형기준은 원래 구속적 효력을 가지는 것으로 입법되었다. 그러나 연방대법원은 1996년의 Koon 판결[39]에서 법관이 양형기준에서 이탈할 자유를 가진다고 강조하였고, 그 이후 2005년의 Booker 판결[40]에서도 이를 재차 확인하였다. Booker 판결에서 연방대법원은 연방양형기준이 위헌무효는 아니라고 하면서도 연방양형기준이 법률적인 구속효를 가지는 것이 아니라 법관에게 권고적 효력을 가져야 한다는 점을 확인하였다. 몇몇의 개별적인 법규정을 제

34) U.S.S.G §4A1.2(e)(2).
35) U.S.S.G §4A1.2(e)(1).
36) U.S.S.G §4B1.1.－1.4.
37) 이 경우 보호관찰의 기간은 범죄의 중대성 정도에 따라 다르다. 범죄의 등급이 1부터 6까지인 경우에는 보호관찰기간이 5년이고, 그 밖에는 최장 3년이다. U.S.S.G §5B1.2.
38) U.S.S.G §5B1.1.(d).
39) Koon v. United States, 518 U.S. 81(1996).
40) U.S. v. Booker and U.S. v. Fanfan, 543 U.S. 220(2005); Booker 판결에 관한 상세한 설명은 이주형, 미국 연방 양형기준법에 관한 연구 －연방 양형위원회를 중심으로－, 2006, 728~742쪽; 신승호, Booker 판결 이후 미국 연방 양형제도의 동향, 2008, 329~432쪽 참조.

SENTENCING TABLE
(in months of imprisonment)

	Offense Level	Criminal History Category (Criminal History Points) I (0 or 1)	II (2 or 3)	III (4, 5, 6)	IV (7, 8, 9)	V (10, 11, 12)	VI (13 or more)
	1	0–6	0–6	0–6	0–6	0–6	0–6
	2	0–6	0–6	0–6	0–6	0–6	1–7
	3	0–6	0–6	0–6	0–6	2–8	3–9
Zone A	4	0–6	0–6	0–6	2–8	4–10	6–12
	5	0–6	0–6	1–7	4–10	6–12	9–15
	6	0–6	1–7	2–8	6–12	9–15	12–18
	7	0–6	2–8	4–10	8–14	12–18	15–21
	8	0–6	4–10	6–12	10–16	15–21	18–24
	9	4–10	6–12	8–14	12–18	18–24	21–27
Zone B	10	6–12	8–14	10–16	15–21	21–27	24–30
	11	8–14	10–16	12–18	18–24	24–30	27–33
Zone C	12	10–16	12–18	15–21	21–27	27–33	30–37
	13	12–18	15–21	18–24	24–30	30–37	33–41
	14	15–21	18–24	21–27	27–33	33–41	37–46
	15	18–24	21–27	24–30	30–37	37–46	41–51
	16	21–27	24–30	27–33	33–41	41–51	46–57
	17	24–30	27–33	30–37	37–46	46–57	51–63
	18	27–33	30–37	33–41	41–51	51–63	57–71
	19	30–37	33–41	37–46	46–57	57–71	63–78
	20	33–41	37–46	41–51	51–63	63–78	70–87
	21	37–46	41–51	46–57	57–71	70–87	77–96
	22	41–51	46–57	51–63	63–78	77–96	84–105
	23	46–57	51–63	57–71	70–87	84–105	92–115
	24	51–63	57–71	63–78	77–96	92–115	100–125
	25	57–71	63–78	70–87	84–105	100–125	110–137
	26	63–78	70–87	78–97	92–115	110–137	120–150
	27	70–87	78–97	87–108	100–125	120–150	130–162
Zone D	28	78–97	87–108	97–121	110–137	130–162	140–175
	29	87–108	97–121	108–135	121–151	140–175	151–188
	30	97–121	108–135	121–151	135–168	151–188	168–210
	31	108–135	121–151	135–168	151–188	168–210	188–235
	32	121–151	135–168	151–188	168–210	188–235	210–262
	33	135–168	151–188	168–210	188–235	210–262	235–293
	34	151–188	168–210	188–235	210–262	235–293	262–327
	35	168–210	188–235	210–262	235–293	262–327	292–365
	36	188–235	210–262	235–293	262–327	292–365	324–405
	37	210–262	235–293	262–327	292–365	324–405	360–life
	38	235–293	262–327	292–365	324–405	360–life	360–life
	39	262–327	292–365	324–405	360–life	360–life	360–life
	40	292–365	324–405	360–life	360–life	360–life	360–life
	41	324–405	360–life	360–life	360–life	360–life	360–life
	42	360–life	360–life	360–life	360–life	360–life	360–life
	43	life	life	life	life	life	life

November 1, 2016

외하면 양형개혁법의 규정에 근거한 연방양형기준은 하나의 기능적인 체계로서 입법목적을 달성하는 데 적합하기 때문이라는 것이었다. 이에 따라 개별 법원은 점차 연방양형기준에 명시되어 있는 요소들 이외에 법률상 규정되어 있는 양형요소들도 고려하게 되었다. 양형판단에 대한 상급심의 통제와 관련하여 연방대법원은 하급심의 양형이 적정하고 합리적인 것인지를 판단하는 것으로 족하다고 판시하였다.

현행 연방양형지침에 의하면 법관은 피고인이 범죄수사에 관한 실질적인 협력을 했다는 이유로 검사가 형의 감경을 신청하는 경우 피고인이 행한 협력의 중요성과 유효성에 관한 법원의 평가, 피고인이 제공한 정보의 진실성·완전성 및 신뢰성, 피고인이 행한 협력의 수요 내용과 그 정도, 피고인이 협력함으로써 피고인이나 그 가족이 입게 된 상해 또는 상해의 위험, 피고인이 행한 협력의 시의적절성 등을 고려하여 양형기준표상 형량범위를 이탈하여 적정하게 형을 감경할 수 있다.[41] 또한 법관은 양형기준의 작성 과정에서 고려하지 못하였던 가중사유나 감경사유를 발견한 경우에는 형량범위를 이탈할 수 있다. 나아가 양형기준상의 형량범위를 이탈하게 된 요소가 이미 양형기준 작성시 고려된 요소라 할지라도 특별한 사정이 있는 경우에도 이탈할 수 있다.[42] 다만 이 경우에는 반드시 그 이유를 판결문에 구체적으로 기재해야 한다.[43]

다. 연방양형기준에 대한 평가

과거 연방양형기준에 대한 가장 강력한 비판은 양형기준을 통하여 법관의 재량을 과도하게 제한한다는 점이었다. 그러나 이 문제는 이미 연방대법원의 Booker 판결을 통하여 해결된 것으로 볼 수 있다. 연방양형기준에 대한 평가에 관해서는 크게 4가지를 들 수 있다.

첫째, 연방양형기준이 수많은 요소들을 포함하고 있으나 전통적으로 양형에서 중요한 행위자의 인격적 사정들을 고려하지 못하여 구체적 타당성이 결여되었다는 지적이 있다.[44] 다만 사실심 법관의 양형판단에 재량을 인정하였던

41) U.S.S.G §5K1.1.

42) U.S.S.G §5K2.0.

43) 18 U.S.C. §3553(c).

44) Schulhofer, Assessing the Federal Sentencing Process: The Problem Is Uniformity, not Disparity, 29 American Criminal Law Review, 1991~1992, 858쪽 이하.

연방대법원의 Booker 판결 이후 일선 법원은 개별 사건에서 양형기준의 규정을 준수하는 것 보다 처벌의 목적에 더 부합한다고 판단하는 경우에는 양형기준을 뛰어넘거나 양형기준의 명시적인 문언에 반하여 개별적인 사정을 고려하고 있다. 그러나 수없이 많은 개별적인 요소들을 고려함으로써 양형기준의 적용이 더 어렵게 되어 버린다는 문제가 발생한다. 다수의 요소들을 함께 고려함으로써 양형기준표상의 형량범위의 현저한 변경이 초래될 수 있고 이로써 그렇지 않아도 복잡하게 구성되어 있는 연방양형기준이 더 복잡하게 되어 버렸다는 비판이 제기될 수 있기 때문이다.

둘째, 앞에서 언급한 구체적 타당성 문제 이외에 양형기준이 형벌목적과 관련한 분명한 규정을 담고 있지 않다는 문제도 제기된다. 연방의회는 양형개혁법에서 특정한 형벌목적을 취하거나 우선순위를 정하지 않는 대신 양형기준에서 추구되어야 할 형벌목적들을 단순히 나열하였다. 그러나 연방양형기준의 복잡한 체계를 고려해보면 구체적 양형에서 개별적인 형벌목적의 의미와 그 서열에 관한 분명한 지침이 있어야 한다. 그렇지 않고 현재와 같이 양형기준이 응보사상과 소극적 일반예방에서 의미하는 위협사상에 강하게 초점을 맞추는 경우에는 합리적이라고 평가할 수 없는 중형주의로 나아갈 위험이 있다. 다만 연방대법원의 Booker 판결 이후로 일선 법원은 양형개혁법에 명시되어 있는 형벌목적들을 광범위하게 적용하여 양형기준상의 지침에 반대되는 독자적인 중점을 설정할 수 있게 되었다.

셋째, 연방차원에서 양형기준제의 도입으로 인하여 절차의 중점이 공판절차에서 수사절차로 옮겨졌다는 점을 들 수 있다. 연방양형기준제는 형사소추기관을 양형기준체계에 포함시키지 않고 있음에도 양형과 관련된 형사소추기관의 의미를 증폭시켰다. 다시 말해서 검사는 양형사실을 선별할 수 있기 때문에 이를 통하여 양형사유(가중사유나 감경사유)에 영향을 미칠 수 있게 되었다. 양형기준제가 시행되기 전과는 달리 검사는 처음부터 어떠한 사실이 어떠한 형량으로 이어지는지 계산할 수 있게 된 것이다. 미국의 실무에서 일반적으로 활용되고 있는 협상의 과정에서 검사는 특정한 요소를 공판절차에서 현출하지 않겠다는 검사의 약속은 피고인의 자백을 장려하는 요인이 되고 있다. 다만 미국에서 검사는 이미 오래 전부터 광범위한 기소재량을 행사해 왔다는 점에서 양형기준제의 도입으로 형사소추기관의 의미가 증대되었다는 평가는 본질적인 것이 아니라고 판단된다.

마지막으로 양형기준에 기초한 양형에 정치적 영향이 개입될 개연성이 커졌다는 점을 들 수 있다. 법관의 양형에 영향을 미치게 되는 양형기준이 연방의회의 하위기관인 양형위원회에 의하여 설정되기 때문이다. 특히 연방의회는 양형위원회의 업무에 대하여 강력한 정치적 영향력을 가지고 있기 때문에 양형기준에 관하여 형량범위 등 제재의 수준에 대해 직접적으로 통제할 수 있다. 이 점에서 연방대법원이 Booker 판결에서 새롭게 창설한 법관의 양형재량을 연방의회가 어떻게 바라보는지 나아가 양형재량을 법률로써 다시 제한할 것인지 지켜보아야 할 것이다.

Ⅱ. 영국의 양형기준제

1. 양형기준법상 형벌목적

영국에서는 과거 양형에 관한 규정들이 다양한 법률에 산재해 있었으나 2000년 형사법원의(양형)권한법(Powers of Criminal Courts (Sentencing) Act 2000)을 통하여 기존의 양형 관련 규정들이 통합적으로 체계화되었다.[45] 2000년 형사법원의(양형)권한법은 양형의 핵심요소를 '범죄의 중대성'으로 정하면서 이러한 범죄의 중대성을 가중하거나 감경하는 요소를 명시하였다. 그 이후 2003년 형사사법법(Criminal Justice Act 2003)은 전면적으로 양형개혁을 단행하였다. 2003년 형사사법법의 주요 내용으로는 영국 최초로 양형에서의 형벌목적 규정의 신설, 범죄의 중대성 판단에서 범죄자의 전과를 고려하는 규정의 신설, 주말구금형(intermittent sentence of custody) 제도의 도입, 가석방 후 보호관찰조건부 구금형(custody plus) 제도의 신설, 지역사회내처분(community sentence)의 종류 신설·확대 및 적용범위 확대, 구금형 집행유예제도의 신설, 양형기준위원회(Sentencing Guidelines Council)의 신설 등이었다. 특히 영국에서는 2010. 4. 6. 2009년 검시관 및 사법법(the Coroners and Justice Act 2009)에 근거하여 기존의 양형

45) 박형관, 영국식 양형기준제의 특징 및 도입 가능성에 대한 소고, 2007, 86쪽; 홍대식, 영국의 양형제도, 2005, 14쪽.

기준위원회와 양형자문단을 대체하는 독립된 양형위원회(Sentencing Council)을 설치하여 양형위원회로 하여금 양형기준의 제정, 시행 및 감독, 양형기준과 관련된 연차 보고서를 출판하는 등의 임무를 담당하도록 하였다.

영국의 양형개혁은 형사사법 전반의 개혁필요성에 따라 논의되고 추진되어 왔다. 이 과정에서 양형의 기본체계는 범죄양상의 변화, 상습범에 대한 중점적 대처의 필요성, 범죄와 범죄자에 적정한 형사제재의 실현, 피해자의 권리보호라는 전략적 목표를 지향해왔다.[46] 현재 영국의 양형기준체계는 크게 치안판사법원의 양형기준[47]과 양형위원회의 확정양형기준(definitive guideline)으로 이루어져 있으며 잉글랜드와 웨일즈의 모든 법원에 구속력을 갖는다.

2003년 형사사법법 제142조 제1항은 유죄평결 시점을 기준으로 18세 이상의 피고인에 대한 양형을 함에 있어 고려해야 할 형벌목적을 규정하고 있다. 이러한 형벌목적으로는 범죄자의 처벌(punishment), 범죄의 감소, 특히 범죄방지를 통한 감소(deterrence), 범죄자의 개선 내지 재사회화(rehabilitation), 국민일반의 보호(protection of the public), 범죄피해의 배상(reparation) 등 5가지이다. 2003년 형사사법법 제142조 제1항은 미국의 양형개혁법의 경우와 마찬가지로 5가지 형벌목적을 명시하면서도 그 구체적인 의미나 서열관계를 명시하지 않고 있다. 따라서 개별사안에서 어떠한 형벌목적을 다른 목적들에 비해 더 고려하거나 덜 고려할지 판단하는 것은 사실심 법관의 과제에 속한다.[48] 또한 영국의 양형법제에 명시되어 있는 형벌목적 규정의 내용은 미국 양형개혁법의 그것과 거의 동일하다.

2. 양형기준의 설정 방식과 특징

영국 양형위원회의 확정양형기준의 설정방식에서 나타나는 가장 큰 특징은 바로 부분적·점진적 설정방식을 취하면서 법관의 양형재량을 넓게 보장하

46) 탁희성·김한균·김성언·최석윤, 형사정책과 사법제도에 관한 연구(IV) －양형기준제 시행에 따른 양형합리화정책
성과분석 및 평가－, 2010, 223쪽.

47) 영국 치안판사법원은 형사사건의 95%를 처리하며, 치안판사 협회(Magistrates' Association)가 제정한 별도의 양형기준을 적용한다. 283쪽.

48) 탁희성·김한균·김성언·최석윤, 형사정책과 사법제도에 관한 연구(IV) －양형기준제 시행에 따른 양형합리화정책 성과분석 및 평가－, 2010, 303쪽.

고 있다는 점이다.[49] 여기서 부분적·점진적 설정방식이란 개별 범죄별로 점차적으로 양형기준을 설정하는 방식을 말한다. 그러나 영국에서는 부분적·점진적인 양형기준 설정방식을 취하면서도 총론적 기준(예: 범죄의 심각성에 관한 일반원칙), 강도나 성범죄 등 개별 범죄에 대한 각론적 기준 및 총론과 각론을 모두 포함하는 혼합형 기준 등 크게 3가지 설정방식으로 운영되고 있다. 이와 같이 양형기준이 기본적으로 각 범죄별로 설정되기 때문에 미국의 양형기준제에서 볼 수 있는 것과 같이 각각의 범죄들 상호간의 범죄의 중대성의 정도를 별도로 비교할 수 없다.

영국 양형기준제의 또 다른 특징으로는 개별적인 양형인자를 계량화 하지 않고 그 대신 서술형 방식을 취하고 있다는 점이다. 현재 영국의 양형기준제에서 제시되어 있는 양형인자들은 경험적인 데이터를 기초로 추출된 것이 아니라 단지 가중인자와 감경인자를 나열하고 있을 뿐이다. 따라서 가중인자와 감경인자 중 일방만 존재하거나 일방에 다수의 감경인자 또는 가중인자가 존재하는 경우의 평가원칙이 별도로 존재하지도 않는다.[50] 또한 2003년 형사사법법 제166조 제1항은 양형기준표에 명시되어 있지 아니하는 감경요소라 하더라도 법관의 관점에서 볼 때 감경요소라고 생각되는 경우에는 이를 고려할 수 있도록 규정하고 있다. 물론 법관은 범죄의 중대성 정도에 대한 최초의 평가를 한 후에 감경인자를 고려해야 하는데 이는 범죄군별로 상이하나. 모든 범죄에 동일하게 적용되는 감경인자는 수사나 기소 협조, 유죄인정의 시기 및 진정한 반성 등이다.

영국의 양형기준제에서는 범죄의 중대성을 기준으로 범죄유형을 구분하여 각 범죄유형별로 기준형과 형량범위를 제시하고 있는데, 법관은 이러한 기준형과 형량범위 내에서 개별적인 가중적 요소 또는 감경적 요소를 참작하여 구체적 형량을 선고하는 방법을 취하고 있다.

3. 양형기준제의 적용 과정

영국의 양형기준제 하에서 구체적 선고형의 발견과정, 즉 양형결정의 과정은 ① 범죄유형 결정, ② 양형의 시작점 결정과 가중·감경인자를 고려한 조정,

---

49) 박형관, 종합적 양형기준 설정방안에 관한 연구, 서울대학교 박사학위논문, 2011, 128쪽.
50) 박형관, 종합적 양형기준 설정방안에 관한 연구, 2011, 136쪽.

③ 기소협력의 감경요소가 있는지에 관한 판단, ④ 유죄답변(자백)에 대한 감경 여부 판단, ⑤ 범인의 위험성을 고려한 가중 여부 판단, ⑥ 다수범죄의 처리기준 적용(다수범죄의 경우에는 전체적인 양형이 범죄행위에 대하여 공평하고 적정한 것인지를 판단), ⑦ 배상명령과 부수처분(ancillary order)을 선고할 필요가 있는지 여부 결정, ⑧ 2003년 형사사법법 제174조에 따른 양형의 이유와 효과에 관한 설명, ⑨ 보석기간 산입 여부 결정 등 총 9단계의 순서로 진행된다. 이러한 9단계 중에서 특히 중요한 의미를 가지는 것이 첫 번째와 두 번째 단계이므로 여기서는 이 두 단계에 관하여 간략하게 설명하기로 한다.[51)]

첫 번째 단계인 범죄유형의 결정 단계에서 법관은 범죄의 객관적 측면으로서 피해의 정도와 범죄의 주관적 측면으로서 행위자의 범행책임(culpability)을 평가하여 범죄유형을 결정한다. 이 경우 범죄유형은 각 개별범죄마다 3가지 유형으로 구분되어 있다. 2003년 성범죄법 제1조에 따른 강간죄의 양형기준을 예로 들어 설명하면, 법원은 당해 강간죄의 피해도가 유형 1~유형 3 중 어디에 속하는 것인지, 당해 강간죄의 비난도가 A에 해당하는 것인지, B에 해당하는 것인지를 결정해야 한다.

피해도	
유형 1	유형 2에 속하는 요소 하나 이상의 극단적 성격 또는 유형 2에 속하는 요소가 결합하여 극단적 영향이 발생한 경우 유형 1로 향상
유형 2	• 심한 신체적 또는 심리적 피해 • 범죄로 인한 임신 또는 성병 감염 • 추가적인 모욕 • 유괴 • 지속된 억류/지속된 사건 • 폭력 또는 폭력의 위험(범죄에 내재하는 폭력을 초과함)

비난도
A
• 상당한 정도의 계획성 • 범인이 범죄를 행하기 위해 타인과 행동한 경우
• 범인이 범죄를 범하기 위해 술 또는 약물을 사용한 경우 • 신뢰관계를 악용한 경우 • 이전에 피해자에게 폭력을 행사한 적이 있는 경우 • 주거침입강도의 과정에서 범행한 경우 • 범죄를 기록한 경우

51) 영국 양형기준에의 적용과정에 관한 보다 상세한 설명은 변지영, 영국의 양형기준제도 －양형기준제도의 법령 및 현황－, 사법정책연구원, 2015, 32~40쪽 참조.

유형 2	• 피해자의 강제 또는 초대되지 않은 주거로의 침입 • 피해자가 개인적인 사정으로 특별히 취약한 경우
유형 3	유형 1 또는 유형 2의 요소가 없음

• 상업적인 이용 또는 동기 • 인종적·종교적으로 가중된 동기 • 피해자의 성적 취향이나 트랜스젠더 정체성을 동기로 하거나 이에 적대심을 표하기 위한 경우 • 피해자의 장애를 동기로 하거나 이에 적대심을 표하기 위한 경우
B
A의 요소가 없음

두 번째 단계에서는 앞 단계에서의 범죄유형 결정에 이어 유형구간 내의 양형을 결정하기 위해 해당하는 양형시작점을 사용하여야 한다. 이 경우 양형시작점은 자백 및 전과의 여부와 상관없이 모든 범인에게 해당한다. 강간죄의 양형기준에 설정되어 있는 양형시작점과 유형구간을 옮기면 다음과 같다.

	A	B
유형 1	양형시작점 : 15년 구금 유형구간 : 13년~19년	양형시작점 : 12년 구금 유형구간 : 10년~15년
유형 2	양형시작점 : 10년 구금 유형구간 : 9년~13년	양형시작점 : 8년 구금 유형구간 : 7년~9년
유형 3	양형시작점 : 7년 구금 유형구간 : 6년~9년	양형시작점 : 5년 구금 유형구간 : 4년~7년

양형시작점을 결정한 후에는 양형기준에 명시되어 있는 가중요소와 감경요소를 참작하여 형을 조정한다. 참고로 강간죄의 양형기준은 가중요소와 관련하여 법규정에 의한 가중요소와 기타 가중요소로 구분하고 있다. 법규정에 의한 가중요소로는 전과와 관련된 범죄의 성격과 현 범죄와의 연관성 및 전과 후의 시간의 경과를 고려한 전과의 여부, 보석 중에 당해 범죄를 범한 경우이다. 기타 가중요소로는 특별히 취약한 피해자, 사정(1단계에서 고려되지 않은 경우), 공갈 협박 및 기타 협박(1단계에서 고려되지 않은 경우), 범죄의 장소, 범죄의 시간, 협박 또는 가해를 위하여 사용된 흉기, 피해자에게 가정을 떠날 것을 강요한 경우(가정폭력

피해자 포함), 법정명령을 준수하지 않은 경우, 가석방 중에 범죄를 저지른 경우, 범죄를 저지르기 위하여 아이와 만남의 약속을 악용한 경우, 타인(특히, 아동)이 있었는지 여부, 피해자가 고소하지 못하도록 한 행동이 있었는지 여부, 증거를 숨기거나 없애려는 시도, 술 또는 약물의 영향 도중 행한 범죄 등이다. 이에 반해 감경요소에는 동종전과 없음 또는 관련전과나 최신전과 없음, 후회, 이전의 선한 성품 또는 선한 행위, 범인의 책임에 영향을 미치는 연령 또는 미성숙도, 정신적 장애 또는 학습장애(특히 그러한 장애가 범죄에 연관된 경우) 등이다.

한편 영국의 양형기준은 권고적 효력을 지니고 있다. 따라서 모든 법관은 양형기준을 반드시 준수해야 하지만 정의의 관점에서 이에 따르지 않는 것이 더 적절한 것으로 판단되는 경우에는 양형기준을 준수하지 않을 수 있다. 다만 양형기준에서 특정한 범죄에 대한 형종과 형량범위를 제시하고 있음에도 법관이 그와 다른 형종을 선택하거나 형량범위를 벗어나는 양형을 하는 경우에는 그 이유를 기재하여야 한다(2003년 형사사법법 제174조(2)(a)).

Ⅲ. 우리나라 양형기준의 방식과 특징

양형기준의 방식에 관한 문제는 우리나라에서 양형위원회가 출범했을 당시 가장 먼저 해결해야 할 과제였다.

우선 양형기준의 설정방식과 관련하여 미국 양형기준제의 근간이 되는 종합적 양형기준 설정방식을 취할 것인지 영국 양형기준제와 같은 개별적 양형기준 설정방식을 모범으로 할 것인지 논란이 되었으나 결국 개별적 양형기준 설정방식을 채택하게 되었다. 양형위원회가 개별적 양형기준 설정방식을 취하게 된 근거는 ① 미국식의 종합적 양형기준 설정방식은 양형의 투명성과 일관성을 확보할 수 있는 장점을 가지고 있는 반면, 개별 범죄의 특수한 성격을 반영하기 어렵고 개별범죄의 특수한 양형인자를 충분히 고려할 수 없다는 단점이 있다는 점,[52] ② 형벌의 목적이나 양형의 목적은 범죄유형별로 달리 설정될 필요가 있으므로 종합적 양형기준 설정방식이 적절하지 않다는 점,[53] ③ 양형인자가 각각의 범죄유형에 따라 달라질 수밖에 없고, 따라서 각 범죄유형에 따라 차등을

52) 이호중, 우리나라 양형기준에 대한 비판적 분석, 형사법연구 제22권 제1호, 2010, 244쪽.
53) 이호중, 앞의 논문, 244쪽.

둘 필요가 있지만, 종합적 양형기준 설정방식을 따르면 양형인자가 등급의 일률적 조정이라는 방식으로 획일화될 위험이 있다는 점[54], ④ 종합적 양형기준 설정방식을 취하고자 하면 시일이 많이 소요되어 개별적 양형기준 설정방식을 채택하는 것이 보다 현실적이라는 점[55] 등의 요인들을 고려했기 때문이다.

다음으로 양형인자의 계량화방식에 대하여 미국 연방양형기준이 취하고 있는 격자형 등급조정 방식을 채택할 것인지 영국과 같이 서술형 방식을 채택할 것인지도 논란이 되었으나 양형위원회는 결국 영국의 방식과 유사한 서술형·비계량화 방식을 채택하였다.[56] 그 당시 양형위원회가 미국의 격자형 등급조정 방식을 채택하지 아니한 이유로는 ① 개별 양형인자의 영향력을 수지로 환산하는 것은 매우 어렵고 양형인자의 평가에서 지나치게 경직성을 초래하게 될 위험이 있다는 점,[57] ② 양형인자를 계량화하지 않고서도 양형인자를 질적으로 평가하는 방법이 가능하고, 이러한 질적 평가방법에 의해서도 양형인자에 대한 평가의 객관성을 담보할 수 있다는 점,[58] ③ 범죄전력을 계량화한 미국식의 양형기준에서는 범죄전력이 양형에 과도한 영향을 미친다는 점에서 바람직하지 않다는 점,[59] ④ 양형인자를 계량화하는 경우에는 양형의 균등성에는 도움이 될 수 있으나 양형의 적정성과 합리성을 도모하는 데에는 한계가 있다는 점,[60] ⑤ 양형인자의 지나친 계량화는 법관의 양형재량을 지나치게 제한하는 결과를 조래할 수 있다는 섬[61] 등이 세시되었다.

현재 우리나라의 양형실무에서 활용되고 있는 양형기준은 영국식 양형기준에 가까운 것이다. 그렇지만 우리나라의 양형기준이 영국의 그것과 동일한 것은 아니다. 우리나라의 양형기준이 그 기본모형에서 영국의 양형기준을 본땄지만 '양형인자에 대한 질적 평가'라든가 '각 유형별 3단계 형량범위' 등과 같은 독창적인 방식을 가미하고 있기 때문이다.

---

54) 이호중, 앞의 논문, 244쪽.
55) 이호중, 앞의 논문, 244쪽.
56) 이호중, 앞의 논문, 244쪽.
57) 이호중, 앞의 논문, 245쪽.
58) 이호중, 앞의 논문, 245쪽.
59) 이호중, 앞의 논문, 245쪽.
60) 이호중, 앞의 논문, 245쪽.
61) 이호중, 앞의 논문, 245쪽.

§9 현행 양형기준의 기본구조와 적용방법

I. 형벌목적

1. 법원조직법 제81조의6 제2항

양형기준이란 양형의 균등성, 합리성 및 투명성을 확보하기 위하여 사전에 확정해 둔 양형에 관한 지침이다. 사실심법관은 양형기준에서 정하는 일정한 지침에 따라 최종적으로 피고인에게 구체적 형량을 선고하게 된다. 비록 현행 양형기준이 사실심 법관을 구속하지 않는 권고적 효력만 가진다고 할지라도 법원의 양형실무에서 양형기준 준수율이 90%[1]에 육박하고 있는 현실에 주목해보면 법관에게 양형의 방향을 설정해주는 양형기준의 중요성은 아무리 강조해도 모자람이 없다. 또한 바로 이 점에서 양형기준은 분명한 목적과 방향성에 기초하여 설정되어야 한다.

양형기준의 설정에서 가장 먼저 고려되어야 할 규범적 지침은 바로 형벌의 목적이다. 어떠한 형벌목적에 중점을 두는지에 따라 양형기준 설정의 기본방향이 정해질 수 있기 때문이다. 여기서 특히 문제되는 것이 바로 양형에서 책임과 예방을 어떻게 고려할 것인지의 문제이다. 우리나라에서는 독일 양형법의 영향을 받아, 양형은 행위자의 책임을 기초로 하되 예방적 관점도 고려해야 한다는 관점이 지배되고 있다. 책임응보 그 자체만을 위한 형벌부과는 오늘날 우리 사회가 지향해야 할 가치로 볼 수 없기 때문이다. 그렇다면 우리나라에서 양형기준을 설정할 때 고려되어야 할 형벌목적은 무엇인지 의문이 제기된다.

양형기준의 근거를 규정하고 있는 법원조직법 제81조의6 제2항은 양형위원회가 양형기준을 설정·변경할 때 준수해야 할 원칙을 규정하고 있다. 이에 의하면, 범죄의 죄질, 범정(犯情) 및 피고인의 책임의 정도를 반영할 것(같은 항 제1호), 범죄의 일반예방과 피고인의 재범 방지 및 사회복귀를 고려할 것(같은 항 제2호), 같은 종류 또는 유사한 범죄에 대해서는 고려하여야 할 양형 요소에

---

1) 양형위원회 운영지원단, 양형기준 적용현황 분석 I, 2016, 69쪽.

차이가 없으면 양형에서 서로 다르게 취급하지 아니할 것(같은 항 제3호), 피고인의 국적, 종교 및 양심, 사회적 신분 등을 이유로 양형상 차별을 하지 아니할 것(같은 항 제4호) 등이 양형기준 설정·변경시 준수해야 할 원칙들이다. 여기서 특히 양형기준 설정·변경시 그 지침이 되는 형벌목적은 제81조의6 제2항 제1호와 제2호이다. 제1호는 범죄의 중대성을 고려한 행위자의 책임을 규정하고 있고, 제2호는 일반예방과 소극적 특별예방(재범방지) 및 적극적 특별예방(사회복귀)을 명시하고 있다.

문제는 법원조직법 제81조의6 제2항 제1호와 제2호가 상반되는 형벌목적들간에 우열관계를 정함이 없이 대등하게 규정하여 구체적인 양형기준을 설정·변경할 때 어떠한 형벌목적을 우선적으로 고려할 것인지, 책임과 예방의 관점을 어느 정도로 고려할 것인지 분명한 지침을 제시하지 않고 있다는 점이다. 현재와 같은 규정체계 하에서는—극단적으로 생각해보면 소극적 특별예방에 중점을 둔 양형기준을 설정·변경하는 것도 배제할 수 없다. 이러한 문제점을 배경으로 법원조직법 제81조의6 제2항 제1호와 제2호의 관계를 규명할 필요가 있다.

2. 비교법적 고찰

비교법적으로 보면, 독일 형법 제46조 제1항은 "형의 양정은 행위자의 책임에 기초하되, 형을 통해 행위자의 장래 사회생활에 관해 예상될 수 있는 효과를 고려해야 한다"고 규정하고 있다. 독일 형법 제46조 제1항의 규정내용은 양형에서 기초가 되는 것은 행위자의 책임이고 예방적 관점은 부차적으로 고려되는 것을 알 수 있다. 이와 같이 책임을 양형의 일차적인 출발점으로 삼음으로써 그 자체 불명확한 예방적 관점을 우선시하여 행위자에 대한 과도한 형벌이 선고되는 것을 방지하고자 한다. 독일의 양형이론에서 통설과 판례가 책임범위이론을 취하게 된 배경도 바로 독일 형법 제46조 제1항의 규정내용에 기초하고 있다. 책임과 예방의 서열관계를 분명하게 규정하고 있는 독일 형법 제46조 제1항에 따르면 법관의 양형은 책임형을 우선적으로 정하고 그러한 책임형의 범위 속에서 예방적 관점을 고려하여 최종적인 선고형을 발견한다는 것이 책임범위이론의 주된 내용이기 때문이다.

양형에서 책임과 예방의 서열관계를 명확하게 규정하고 있는 독일 형법과는 달리 미국에서는 형벌목적 상호간의 서열관계를 정함이 없이 단순히 나열하고 있을 뿐이다. 미국의 종합범죄통제법에 포함되어 있는 양형개혁법은 양형기준을 설정할 때 고려해야 할 형벌목적을 규범확증(promote respect for the law), 범행과 관련한 정당한 처벌(just punishment), 위협(deterrence), 범죄자로부터 국민일반의 보호(incapacitation), 행위자의 재사회화(rehabilitation) 등 5가지를 열거하면서 형벌목적 상호간의 서열관계를 인정하지 않고 있다.[2)]

형벌목적간의 서열관계를 규정하지 않은 것은 영국의 양형기준제에서도 찾아볼 수 있다. 2003년 형사사법법 제142조 1항은 양형시 고려해야 할 형벌목적으로 범죄자의 처벌(punishment), 범죄의 감소, 특히 범죄방지를 통한 감소(deterrence), 범죄자의 개선 내지 재사회화(rehabilitation), 국민일반의 보호(protection of the public), 범죄피해의 배상(reparation) 등 5가지를 열거하면서 그 서열관계를 명시하지 않고 있는데, 이러한 내용들은 미국의 태도와 거의 동일한 것이다.

미국과 영국의 양형기준제가 개별적인 형벌목적들을 병렬적으로 규정하여 상호간의 서열관계를 인정하지 않는 배경은 개별 사건에서 법관이 특정한 형벌목적에 유리하거나 불리하게 형량을 하여 구체적인 선고형을 발견할 수 있도록 하기 위한 것으로 이해할 수 있다. 그렇지만 미국에서 양형기준제가 탄생한 배경이 그 당시까지 득세했던 재사회화 정책의 포기와 책임비례적 처벌(jest deserts)을 강조한 점에 주목해보면 미국의 양형기준제는 예방적 관점보다는 책임의 관점에 더 중점을 두고 있는 것으로 보인다. 이러한 평가는 미국의 양형기준제가 범죄의 중대성과 범죄경력이라는 두 가지 축으로 구성되어 있고, 이러한 두 가지 요소는 바로 책임응보를 대표하는 표지라는 점으로부터 도출할 수 있다.

3. 양형이론의 관점에서 본 우리나라의 양형기준

그렇다면 우리나라 양형기준제는 어떠한 양형이론으로 설명할 수 있을까? 이와 관련하여 학설에서는 현행 양형기준이 '기본영역·가중영역·감경영역'으로 형량범위를 제시하고 있고, 이러한 형량범위 내에서 법관이 구체적인 선고형을 발견할 수 있도록 설정되어 있다는 점에 주목하여 우리나라의 양형기준이

2) 18 U.S.C. §3553(a).

양형이론 중 하나인 책임범위이론을 기초로 한 것이라는 평가가 있다.[3)]

그러나 우리나라의 양형기준제를 책임범위이론에 따라 해명하는 데는 한계가 있다. 책임범위이론은 행위자의 책임을 기초로 하되 그 책임의 범위 내에서 예방적 관점을 고려하여 구체적 선고형을 발견하는 것을 주된 내용으로 하는 것이다. 그러므로 책임범위이론은 책임과 예방간의 서열관계가 명시되어 있거나 적어도 해석론적으로 이를 도출할 수 있는 경우에 한하여 인정될 수 있다. 이에 반해 법원조직법 제81조의6 제2항 제1호(행위자의 책임)와 제2호(예방적 관점)간에는 서열관계가 존재하지 않는다. 오히려 법원조직법 제81조의6 제2항 제1호와 제2호는 미국이나 영국의 태도와 마찬가지로 책임과 예방간의 서열관계의 매김을 의도적으로 포기한 결과라고 이해할 수 있다. 또한 우리나라에서 개별 범죄군별 양형기준에 제시되어 있는 양형인자들도 대부분 책임과 관련된 인자들이다. 이 점은 양형기준 해설서에서 양형인자를 가중인자와 감경인자로 구분하면서 가중인자는 '책임'을 증가시키는 역할을 하는 인자인 반면 감경인자는 '책임'을 감소시키는 역할을 하는 인자라고 설명하고 있는 점으로부터도 알 수 있다.[4)] 이에 반해 양형기준은 책임단계와 예방단계를 구별하는 전제에서 형종 및 형량 기준과 별도로 집행유예 기준을 두고 있다.[5)] 그렇다면 현재의 양형기준은 권고형량범위를 결정하는 단계에서는 책임만 고려하되 예방적 관점은 집행유예의 여부를 결정할 때 반영할 수 있도록 체계화되어 있는 것으로 볼 수 있다.[6)]

법원조직법 제81조의6 제1호와 제2호간의 서열관계가 없다는 사실과 양형기준상의 양형인자들이 대부분 책임과 관련된 요소들이라는 사실에 주목해보면 현행 양형기준제는 기본적으로 미국과 영국의 양형기준제의 바탕이 된 범행비례적 양형론에 기초하고 있는 것으로 볼 여지가 있다. 그렇지만 우리나라의 양형기준제에서는 행위자의 전과가 특별양형인자로 고려되기도 하고 일반양형인자로도 고려되기 때문에 미국의 양형기준제와도 그 특성을 달리한다. 다른 한

3) 이현정, 책임범위이론에 기초한 현행 양형기준의 개선방안, 비교형사법연구 제13권 제1호, 2011, 33쪽.
4) 양형위원회, 양형기준, 2016, 568쪽.
5) 양형위원회, 양형기준, 2016, 583쪽.
6) 류부곤, 우리나라 양형기준에 대한 고찰, 형사법연구 제24권 제4호, 2012, 256쪽.

편으로 현행 양형기준이 권고형량범위를 결정할 때에는 책임만 고려하고 예방적 관점은 집행유예의 여부를 결정할 때 고려하도록 한 것에 주목해보면 양형이론 중 위가이론(Stellenwerttheorie)에 더 가까운 것으로 보이기도 한다.

Ⅱ. 양형기준의 기본구조

1. 양형기준의 적용범위

양형기준은 공소장에 의하여 공소제기된 통상의 형사사건에 대해서만 적용하고 약식명령이 청구된 사건이나 약식명령에 대한 정식재판이 청구된 사건에 대해서는 적용되지 아니한다.[7] 다만 공소장에 의하여 공소제기된 통상의 형사사건인 경우에도 법관이 벌금형을 선택한 사건에서는 양형기준이 적용되지 아니한다. 현행 양형기준은 벌금형에 대한 양형기준을 설정하지 않고 있기 때문이다.

또한 살인죄를 제외한 모든 범죄군에서 그 미수범에 대해서는 양형기준이 적용되지 아니한다. 양형기준은 공동정범과 교사범에 대해서는 적용되지만, 방조범의 경우에는 별도의 양형기준을 제시하고 있지 않으므로 방조범에 대해서는 양형기준이 적용되지 않는다.[8]

양형위원회 운영규정 제20조에 따라서 양형기준은 양형기준의 효력이 발생된 이후 법원에 공소제기된 범죄에 대하여 적용한다. 양형기준이 설정되지 않은 범죄로 기소되었다가 양형기준이 설정된 범죄로 공소장이 변경된 경우에는 양형기준을 적용한다. 그러나 양형기준 시행 이전에 공소제기된 사건은 그 이후에 항소가 제기된 경우에도 항소심에서 양형기준을 적용하지 아니한다. 형사재판 진행 중에 양형기준이 변경된 경우에는 공소제기 시의 양형기준을 적용하는 것을 원칙으로 하되 공소제기 후 양형기준의 변경에 의하여 대상범죄가 양형기준의 적용대상에서 제외되거나 변경된 양형기준에 의한 권고형량범위가 종전 양형기준에 의한 권고 형량범위보다 가벼운 경우에는 새로운 양형기준을 적용한다.[9]

---

7) 법원행정처, 양형기준, 2016, 559쪽.
8) 법원행정처, 양형기준, 2016, 559쪽.
9) 법원행정처, 양형기준, 2016, 558쪽.

현행 양형기준은 내국인과 외국인을 불문하고 적용되지만 소년범에 대하여는 보호사상을 고려하여 양형기준을 적용하지 아니한다. 따라서 현행 양형기준은 공소제기를 기준으로 19세에 도달한 피고인에 대하여 적용한다.[10)]

2. 범죄군과 범죄유형의 구분

현행 양형기준은 미국의 양형기준제와 같이 모든 범죄에 통일적으로 적용되는 단일한 양형기준을 설정하고 있는 것이 아니라 범죄행위의 속성과 보호법익이 동일한 구성요건들을 묶어서 하나의 범죄군으로 설정한 다음 각각의 범죄군별로 개별적으로 양형기준을 설정하고 있다. 이 점에서 하나의 범죄군에는 다양한 범죄구성요건이 포함되어 있다.[11)] 다만 양형위원회는 특정 범죄군에 속하는 범죄구성요건이라 하더라도 특정 범죄군에 속하는 모든 범죄구성요건에 대하여 양형기준을 설정하는 데 현실적인 제약이 따르고 발생빈도가 극히 낮은 범죄의 경우에는 양형통계에 기초한 형량범위의 설정이나 양형인자 추출이 곤란하다는 점 등을 고려하여 특정 범죄군에 속하는 개별 범죄구성요건 중에서도 일정 범위의 범죄구성요건만을 양형기준의 우선 적용 대상범죄로 정하고 있다.[12)]

현행 양형기준은 범죄군별로 양형기준을 설정하면서도 그 범죄군 내부에서 다시 수 개의 범죄유형을 구분하는 방식을 취하고 있고 이러한 수 개의 범죄유형 속에서도 디시금 범죄유형을 세분화하고 있다. 예를 들어 공무집행방해범죄군의 경우 범행의 대상이나 결합되는 범죄의 내용을 기준으로 범죄유형을 공무집행방해, 공용물무효·파괴, 특수공무집행방해치사상 등 세 가지로 대분류하면서도, 다시금 공무집행방해의 범죄유형은 제1유형(공무집행방해/직무강요)과 제2유형(위계공무집행방해)으로, 공용물무효·파괴의 범죄유형은 제1유형(공용물무

10) 법원행정처, 양형기준, 2016, 559쪽.

11) 예를 들어 2011. 3. 21. 양형위원회에서 의결되고 2011. 7. 1. 시행된 공무집행방해범죄군은 공무집행방해(형법 제136조 제1항), 직무강요(형법 제136조 제2항), 위계에 의한 공무집행방해(형법 제137조), 공용물무효·파괴(형법 제141조 제1항, 제2항), 특수공무방해 및 특수공무방해치사상(형법 제144조 제1항, 제2항)의 죄를 포함하고 있다. 법원행정처, 양형기준, 2016, 173쪽.

12) 예를 들어 공무집행방해범죄군의 경우 법정 또는 국회회의장모욕죄(형법 제138조), 인권옹호직무방해죄(형법 제139조), 공무상비밀표시무효죄(형법 제140조), 부동산강제집행효용침해죄(형법 제140조의2), 공무상보관물의 무효죄(형법 제142조) 등의 범죄구성요건은 양형기준 적용 대상범죄에서 제외되어 있다.

효)과 제2유형(공용물파괴)으로, 특수공무집행방해치사상의 범죄유형도 제1유형(특수공무방해치상)과 제2유형(특수공무방해치사)로 세분화하고 있다. 이와 같이 하나의 범죄군 속에서 세부적인 범죄유형을 분류한 이유는 범죄의 죄질이나 특성이 유사한 범죄들을 동일한 유형으로 묶어줌으로써 동일한 유형에 속하는 범죄사건에 대해서는 같은 형량범위 내에서 양형이 이루어지도록 하기 위함이다.[13]

현행 양형기준에서 각 범죄군별로 범죄유형을 분류하는 기준은 다양하다. 예를 들어 살인범죄군의 경우에는 범행동기 및 목적에 따라 분류되고, 뇌물범죄군은 뇌물액에 따라, 성범죄군의 경우에는 범행수단·피해자의 연령 또는 결합되는 범죄의 내용에 따라, 강도범죄군의 경우에는 범행수단·경합되는 범죄의 내용 또는 상습성·전과에 따라, 횡령·배임범죄군의 경우에는 재산상 이득액에 따라, 위증범죄군의 경우에는 범행의 목적에 따라, 무고죄의 경우에는 범행의 내용에 따라 분류되어 있다.

참고로 양형위원회가 2017. 1. 현재까지 설정하였거나 수정한 범죄군별 양형기준을 개관하면 다음과 같다.

〈양형기준 시행현황〉

위원회 기수	기간	주요내용	양형기준 설정 또는 수정 대상범죄군
제1기	2007.4.27.~ 2009.4.26.	양형기준 설정	살인범죄군, 뇌물범죄군, 성범죄군, 강도범죄군, 횡령·배임범죄군, 위증범죄군, 무고범죄군 등 7개의 범죄군(2009.7.1. 시행)
제2기	2009.4.27.~ 2011.4.26.	양형기준 설정	약취·유인범죄군, 사기범죄군, 절도범죄군, 공문서범죄군, 사문서범죄군, 공무집행방해범죄군, 식품·보건범죄군, 마약범죄군 등 8개의 범죄군(2011. 7. 1. 시행),
		양형기준 수정	–성폭력처벌법, 청소년보호법 제·개정에 따른 성범죄군 양형기준 수정(2010. 7. 15. 시행) –유기징역 상한을 개정한 형법개정에 따른 살인범죄군, 성범죄군, 강도범죄군 양형기준 수정(2011. 4. 15. 시행)

13) 법원행정처, 양형기준, 2016, 564쪽.

제3기	2011.4.27.~ 2013.4.26.	양형기준 설정	증권·금융범죄군, 지식재산권범죄군, 폭력범죄군, 교통범죄군, 선거범죄군, 조세범죄군, 공갈범죄군, 방화범죄군 등 8개 범죄군(2012. 7. 1. 시행. 단, 선거범죄군은 2012. 9. 1. 시행, 조세·공갈·방화범죄군은 2013. 7. 1. 시행)
		양형기준 수정	-장애인·아동 대상 성범죄에 대한 엄벌 여론 및 관련 법률의 개정에 따른 성범죄군 양형기준 수정(2012. 3. 16. 시행) -성범죄 관련 법령의 개정에 따른 살인범죄군(2013. 5. 15. 시행) 및 성범죄군(2013. 6. 19. 시행) 양형기준 수정
제4기	2013.4.27.~ 2015.4.26.	양형기준 설정	변호사법위반범죄군, 배임수증재범죄군, 성매매범죄군, 체포·감금·유기·학대범죄군, 장물범죄군, 권리행사방해범죄군, 업무방해범죄군, 손괴범죄군, 사행성·게임물범죄군 등 9개 범죄군(앞의 3개 범죄군은 2014. 7. 1. 시행, 체포·감금·유기·학대범죄군은 2014. 10. 1. 시행, 나머지 범죄군은 2015. 7. 1. 시행)
		양형기준 수정	-형법 및 특정범죄 가중처벌 등에 관한 법률 개정으로 약취·유인·인신매매범죄군에 대한 양형기준 수정(2014. 10. 1. 시행) -관련 법률의 개정으로 식품·보건, 마약범죄 양형기준 수정(2015. 5. 15. 시행)
제5기	2015.4.27.~ 2017.4.26.	양형기준 설정	근로기준법위반범죄군, 석유사업법위반범죄군, 과실치사상범죄군, 도주·범인은닉범죄군, 통화·유가증권범죄군, 대부업법위반범죄군 등 6개 범죄군(앞의 3개 범죄군은 2016. 7. 1. 시행, 나머지 범죄군은 2017. 7. 1. 시행예정)
		양형기준 수정	교통범죄의 권고형량범위 상향 및 가중 양형인자의 분리 및 추가를 내용으로 하는 교통범죄 양형기준 수정(2016. 5. 15. 시행)

3. 감경·기본·가중 등 3가지 권고영역

우리나라 양형기준의 또 다른 특징으로는 각각의 범죄유형별로 감경영역, 기본영역, 가중영역 등 3가지의 권고영역을 나눈 다음 양형기준이 정한 양형인자 평가방식에 따라 위 3가지 권고영역 중에서 1개의 권고영역을 선택하도록 하고 있다는 점이다. 이 경우 양형기준이 제시하는 3가지의 권고영역에는 각각 권고형량범위가 설정되어 있다. 공무집행방해범죄군에서 첫 번째 범죄유형인 '공무집행방해' 범죄유형 중 제1유형에 속하는 '공무집행방해/직무강요'유형의 권고영역을 예로 들어보면 감경영역인 경우에는 징역 1월~8월, 기본영역인 경우에는 6월~1년 4월, 가중영역인 경우에는 1년~4년으로 설정되어 있다. 참고로 공무집행방해범죄군의 범죄유형과 각 범죄유형별 권고 형량범위를 제시하면 아래와 같다.

〈공무집행방해범죄군의 범죄유형 및 권고 형량범위〉[14]

제1유형(공무집행방해)

유형	구분	감경	기본	가중
1	공무집행방해/직무강요	~8월	6월~1년4월	1년~4년
2	위계공무집행방해	4월~10월	8월~1년6월	1년~3년

제2유형(공용물무효·파괴)

유형	구분	감경	기본	가중
1	공용물무효	~8월	6월~1년6월	1년~4년
2	공용물파괴	6월~1년6월	10월~2년6월	2년~5년

제3유형(특수공무방해치사상)

유형	구분	감경	기본	가중
1	특수공무방해치상	1년6월~3년	2년~4년	3년~6년
2	특수공무방해치사	3년~6년	5년~8년	7년~10년

14) 양형위원회, 양형기준, 2016, 174~176쪽.

문제는 이러한 권고형량범위가 대체로 낮게 설정되어 있다는 점이다. 예를 들어 공무집행방해죄(형법 제136조)의 법정형 중 징역형은 5년 이하로 명시되어 있음에 반해 이 범죄에 대한 기본영역은 6월~1년 4월로 설정되어 있다.[15] 이와 같이 권고형량범위가 법정형에 비하여 낮은 배경은 양형위원회가 양형기준을 설정할 당시 오로지 규범적인 관점에서 권고형량범위를 설정한 것이 아니라 양형실무에 대한 통계분석을 기초로 종전 양형실무의 70%~80%를 반영하여 형량범위를 설정하는 것을 원칙으로 하였기 때문이다. 이러한 형량범위 설정 방식은 기존의 양형실무와 큰 차이가 나지 않아 법적 안정성을 유지한다는 장점이 있다. 이에 대하여 우리나라에서 양형기준제를 도입한 배경이 기존의 양형실무에 대한 반성적 고려에 기초하였음에도 불구하고 기존의 양형실무를 반영하여 권고형량범위를 설정한 것은 과거의 양형관행을 답습하게 된다는 비판[16]도 있다. 그러나 기존의 양형실무를 고려함이 없이 규범적 관점에서 법정형을 기준으로 권고형량범위를 설정하게 되면 형량의 인플레가 예상되고 재판실무에서 제대로 수용되기도 힘들게 된다. 법정형의 범위내 라고 하여 아무런 객관적 근거 없이 종래의 선고형량을 무시하고 양형기준을 높이는 것은 자칫 양형기준이 새로운 입법으로서의 역할을 할 수 있다는 점에서 신중할 필요가 있다.[17] 미국과 영국의 양형기준도 과거 법원에서 선고된 양형사례를 기초로 형량범위를 설

15) 이주형, 공무집행방해범죄 양형기준안 지정토론문, 양형위원회(수죄), 양형기순안에 관한 제4차 공청회자료집 II(지정토론문), 2011. 1. 20, 53쪽 이하에 의하면 '공무집행방해'범죄유형의 기본 형량범위가 지나치게 낮다는 문제를 제기한다. 일반 공무집행방해죄에 대한 법원의 선고형을 분석해보면, 전체 형량의 67.5%를 점유하고 있는 징역 6월~8월이 기본 형량범위로서 적절하다는 것이다. 이에 반해 양형기준상의 기본영역 권고형량범위는 6월~1년 4월로 양형통계자료의 90%에 해당하는 전체형량범위(4월~1년)의 폭보다 2개월이 더 넓고, 양형통계자료의 70%에 해당하는 형량범위(5월~9월)보다 6개월이 더 넓다고 한다. 이와 같이 권고형량범위를 6월~1년4월로 설정함에 따라 기본영역의 권고형량범위의 폭이 10개월로 넓게 되어, 법원의 양형불평등을 야기하는 원인을 제공하게 되었다는 것이다. 이 점에서 이주형 검사는 양형통계자료를 토대로 일반 공무집행방해죄의 권고형량범위를 설정할 경우에는 기본영역을 6월~8월(양형통계자료 전체의 67.8%), 가중영역을 8월~12월, 감경영역을 4월~6월로 설정하는 것이 적절하다고 주장한다.

16) 천진호·최호진, 최초 양형기준의 문제점 및 개선방안, 2009년 대검찰청 용역과제 연구보고서, 2009, 151쪽; 최호진, 양형기준의 합리성 검토와 개선방향, 비교형사법연구 제11권 제2호, 2009, 90쪽; 탁희성·김한균·김성언·최석윤, 형사정책과 사법제도에 관한 연구(IV) –양형기준제 시행에 따른 양형합리화정책 성과분석 및 평가–, 2010, 138쪽; 이현정, 책임범위이론에 기초한 현행 양형기준의 개선방안, 비교형사법연구 제13권 제1호, 2011, 34쪽.

17) 김혜정, 뇌물수수죄의 양형기준제도 준수현황 및 개선방안, 법조 통권 706호, 2015, 36쪽.

정하고 있다. 이 점에서 현재와 같은 형량범위 설정 방식을 취하되 사회 현실이나 국민의 법감정 내지 법의식에 비추어 필요한 경우에는 규범적 관점에서 조정하는 것이 타당하다.[18)]

한편 양형기준이 제시하는 권고형량범위는 상호 중첩되는 구조를 띠고 있다. 이에 관한 대표적인 예가 바로 동일한 범죄유형 내부에서 감경, 기본, 가중 영역 사이에 전부 또는 일부가 중첩되는 현상이다. 앞에서 언급한 '공무집행방해/직무강요'유형을 예로 들면, 이 유형의 감경영역은 징역 1월~8월, 기본영역은 6월~1년4월, 가중영역은 1년~4년으로 설정되어 있는데 기본영역의 하한(6월)이 감경영역과 중첩되어 있고 가중영역의 하한(1년)이 기본영역과 중첩되어 있음을 알 수 있다. 이와 같이 각 권고영역의 형량범위를 일정 부분 중첩되도록 한 이유는 특별양형인자만으로 권고영역을 결정하게 하는 데 따른 불합리를 제거하고 나아가 특별양형인자와 일반양형인자의 엄격한 구별이 곤란한 문제점을 해결하며 복수의 특별양형인자가 존재하는 경우 양형인자 상호간의 영향력이 양형에 적절하게 반영되도록 하기 위함이다.[19)] 이에 대하여 기본영역이 감경영역 또는 가중영역과 모두 또는 부분적으로 중첩되기 때문에 고유한 기본영역이 없어지게 되어 양형의 대표 형량범위로서의 역할이 무의하게 되었고,[20)] 권고형량범위가 중첩되어 있는 범위에서 형을 선고한 경우에는 그러한 선고형이 감경, 기본, 가중 영역 중 어느 영역에서 결정된 것인지를 알 수 없다[21)]는 비판적인 목소리도 있다.

그러나 권고형량범위의 중첩을 둔 이유가 권고영역의 결정이 특별양형인자에 의하여 다소 기계적인 방법에 의하여 이루어지는 것을 보완하기 위함이었다는 점을 고려해보면 권고형량범위의 중첩은 불가피한 것으로 보인다.[22)] 또한 양형기준이 적용되는 사건에서는 법관이 양형이유를 기재하는 경우가 일반적이므로 법관이 어느 영역에서 형을 결정한 것인지 알 수가 없다는 비판도 기우에

18) 박강우, 대법원 양형기준안과 바람직한 양형개혁의 방향, 저스티스 통권 제114호, 2009, 224쪽; 최형표, 양형실무의 변화와 과제 －양형기준제도 및 양형심리를 중심으로－, 저스티스 통권 제146－3호, 2015, 20~21쪽.

19) 양형위원회, 양형기준, 2016, 567쪽.

20) 이주형, 최초의 양형기준에 대한 비판적 고찰, 형사법의 신동향, 통권 제21호, 2009, 69쪽.

21) 이현정·임웅, 양형위원회 양형기준안에 대한 비판적 고찰, 성균관법학 제21권 제1호, 2009, 312쪽.

22) 최형표, 양형실무의 변화와 과제 －양형기준제도 및 양형심리를 중심으로－, 저스티스 통권 제146－3호, 2015, 22쪽.

불과할 것이다. 다만 권고형량범위의 중첩을 허용하는 경우에도 그것은 부분적 중첩에 머물러야 하는 것이지 감경·기본·가중 영역 모두에 중첩을 허용하는 것은 가급적 피해야 할 것이다. 예를 들어 감경영역의 권고형량범위가 6월~1년, 기본영역은 8월~2년, 가중영역은 1년6월~4년으로 하여 권고형량범위를 3영역 모두에 중첩되게 설정한다면 감경영역과 가중영역간의 양형책임의 중대성이 그 의미를 상실할 수 있다. 따라서 법정형의 범위 그 자체가 좁게 설정되어 있는 예외적인 경우에 한하여 3영역 모두에 걸친 중첩이 허용되어야 할 것이다.

4. 양형인자의 질적 구분

양형인자의 질적 구분이란 다양한 양형인자의 기본적인 성격을 규명하고(행위인자, 행위자/기타인자), 책임의 경중에 영향을 미치는 내용(가중인자, 감경인자)과 그 정도(특별양형인자, 일반양형인자)를 구분하는 것을 말한다.[23] 현행 양형기준은 미국에서 채택하고 있는 양형인자의 계량화 방식을 채택하지 않는 대신 양형인자를 질적으로 평가하여 특별양형인자와 일반양형인자로 구분하고 있다.[24] 특별양형인자는 당해 범죄유형의 형량에 큰 영향을 갖는 인자로서 권고영역을 결정하는 데 사용할 뿐만 아니라 선고형을 결정할 경우에도 고려되는 요소들인 반면, 일반양형인자는 권고형량범위 내에서 선고형을 결정할 경우에만 참작하는 요소이다.[25] 따라서 특별양형인자만이 범죄유형에 따라 구분된 3가지 권고형량범위 가운데 어느 하나를 결정하는 역할을 담당하게 되므로 어떤 양형인자를 특별양형인자로 설정할 것인가는 매우 중요한 문제로 된다. 이는 특별양형인자들 상호간에는 경중이나 우선순위가 없고 단순히 특별양형인자들 중 특별감경인자와 특별가중인자의 단순한 개수 비교에 의하여 권고영역을 결정하고 이러한 결정방식이 집행유예의 기준에도 그대로 적용된다는 사실에 주목해보면 더 분명해진다.[26] 특별양형인자는 권고영역을 결정하는 요소이므로

23) 양형위원회, 양형기준, 2016, 568쪽.

24) 양형인자의 도출방식 및 그 문제점에 관해서는 승재현, 우리나라 양형위원회 양형인자의 도출의 문제점 및 개선방향: 협의의 양형인자를 중심으로, 법학연구 제21권 제3호, 2010, 109~134쪽 참조.

25) 양형위원회, 양형기준, 2016, 568~569쪽, 582쪽.

26) 그러나 각 양형인자의 개별적 중요성과 영향력을 무시한 채 모든 특별양형인자를 동등하게 평가하는 방식은 양형인자의 개별적 특성과 영향력을 무시한 획일적인 계량화로서 양

양형기준이 제시하는 것으로 한정되는 반면 일반양형인자는 양형기준이 제시한 것으로 한정되지 않고, 따라서 양형기준에 제시되어 있는 일반양형인자는 예시에 불과하다.[27)]

양형인자는 그것이 특별양형인자이든 일반양형인자이든 가중인자와 감경인자로 구분되는데, 가중인자는 책임을 증가시키는 역할을 하는 인자를 말하고 감경인자는 책임을 감소시키는 역할을 하는 인자를 말한다. 어떤 인자가 가중적 인자 또는 감경적 인자인가는 통계분석에 기초한 기존의 선고형량과의 관계를 분석하고 필요한 경우 적절한 규범적 조정을 거쳐서 각각의 범죄유형에 상응하는 양형인자에서 분류해두고 있다.

또한 양형기준은 양형인자가 특별가중인자·특별감경인자에 해당하는 것인지 일반가중인자·일반감경인자에 해당하는 것인지를 불문하고 모두 다시금 행위인자와 행위자/기타인자로 나누어서 분류하고 있다. 여기서 행위인자란 범행자체에 관련되는 요소를 말하고 행위자/기타인자란 범죄행위가 아닌 범인 자신에 관련되는 요소 및 범행후의 정황에 관련되는 요소들을 의미한다. 이와 같이 양형인자를 행위인자와 행위자/기타인자로 구분한 이유는 양형의 대원칙인 행위책임원칙을 실현한다는 측면에서 행위인자를 행위자/기타인자보다 우선적으로 고려하기 위한 것이다. 이 점에서 양형기준은 특별양형인자 상호간에 있어서는 행위인자를 행위자/기타인자보다 중하게 고려하고 있다.[28)]

참고로 공무집행방해범죄군에서 첫 번째 범죄유형인 '공무집행방해' 범죄유형의 양형인자를 예로 들면 다음과 같다.

형의 구체적 타당성을 도모하는데 장애가 되고(이호중, 우리나라 양형기준에 대한 비판적 분석, 형사법연구 제22권 제1호, 2010, 256쪽), 같은 가중인자라고 하더라도 양형에 미치는 영향력의 정도가 다르게 평가되고 있는 양형의 실무관행을 고려할 때 양형인자가 모두 동등한 영향력을 갖는 것으로 평가하는 것은 적절하지 않다(최호진, 양형기준의 합리성 검토와 개선방향, 비교형사법연구 제11권 제2호, 2009, 95쪽)는 지적이 있다. 이에 대하여 최형표, 양형실무의 변화와 과제 −양형기준제도 및 양형심리를 중심으로−, 저스티스 통권 제146−3호, 2015, 23쪽에서는 특별양형인지를 동등하게 평가하는 것은 양형기준의 설정 목적 중 하나인 양형의 객관성을 높이기 위한 고육지책의 하나라고 이해한다.

27) 양형위원회, 양형기준, 2016, 570쪽.

28) 양형위원회, 양형기준, 2016, 569쪽.

〈공무집행방해 범죄유형의 양형인자〉[29)]

<table>
<tr><th colspan="2">구분</th><th>감경요소</th><th>가중요소</th></tr>
<tr><td rowspan="2">특별
양형
인자</td><td>행위</td><td>• 폭행·협박·위계의 정도가 경미한 경우
• 공무집행이 과도하거나 부적절한 경우[30)]</td><td>• 단체 또는 다중의 위력을 보이거나 위험한 물건을 휴대한 경우(1유형)
• 중한 상해가 발생한 경우[31)](1유형)
• 피해입은 공무원이 다수인 경우(1유형)
• 공무방해의 정도가 중한 경우[32)]
• 경합범이 아닌 반복적 범행[33)]
• 피지휘자에 대한 교사</td></tr>
<tr><td>행위자
/기타</td><td>• 농아자
• 심신미약(본인 책임 없음)
• 자수
• 처벌불원(1유형, 중한 상해가 발생한 경우)</td><td>• 동종 누범</td></tr>
<tr><td rowspan="2">일반
양형
인자</td><td>행위</td><td>• 소극 가담[34)]</td><td>• 계획적 범행[35)]
• 중하지 않은 상해가 발생한 경우(1유형)</td></tr>
<tr><td>행위자
/기타</td><td>• 심신미약(본인 책임 있음)
• 형사처벌 전력 없음
• 처벌불원(1유형, 중하지 않은 상해가 발생한 경우)</td><td>• 이종 누범, 누범에 해당하지 않는 동종 실형전과(집행 종료 후 10년 미만)</td></tr>
</table>

29) 양형위원회, 양형기준, 2016, 174쪽.

30) 공무집행이 적법한 권한 및 법률상 방식을 갖추긴 하였으나 공무집행의 방법이 필요 이상으로 과도하거나 공무원의 언행이 피고인을 적절하게 자극한 경우를 의미한다. 양형위원회, 양형기준, 2016, 179쪽.

31) 치료기간이 약 4주~5주 이상인 경우를 기준으로 하되, 후유장애 또는 심한 추상장애가 남거나 위험한 부위의 상해에 해당하거나, 추가 상해가 예상되는 경우 등을 의미한다. 양형위원회, 양형기준, 2016, 179쪽.

32) 공무방해행위로 인하여 초래된 공무수행의 지장 또는 마비가 상당한 정도 또는 기간에 이르게 된 경우를 의미한다. 양형위원회, 양형기준, 2016, 179쪽.

33) 범행시로부터 역산하여 3년 이내 3회 이상 벌금형 이상의 동종 전과가 있는 경우를 의미한다. 양형위원회, 양형기준, 2016, 179쪽.

34) 피고인이 수동적으로 참여하거나 범행 수행에 소극적 역할만 담당한 경우를 의미한다. 다만, 실질적으로 범행을 주도하여 다른 사람으로 하여금 범행을 실행하게 한 경우는 제외한다. 양형위원회, 양형기준, 2016, 179쪽.

35) 범행도구의 사전 준비 및 소지, 사전 공모, 피해자 유인, 증거인멸의 준비, 도주계획의 사

5. 다수범죄 처리기준의 설정

양형기준은 경합범과 관련하여 형법총칙에 따른 처단형 산출과정과 양형기준에 따른 권고형량범위 산출과정이 근본적으로 다르다는 점을 고려하여 경합범에 관한 다수범죄 처리기준을 설정하고 있다.[36]

다수범죄 처리기준은 원칙적으로 경합하는 모든 범죄에 대하여 양형기준이 설정되어 있는 경우에만 적용된다. 다만 양형기준이 설정된 범죄와 양형기준이 설정되지 않은 범죄가 경합하는 경우에는 양형기준이 설정된 범죄의 권고형량범위의 하한을 준수하도록 하고 있다. 이는 양형기준이 설정된 범죄가 별도로 기소된 경우 보다 낮게 처벌됨으로 인한 양형의 불균형을 부분적으로 해소하기 위함이다.[37]

또한 형법 제37조 전단의 경합범만을 양형기준의 적용대상으로 삼고 있으며 형법 제37조 후단의 경합범과 상상적 경합범은 그 적용대상이 아니다.[38] 특히 상상적 경합범은 우리나라의 형사실무에서 적지 않게 판시되고 있음에도 이를 양형기준의 적용대상에서 제외시킨 것은 타당하지 못하다. 상상적 경합범의 경우 둘 이상의 범죄 중 어느 하나의 범죄에 대한 양형과 동일하게 처리하는 방식과 경합범에 준하여 처리하는 방식을 생각해볼 수 있으나 상상적 경합으로 묶이는 사례들이 다양하여 상상적 경합범에 대한 일률적인 양형기준을 제시하는 것이 어렵고 형법 제40조에 따라서 개별 범죄행위에 따라 정해진 권고 형량범위 중에서 무거운 어느 하나의 범죄만을 선택하여 권고 형량범위로 삼는 것도 적절하지 않다.[39] 현행 양형기준은 상상적 경합범에 대한 일반적인 처리방

전 수립, 그 밖에 이에 준하는 경우 등 어느 하나에 해당하는 경우를 의미한다. 양형위원회, 양형기준, 2016, 179쪽.

36) 형법에 따른 경합범 가중은 법정형→(형종선택)→법률상 필요적 가중·감경→법률상 임의적 감경→경합범 가중→작량감경→처단형의 범위 도출→선고형의 결정 등의 순서에 의하는 반면, 양형기준에 따른 다수범죄 처리기준은 범죄유형의 결정→특별양형인자에 대한 평가 및 형량범위의 결정(법률상 필요적 가중·감경 사유, 임의적 감경사유 및 작량감경사유의 반영)→다수범죄 처리기준 적용→선고형 결정 등의 순서에 의한다. 양형위원회, 양형기준, 2015, 539쪽.

37) 양형위원회, 양형기준, 2016, 578쪽.

38) 양형위원회, 양형기준, 2016, 578쪽.

39) 홍준호, 양형기준이 형사판결에 미치는 영향, 경기법조 18호, 2011, 562쪽.

식은 두지 않고, 다만 특정한 범죄에 국한하여 별도의 처리방식을 두고 있다. 예를 들어 공무를 집행하는 공무원에게 상해를 입힌 경우에는 공무집행방해죄와 상해죄가 상상적 경합관계에 있게 되는데, 공무집행방해범죄군에서는 '상해가 발생한 경우'를 가중인자로 설정하여 상상적 경합범을 양형인자로 반영하고 있다. 그러나 상상적 경합범의 경우에도 양형기준을 참조하는 것이 바람직하다는 점에서 보면, 상상적 경합관계에 있는 개별범죄행위의 형량범위 중에서 가장 높은 하한을 상상적 경합범 전체의 하한으로 취급할 수 있을 것이다.[40)]

다수범죄 처리기준에는 일반원칙과 특칙이 있다. 다수범죄 처리기준의 일반원칙에 의하면 형종 선택 및 법률상 가중·감경을 거친 후 형이 가장 중한 범죄를 기본범죄로 하지만 이 기본범죄의 양형기준상 형량범위의 상한이 이와 경합되는 다른 범죄의 양형기준상 형량범위의 상한보다 낮은 경우에는 예외적으로 경합되는 범죄를 기본범죄로 설정한다.[41)] 이 경우 권고형량범위의 상한이 같은 경우에는 하한을 비교하고, 상한과 하한이 모두 같은 경우에는 죄질 및 범정이 중한 범죄를 선택한다. 그리고 2개의 범죄가 경합한 경우에는 기본범죄의 권고형량범위의 상한에 나머지 범죄의 권고형량범위 상한의 1/2을 합산하고, 3개 이상의 범죄가 경합하는 경우에는 기본범죄의 형량범위 상한에 경합하는 범죄 중 권고형량범위의 상한이 가장 높은 범죄의 권고형량범위 상한의 1/2을 합산하고 두 번째로 높은 범죄의 권고형량범위의 상한의 1/3을 합산한다.[42)]

다수범죄 처리기준의 특칙은 뇌물죄, 횡령·배임범죄, 사기범죄, 식품·보건범죄, 증권·금융범죄, 조세범죄, 공갈범죄, 배임수증재범죄와 변호사법위반범죄에 한해 적용된다. 이 특칙에 의하면 동종경합범의 경우에 포괄일죄에 준하여 원칙적으로 액수를 합산하여 그 합산금액을 기준으로 범죄유형과 권고형량범위를 정하되, 형량범위가 지나치게 상향이 되지 않도록 하한을 특별조정하고 있다. 다시 말해서 합산한 결과 합산 전과 비교하여 가장 중한 단일범죄보다 범죄유형이 1단계 높아지는 경우에는 합산 후 유형의 권고형량범위의 하한을 1/3 감경하고 유형이 2단계 이상 높아지는 경우에는 하한을 1/2 감경하되 가장 중

40) 양형위원회, 양형기준 2016, 579쪽; 홍준호, 양형기준이 형사판결에 미치는 영향, 경기법조 18호, 2011, 563쪽.

41) 이에 관한 상세한 예시는 양형위원회, 양형기준, 2016, 579쪽 참조.

42) 양형위원회, 양형기준, 2016, 579쪽.

한 단일범죄에 적용되는 유형의 형량범위 하한을 한도로 한다.[43] 한편 동종경합범과 이종경합범이 결합되어 있는 경우 먼저 특칙인 동종경합범 처리기준에 의하여 형량범위를 산출한 다음 이 형량범위를 기준으로 하여 다수범죄 처리기준의 일반원칙을 적용한다.[44]

6. 집행유예의 기준 설정

그 동안 우리나라 양형실무에 대한 비판 중의 하나는 바로 불균형한 집행유예의 선고였다. 형법 제62조에 규정된 집행유예의 요건은 '그 정상에 참작할 사유가 있는 때'라고 되어 있어 재량적 판단여지가 충분하고 처단형의 하한이 '3년 이하의 징역 또는 금고'에 해당하는 한 양형실무에서는 사실상 별다른 제한 없이 집행유예를 선택할 수 있기 때문이다. 따라서 어떠한 경우에 집행유예가 선고될 것인가는 결국 법관의 선택에 의해 좌우되기 때문에 피고인의 입장에서는 자신의 형을 예측하는 것이 불가능하고, 나아가 실형과 집행유예 사이의 경계선상에 있는 사건에 있어서는 그 어느 쪽으로도 선택이 가능하기 때문에 집행유예를 받지 못한 피고인의 입장에서는 불합리한 양형으로 인식할 수밖에 없게 되어 있다.[45] 이와 같이 집행유예 선고기준이 불명확하여 판사별, 범죄별, 지역별 편차가 심하다는 점이 항상 비판의 대상이었다.[46] 이 점에서 양형기준이 집행유예 선고기준을 제시한 것은 실형과 집행유예 사이에서 고민하는 법관에게 판단지침을 제공해 줄 뿐만 아니라 피고인들로 하여금 자신이 부과받은 형에 대하여 수긍할 수 있도록 한다는 점에서 중요한 의미를 지니고 있다.

양형기준이 제시하고 있는 집행유예기준은 단일범에 한하여 적용된다. 양형기준은 양형에 있어서 권고형량범위와 함께 실형선고를 할 것인가 아니면 집행유예를 선고할 것인가를 판단하기 위하여 범죄군별로 집행유예기준을 마련해 두고 있다. 각각의 범죄군에 대응하는 집행유예기준은 각각의 범죄군의 특성을 반영한 참작사유가 있고 대부분의 범죄군에 공통적으로 적용되는 참작사유(예:

---

43) 양형위원회, 양형기준, 2015, 543쪽.

44) 양형위원회, 양형기준, 2015, 543쪽.

45) 최석윤·이진국, 현행 양형기준상 집행유예기준의 개선방안, 형사법의 신동향 통권 제37호, 2012, 114쪽.

46) 이호중, 우리나라 양형기준에 대한 비판적 분석, 형사법연구 제22권 제1호, 2010, 247쪽.

처벌불원, 자수, 진지한 반성 등)도 있다. 참고로 공무집행방해범죄군의 집행유예 기준을 예로 들면 다음과 같다.

〈공무집행방해범죄의 집행유예 기준〉[47)]

구분	부정적	긍정적
주요 참작 사유	• 단체 또는 다중의 위력을 보이거나 위험한 물건을 휴대한 경우 • 공무방해의 정도가 중한 경우 • 계획적 범행 또는 반복적 범행 • 사망 또는 중한 상해의 결과가 발생한 경우 • 동종전과(5년 이내의, 집행유예 이상 또는 3회 이상 벌금)	• 폭행·협박·위계의 정도가 경미한 경우 • 공무원의 공무집행이 과도하거나 부적절한 경우 • 공범의 범행수행 저지·곤란 시도 • 형사처벌 전력 없음 • 처벌불원(피해 회복을 위한 진시한 노력 포함)
일반 참작 사유	• 2회 이상 집행유예 이상 전과 • 사회적 유대관계 결여 • 약물중독 또는 알코올중독 • 진지한 반성 없음 • 공범으로서 주도적 역할 • 범행 후 증거은폐 또는 은폐 시도 • 피해 회복 노력 없음	• 사회적 유대관계 분명 • 자수 • 진지한 반성 • 집행유예 이상의 전과가 없음 • 피고인이 고령 • 공범으로서 소극 가담 • 피고인의 건강상태가 매우 좋지 않음 • 피고인의 구금이 부양가족에게 과도한 곤경을 수반

집행유예 기준은 집행유예 참작사유를 긍정적 사유와 부정적 사유로 구분하고 이를 다시 주요참작사유와 일반참작사유로 구분하고 있다. 양형기준의 특별양형인자와 마찬가지로 주요참작사유는 집행유예 여부 결정에 결정적 영향을 미치는 요소로서 실형을 권고(주요부정적 참작사유가 우월한 경우)하거나 집행유예를 권고(주요긍정적 참작사유가 우월한 경우)하는 기능을 갖고 있다. 이에 반해 일반참작사유는 그 자체만으로는 실형을 권고하거나 집행유예를 권고하는 기능을 갖지 못하고 다만 주요참작사유에 의하여 실형이 권고되거나 집행유예가 권고될 경우에 이를 실형 또는 집행유예를 선택할 수 있는 경우로 변경하는 역할을 수행할 수 있다.[48)]

47) 양형위원회, 양형기준, 2016, 184쪽.
48) 양형위원회, 양형기준, 2016, 584쪽.

Ⅲ. 양형기준에 따른 선고형 산출과정

1. 서 설

현행 양형기준에 의하면 구체적 선고형의 산출과정은 ① 범죄유형의 결정, ② 권고형량범위의 결정, ③ 선고형의 결정, ④ 형의 집행유예의 여부에 대한 결정 등 크게 4가지 단계를 거치게 된다.[49] 이를 다시 설명해보면 해당 범죄에 대한 양형기준이 있는 경우에 해당 범죄가 속하는 범죄유형을 결정하여 그 범죄유형에 설정되어 있는 특별양형인자의 존부를 확인한 다음 그 범죄유형에 속한 3개의 권고형량범위(감경, 기본, 가중) 중 어느 하나를 결정하고 이와 같이 정해진 권고형량범위 속에서 구체적인 선고형을 정하게 된다. 다만 선고형이 3년 이하의 징역 또는 금고에 해당하는 경우 법관은 집행유예의 기준에 따라서 피고인에게 집행유예를 선고할 수 있다.

그러나 실제로 양형기준에 따라 구체적 선고형을 도출하기까지는 보다 더 복잡한 과정을 거치게 된다. 현행 양형기준이 개별적인 양형기준 설정방식을 취하고 있고 양형인자에 대한 평가원칙 자체도 매우 복잡하게 되어 있기 때문이다. 이 점에서 형사실무에서 양형기준에 대한 이해를 높이고 이로써 양형기준의 이용편이성을 높이기 위해서는 현행 양형기준에 따른 구체적 선고형량을 도출해나가는 과정을 보다 상세하게 짚어볼 필요가 있다.

2. 양형기준에 따른 선고형량의 결정 과정

가. 범죄유형의 결정

당해 범죄사건이 어떠한 범죄유형에 해당하는지는 이미 양형기준에 유형적으로 정해져 있으므로 범죄유형을 결정하는 데는 어려움이 따르지 않는다. 예를 들어 적법하게 공무를 집행하는 경찰관에게 폭행을 행사하여 공무집행방해죄로 기소된 사건은 공무집행방해범죄군에서 ‘공무집행방해’의 범죄유형 중에서 소유형인 제1유형(공무집행방해/직무강요)에 해당하게 된다. 다만 양형기준이 설정되지 아니한 범죄구성요건의 경우에는 양형기준이 적용되지 않고 형법에

---

49) 양형위원회, 양형기준, 2016, 563쪽.

따른 전통적인 양형과정을 거칠 수밖에 없다.

나. 권고영역(권고형량범위)의 결정

개별 범죄에 상응하는 범죄유형이 결정된 이후에는 각 범죄유형마다 설정되어 있는 권고영역 내지 권고형량범위를 결정해야 한다. 예를 들어 '공무집행방해'의 범죄유형 중 제1유형(공무집행방해/직무강요)에 해당하는 경우에는 감경구간은 8월까지, 기본구간은 6월 이상 1년4개월 이하, 가중구간은 1년 이상 4년 이하로 설정되어 있다. 이 중에서 어떠한 권고구간을 결정할 것인지가 문제로 되는데 이러한 권고영역을 찾는 방법은 생각보다 어렵다. 양형기준에 의한 최종 형량범위의 결정은 각각의 범죄유형마다 설정되어 있는 3가지 권고영역 내지 권고형량범위 중 하나를 선택한 다음 이를 조정하는 과정을 거쳐야 하기 때문이다. 구체적으로 보면 ① 양형인자의 존부 확정→② 복수의 특별양형인자의 평가→③ 권고형량범위의 특별조정 및 서술식 기준 적용→④ 다수범죄의 처리기준 적용 등의 순서로 진행된다. 이를 보다 자세히 설명하면 다음과 같다.

(1) 양형인자의 존부 확정

먼저 당해 범죄에 대한 양형인자가 존재하는지 여부를 확정한다. 예를 들어 공무집행방해의 범죄유형 중 제1유형(공무집행방해/직무강요)에서는 '폭행·협박·위계의 정도가 경미한 경우'를 감경적 양형인자로 명시하고 있다. 이와 같이 당해 범죄에 대한 양형인자가 존재하는 경우에는 그 인자의 특성도 확인해야 한다.

앞에서 언급한 '폭행·협박·위계의 정도가 경미한 경우'인 감경적 양형인자는 3개로 구분된 권고영역 내지 권고형량범위 자체를 이동시킬 수 있는 영향력을 가진 특별양형인자이고 또한 행위인자에 속한다. 이와 같이 양형인자의 특성을 확인해야 하는 이유는 현행 양형기준이 양형인자를 질적으로 평가하고 있어서 각각의 양형인자가 권고형량범위(감경, 기본, 가중)를 정하는 데 미치는 영향력이 다르기 때문이다.

현행 양형기준에 의하면 행위책임원칙을 실현하기 위하여 행위인자를 행위자/기타인자보다 중하게 취급한다는 '행위인자 우월원칙'과 같은 성격의 행위인자 상호간 또는 같은 행위자/기타인자 상호간에는 특별감경인자와 특별가중인자를 동등하게 보아 당해 양형인자의 개수를 기준으로 상쇄하도록 하는 '같은 성격의 특별양형인자 동등 원칙'이라는 두 가지의 양형인자 평가원칙이 지배되고 있다.[50] 다만 살인, 성범죄, 강도, 횡령·배임, 약취·유인, 사기, 절도, 공무집행방해범죄 등에 있어서는 행위자/기타인자 중 피해자 또는 유족의 '처벌불원'을 행위인자와 동등하게 평가하도록 하는 예외를 인정하였는데 이는 피해 회복을 통해 피해자 보호라는 형사정책적 목적을 달성하기 위한 것이다.[51]

(2) 복수의 특별양형인자의 평가

특별양형인자를 평가해야 하는 이유는 특별양형인자가 권고영역(감경, 기본, 가중) 자체를 이동시키는 작용을 하기 때문이다. 이 경우 권고영역을 찾아가는 기본적인 출발점은 특별감경인자와 특별가중인자의 개수를 비교하는 것이다. 다시 말해서 해당 사안에서 특별양형인자가 있는 경우에는 행위인자 우월의 원칙에 따라서 행위인자인 특별감경인자의 개수와 행위인자인 특별가중인자의 개수를 비교하여 서로 상쇄하고 남은 특별양형인자의 개수를 구하고 행위자/기타인자인 특별감경인자와 행위자/기타인자인 특별가중인자의 개수를 비교하여 서로 상쇄하고 남은 특별양형인자의 수를 구한다.[52] 특별양형인자가 있는 경우와 없는 경우 어떠한 방식으로 권고영역을 도출하게 되는지 그 과정을 보면 다음과 같다.

첫째, 해당 사안에서 특별감경인자나 특별가중인자 중 어느 것도 없는 경우에는 3가지 권고영역 가운데 '기본'영역이 권고된다.

둘째, 해당 사안에서 특별감경인자와 특별가중인자가 존재하는 경우에 구체적인 권고영역을 정하는 규칙은 다음과 같다.

① 서로 상쇄한 결과 남은 특별감경인자나 특별가중인자가 없는 경우(즉, 특별가중인자의 개수와 특별감경인자의 개수가 동일한 경우)에는 기본영역이 권고된다. 예를 들어 피고인의 범죄가 '공무집행방해'의 범죄유형 중 제1유형(공무집행방해/직무강요)에 해당하고 이 사안에서 피고인이 다수의 공무원에 대하여 폭행을 행사하였으나(특별가중인자) 그 폭행의 정도가 경미했다(특별감경인자)는 사정만 양형인자로 도출된 경우에는 특별가중인자와 특별감경인자의 개수가 각

50) 양형위원회, 양형기준, 2016, 572쪽.
51) 양형위원회, 양형기준, 2016, 572쪽.
52) 양형위원회, 양형기준, 2016, 573쪽.

1개씩 있기 때문에 서로 상쇄하면 0이 되어 기본영역이 권고된다.

② 서로 상쇄한 결과 남은 특별양형인자가 오로지 행위인자뿐이거나 행위자/기타인자뿐인 경우(즉, 남은 특별양형인자에 행위인자와 행위자/기타인자가 섞여 있지 않을 경우)에는 그 상쇄하고 남은 특별양형인자가 가중인자일 경우에는 가중영역이, 감경인자일 경우에는 감경영역이 권고된다. 예를 들어 위의 '공무집행방해'의 범죄유형 중 제1유형(공무집행방해/직무강요)에서 피고인이 다수의 공무원에 대하여 폭행을 행사하였으나(특별가중인자) 그 폭행의 정도가 경미하였고(특별감경인자) 공무원의 공무집행이 과도했다(특별감경인자)는 사정이 양형인자로 도출된 경우 이들 양형인자는 모두 행위인자에 속하는 것이고 특별감경인자가 하나라도 많기 때문에 감경영역이 권고된다. 다만 서로 상쇄하고 남은 특별양형인자의 개수가 2개 이상일 경우에는 권고형량범위의 특별조정이 이루어진다.[53)]

③ 서로 상쇄한 결과 남은 특별양형인자에 행위인자뿐만 아니라 행위자/기타인자도 존재하는 때(즉, 남은 특별양형인자에 행위인자와 행위자/기타인자가 섞여 있을 때)에는 다음과 같이 처리한다.

i) 행위인자인 특별감경인자와 행위자/기타인자인 특별가중인자가 있을 경우에는 행위인자 우월의 원칙에 따라서 행위인자인 특별감경인자가 많거나 동수일 때 감경영역이 권고됨에 반해 행위자/기타인자인 특별가중인자가 많을 때에는 특별양형인자를 종합적으로 비교·평가하여 감경·기본·가중영역 중 적정하다고 판단되는 영역이 권고영역으로 된다.[54)] 공무집행방해'의 범죄유형 중 제1유형(공무집행방해/직무강요)을 예로 들어보면 피고인의 폭행의 정도가 경미한 사정(행위인자인 특별감경인자)과 동종 누범에 해당하는 사정(행위자/기타인자인 특별가중인자)만 존재하는 경우에는 감경영역이 권고된다. 이에 반해 당해 사안에 동종 누범에 해당하는 사정만 존재하는 경우에는 법관은 곧바로 가중영역을 선택하는 것이 아니라 감경·기본·가중영역 중 적정하다고 판단되는 어느 하나의 영역을 선택할 수 있다.

ii) 행위자/기타인자인 특별감경인자와 행위인자인 특별가중인자가 있을 경우에도 행위인자인 특별가중인자가 많거나 동수일 경우에는 가중영역이 권고

---

53) 이에 관해서는 아래의 (3) 참조.

54) 양형위원회, 양형기준, 2016, 573쪽.

되고 행위자/기타인자인 특별감경인자가 많을 때에는 특별양형인자의 영향력을 종합적으로 고려하여 권고영역을 결정한다.[55)]

(3) 형량범위의 특별조정 및 서술식 기준 적용

양형기준에 의하면 특별가중인자 또는 특별감경인자 일방만 복수로 존재하거나 특별가중인자(또는 특별감경인자)가 특별감경인자(또는 특별가중인자)보다 복수로 많은 경우에 적정한 양형을 실현하기 위하여 권고형량범위를 특별히 확장할 수 있도록 하고 있다. 구체적인 내용은 다음과 같다.

① 특별감경인자와 특별가중인자를 서로 상쇄한 결과 남은 특별양형인자가 오로지 행위인자뿐이거나 행위자/기타인자뿐인 경우에는 남은 특별양형인자의 성격(감경, 가중)에 따라 감경영역 또는 가중영역이 권고되지만 이 경우에도 특별감경인자와 특별가중인자를 상쇄하고 남은 개수가 2개 이상인 경우에는 형량범위가 특별조정된다. 다시 말해서 남은 특별감경인자의 개수가 2개 이상인 경우(예를 들어 특별감경인자가 4개이고 특별가중인자가 2개인 경우)에는 감경영역의 하한의 1/2을 낮춘 것이 권고형량범위가 되고, 이와 반대로 남은 특별가중인자의 개수가 2개 이상인 경우에는 가중영역의 상한의 1/2을 높인 것이 권고형량범위가 된다.[56)] 그 결과 가중영역의 상한이 25년을 초과하는 경우에는 무기징역을 선고할 수 있다.[57)] 예를 들어 위의 '공무집행방해'의 범죄유형 중 제1유형(공무집행방해/직무강요)에서 피고인이 위험한 물건을 휴대한 채(특별가중인자) 다수의 공무원에 대하여 폭행을 행사하여 (특별가중인자) 공무원들에게 중한 상해를 입혔으나(특별가중인자) 공무원의 공무집행이 과도했다(특별감경인자)는 사정이 양형인자로 도출된 경우 특별가중인자와 특별감경인자를 상쇄하고 남은 개수가 특별가중인자 2개인데 공무집행방해/직무강요의 가중영역이 1~4년이므로 결국 1~6년이 권고형량범위가 된다. 이 경우 남은 특별양형인자가 행위인자인지 행위자/기타인자인지는 불문한다.[58)]

② 서로 상쇄한 결과 남은 특별양형인자에 행위인자뿐만 아니라 행위자/기

55) 양형위원회, 양형기준, 2016, 574쪽.
56) 양형위원회, 양형기준, 2016, 573쪽.
57) 양형위원회, 양형기준, 2016, 575쪽.
58) 양형위원회, 양형기준, 2016, 573쪽.

타인자도 존재하는 때에는 행위인자인 특별감경인자의 개수가 행위자/기타인자인 특별가중인자의 개수보다 2개 이상 많을 경우에는 감경영역의 하한의 1/2을 낮추어 형량범위를 정하지만 행위자/기타인자인 특별가중인자의 개수가 행위인자인 특별감경인자의 개수보다 2개 이상 많을 경우에는 특별양형인자를 종합적으로 비교·평가하여 감경·기본·가중영역 중에서 적정하다고 판단되는 영역이 권고영역으로 되는 것이지 권고영역 상한의 1/2을 높여서 형량범위를 정해야 하는 것은 아니다.[59)]

한편 현행 양형기준제하에서는 서술식 양형기준도 적용되고 있다는 점을 유의해야 한다. 여기서 서술식 양형기준이란 양형기준에서 제시하는 통상의 권고형량범위 산출기준 이외에 특정한 형량범위를 선제로 하여 양형을 판단하도록 서술해두고 있는 방식을 말한다. 예를 들어 살인미수범죄의 권고형량범위를 살인범죄의 형량범위의 하한을 1/3로, 상한을 2/3로 각 감경하여 적용하도록 정하고 있는 것을 서술식 양형기준이라 한다.[60)] 또한 절도범죄의 양형기준에서 제2유형(특별재산에 대한 절도)의 소유형인 유형 2(가치가 매우 높은 재산) 중에서 특정범죄 가중처벌 등에 관한 법률 제9조 제1항 제1호 또는 제9조 제2항에 해당하는 경우에는 형량범위의 상한과 하한을 1.5배 가중한다고 명시하고 있는 것도 서술식 양형기준이다.[61)] 이 처럼 양형기준은 살인범죄, 성범죄, 강도범죄, 약취·유인범죄, 절도범죄, 공갈범죄, 방화범죄에서 동상의 형량 기준 이외에 별도의 서술식 기준을 제시하고 있다. 따라서 서술식 기준이 적용되어야 할 범죄에서 서술식 기준에 해당하는 양형인자가 도출된 경우에는 서술식 기준을 적용하여 형량범위를 조정하여야 한다.[62)]

한편 형량범위를 특별 조정한 결과 25년을 초과하게 되는 경우에는 무기징역형을 선고할 수 있다. 또한 양형기준에서 권고하는 형량범위가 법률상 가중·감경에 의한 처단형 범위와 불일치하는 경우에는 법률상 처단형의 상한 또는 하한에 따른다.[63)]

---

59) 양형위원회, 양형기준, 2016, 573쪽.
60) 양형위원회, 양형기준, 2016, 2쪽.
61) 양형위원회, 양형기준, 2016, 135쪽.
62) 양형위원회, 양형기준, 2016, 576쪽.
63) 양형위원회, 양형기준, 2016, 576쪽.

(4) 다수범죄 처리기준 적용

양형기준은 원칙적으로 형법 제37조 전단의 경합범의 경우 경합하는 모든 범죄에 양형기준이 설정된 경우에만 적용된다. 다만 양형기준이 설정된 범죄와 설정되지 아니한 범죄 사이에 형법 제37조 전단의 경합범에 관하여는 그 하한은 양형기준이 설정된 범죄의 양형기준상 형량범위의 하한에 따른다.[64]

다수범죄의 처리기준에 의하면 경합범의 경우 기본범죄를 먼저 결정해야 한다. 이 경우 기본범죄는 형종 선택, 법률상 가중·감경을 거친 이후의 형이 가장 중한 범죄를 의미한다. 다만 기본범죄의 형량범위 상한이 이와 경합되는 다른 범죄의 형량범위 상한보다 낮은 경우에는 경합되는 다른 범죄를 기본범죄로 한다.[65] 양형기준에 따른 다수범죄 처리기준은 다음과 같다.

첫째, 다수범이 2개인 경우에는 기본범죄의 형량범위 상한에 다른 범죄의 형량범위 상한의 1/2을 더한다. 그러나 기본범죄의 형량범위 하한보다 경합하는 다른 범죄의 형량범위 하한이 높은 경우에는 다른 범죄의 형량범위 하한으로 한다.[66]

둘째, 다수범이 3개 이상인 경우에는 기본범죄의 형량범위 상한에 다른 범죄 중 형량범위 상한이 가장 높은 범죄의 형량범위 상한의 1/2을 더하고 다시 형량범위 상한이 그 다음으로 높은 범죄의 형량범위 상한의 1/3을 더한다. 권고형량범위의 상한이 높은 범죄가 기본범죄가 되므로 위와 같은 방법을 적용하면 결과적으로 다수범죄 처리기준에 의하여 가중될 수 있는 최대값은 기본범죄 형량범위 상한의 5/6라고 할 수 있다.[67] 이 경우에도 기본범죄의 형량범위 하한보다 경합하는 다른 범죄의 형량범위 하한이 높은 경우에는 다른 범죄의 형량범위 하한으로 한다.

셋째, 뇌물범죄, 횡령·배임범죄, 사기범죄, 식품·보건범죄, 증권·금융범죄,

---

64) 양형위원회, 양형기준, 2016, 578쪽. 다만 현행 양형기준에 의하면 양형기준이 설정된 기본범죄에 전형적으로 수반되는 범죄(예를 들어 살인범죄의 경우 사체유기 또는 사체손괴)가 경합하는 경우에는 다수범죄 처리기준을 적용하지 아니하고 그 대신 경합되는 범죄(앞의 예에서 사체유기 또는 사체손괴)를 기본범죄 양형기준에 있어 하나의 양형인자(앞의 예에서 사체유기 또는 사체손괴는 특별가중인자)로 취급하기도 한다.

65) 법원행정처, 양형기준, 2016, 579쪽.

66) 양형위원회, 양형기준, 2016, 579쪽.

67) 양형위원회, 양형기준, 2016, 580쪽.

조세범죄, 공갈범죄, 배임수증재범죄와 변호사법위반범죄에 국한하여 동종경합범의 경우에 포괄일죄에 준하여 원칙적으로 액수를 합산하여 그 합산금액을 기준으로 범죄유형과 권고형량범위를 정하되 합산 결과 합산 전과 비교하여 가장 중한 단일범죄보다 범죄유형이 1단계 높아지는 경우에는 합산 후 유형의 권고형량범위의 하한을 1/3감경하고, 유형이 2단계 이상 높아지는 경우에는 하한을 1/2 감경하되 가장 중한 단일범죄에 적용되는 유형의 형량범위 하한을 한도로 한다.[68] 또한 동종경합범과 이종경합범이 결합되어 있는 경우 먼저 특칙인 동종경합범 처리기준에 의하여 형량범위를 산출한 다음, 이 형량범위를 기준으로 하여 다수범죄 처리기준의 일반원칙을 적용한다.[69]

다. 선고형의 결정

이상과 같이 조정된 권고형량범위에서 다시 특별양형인자와 일반양형인자를 종합적으로 고려하여 선고형을 결정한다. 이 경우 일반양형인자는 예시적인 것에 불과하므로 개별 사안에 존재하는 다양한 양형요소 중 당해 사건의 양형에 반영하는 것이 적절하다고 판단되는 요소는 양형기준에 제시되지 않은 것이더라도 일반양형인자로 함께 고려할 수 있다.[70]

라. 형의 집행유예 여부의 결정

우리나라 양형기준은 책임단계와 예방단계를 구별하는 전제에서 형종 및 형량 기준과 별도로 집행유예 기준을 두고 있다.[71] 이것은 형종 및 형량을 결정하는 단계에서는 책임이 전면적으로 고려됨에 반해 집행유예 여부를 결정하는 단계에서는 예방적 관점이 주된 고려사항으로 된다는 것으로 이해할 수 있다.

양형기준은 권고영역을 결정할 때 양형인자를 특별양형인자와 일반양형인자로 구분하고 있는 것과 상응하게 집행유예의 참작사유도 집행유예를 긍정적으로 고려하게 하는 긍정적 요소와 집행유예를 부정적으로 고려하게 하는 부정적 요소로 구분한 다음 이를 주요참작사유와 일반참작사유로 세분하고 있다.[72]

---

68) 양형위원회, 양형기준, 2016, 581쪽.
69) 양형위원회, 양형기준, 2016, 581쪽.
70) 양형위원회, 양형기준, 2016, 582쪽.
71) 양형위원회, 양형기준, 2016, 583쪽.
72) 양형위원회, 양형기준, 2016, 583쪽.

여기서 주요참작사유는 집행유예 여부의 결정에 큰 영향을 미치는 요소로서 직접적으로 실형을 권고하거나 집행유예를 권고하는 역할을 담당하는 반면, 일반참작사유는 그 자체만으로는 실형을 권고하거나 집행유예를 권고하는 기능을 가지지 못한다.[73] 양형기준상 집행유예기준은 이러한 참작사유를 활용하여 '실형 권고', '집행유예 권고', '실형 또는 집행유예 선택 가능' 등 3가지 판단이 가능하도록 하고 있다. 양형기준에 따른 집행유예 기준의 적용원칙은 다음과 같다.

첫째, 주요참작사유 가운데 주요긍정사유만 2개 이상 존재하는 경우 또는 주요긍정사유가 주요부정사유보다 2개 이상 더 많을 경우에는 집행유예를 권고한다.[74] 예를 들어 위의 '공무집행방해'의 범죄유형 중 제1유형(공무집행방해/직무강요)에서 당해 사건에 대한 권고형량범위가 가중영역(1~4년)에 해당하고 법관이 이 형량범위 속에서 피고인에게 선고할 형량을 2년으로 정하였으나 피고인에게 형사처벌의 전력이 없고(주요긍정사유) 피해자인 공무원이 처벌불원의 의사를 표시한 사정(주요긍정사유)이 있는 경우에는 집행유예가 권고된다.

둘째, 주요참작사유 가운데 주요부정사유만 2개 이상 존재하는 경우 또는 주요긍정사유와 주요부정사유의 개수를 비교하여 주요부정사유가 2개 이상 더 많을 경우에는 실형이 권고된다.[75]

셋째, 주요참작사유 가운데 주요긍정사유와 주요부정사유의 개수가 동일하거나 1개 밖에 차이가 나지 않을 때에는 참작사유들을 종합적으로 고려하여 실형 또는 집행유예 중 어느 하나를 결정한다.[76]

넷째, 주요참작사유 가운데 주요긍정사유와 주요부정사유의 어느 일방이 2개 이상 차이가 나는 경우에도 일반참작사유 가운데 일반부정(또는 긍정)사유와 일반긍정(또는 부정)사유의 개수 차이가 주요긍정(또는 부정)사유와 주요부정(또는 긍정)사유의 개수 차이보다 많을 때에는 역시 집행유예 참작사유를 종합적으로 고려하여 실형 또는 집행유예 중 어느 하나를 결정한다.[77]

---

73) 양형위원회, 양형기준, 2016, 584쪽.
74) 양형위원회, 양형기준, 2016, 587쪽.
75) 양형위원회, 양형기준, 2016, 587쪽.
76) 양형위원회, 양형기준, 2016, 587쪽.
77) 양형위원회, 양형기준, 2016, 588쪽.

3. 실무의 양형이유 기재예

현재 형사재판의 실무에서는 양형기준에 제시된 양형인자의 인정 여부를 기초로 권고형량범위를 정하고 그 범위 속에서 구체적인 선고형을 도출하고 있다. 형사재판의 실무에서는 앞에서 언급한 양형기준에 따른 선고형 산출방식에 따라 양형이유를 기재하고 있다. 사실심 법원에서 실제로 기재되고 있는 재판서 기재사항 중 '양형의 이유'의 기재순서를 보면 아래의 표와 같다.

아래의 표에 기재된 '양형의 이유'의 기초가 된 사안은 피고인이 2015. 4. 16. 14:45경 피해자 B가 운영하는 식당에서 신고를 받고 출동한 경찰공무원 A(52세)에게 심한 욕설을 하면서 A의 양쪽 눈을 손가락으로 2회 찌르는 등 피해자의 범죄 예방 및 진압에 관한 정당한 직무집행을 방해하였다는 사실로 기소된 사건이다. 이 사건에서 제1심 법원은 피고인에게 공무집행방해죄로 유죄를 인정하고 징역 6월에 집행유예 2년을 선고하면서 그 양형의 이유를 다음과 같이 기재하였다.78)

양형의 이유

[유형의 결정]
공무집행방해 > 공무집행방해 > 제1유형(공무집행방해/직무강요)

[권고영역의 결정]
기본영역

[권고형의 범위]
6월~1년 4월

[집행유예 여부]
- 일반참작사유 : 긍정적
사회적 유대관계 분명
피고인의 건강상태가 매우 좋지 않음

[선고형의 결정]
피고인이 유죄로 인정되는 부분에 대하여 잘못을 인정하고 반성하는 모습을 보이는 점, 건강과 경

78) 대전지방법원 2015. 6. 26. 선고 2015고단1305 판결.

제적 형편이 좋지 않은 점, 그 밖에 경찰관에게 가한 폭행과 음주소란의 정도, 피고인의 범죄경력 등을 종합하여 주문과 같이 형을 정한다.

Ⅳ. 양형기준의 준수율

양형위원회 운영지원단은 양형위원회 운영규정 제21조에 따라서 양형기준의 적용현황을 정기적으로 확인하여 이를 양형위원회에 보고하고 있으며, 2010년 이후 매년 1년 동안의 양형기준 적용현황 분석결과를 책자로 발간하고 있다. 여기서는 양형기준 시행 이후 최근 5년간(2011~2015) 양형기준의 적용과 관련한 범죄군별 양형기준 준수율, 법원별 양형기준 준수율, 양형기준의 명시적 기재율 및 명시적 기재여부에 따른 양형기준 준수율을 개관할 것이다.

1. 범죄군별 양형기준 준수율

양형기준 준수율이란 양형기준이 제시하고 있는 권고형량범위 내에서 선고형량이 정해지는 비율을 말한다. 양형기준의 준수율은 양형기준이 형사재판 실무에서 어느 정도로 안정적으로 정착되고 있는지를 가늠할 수 있는 출발점이 된다.

양형위원회 운영지원단이 2011년부터 2015년까지의 양형기준 적용대상 사건을 전수조사하여 분석한 결과에 의하면 연도별 양형기준 준수율은 2011년 84.0%, 2012년 85.8%, 2013년 89.6%, 2014년 90.9%로 점차 높아지다가 2015년에는 89.7%로 소폭 감소하였다.[79)]

또한 양형위원회 기수별 양형기준 준수율을 보면, 살인범죄군 등 양형위원회 제1기 적용대상범죄의 경우에는 2011년 88.0%, 2012년 88.9%, 2013년 89.5%, 2014년 89.9%로 점차 높아지다가 2015년에는 89.4%로 약간 감소하였다. 약취·유인·인신매매범죄군 등 양형위원회 제2기 적용대상범죄의 경우에는 2011년 78.5%, 2012년 82.7%, 2013년 85.2%, 2014년 87.3%로 점차 높아지다가 2015년에는 86.3%로 약간 감소하였다. 증권·금융범죄군 등 양형위원회 제3기 적용대상

79) 양형위원회 운영지원단, 양형기준 적용현황 분석 I, 2016, 68~69쪽.

범죄를 보면, 2012년 92.7%, 2013년 94.4%, 2014년 95.3%로 점차 높아지다가 2015년에는 94.9%로 약간 감소하였다. 마지막으로 배임수증죄범죄군 등 양형위원회 제4기 적용대상범죄(2014년 하반기 시행)에 대한 양형기준 준수율을 보면, 2014년 85.3%에서 2015년 84.7%로 약간 감소한 것으로 나타났다.[80]

2. 법원별 양형기준 준수율

양형기준제의 도입취지가 법관간의 부당한 양형의 편차를 줄이고자 하는데 주목해보면 법원별 양형기준 준수율이 어느 정도인지를 인식하는 것은 양형기준제의 정착에 중요한 의미가 있다. 2011년부터 2015년까지 5년 동안 양형기준이 적용되는 범죄군에 대한 18개 지방법원(지원 포함)별 양형기준 준수율을 개관해보면 2011년의 경우 가장 높은 준수율을 나타낸 지방법원의 준수율은 89.5%였음에 반해 가장 낮은 준수율을 나타낸 지방법원의 준수율은 77.1%였고, 전체를 평균해보면 84.0%였다. 2012년의 경우 가장 높은 준수율을 나타낸 지방법원의 준수율은 88.4%였으나 가장 낮은 준수율을 나타낸 지방법원의 준수율은 83.2%였고, 전체 평균은 85.8%로 나타났다. 2013년에는 가장 높은 준수율을 나타낸 지방법원의 준수율이 92.8%였음에 반해 가장 낮은 준수율을 나타낸 지방법원의 준수율은 85.2%였고, 전체를 평균해보면 89.6%였다. 2014년에는 가장 높은 준수율을 나타낸 지방법원의 준수율이 93.8%였음에 반해 가장 낮은 준수율을 나타낸 지방법원의 준수율은 87.1%였고, 전체를 평균해보면 90.9%였다. 2015년의 경우 가장 높은 준수율을 나타낸 지방법원의 준수율은 92.6%였음에 반해 가장 낮은 준수율을 나타낸 지방법원의 준수율은 83.2%였고 전체를 평균해보면 89.7%였다. 이러한 추이를 보면 법원마다 약간의 차이는 있지만 양형기준 준수율의 차이가 크지 않다는 것을 알 수 있다.[81]

3. 양형기준 명시적 기재율

판결문에 양형기준에서 권고하고 있는 기준을 명시적으로 기재했는지의

80) 상세한 내용은 양형위원회 운영지원단, 양형기준 적용현황 분석 I, 2016, 68~69쪽(표 3-4: 범죄군별 양형기준 준수율 추이) 참조.

81) 상세한 내용은 양형위원회 운영지원단, 양형기준 적용현황 분석 I, 2016, 71쪽(표 3-5: 법원별 양형기준 준수율 추이) 참조.

여부는 개별 법관의 양형기준 준수뿐만 아니라 양형 그 자체의 투명성 확보에도 적지 않은 의미를 지니고 있다. 양형기준 시행 이후 판결문에 양형기준이 권고하는 기준들을 명시적으로 설시하였는지의 여부를 파악하는 명시적 기재율의 추이를 보면, 2011년에 46.3%였으나 그 후 2012년에는 36.8%, 2013년에는 28.3%로 떨어졌으나 2014년에는 50.1%로 다시 반등하여 2015년에는 68.1%로 크게 증가하였다.[82] 2014년 이후부터 판결문에 양형기준을 명시적으로 기재한 비율이 대폭 증가한 배경에는 사건의 대부분을 차지하는 단독사건의 명시적 기재율이 2013년까지는 해마다 낮아졌으나 2014년에는 42.4%, 2015년에는 63.7%로 크게 증가하였기 때문인 것으로 분석된다.[83]

82) 상세한 내용은 양형위원회 운영지원단, 양형기준 적용현황 분석 I, 2016, 72~73쪽(표 3-6: 범죄군별 양형기준 명시적 기재율 추이) 참조.

83) 양형위원회 운영지원단, 양형기준 적용현황 분석 I, 2016, 73쪽.

§10 우리나라 양형기준제의 문제점

Ⅰ. 형법상 양형규범의 유명무실화

형법에 따른 양형은 법정형에 기초한 처단형의 범위 산출에 이어 그러한 처단형의 범위 속에서 구체적 선고형을 발견하는 과정을 거치게 된다. 다시 말해서 법관은 법정형의 범위에서 출발하여 법률상 가중, 법률상 감경 등 형법 제56조(가중, 감경의 순서)의 규정내용에 따라 처단형을 도출하고 이러한 처단형의 범위 내에서 구체적인 선고형을 결정한다. 이에 반해 양형기준하에서는 법관이 당해 범죄에 해당하는 범죄군과 범죄유형을 확정한 다음 특별양형인자에 대한 평가를 통하여 당해 범죄유형에 해당하는 권고형량범위를 도출하여 그 권고형량범위 속에서 특별양형인자와 일반양형인자를 종합적으로 고려하여 구체적인 선고형(및 집행유예)을 결정하게 된다. 형법의 양형규정에 따르면 처단형의 도출이 형법 제56조에 따라서 일정한 가중과 감경의 과정을 거치는 반면, 양형기준에 의하면 모든 양형인자에 순서가 없이 동일하게 평가된다.[1] 또한 형법상의 처단형은 경합범 가중을 한 이후에 작량감경을 하도록 되어 있으나 양형기준에 의하면 다수범죄 처리기준을 적용하기 이전에 작량감경 사유를 먼저 권고형량범위를 정하는 데 고려하도록 하고 있어 그 적용순서도 다르다.

그러나 형법의 양형규정과 법원조직법상의 양형기준의 체계가 상이하고 실무에서 일반적으로 활용되고 있는 양형기준으로 인하여 형법상 양형규정이 유명무실하게 된다는 문제가 제기된다.[2] 특히 양형의 일반원칙에 관한 규정이 형사처벌에 관한 기본원칙들을 규정하고 있는 형법에 명시되어 있지 않고 법원조직법에 그 근거를 두고 있는 것은 법체계상으로 문제라고 하지 않을 수 없다.[3] 이러한 의미에서“양형에 있어 책임과 예방의 조화라는 형법이론적인 논의가 대립되는 상황에서 형법이나 형사소송법에 양형을 정하는 기준과 형종 및

1) 류부곤, 우리나라 양형기준에 대한 고찰, 형사법연구 제24권 제4호, 2012, 262쪽.
2) 승재현, 우리나라 양형위원회 양형기준모델의 타당성 평가, 법조 제640호, 2010, 126쪽.
3) 오경식·김혜경, 법률적 양형의 기본원리와 방향, 형사법의 신동향 통권 제33호, 2011, 275쪽.

형량의 범위를 정하는 가장 기본적인 원칙인 책임원칙이나 예방원칙에 관한 근거규정이 없음에도 단순한 조직법에 불과한 법원조직법에 규정한 내용에 따라 설정된 양형기준이 정당성과 합리성을 가지는지에 대하여 심각한 문제점을 가지고 있다"[4]는 비판을 귀담아 들을 필요가 있다.

Ⅱ. 형벌목적의 불명확성

양형기준을 설정하는 경우에는 그에 관한 분명한 지침을 바탕에 깔고 있어야 한다. 양형기준은 단순히 법관들 간의 양형편차를 해소하는 차원을 뛰어넘어 피고인 개개인의 자유의 이익과 직결되어 있기 때문이다. 양형기준을 설정할 때 가장 우선적으로 고려해야 할 요소가 바로 형벌목적이다. 어떠한 형벌목적에서 출발하는가에 따라 양형기준의 구체적인 내용이 달라질 수 있기 때문이다.

법원조직법 제81조의6 제2항은 양형위원회가 양형기준을 설정하거나 변경할 때 준수해야 할 원칙을 명시해두고 있는데, 이 중에서 제2항 제1호와 제2호는 형벌목적에 해당한다. 제1호는 책임응보를, 제2호는 일반예방과 재사회화를 각각 규정하고 있다. 그러나 법원조직법 제81조의6 제2항은 형벌목적 상호간에 서열을 정함이 없이 각각의 형벌목적을 동등하게 나열하고 있을 뿐이다. 이러한 입법태도는 미국이나 영국의 양형기준제가 그 출발점으로 삼고 있는 '책임비례적 처벌'의 관념과 유사하다. 미국과 영국에서는 피고인에 대한 정당한 처벌을 강조하면서 법관의 구체적 양형에 유연성을 제공하기 위하여 형벌목적 상호간에 우열관계를 설정하지 않았다. 이에 반해 우리나라에서는 양형기준의 설정과 관련한 분명하고 합의된 관념 내지 철학이 부족하여 형벌목적의 면에서는 미국과 영국의 그것과 유사한 접근방식을 취했지만 재판실무에서 피고인에게 선고되는 형량을 보면 책임비례적 처벌이라고 받아들이기 어려운 예가 적지 않다.

현행 양형기준에 제시되어 있는 권고형량범위가 법원의 양형실무에서 실제로 선고된 형량을 토대로 한 것이라 할지라도 현재와 같은 낮은 형량 수준을 유지하기 위해서는 이를 뒷받침할 수 있는 이론적 근거가 분명해야 한다. 이 점

4) 천진호, 양형기준제 시행의 문제점과 양형자료 조사제도 도입을 위한 제언, 형사법연구 제21권 제4호, 2009, 255쪽.

에서 우리나라 양형기준제가 과연 어떠한 형벌목적론에 기초를 두어야 할 것인지 심도있는 논의를 전개하여 책임응보 일변도의 형벌목적를 추구할 것인지, 책임의 범위 속에서 예방적 고려도 할 것인지 분명한 지침을 설정해 두어야 할 것이다. 그렇지 않으면 실무의 편의와 국민의 법감정에 따라 그때그때 양형기준이 바뀌게 되어 양형의 합리성과 객관성이라는 본래의 목표를 달성할 수 없게 될 것이다.

Ⅲ. 양형기준의 비완결성

우리나라의 양형기준제는 미국의 그것과는 달리 개별 범죄군별로 점진적·부분적으로 양형의 기준을 설정하는 방식을 취하고 있다. 그러나 점진적·부분적인 설정방식을 취하는 경우에도 특정한 범죄군에 대한 양형기준을 설정하는 한에서는 가급적 모든 사안들이 양형기준에 포섭될 수 있도록 해야 한다. 이렇게 하는 경우에만 양형기준의 광범위하고 객관적인 적용을 보장할 수 있기 때문이다. 이에 반해 현재 설정되어 있는 양형기준은 다양한 관점에서 그 포착범위가 좁아서 결과적으로 양형기준이 비완결적이라는 문제가 제기될 수 있다. 이와 관련된 개별적인 쟁점을 제시해보면 다음과 같다.

첫째, 현행 양형기준은 특징한 범죄구성요건을 양형기준의 적용대상에서 제외시키고 있다. 예를 들어 공무집행방해범죄군의 양형기준은 일반공무집행방해죄, 위계공무집행방해죄, 공용물무효·파괴죄, 특수공무방해죄 및 특수공무방해치사상죄만 포함되어 있고 나머지 범죄들은 양형기준의 적용 대상범죄에서 배제되어 있다. 현재의 양형기준은 실제로 사건이 발생한 빈도에 중점을 두어 양형기준 설정대상을 정하고 있으나 기왕에 특정한 범죄군에 대한 양형기준을 설정하는 경우에는 그러한 범죄군에 속하는 모든 구성요건을 양형기준의 적용대상범위에 포함시키는 것이 타당하다.

둘째, 양형기준이 적용되는 범죄인 경우에도 실제로 양형기준의 적용에서 배제되는 사안들이 있다. 예를 들어 살인미수범의 경우를 제외하고는 미수범죄에 관한 양형기준이 존재하지 않는다. 따라서 기수범의 경우에는 양형기준을 적용하는 반면, 미수범에 대해서는 형법에 따른 양형이 이루어질 수밖에 없어서 객관적인 양형을 어렵게 한다. 동일한 관점에서 방조범을 양형기준의 적용대상에서 제외시키고 있는 것도 문제로 된다. 특히 양형기준이 제시하고 있는 권고형량범위가 법정형에 비하여 현저히 낮다는 점에 주목해보면, 미수범과 방조범을 형법상 양형규정에 따라 선고할 경우에는 불합리한 결과를 가져올 수도 있다. 이 점에서 미수범과 방조범을 모두 양형기준의 적용대상에 포함시켜야 할 것이다.

셋째, 벌금형에 대한 양형기준이 설정되어 있지 않다. 현행 양형기준은 피고인에 대하여 사형, 무기징역·무기금고, 유기징역·유기금고를 선고할 경우에만 적용된다. 따라서 벌금형을 선고할 사건에 대해서는 양형기준이 적용되지 아니하고 일단 법관이 벌금형을 선택한 이상 양형기준으로부터 자유롭게 된다. 그러나 대부분의 범죄구성요건이 징역형과 벌금형을 선택적으로 규정하고 있는 현실에서 징역형과 벌금형의 선택에 관한 기준이 제시되어 있지 않은 경우에는 당해 사건에서 법관에게 일정한 판단의 지침을 제공해줄 수 없다. 벌금형의 선고기준이 제시되어 있지 않은 양형기준은 '반쪽짜리'로 전락하게 된다는 점에서 징역형과 벌금형의 선택기준과 벌금형의 구체적인 형량 산정기준이 설정되어야 한다.[5]

Ⅳ. 집행유예 기준의 문제점

1. 문제제기

실형과 집행유예의 기준은 양형합리화정책의 일환으로 도입된 양형기준제의 핵심적 주제 중의 하나이다. 종래 집행유예에 대한 객관적이고 공정한 기준이 마련되어 있지 않음으로 인하여 집행유예가 시혜적인 수단으로 변질되어 재량적 형감경을 통한 집행유예의 남용이 문제되었다. 특히 일반범죄에 비하여 뇌물, 횡령, 배임 등 화이트칼라범죄에 대해서는 지나치게 관대한 입장에서 집행유예의 선고대상으로 편입시키기 위해 작량감경 등 감경규정을 무리하게 적용하고, 집행유예의 요건인 정상참작사유를 자의적으로 판단함으로써 집행유예의 비율[6]이 압도적으로 높아 사법의 형평성도 문제되었다. 또한 집행유예가 가

---

5) 이호중, 우리나라의 양형기준에 대한 비판적 분석, 형사법연구 제22권 제1호, 2010, 254쪽.
6) 일반범죄에서 집행유예가 선고되는 경우는 제1심에서 63.2%, 항소심에서 44.8%로 나타난

능한 처단형의 범위가 '3년 이하'로 비교적 넓게 규정되어 있어서 아무리 입법자가 하한형을 중하게 규정하여 법정형을 만들더라도 법관의 재량에 의해 집행유예를 선고하는 것이 가능하도록 되어 있다는 것도 집행유예 선고 비율을 높이는 원인이 되어 왔다. 이와 같이 집행유예의 요건 그 자체가 추상적이고 법관의 재량적 해석과 판단의 여지도 확장됨으로 인하여 부당한 양형편차가 발생한다는 비판을 해소하고, 집행유예 선고에 대한 명확한 기준을 제시하기 위해 양형위원회는 집행유예 양형기준을 설정하고 있다. 하지만 양형기준이 제시하고 있는 집행유예 선고기준에 대하여 문제를 제기하는 목소리가 적지 않다.[7)]

2. 중간영역 이동 가능성의 확대로 인한 집행유예 기준의 모호성

양형기준상 집행유예 기준에서 주요참작사유는 집행유예의 여부를 결정하는 가장 중요한 요소로서 직접적으로 실형을 권고하거나 집행유예를 권고하는 역할을 담당한다. 이에 반해 일반참작사유는 그 자체만으로 실형을 권고할 것인지 아니면 집행유예를 권고할 것인지에 대해 결정하는 기능은 없으며, 다만 주요참작사유에 의하여 실형이 권고되거나 집행유예가 권고될 경우에 이를 실형 또는 집행유예를 선택할 수 있는 경우로 변경하는 소극적 역할을 수행할 뿐이다. 주요참작사유는 집행유예 여부의 결정에 있어서 영향력이 큰 요소이기 때문에 일반참작사유보다 중하게 고려된다.[8)]

집행유예 기준에 의하면, 제시된 집행유예의 참작사유를 비교한 결과, 주요긍정사유만 2개 이상 존재하거나 주요긍정사유가 주요부정사유보다 2개 이상 많을 경우에는 집행유예가 권고되고, 주요부정사유만 2개 이상 존재하거나 주요부정사유가 주요긍정사유보다 2개 이상 많을 경우에는 실형이 권고되며, 집행유예 권고 또는 실형 권고 중 어느 하나에 해당하지만 일반참작사유가 다수

반면, 화이트칼라 범죄에서 집행유예가 선고되는 경우는 제1심에서 72%, 항소심에서 72.5%로 나타났다; 이승준, 화이트칼라범죄에 대한 집행유예, 법학연구 제16권 제3호, 2006, 113쪽.

7) 오영근 외, 바람직한 양형기준제와 양형위원회 운영의 방식에 관한 연구, 대검찰청 연구용역보고서, 2010, 34쪽;최석윤·이진국, 현행 양형기준상 집행유예기준의 개선방안, 형사법의 신동향 통권 제37호, 2012, 120쪽.

8) 최석윤·이진국, 현행 양형기준상 집행유예기준의 개선방안, 형사법의 신동향 통권 제37호, 2012, 121쪽.

존재하는 경우에는 집행유예 참작사유를 종합적으로 비교·평가하여 집행유예 여부를 결정하도록 하고 있다.[9)]

그러나 현행 집행유예 기준에 따르면, 아무리 중대한 사안이라도 진지한 반성 등 몇 가지 개별적인 사정이 존재한다는 이유로 실형이 집행유예로 뒤집히는 문제가 발생할 수 있다. 일반부정(긍정)사유와 일반긍정(부정)사유의 개수 차이가 주요긍정(부정)사유와 주요부정(긍정)사유의 개수 차이보다 많은 경우에는 집행유예가 가능하도록 설정되어 있기 때문이다. 특히 제시된 참작사유를 비교한 결과 집행유예 권고 또는 실형 권고에 해당하지만 일반참작사유가 다수 존재하는 경우에는 집행유예 참작사유를 종합적으로 비교·평가하여 집행유예 여부를 결정하도록 한 것은 여전히 법관의 재량이 인정될 수 있는 은혜적 처분이 될 가능성이 있고,[10)] 이는 사실상 영향기준의 적용을 포기한 것과 마찬가지라는 비판[11)]이 있다. 집행유예 참작사유 평가원칙을 수정하여 법원의 재량적 판단이 가능한 중간영역으로 이동할 가능성을 제한할 필요가 있다는 주장이 나오는 이유도 바로 여기에 있다.[12)]

이와 관련하여 일부 견해[13)]는 현행 집행유예 기준을 구체화하기 위한 방안을 제시하고 있다. 이 견해는 현행 집행유예 기준에서는 주요참작사유 중 주요부정사유가 주요긍정사유보다 2개 이상 많은 경우에만 실형이 권고되지만 이에 더하여 ① 주요부정사유가 1개 더 많은 경우에는 일반부정사유가 일반긍정사유보다 2개 이상 많이 존재하는 경우, ② 주요부정사유와 주요긍정사유의 개수가 동일한 경우에는 일반부정사유가 일반긍정사유보다 4개 이상 많이 존재하는 경우에는 실형 권고영역에 포함시키고 그 반대의 경우에는 집행유예 권고영역에 포함시키자는 수정안을 제시하고 있다. 이 수정안은 주요참작사유와 일반참작

---

9) 최석윤·이진국, 현행 양형기준상 집행유예기준의 개선방안, 형사법의 신동향 통권 제37호, 2012, 121쪽.

10) 김영종, 위증·무고범죄 양형기준안 지정토론문, 양형기준안 제2차 공청회자료집, 양형위원회, 2009.2, 264쪽; 이현정·임웅, 양형위원회의 양형기준안에 대한 비판적 고찰, 성균관법학 제21권 제1호, 2009.4, 376쪽; 이주형, 최초 양형기준에 대한 비판적 고찰, 형사법의 신동향, 통권 제21호, 2009. 8, 73쪽.

11) 이호중, 우리나라 양형기준에 대한 비판적 분석, 형사법연구 제22권 제1호, 2010, 260쪽.

12) 서봉규, 현행 양형기준의 문제점과 개선방안, 홍익법학 제11권 제2호, 2010, 58쪽.

13) 서봉규, 현행 양형기준의 문제점과 개선방안, 홍익법학 제11권 제2호, 2010, 57~58쪽.

사유의 가치를 1대 2로 평가하는 것이다. 따라서 현행 집행유예 기준상 실형 또는 집행유예 영역 중 어느 하나에 해당하더라도 그 반대쪽의 일반참작사유가 '다수'존재하여 중간영역으로 이동하는 경우에는 '일반참작 사유 개수의 차이가 주요참작사유 개수 차이의 2배인 경우'로 해석할 수 있다. 예를 들면 주요부정사유가 3개인 경우 주요긍정사유가 1개 있다면 주요참작 사유의 개수 차이가 2이므로 일반긍정사유가 일반부정사유보다 4개 이상 더 많은 경우에만 중간영역으로 이동할 수 있는 것이다.[14)]

3. 집행유예 부가처분의 기준미비

형법상 집행유예를 선고하는 경우에는 보호관찰이나 사회봉사·수강명령 등 부가처분을 명할 수 있다. 그러나 현행 집행유예 기준은 집행유예의 부가처분 즉, 수강명령, 사회봉사명령 및 보호관찰 등을 부과할 것인지의 여부에 관한 기준을 마련하지 않고 있다. 양형기준에는 집행유예 여부에 대한 기준만을 설정하고 있을 뿐 집행유예 선고시 부과되는 조건은 양형기준에 포함시키지 않고 법관의 재량에 맡기고 있기 때문이다.[15)] 집행유예의 경우 부가처분의 부과도 사실상 본형에 못지않은 제재이므로 이에 대한 기준이 필요한 것은 당연하다.[16)]

4. 단일범에 국한된 적용상의 한계

현재 집행유예 기준은 단일범에 대해서만 적용되고 경합범의 경우에는 집행유예 기준이 적용되지 않는다. 그 이유는 경합범은 극히 다양한 형태로 존재하기 때문에 그 모든 사례를 상정하여 집행유예 기준을 설정하기가 곤란하기 때문이라고 지적되고 있다. 그러나 경합범에 대한 집행유예기준을 설정하기 어렵다는 이유만으로 경합범에 대한 규율 자체를 포기하는 것은 양형기준의 불완

14) 최석윤·이진국, 현행 양형기준상 집행유예기준의 개선방안, 형사법의 신동향 통권 제37호, 2012, 122쪽.

15) 이현정·임웅, 양형위원회의 양형기준안에 대한 비판적 고찰, 성균관법학 제21권 제1호, 2009. 4, 376쪽.

16) 최석윤·이진국, 현행 양형기준상 집행유예기준의 개선방안, 형사법의 신동향 통권 제37호, 2012, 122쪽.

전성을 심화시키는 결과를 초래한다는 비판이 있다.[17)]

V. 양형인자의 문제점

1. 한정된 양형인자

우리나라 양형기준에서는 개별 범죄군에 중심된 양형인자를 제시하고 있는 것이 특징이다. 다시 말해서 양형기준상 양형인자들은 각론 중심적이다. 예를 들면 횡령·배임범죄 양형기준에서는 주로 횡령과 배임에 전형적으로 수반되거나 그 결과를 행위태양으로 제시하고 있다. 이와 같이 개별 범죄군에 중심되게 양형인자를 설정한 배경에는 양형위원회가 기존의 판결문에 기재된 양형인자를 많이 고려했기 때문인 것으로 보인다. 이에 반해 양형기준은 총론적 양형인자를 충분하게 반영하지 못하고 있다. 여기서 총론적 양형인자란 모든 범죄에 적용할 수 있는 요소를 말한다. 예를 들어 형사절차상 피고인의 태도, 자백, 수사기관에의 협력 여부 등과 같은 인자는 특정 범죄에 국한된 것이 아니라 모든 범죄에서 일반적으로 적용할 수 있는 것들이다. 현행 양형기준이 명시하고 있는 총론적 양형인자로는 농아자, 심신미약, 자수, 처벌불원 등에 불과하다.

현행 양형기준이 총론적 성격의 양형인자를 충분하게 반영하지 못한다고 하여 그것이 실제 양형에서 고려되지 않는 것은 아니다. 선고형을 결정할 경우에는 양형기준에 제시되어 있는 특별양형인자와 일반양형인자뿐만 아니라 양형기준에 명시하고 있지 않은 요소들도 고려할 수 있기 때문이다. 그러나 총론적 성격의 양형인자들 중에는 개별 범죄에 전형적으로 나타나는 각론적 양형인자보다 더 중요한 인자가 있을 수 있고 권고형량범위 그 자체의 변동을 가져오는 특별양형인자의 지위를 가져야 할 경우도 있다. 이 점에서 총론적 성격의 양형인자들에 대한 질적 평가를 통하여 이를 양형기준에 포함시키는 노력이 있어야 할 것이다.

---

17) 서봉규, 현행 양형기준의 문제점과 개선방안, 홍익법학 제11권 제2호, 46쪽.

2. 행위인자와 행위자인자의 구분 기준의 불명확성

양형기준제는 행위책임원칙을 고수하기 위해 양형인자를 행위인자와 행위자인자로 구분하여 행위인자를 행위자인자에 비하여 우선적으로 고려하는 방식을 택하고 있다.

양형이론의 관점에서 양형책임을 분류해보면'책임'에 중점을 두어 행위책임과 행위자책임으로 구분하는 방식과 양형책임의 판단대상이 되는 '불법'에 주목하여 결과반가치와 행위반가치로 구분하기도 한다. 우리나라 양형기준상의 양형인자는 행위인자와 행위자인자로 구분하여 전자를 양형인자의 질적 평가에서 우선적으로 고려하고 있다. 그러나 행위자가 위법한 행위로 인하여 책임비난을 받는 것이 아니라 행위자에 내재된 성격 또는 잘못된 생활로 인하여 책임비난을 받아야 한다는 것을 내용으로 하는 행위자책임은 오늘날 극복되어야 할 과제이다. 또한 형법은 행위형법을 기본으로 한다는 점에서 양형책임을 행위책임과 행위자책임으로 구분하는 우리나라 양형기준의 분류체계는 적절하지 못하다.

특히 양형위원회가 우리나라 형법체계에서 행위인자와 행위자인자에 대한 명확한 규범적 판단기준이 존재하지 않음에도 이론적 검증 없이 임의적으로 행위인자와 행위자인자를 구분하여 행위인자 우선원칙을 설정한 것은 양형기준의 평가방식에 대한 비판을 야기할 뿐만 아니라 양형기준 적용의 예측가능성마저 떨어뜨리게 된다.[18] 따라서 행위인자와 행위자인자를 굳이 구별할 필요가 없고, 행위인자 우월의 원칙을 적용할 필요도 없는 것으로 보인다. 그 대신 굳이 양형인자를 구분하고자 한다면 책임판단의 대상이 되는 불법에 중점을 두어 행위반가치(또는 행위불법)와 결과반가치(또는 결과불법)로 구분하는 것이 더 적절하다.

3. 동일한 양형인자에 대한 차등적 평가

우리나라 양형기준은 범죄유형, 권고형량범위, 양형인자 등 크게 3가지 틀로 구성되어 있다. 이 중에서 검사나 피고인에게 관심이 집중되는 부분은 권고형량범위와 양형인자라 할 수 있다. 양형기준 적용의 대전제이면서도 고정되어

18) 이호중, 우리나라 양형기준에 대한 비판적 분석, 형사법연구 제22권 제1호, 2010, 259쪽.

있는 범죄유형과는 달리 권고형량범위와 양형인자는 구체적 사건에 따라 가변적이기 때문이다. 여기서 권고형량범위와 양형인자는 일정한 상관관계를 맺고 있다. 양형인자를 특별양형인자와 일반양형인자로 구분하고 있는 현행 양형기준제 하에서 전자는 당해 범죄유형의 형량에 큰 영향력을 갖는 요소로서 권고형량범위를 결정하는 데 사용되고 권고형량범위 그 자체를 변동시키는 인자임에 반해, 후자는 권고형량범위를 결정하는 데는 사용하지 못하고 단지 이미 결정된 권고형량범위 내에서 구체적인 선고형을 정하는데 고려되는 인자에 불과하다.[17] 따라서 어떠한 인자를 특별양형인자로 설정할 것인지는 양형기준의 적용과 피고인의 이해관계에 매우 중요한 의미를 지니게 된다.

현행 양형기준상의 감경인자 중의 하나인 '피해회복을 위한 진지한 노력'을 예로 들어 보면 개별 범죄군에 따라 이 인자를 특별감경인자로 취급하거나 일반양형인자로만 인정하는 예도 있고, 특정한 범죄군에서는 아예 양형인자에서 배제시키고 있다. 같은 재산범죄 내에서도 횡령·배임범죄와 절도범죄에서는 피해회복을 위한 진지한 노력이 아예 양형인자에 들어가 있지 않는 반면 사기범죄에서는 이러한 태도가 일반감경인자로 설정되어 있다. 심지어 권리행사방해범죄의 제2유형(권리행사방해 등)에서는 피해회복을 위한 진지한 노력이 특별감경요소로 설정되어 있다.[18] 또한 사기범죄에서는 상당부분의 피해회복 사실이 특별감경요소임에 반해 절도범죄에서는 일반감경요소에 불과하다. 처벌불원을 제외하면 현행 양형기준은 피고인의 피해회복에 관한 태도에 대하여 양형상의 가치평가를 통일적으로 규율하지 못하고 있는 것이다. 어떤 범죄군에서는 피해회복을 위한 피고인의 진지한 노력을 아예 감경인자로 설정해두지 않고 있는 반면 또 다른 범죄군에서는 이러한 인자를 특별감경요소로 상향 설정하여 성격이 유사한 재산범죄 내에서도 양형상의 가치평가를 달리하고 있다.[19] 참고로 재산범죄와 폭력범죄의 양형인자 중 피해회복 관련인자를 개관해보면 다음과 같다.

---

17) 양형위원회, 양형기준, 2016, 568~569쪽.
18) 양형위원회, 양형기준, 2016, 457쪽.
19) 이진국, 양형기준에서 특별감경요소로서 '피해회복을 위한 진지한 노력'에 관한 고찰, 형사정책연구 제27권 제3호, 2016, 138쪽.

〈피해회복 관련 양형인자에 대한 가치평가〉[20]

범죄군	처벌불원	상당부분 피해회복	피해회복을 위한 진지한 노력	상당금액 공탁
절도범죄	특별감경	일반감경	×	×
강도범죄	특별감경	×	특별감경 (강도치사에 국한)	일반감경
사기범죄	특별감경	특별감경	일반감경	×
공갈범죄	특별감경	특별감경	일반감경	×
횡령·배임범죄	특별감경	특별감경	×	×
권리행사방해범죄	특별감경	×	특별감경	×
장물범죄	특별감경	특별감경	×	×
손괴범죄	특별감경	특별감경 (상해·사망시 제외)	특별감경	×
폭력범죄	특별감경	특별감경	특별감경	×
체포·감금·유기·학대 범죄	특별감경	×	특별감경	×

이상과 같이 피해회복을 위한 피고인의 진지한 노력이나 그 밖의 피해회복의 유형들을 양형인자로 인정할 것인지 이를 긍정한다면 특별감경 또는 일반감경 중 어떠한 가치를 부여할 것인지는 개별 범죄의 특수성을 고려하여 정해진 결과라고 이해할 수 있다. 이와 관련하여 특정한 인자를 양형인자로 반영함에 있어 개별 범죄의 경중에 따라 그 양형인자에서 요구되는 수준을 달리 설정하는 것은 허용된다.[21] 범죄가 중하면 중할수록 피고인이 기울여야 하는 노력의

20) 이진국, 양형기준에서 특별감경요소로서 '피해회복을 위한 진지한 노력'에 관한 고찰, 형사정책연구 제27권 제3호, 2016, 139쪽.

21) 예를 들어 현행 성범죄 양형기준은 처벌불원으로 인한 특별감경의 요건을 엄격하게 명시하고 있다. 성범죄 영역에서 처벌불원을 엄격하게 정의한 배경은 2011년 영화 '도가니'의 모델이 된 광주인화학교 성폭행 사건의 항소심에서 청각장애 4급 장애인 및 그 법정대리인과의 합의(처벌불원)를 양형에 유리한 정상으로 참작한 것과 관련하여 지능이 떨어지는 아동이나 지적 장애인의 처벌불원 의사표시를 감경사유로 삼는 것은 적절하지 않다는 비판이 제기되었기 때문이다(이러한 문제제기와 장애인 피해자의 처벌불원에 대한 양형상의 취급에 관한 상세한 논의는 양형위원회, 양형위원회 제38차 회의자료, 2011. 12. 19, 24~28쪽 참조). 이에 양형위원회는 처벌불원을 종전과 같이 특별감경사유로 유지할 것인지 아니면 폐지 또는

정도도 그 범죄의 중대성에 비례해야 하기 때문이다. 그러나 특정한 양형인자에 대한 가치평가를 어떤 경우에는 특별양형인자로 또 다른 경우에는 일반양형인자로 평가하거나 심지어 양형인자에서 배제해 버린다면 양형기준의 통일적 적용을 저해하게 되고 이는 양형위원회가 양형기준을 설정·변경할 때 준수해야 할 법원조직법 제68조의6 제1항 제3호(같은 종류 또는 유사한 범죄에 대해서는 고려하여야 할 양형요소에 차이가 없으면 양형에서 서로 다르게 취급하지 아니할 것)의 규범적 지침을 존중하지 않는다는 문제가 제기된다.[22] 따라서 농아자, 심신미약, 자수 등의 양형인자를 모든 범죄유형에서 통일적으로 특별감경인자로 설정하고 있는 것과 마찬가지로 특정한 양형인자에 대한 질적 평가 그 자체는 동일하도록 양형기준을 수정해야 할 것이다.

Ⅵ. 이중평가금지에 대한 위반

양형의 일반원칙에 속하는 이중평가금지[23]는 현행 양형기준의 치명적 약점, 즉 양형기준제의 아킬레스건으로 보인다. 양형기준을 설정할 당시 이중평가금지에 대한 근본적인 성찰이 없었던 것으로 보이기 때문이다. 특히 이중평가금지가 단순히 동일한 양형인자를 중복해서 고려해서는 안된다는 선언적 의미

일반양형인지로만 반영할 것인지 논의한 끝에 처벌불원을 종전과 같이 특별감경사유로 유지하되 양형인자의 정의를 일부 수정하는 방향으로 결론지었다. 이에 따르면, 성범죄 영역에서 특별감경요소로서 처벌불원이란, 피고인이 자신의 범행을 진심으로 뉘우치고, 합의를 위한 진지한 노력을 기울여 피해에 대한 상당한 보상이 이루어졌으며, 피해자가 처벌불원의 사회적·법적 의미를 정확히 인식하면서 이를 받아들여 피고인의 처벌을 원하지 않는 경우를 의미한다(양형위원회, 양형기준, 2016, 44쪽). 그러나 ① 피고인 측의 사실상의 강요 또는 기망에 의한 처벌불원 등 자유로운 의사에 기하지 않은 처벌불원의 의사표시를 한 경우, ② 피해자가 미성년자, 장애인, 친족 등에 해당하는 때에 피해자나 법정대리인의 처벌불원의 사에 통상적으로 납득할 만한 사유가 없다고 판단되는 경우는 처벌불원에 포함하지 않는다(양형위원회, 양형기준, 2016, 44쪽). 또한 피해자가 미성년자, 장애인, 친족 등에 해당하는 때에 피해자 또는 그 법정대리인의 나이, 지능 및 지적 수준에 비추어 처벌불원의 의사표시가 가지는 의미, 내용, 효과를 이해하고 알아차릴 수 있는 능력이 있는지 여부 및 그러한 의사표시가 진실한 것인지 여부를 세밀하고 신중하게 조사, 판단한 결과 이에 해당하는 경우에만 처벌불원으로 본다(양형위원회, 양형기준, 2016, 44쪽).

22) 이진국, 양형기준에서 특별감경요소로서 '피해회복을 위한 진지한 노력'에 관한 고찰, 형사정책연구 제27권 제3호, 2016, 140쪽.

23) 이중평가금지에 관한 상세한 논의는 앞의 제3장 §6 참조.

를 담고 있는 것이 아니라 헌법적 지위를 가지고 있는 책임주의를 실천하기 위한 제도적 수단이라는 관점에 주목해보면 양형기준제의 위헌성 여부도 문제될 수 있다.

양형에서 이중평가금지는 행위자에 대한 가벌성을 인정할 때 근거로 삼은 요소들을 선고형을 발견할 때 또 다시 피고인에게 불리 또는 유리하게 고려해서는 안된다는 것을 의미한다. 보다 상세하게 보면 이중평가금지는 처단형의 범위를 산정할 때 고려한 요소들을 구체적 선고형을 산정할 때 중복적으로 고려해서는 안된다는 것을 의미한다. 피고인의 책임을 근거지우는 인자를 중복하여 사용하는 경우에는 그것이 피고인에게 유리하면 책임을 과소평가해버리는 결과를 가져오고 피고인에게 불리하게 평가하면 피고인의 책임을 과잉되게 평가해버리는 결과를 초래하기 때문이다. 특히 현행 양형기준에 제시되어 있는 양형인자들은 대부분 양형책임의 요소들이기 때문에 책임의 과소평가와 과잉평가 문제가 발생하게 된다.

현행 양형기준은 형법총칙의 전면적 개정 없이 독자적인 권고형량범위를 설정하는 방식을 마련하고 있다. 양형기준의 권고적 효력에 비추어 볼 때 법률상 처단형의 범위 내에서만 양형기준이 유효함을 전제로 하고 있다.[24] 이는 양형기준상의 권고형량범위가 법률상 가중·감경에 의한 처단형의 범위와 불일치하는 경우 법률상 처단형의 상한 또는 하한을 따라야 한다[25]는 지침에서 알 수 있다. 그렇다면 양형기준은 처단형의 세분화 과정에 해당하고 양형기준상 특별양형인자를 적용하여 도출된 권고형량범위는 처단형과 동일한 것으로 보아야 한다.

양형기준에서 권고형량범위를 변동시키는 작용을 하는 양형인자는 특별양형인자뿐이다. 권고형량범위가 처단형의 범위와 동일한 것이라면 권고형량범위를 정할 때 고려했던 특별양형인자는 피고인에 대한 구체적 형을 선고할 때에 다시금 고려해서는 안된다. 이에 반해 양형기준은 선고형을 결정할 때 일반양형인자는 물론 특별양형인자도 종합적으로 고려하도록 하고 있다. 이미 제도적으로 특별양형인자를 권고형량범위를 결정할 때뿐만 아니라 선고형을 결정할

24) 김현석, 양형기준 시행성과와 향후 과제, 형사정책연구 제21권 제2호, 2010, 12~13쪽.
25) 양형위원회, 양형기준, 2016, 576쪽.

경우에도 고려하도록 하고 있는 것이다. 나아가 양형기준에 명시되어 있는 양형인자들은 선고형을 결정할 때뿐만 아니라 집행유예 여부를 결정할 때에도 또다시 고려된다. 집행유예의 주요참작사유들 중 많은 인자들이 이미 특별양형인자나 일반양형인자들을 포함하고 있기 때문이다. 이 점에서 우리나라의 양형기준에서는 이중평가를 뛰어넘어 삼중평가의 문제를 낳고 있다.

현행 양형기준의 적용과정에서 이중평가금지에 대한 위반을 피하기 위해서는 권고형량범위를 결정할 때에는 현재와 같이 특별양형인자를 고려하도록 하되 구체적인 선고형을 결정할 경우에는 특별양형인자를 고려하지 말고 오로지 일반양형인자만 고려하도록 해야 하고, 집행유예의 참작사유 중에서 특별양형인자와 일반양형인자와 동일한 인자를 삭제하도록 해야 한다. 다만 이렇게 하기 위해서는 일반양형인자와 집행유예 참작사유를 현재보다는 더 충분하게 명시해두어야 할 것이다.

제 5 장

양형심리의 충실화를 위한 공판절차 이분화 도입방안

§11 공판절차 이분화에 관한 논의의 현재*

Ⅰ. 서 설

양형은 피고인 개인의 이해관계와 직결되어 있을 뿐만 아니라 사법부에 대한 신뢰의 척도로도 작용한다는 점에서 양형심리의 중요성은 아무리 강조해도 모자람이 없다. 특히 자백사건이 많은 비중을 차지하는 우리나라의 사법 현실에 주목해보면 형사절차의 핵심은 양형심리에 있어야 한다고 보아도 과언이 아니다. 그렇지만 우리나라의 형사공판절차에서는 그 동안 양형심리가 사실심리에 비하여 중요하게 다루어지지 못했다. 우리나라의 사법현실에서는 양형이 법관의 자유로운 판단의 대상이라는 인식이 팽배해 있었고 다른 한편으로 객관적 양형을 위한 기반도 제대로 갖추어져 있지 않았기 때문이다. 그러던 중 사법개혁위원회는 2004년 말에 양형제도의 개선을 사법개혁 프로그램의 하나로 선정하였고 이에 따른 후속 논의를 거쳐 2007. 4. 27. 양형위원회가 출범하였으며 일선 법원에서는 2011. 7. 1.부터 참고적 양형기준제를 시행하고 있다.

그러나 사법개혁으로 양형기준제가 시행되어 일정한 성과를 거두었음에도 구체적인 양형을 가능하게 하는 양형심리절차의 구성에 관해서는 심도 있는 논의는 진행되지 못했다. 특히 2008년부터 시행에 들어간 국민참여재판에서는 일반국민인 배심원이 피고인의 양형관련 자료로부터 유·무죄에 관한 편견을 가지지 않도록 해야 한다.[1] 그렇지만 우리나라 국민참여재판에서는 사실심리절차와 양형심리절차가 분리되어 있지 않아 법문외한인 배심원의 예단배제를 확보하기란 쉽지 않고 사실인정에 필요한 증언에 양형에 관한 사실도 포함되어 배심원의 감성재판으로 이어질 우려가 있을 뿐만 아니라 양형요소들이 공소사실

* 본 장의 내용은 이승호·이진국, 2011년 법원행정처의 용역위탁에 의하여 수행한 '사실심리절차와 양형심리절차 분리방안'에 게재된 것을 최근의 논의까지 반영하여 수정·보완한 것임.

1) 배심원의 양형참여에 관해서는 박형관, 배심원 양형에 관한 쟁점 검토: 국민참여재판의 개선방안을 중심으로, 형사정책연구 제23권 제2호, 2012, 42~70쪽; 김대성, 국민참여재판에서의 배심원의 양형 참여, 법학연구 제15집 제1호, 2012, 185~213쪽 참조.

에 포함되어 심리의 집중과 효율성을 저해할 수도 있다.[2)]

양형제도의 개혁과 공판중심주의 강화 및 국민참여재판제도의 도입에 따른 형사사법 환경의 변화라는 도전에 직면하여 최근 학계의 일부에서는 과거부터 그 단초만 논의되어 왔던 공판절차의 이분화를 실천해야 한다는 주장[3)]이 나오고 있다. 공판중심주의적 사실심리와 합리적 양형, 나아가 국민참여재판이라는 새로운 유형의 재판제도가 도입된 만큼 공판절차 이분화를 실천해야 할 제도적 여건이 성숙되었다는 것이 그 이유이다. 여기서 공판절차의 이분화란 현재의 일원적 공판절차의 진행방식에 대신하여 형사공판절차를 법제도적으로 사실심리절차와 양형심리절차로 구분하는 방식을 말한다.

최근의 형사사법의 환경변화에 따른 형사공판절차의 발전적 변화를 모색함에 있어 공판절차 이분화는 하나의 안으로 제시될 수 있다. 이 점에서 공판절차의 이분화에 관한 원칙적인 논의와 비교법적 탐색을 거쳐 우리나라에서 도입할 수 있는 공판절차 이분화의 윤곽을 그려볼 필요가 있다.

Ⅱ. 공판절차 이분화에 대한 찬성론과 반대론

1. 공판절차 이분화 찬성론

공판절차를 사실심리절차와 양형심리절차로 이분화해야 한다는 견해는 공판절차의 이분화가 사실인정절차의 순화, 공판중심주의의 실현, 법관의 예단배제, 피고인의 인격권 보호, 피고인의 변호권 보장, 양형의 합리화 등의 장점을 가진다고 주장한다.

가. 사실인정절차의 순화

현재의 형사소송과 같이 사실심리절차와 양형심리절차가 분리됨이 없이 일원적으로 운영되는 경우에는 피고인의 전과를 포함한 전력과 피고인의 인격

---

2) 한상훈, 국민참여재판제도의 정착방안, 저스티스 제106호, 2008, 517쪽.

3) 한인섭, 국민의 사법참여 - 그 구체적 실현방안, 한국형 배심제의 도입을 위하여, 국민의 사법참여 공청회, 한국공법학회, 2004. 4, 147쪽 이하; 정진경, 국민의 형사재판 참여에 관한 법률에 따른 배심원재판의 유의점, 저스티스 제100호, 2007, 102쪽; 한상훈, 국민참여재판제도의 정착방안, 저스티스 제106호, 2008, 517쪽.

에 관한 사실 등이 사실심리절차에서 함께 심리될 수밖에 없다. 그러나 범죄사실의 입증에 앞서 피고인의 인격에 관한 사실을 심리하는 경우에는 유·무죄의 판단에 이러한 피고인의 인격과 환경에 관한 자료들이 영향을 미칠 가능성이 크고, 따라서 피고인의 인격에 관한 사실이 법관에게 편견과 예단을 가지게 할 우려가 있다. 이는 자백의 증거능력을 제한하고 공소장일본주의에 의하여 법관의 예단을 금지하고자 하는 형사소송법의 정신에 반하는 것이다.

그러나 공판절차를 사실심리절차와 양형심리절차로 이분화하는 경우에는 피고인의 인격에 대한 법관의 예단을 방지할 뿐만 아니라 피고인의 인격 등 양형관련 자료들을 공판절차의 제2단계인 양형심리절차에서 심리함으로써 공판절차의 제1단계(사실심리절차)에서는 범죄사실만을 심리하게 되어 사실인정절차가 순화되는 장점이 있다. 다만 공판절차를 형식적으로 이분화하는 경우에도 피고인과 관련된 사실들이 사실심리와 양형심리에 모두 필요한 경우가 있다. 이것은 결국 공판절차 이분화를 실천함에 있어 그 구체적인 모델을 어떻게 구성할 것인지에 관한 문제와 결부되어 있는 것으로 보인다.

나. 공판중심주의의 실현

현행 형사소송법이 기초하고 있는 공판중심주의란 형사사건의 실체에 대한 유·무죄의 심증 형성은 법정에서의 심리에 의하여야 한다는 원칙을 말한다. 공판중심주의의 헌법적 기초는 공정한 재판을 받을 권리와 신속한 공개재판을 받을 권리이며 재판절차의 합헌성을 보장하고 공정한 재판이 이루어지기 위해서는 사건의 실체해명이 공개된 법정에서 공평한 법관을 통해 피고인의 방어권을 보장하면서 이루어져야 한다는 것이 공판중심주의의 본질적 내용이고 그 핵심은 공개주의, 구두주의, 직접주의, 집중심리후 즉일선고에 있다. 공판중심주의는 당사자 특히 피고인과 변호인에게 충분한 변론의 기회를 부여한다는 점, 법정이라는 장소를 중시하여 거기서 사건의 실체 파악에 필요한 자료와 정보를 현출한다는 점, 수사절차와 공판절차의 심증의 단절을 의미한다는 점 등 세 가지의 실천적 의미를 가지고 있다.[4)]

공판중심주의하에서는 법정에서 검사와 피고인 및 그의 변호인이 실체적

4) 김현석, 공판중심주의 실현을 위한 법정심리절차, 사법 제3호, 2008, 82쪽 이하.

진실이 무엇인가에 치열한 공방을 벌이고 재판부는 피고인이나 증인의 진술태도와 진술내용 등 눈앞에서 생생하게 펼쳐지는 원본증거를 통해 증거의 신빙성 여부를 판단하여 유·무죄의 심증을 형성하게 된다. 이러한 의미에서 공판절차 이분화가 실현되면 사실심리절차와 양형심리절차가 분리되기 때문에 예를 들어 피고인에 대한 양형의 경우에도 당사자 간의 공방을 통하여 구체적 양형이 결정되므로 공판중심주의에 이바지할 수 있게 된다.

다. 법관의 예단배제

현행 형사소송법 체계에서는 범죄사실의 존부에 관한 입증단계에서 법원에 의한 사실확정이 이루어지기도 전에 피고인의 전과사실과 인격에 관한 사실이 언급되기 때문에 이로 인하여 법관이 예단을 가질 위험성이 상존한다. 이를 방지하기 위해서는 양형에 필요한 자료들은 공판절차의 제1단계인 사실심리절차에 제출하지 않도록 함으로써 법관이 예단을 가질 위험성을 차단할 수 있다. 또한 법관에게 예단을 줄 염려가 있는 피고인의 전과와 인격 등의 양형자료들을 공판절차의 제2단계인 양형심리절차에서만 제출되게 하는 것이 사실인정절차의 순화효과와 함께 무죄추정원칙(형법 제27조 4항, 형사소송법 제275조의2)과 공소장일본주의(형사소송규칙 제118조 2항)의 취지에도 부합한다.[5)]

라. 피고인의 인격권보호

범죄사실이 증명되기 전에 공개된 법정에서 피고인의 사생활에 대하여 광범위한 조사를 행하여 이를 일반에게 공개하는 것은 피고인의 일반적 인격권을 침해하게 된다. 우리나라 헌법은 공개재판주의 원칙을 취하고 있으므로 공판절차가 일원화된 현행 형사절차에서는 공개된 법정에서 피고인의 사생활과 인격에 관한 자료가 노출될 수밖에 없다. 따라서 공판절차를 이분화함으로써 사실심리절차에서는 형사절차의 기본원칙인 공개재판주의를 고수하되 다른 한편 피고인의 인격을 보호하기 위하여 양형심리절차에서는 공개주의를 배제함으로써 공개주의와 피고인 인격보호간의 실제적인 조화를 달성할 필요가 있다. 다만 양형심리절차에서 피고인의 인격권 보호를 이유로 공개재판주의를 제한하는 것이 가능한 것인지는 보다 심도있는 논의가 필요하다. 피고인의 인격권보호가

---

5) 하태훈, 공판절차의 이분론(상), 형사정책연구 제6권 제4호, 1995, 131쪽.

헌법 제109조 단서의 공개재판주의의 예외사유에 해당하는지를 검토해 보아야 하기 때문이다.

마. 피고인의 변호권의 보장

우리나라의의 형사절차에서 볼 수 있는 하나의 특징적인 요소는 바로 변호인의 딜레마이다. 변호인의 딜레마란 변호인이 피고인을 위하여 변론함에 있어 피고인이 무죄라는 사실을 알고 있는 경우에도 무죄를 변론하면서도 유죄로 인정되는 때를 예상하여 피고인에 대한 관대한 처벌을 구하는 변론을 구한다는 현실을 말한다. 이것은 공판절차가 사실심리절차와 양형심리절차로 구분되지 않고 일원화되어 있는 형사절차에서 나타나는 특유한 현상이다. 그러나 변호인이 피고인에 대한 형감경에 도움이 될 정황을 주장하고 관련 자료를 제시하는 것은 사실상 유죄를 간접적으로 인정하는 것이 되고 법관에게 변호인이 무죄를 확신하지 못하고 있다는 인상을 줄 우려가 있다. 그렇다고 피고인의 무죄만을 변론하는 때에는 유죄인 경우에 개전의 정에 관한 부정적 자료가 되어 피고인의 불이익을 초래한다는 딜레마에 빠지게 된다. 결국 피고인의 변론은 당초부터 그 어느 한쪽 길을 선택하여야 하는 어려운 입장에 서게 된다.

이러한 딜레마는 피고인에게도 그대로 나타난다. 유죄판결을 받을 것인지가 법적 또는 사실상의 이유에서 불분명하거나 유죄판결일 경우를 대비해서 가벼운 형벌을 받을 수 있게 할 사정이나 범행동기 등을 진술하고자 할 경우에는 피고인은 혹시 자신이 진술하고 제시한 사정들이 불리하게 작용하여 유죄판결의 개연성을 높이는 작용을 하지 않을까 염려하여 주저하게 된다.

마지막으로 이러한 딜레마는 이론적으로 검사에게도 문제일 수 있다. 검사는 피고인의 정당한 이익을 옹호해야 할 공익적 지위에 있으며 객관의무를 부담한다. 공익의 대표자로서 검사가 진실을 탐지하고 법을 적용하는 것은 당연하다. 만약 검사가 이 지위와 의무에 충실하여 피고인의 무죄를 주장하는 경우에는 위에서 언급한 피고인 내지 변호인의 방어권 및 변호권에 딜레마를 가져온다.[6]

그러므로 공판절차를 분리하는 경우에는 변호인의 변론활동의 어려움을

6) 하태훈, 공판절차의 이분론(상), 형사정책연구 제6권 제4호, 1995, 131쪽.

해소할 수 있고 유·무죄 심판절차에서는 아무런 구애를 받지 않고 무죄를 주장하는 데에 변론을 집중할 수 있으며 양형절차에서는 최선의 양형을 위하여 자유로운 변론활동을 전개함으로써 변호인의 변호권을 보장하게 되고 피고인의 경우에도 자신에게 부여된 형사소송법상의 권리를 제대로 활용할 수 있는 기회가 보장된다.

사. 양형의 합리화

공판절차 이분화가 추구하는 가장 핵심적인 목표는 바로 양형의 합리화이다. 양형심리절차를 별도로 구성하여 그 절차에서 피고인의 인격 등을 종합적으로 고려하여 피고인에게 적합한 형종과 형량을 결정하기 때문이다.

형벌의 개별화와 특별예방적 기능이 강조됨에 따라 양형을 위하여 피고인의 인격과 사회적·심리적 상황은 물론 피고인에 미치는 형벌의 효과에 대한 조사가 더욱 필요하게 된다. 형법상 형사제재의 체계, 특히 집행유예 및 선고유예와 보안처분제도는 피고인의 다양한 개인적 사정을 정확하게 확인할 것을 전제로 한다. 그러나 그 동안 양형은 형사절차에게 가장 소홀하게 취급되어 왔다. 사실의 인정에 대하여는 엄격한 증명을 요함에 반해 양형사실은 자유로운 증명으로 족하기 때문이다. 그리고 양형절차는 유죄판결에 단순히 부속되어 있는 것이 아니라 독자적인 의미를 갖는 절차임에도 불구하고 현행의 일원적 공판절차의 진행은 이 점을 분명히 하지 못하고 있다.[7]

공판절차가 사실심리절차와 양형심리절차로 분리되어 있지 않는 경우에는 법관은 유·무죄판단에 몰두한 나머지 양형에 관한 자료수집을 소홀히 할 가능성이 크다. 따라서 인격에 대한 철저한 심리는 양형절차를 사실심리절차와 분리하고 양형자료조사제도를 도입함에 의하여 비로소 가능하게 되며 이에 의하여 양형절차가 독자적인 관심의 대상이 되고 양형자료에 대한 심리가 철저하게 된다.

나아가 양형심리절차를 분리하는 경우에는 피고인뿐만 아니라 사회로부터도 사법에 대한 신뢰를 확보할 수 있다. 예를 들어 피고인이 자신의 전과와 같은 개인적인 사정들이 범죄사실의 인정여부에서 불리하게 작용했고 또한 그러

7) 하태훈, 공판절차의 이분론(상), 형사정책연구 제6권 제4호, 1995, 129쪽.

한 사정이 공판장에 노출되어 자신의 인격권이 침해되었다고 느끼는 반면 그러한 사정들이 양형에서는 전혀 고려되지 않았다고 생각한다면 유죄판결과 형량에 대하여 쉽게 승복하려 하지 않을 것이다. 그러나 양형심리절차에서 피고인에 대한 양형관련 자료가 객관적이고 정당하게 조사되고 또한 그에 대해 충분한 심리가 진행되도록 공판절차를 이분화한다면 양형에서 피고인측의 승인도 얻을 수 있다. 나아가 피고인 내지 변호인과 검사는 유죄판결을 전제로 하여 양형절차에 참여하기 때문에 불필요한 주장과 입증을 피하고 양형에 중요한 사정과 쟁점사항에 집중할 수 있고 이로써 기존의 공판절차에서 보다 양형결정에 대한 정당성을 확보할 수 있다.[8)]

2. 공판절차 이분화 반대론

공판절차 이분화의 도입에 반대하는 견해는 이분화를 도입하는 경우 형사절차가 지연되는 문제가 있고, 범죄사실에 관련된 요소와 양형에 관련된 요소를 구분하는 것이 불가능하며, 공판절차 이분화로 인하여 피고인의 자백의사가 줄어들 것이라는 점을 그 논거로 제시하고 있다.

가. 절차의 지연과 사법비용의 증가

절차지연의 문제는 공판절차 이분화제도의 도입에 대하여 반대하는 가장 주된 논거 중의 하나이다. 공판절차를 사실심리절차와 양형심리절차로 구분할 경우에는 사실인정과 양형에 이중으로 관련을 가지고 있는 증거들(예를 들어 책임무능력 관련 증거)을 두 번이나 조사해야 하며 변론도 두 번이나 거쳐야 하고 사실심리절차와 양형심리절차 사이에 중간재판(즉, 배심제의 경우 배심원의 유·무죄 평결)이 개재됨으로써 기일이 연기되는데 이는 필연적으로 심리기간의 장기화를 가져오게 된다. 또한 이로 인하여 사법기관 내부에 판사인력의 보강 등 사법비용이 증가하며 피고인측에서도 공판절차 이분화에 따른 변호인의 선임비용의 증가나 증인 등의 잦은 소환 등에 따른 소송비용이 증가된다.

그러나 절차지연의 문제에 대해서는 반론도 있다. 피고인의 인격에 대한 광범위한 탐지의 필요성에 근거한 절차지연의 문제는 공판절차 이분화라는 시

8) 하태훈, 공판절차의 이분론(상), 형사정책연구 제6권 제4호, 1995, 132쪽.

스템 그 자체에서 필연적으로 도출되는 문제가 아니라 형사정책적 관점에서 피고인의 인격을 광범위하게 탐지하는데 수반되는 감수해야 할 문제일 뿐이라고 한다.[9] 또한 공판절차가 이분화된다고 해서 모든 사항들이 동일하게 두 번이나 반복되는 것이 아니라 전체 공판절차가 합목적적으로 이분화되기 때문에 사실심리절차와 양형심리절차에서 각각 재판에 중요한 사정들만 심리되므로 절차지연의 문제는 우려할 바가 못 되고 오히려 공판절차 이분화는 피고인의 인격성에 관한 불필요한 논의를 방지한다는 점에서 소송경제와 부합한다는 반론[10]도 있다. 나아가 피고인이 공판절차의 제1단계(즉, 사실심리단계)에서 무죄로 밝혀진 경우에는 오히려 현행 형사소송법 체계에 비하여 불필요한 절차를 더 줄이게 되는 상점도 있다고 한다.[11]

나. 범죄사실 관련 요소와 양형 관련 요소간의 구분의 불가능

공판절차 이분화에 반대하는 입장에서는 공판절차 이분론이 전제로 하고 있는 행위와 관련된 사정(즉, 범죄사실과 관련된 사정)과 행위자와 관련된 사정(즉, 양형에 관련된 사정)을 구분하는 것이 불가능하다고 지적한다. 범죄사실은 특히 행위자의 전력 등 행위자의 인격과 관련지울 경우에만 올바르게 평가할 수 있으므로 범죄사실의 인정은 행위자의 인격성과 불가분으로 결부되어 있다는 것을 그 논거로 한다. 예를 들어 상습범에서 피고인의 습벽은 피고인의 인격의 내용으로서 범죄사실을 구성하는 필수적인 요소에 속하기 때문에 범죄사실 내지 책임을 확정하기 위하여 조사해야 할 사실들은 양형에서 고려되어야 할 사실들과 대부분 분리할 수 없다는 것이다.[12] 이와 관련하여 과거 Gössel 교수[13]는 범죄사실과 관련된 요소들과 양형에 관련된 요소들을 엄격하게 구분할

---

9) Heinitz, Zweiteilung der Hauptverhandlung?, FG-von Lübtow, 1970, 837쪽.

10) Roxin, Die Reform der Hauptverhandlung im deutschen Strafprozeß, 1975, 67쪽.

11) Roxin, Die Reform der Hauptverhandlung im deutschen Strafprozeß, 1975, 67쪽.

12) 이러한 의미에서 Heinitz, Zweiteilung der Hauptverhandlung?, 1970, 841쪽 이하에서는 "자유심증주의를 채택하고 있는 현행 소송법 체계에서 범죄사실의 규명은 피고인의 인격성에 관한 판단과 불가결하게 결부되어 있다"고 한다; 또한 Herrmann, Die Reform der deutschen Hauptverhandlung nach dem Vorbild des anglo-amerikanischen Strafverfahrens, 1971, 105쪽 및 141쪽.

13) Gössel, Besprechung des Beitrages von Roxin, Claus.: Die Reform der Hauptverhandlung im deutschen Strafprozeß, JA 1975, 732쪽.

수 없는 이유에 대하여, 양형관련 요소들이 이미 공소를 제기할 때 중요한 역할을 하기 때문이라고 진단하면서 그 예로 범죄구성요건에 행위태양 등 형을 가중하는 요소들이 명시되어 있는 경우에는 공소장에 범죄사실 관련 요소들뿐만 아니라 양형관련 요소들까지 기재하지 않는다면 법원의 심리가 불가능하게 될 것이라는 점을 들었다.

피고인에 대한 양형관련 사실들이 범죄사실의 규명에 기여할 수 있는 것은 이미 오래 전부터 알려져 있고 따라서 양형관련 사실과 범죄사실의 규명에 도움이 되는 경우에는 양형관련 사실을 범죄사실을 심리하는 공판절차의 제1단계에서 심리해야 하는 것은 당연하다. 지금까지 학계에서는 양형관련 사실이 범죄관련 사실에 결부되어 있는 예로 피고인의 전과, 사실인정과 양형에 모두 관련을 가지는 사실과 증거방법, 범죄의 주관적 요소들(특히 고의), 책임능력 등이다. 그러나 공판절차 이분화 논의에서는 공판절차 이분화를 도입할 것인지, 도입한다면 어떠한 방식으로 구성할 것인지에 관한 문제를 순수하게 실용주의적인 관점에서 봐왔기 때문에 특정한 사실이 범죄사실의 인정과 양형에 모두 관련되어 있는 경우에는 최적의 방법으로 해결하면 되는 것이지 두 사실을 엄격하게 구분하지 못한다는 사정이 곧 공판절차의 이분화에 대한 본질적인 걸림돌이 될 수는 없다고 할 것이다.[14]

다. 피고인의 자백의 감소

공판절차 이분론에 반대하는 입장에서 뿐만 아니라 찬성하는 입장에서도 공판절차를 이분화하는 경우에는 피고인이 자백할 의향이 줄어들 것이라는 문제점을 지적하고 있다.[15] 현행 형사절차와 같이 사실심리절차와 양형심리절차가 일원적으로 운영되는 경우에는 피고인이 형감경 등 양형상의 혜택을 보기 위하여 자백하는 경우가 많은데, 공판절차가 이분화되는 경우에는 양형에 관련

---

14) Grünhut, Die Bedeutung englischer Verfahrensformen für eine deutsche Strafprozeßreform, FS-von Weber, 1963, 366쪽; Horn, Tatschuld - Interlokut und Strafzumessung, ZStW 85(1973), 10쪽.

15) Dahs sen., Fortschrittliches Strafrecht in rückständigem Strafverfahren, NJW 1970, 1707쪽; Dahs jun., Praktische Probleme des Schuldinterlokuts, GA 1971, 355쪽 이하; Ulmen, Das Schuldinterlokut. Die Teilung des Strafverfahrens in zwei Abschnitte: Schuldspruch und Strafauspruch, Diss., Bonn, 1973, 39쪽.

된 사실을 제2단계 절차에서 심리하게 되므로 사실심리절차인 제1단계에서는 자신의 범죄사실을 자백할 모험을 감수하지 않고 범죄사실을 부인하는 예가 많게 될 것이라고 진단한다.[16)]

그러나 Ulmen[17)]은 피고인이 자백을 하지 않을 것이라는 가설이 공판절차 이분화의 도입에 반대할 이유가 되지 못한다고 주장한다. 범죄사실의 규명이 형사절차의 주된 관심사 중의 하나임에는 의문의 여지가 없지만 다른 한편으로 피고인의 입장에서는 가능한 한 자신을 방어하는 것도 정당한 권리에 속하기 때문이다. 특히 피고인은 형사절차에서 진술거부권을 향유하는 주체이므로 피고인의 자백 여부는 피고인의 임의에 맡겨진 것이고 따라서 이러한 사정이 있을 것이라는 추측이 공판절차 이분화의 도입 여부에 영향을 미치지 않는다고 한다.

3. 검 토

공판절차의 이분화에 대한 찬성론과 반대론은 이미 오래전부터 있어 왔고 학계와 실무에서도 공판절차의 이분화에 관한 장점과 단점 등이 잘 알려져 있다. 그럼에도 불구하고 이 시점에서 공판절차의 이분화를 도입해야 하는 필요성 내지 배경은 어디에 있는지를 음미해 보아야 한다. 그것은 무엇보다도 2004년 이후부터 진행된 사법개혁이 미완의 개혁이었다는 점에 있다. 2004년 이후의 사법개혁으로 인하여 형사소송법이 개정되었고 혁신적으로 개정된 신형사소송법은 당사자주의와 공판중심주의를 강화하였을 뿐만 아니라 합리적이고 투명한 양형을 위한 양형기준제, 양형위원회설치 등 다수의 프로그램들을 법제화하는데 성공했다. 그렇지만 양형과 관련해서는 양형심리절차와 이와 결부된 양형자료조사제도가 여전히 해결되지 않은 문제로 남아 있다. 공판절차 이분론이 피고인의 양형에만 국한된 문제는 아니라 하더라도 적어도 양형과 관련하여 본질적인 개선책을 제시해주는 것임에는 의문의 여지가 없다. 또한 공판절차 이

16) Dahs jun., Praktische Probleme des Schuldinterlokuts, GA 1971, 355쪽 이하; Ulmen, Das Schuldinterlokut. Die Teilung des Strafverfahrens in zwei Abschnitte: Schuldspruch und Strafausspruch, Diss., Bonn, 1973, 39쪽.

17) Ulmen, Das Schuldinterlokut. Die Teilung des Strafverfahrens in zwei Abschnitte: Schuldspruch und Strafausspruch, Diss., Bonn, 1973, 39쪽.

분화가 추구하는 원칙적인 목표에도 의문이 제기되지 않을 것이다. 법원의 예단배제, 피고인의 인격권보호, 피고인의 변호권 보장, 재사회화 친화적인 양형심리 등과 같은 공판절차 이분화의 목표는 국가적 형벌권을 실현하기 위한 수단으로 작용할 뿐만 아니라 피고인의 권리를 보장하는 수단이기도 하다. 결론적으로 사법개혁으로 인하여 변화된 형사절차의 환경과 피고인에 대한 합리적인 양형에 대한 시대적 요청에 부응하기 위해서는 공판절차를 이분화하기 위한 구체적인 모델을 모색해보아야 한다.

Ⅲ. 공판절차 이분화 모델에 관한 논의

우리나라에서 공판절차 이분화가 학계의 논의주제로 등장한 시기는 대략 1990년대 초반부터였다. 이 시기 이후로 학계에서는 공판절차를 영미 배심제에 상응하게 사실심리절차와 양형심리절차로 구분해야 한다고 요구하면서도 그 구체적인 실천방안에 관해서는 입법론적 차원에서 일응의 기준만 제시하고 있을 뿐 상세한 논의는 전개하지 않고 있다.[18] 다만 국내 학계에서는 1960년대 이후로 독일에서 등장한 — 그렇지만 독일에서 실제로 입법화되지 못했던 — 공판절차 이분화 방안을 참고로 하여 우리나라 형사절차에서도 공판절차 이분화를 구현할 수 있는 구체적인 방안을 제시하는 견해[19]와 국민참여재판제도하에서 공판절차 이분화 방안을 제시하는 견해[20]가 있다. 이들 견해는 형사소송법의 개

18) 한편 차용석·최용성, 형사소송법, 2008, 424~425쪽에서는 입법론적 차원에서 공판절차 이분화를 실천하는 방안 이외에 현행법 하에서도 공판절차 이분론을 구현할 수 있다고 이해한다. 이 입장은 ① 요증사실에 대한 증거조사가 끝난 다음에 양형에 관한 사실은 정상조사 단계에서 입증하도록 절차를 진행할 수 있고, ② 국민참여재판의 경우 배심원의 평결과 의견이 법원을 기속하지 못하므로 현재로서는 사실심리와 양형심리를 모두 법관에게 맡기되 양형단계에서는 반드시 판결전조사를 거치도록 하고, ③ 공판절차의 제1단계에서 국민참여재판을 채택하는 경우에는 그에 대한 유죄인정은 구속력을 갖게 되어 제1단계에서의 유죄인정을 뒤에 변경할 수 없는 반면, 두 단계 모두 법관에 의한 심리가 진행되는 경우에는 제2단계에서 등장한 증거에 의하여 피고인의 유죄인정에 의심이 생기면 제1단계에서의 유죄인정을 재검토할 여지가 있다고 한다.

19) 하태훈, 공판절차의 이분론(상), 형사정책연구 제6권 제4호, 1995, 117~149쪽; 하태훈, 공판절차의 이분론(하), 형사정책연구 제7권 제1호, 1996, 201~233쪽; 하태훈, 양형합리화를 위한 양형심리절차의 도입, 형사정책연구 제17권 제4호, 2006, 907~936쪽.

20) 한상훈, 국민참여재판제도의 운영상 쟁점, 사법 제3호, 2008, 243~251쪽.

정을 전제로 하지 않고 현행 형사소송법의 틀 속에서 유연한 운영을 통하여 실제로 공판절차 이분화와 같은 효과를 보자는 방안으로 보인다. 한편 법원행정처도 1990년대 중반부터 공판절차를 이분화하기 위한 논의를 전개해 왔다. 아래에서는 공판절차 이분화 방안에 관한 학계의 제안과 법원행정처의 구체적인 노력을 소개하기로 한다.

1. 비형식적 행위중간판단모델

하태훈 교수는 국민참여제도가 도입된다 하더라도 한정된 사건에 한하여 실시되고 미국식 배심원제도와는 달리 배심원이 사실인정에 대한 권고적 의견과 양형에 대한 의견도 개진할 수 있도록 되어있기 때문에 입법을 통한 양형심리절차의 강화가 아니라 운영을 통한 양형심리절차의 강화가 가장 현실적이라고 판단한다.[21] 이 경우 운영을 통한 절차이분화의 방안을 보면 다음과 같다.

첫째, 비형식적 행위중간판단모델을 절차이분의 기본구조로 취하고자 한다. 여기서 '비형식적'이란 법원이 사실심리절차와 양형심리절차를 형식적으로 구분(예: 중간재판)하는 것이 아니라 현재와 같은 심리방식을 취하되 재판장의 재량으로 비형식적으로 공판절차를 분리하여 심리를 진행하는 것을 말하고, '행위중간판단'이란 피고인의 책임능력 또는 한정책임능력을 사실심리절차인 공판절차의 제1단계에서 다루지 않고 양형심리절차인 제2단계에서 나루는 것을 말한다. 하태훈 교수가 행위중간판단모델을 취한 근거는 현행 형법이 심신장애로 인하여 사물을 변별할 능력이나 의사를 결정할 능력이 미약한 경우를 양형 사유로 보고 있고(형법 제10조 제2항) 책임능력을 확정하기 위한 증거조사는 피고인의 인격영역을 깊숙이 다루는 것이고 감정인의 도움 없이는 확정이 불가능한 경우가 대부분이어서 피고인의 인격이 보호되는 별도의 절차에서 다루어져야 할 필요가 있다고 보았기 때문이다. 다만 예외적으로 구성요건 실현여부에 대한 증거조사가 책임능력에 대한 증거조사와 서로 분리가 불가능한 경우에는 공판절차의 제1단계에서 행해질 수 있다고 한다.

둘째, 공판절차의 제2단계(즉 양형심리절차)에서는 양형심리의 내실화를 기하기 위하여 양형조사관제도의 도입이 필수적이며 양형자료 조사 시기에 관해

21) 하태훈, 양형합리화를 위한 양형심리절차의 도입, 형사정책연구 제17권 제4호, 2006, 926~931쪽.

서는 양형조사관의 양형조사는 피고인과의 신뢰관계를 전제로 해야 가능한데 이 조사가 이미 사실인정단계에서 이루어진다면 피고인과의 협조관계를 유지할 수 없으므로 수사단계에서 양형조사관의 양형자료조사는 바람직하지 않고 공소제기시부터 양형자료를 조사하는 방식도 피고인의 무죄추정권과 조화될 수 없으며 사실심리절차가 종결되어 중간재판이 나온 이후에 양형자료를 조사하는 방식은 소송지연의 문제점을 안고 있으므로 사실심리절차의 진행결과 유죄의 심증이 어느 정도 형성된 후에 양형자료조사를 진행하는 것이 바람직하고 다만 피고인의 동의가 있는 경우에는 이보다 앞선 시점에서도 양형자료조사가 가능하다고 한다.

셋째, 양형심리절차의 재판부구성과 관련하여, 별도의 재판부구성은 필연적으로 소송의 지연을 초래한다는 점을 들어 사실심리절차와 양형심리절차를 담당할 재판부를 동일한 재판부로 구성하는 방안이 현실적이라고 한다.

넷째, 판결서에 양형이유의 설시 여부와 관련하여, 법원의 업무부담 등을 고려할 때 사형, 무기징역, 무기금고 또는 집행을 유예하지 않은 징역형이나 금고형과 같은 선고형이 중한 사건이나 양형이 정형적이지 않은 사건, 양형판단에 어려움이 있었던 사건 등 일정한 범죄유형을 중심으로 양형판단의 이유를 판결서에 기재하는 방안을 시행할 것을 주장한다.

하태훈 교수가 구상하는 비형식적 행위중간판단모델은 형사소송법의 개정 없이 공판절차 이분론의 이념을 달성할 수 있다는 점에서 무난한 접근방식으로 보인다. 그러나 비형식적 행위중간판단모델에 대해서는 ① 단순히 실험적 차원의 논의에 불과한 것이지 이를 모든 형사절차에 실천할 수 있는 일반적인 모델로 승인된 것이 아니라는 점, ② 중간판단에 대한 구속력을 인정하지 않음으로써 소송참가자의 이익을 침해할 수 있다는 점, ③ 공판절차 이분화는 공판심리에서만 문제되는 것이 아니라 이미 공소제기 단계나 경우에 따라서는 수사절차에서부터 문제되므로 소송관계자, 특히 검사와의 협력이 필요한데, 형사소송법에 명문의 규정을 두지 않은 채로 현행법의 테두리 속에서 공판절차를 이분화하는 것만으로는 그 존속성을 보장할 수 없다는 점, ④ 형사소송법 개정 등을 통하여 공판절차를 이분화하는 경우에는 공소장에 피고인의 인격과 개인사가 그대로 남아 있게 되어 공판절차 이분화가 추구하는 원래의 목표를 달성할 수 없는 한계를 지니고 있다는 점, ⑤ 현행법의 테두리 속에서 공판절차를 이분화하여 이를 지속적으로 활용하는 경우에는 차라리 형사소송법을 개정하여 공판심리를 분리하는 것이 타당하다는 점 등의 문제가 제기될 수 있다.

2. 변론재개를 통한 공판절차 이분화 모델

한상훈 교수는 특히 국민참여재판과 관련하여 유·무죄에 대한 배심원의 유죄평결 이전의 양형심리로 배심원에 편견과 예단을 야기할 위험을 제거하면서도 현행법의 해석범위 내에서 가장 현실적이고 적절한 대안으로 '변론재개를 통한 공판절차 이분화 모델'을 제시하고 있다.[22]

우선 국민의 형사재판 참여에 관한 법률 제36조 및 제37조에 따라서 국민참여재판에서는 공판준비기일을 반드시 거쳐야 하는데 이 공판준비기일에 법원이 검사나 피고인, 변호인이 제출하는 증거목록에 양형인자와 관련된 증거가 많아 별도의 양형심리가 필요하거나 증거로 제출된 양형인자가 유·무죄 심리에 예단과 편견을 야기할 우려가 있다고 판단하는 경우 등 필요하다고 인정할 경우에는 검사, 피고인, 변호인의 의견을 들어 공판절차를 사실심리절차와 양형심리절차로 분리하여 진행하기로 결정할 수 있다고 한다. 또한 국민참여재판이 아닌 일반 사건의 경우에도 형사소송법 제266조의9 제1항 제12호에 명시되어 있는 '그 밖에 공판절차의 진행에 필요한 사항'을 공판준비절차에서 결정할 수 있게 규정하고 있으므로 이 규정에 근거하여 법원은 양형심리 분리결정을 할 수 있다고 한다.

다음으로 법원이 양형심리를 분리하기로 결정하면 제1단계의 사실심리절차는 철저히 범죄사실의 유무만을 심리하고 배심원이 유·무죄의 사실인정에 예단과 편견을 가질 수 있는 일체의 양형인자는 제출하지 않도록 하며 검사의 논고와 피고인, 변호인의 최종진술도 유·무죄의 사실인정에 관한 사실에만 국한되도록 하고 변론이 종결되면 배심원은 유·무죄에 관하여 평의하고 평결하도록 해야 한다고 한다. 이에 반해 유·무죄의 사실인정에 필요한 사항 이외의 양형인자들(예를 들어 피고인의 전과, 성행, 피해변상, 교육정도, 재산, 가족관계 등)은 사실심리절차에서는 조사되어서는 안된다고 한다.

---

22) 한상훈, 국민참여재판제도의 운영상 쟁점, 사법 제3호, 2008, 243~251쪽.

배심원이 유죄의 평결을 내리면 법원은 형사소송법 제305조에 따라 결정으로 변론을 재개하여 양형심리절차를 개시한다고 한다. 양형심리절차에서도 원칙적으로 사실심리절차와 동일한 방식으로 검사와 피고인, 변호인은 유리한 양형자료를 제출하고 입증하지만 법원이 좀 더 주도적인 역할을 할 수도 있고 양형자료에 대한 증거조사는 자유로운 증명으로도 가능하므로 전문증거도 허용되며 검사와 피고인, 변호인이 다시 최종의견을 진술하는 것으로 양형심리절차도 종결되고, 변론이 모두 종결되면 법관과 배심원은 양형토의에 들어가서 양형인자의 존부와 적정한 양형에 관하여 토의하고 배심원은 양형에 관한 의견을 개진하며, 법원은 이러한 의견을 참조하여 최종적으로 피고인의 유·무죄와 양형에 관하여 선고함으로써 제1심이 종결된다고 한다.

변론재개를 통한 공판절차 이분화 모델도 비형식적 행위중간판단모델과 마찬가지로 현행 소송절차의 테두리 안에서 공판절차 이분론의 이념을 실천하고자 한다. 그러나 이 모델은, 국민의 형사재판 참여에 관한 법률 제36조 및 제37조에 따라서 공판준비기일에 법원이 필요하다고 인정할 경우에는 당사자의 의견을 들어 공판절차를 사실심리절차와 양형심리절차로 분리하여 진행하기로 결정할 수 있다고 이해하지만, 국민의 형사재판 참여에 관한 법률 제36조 및 제37조는 법원이 공판절차를 이원적으로 운영하기로 결정하도록 하는 명시적인 근거가 없다는 것이 본질적인 문제로 지적된다. 또한 일반 사건의 경우 형사소송법 제266조의9 제1항 제12호('그 밖에 공판절차의 진행에 필요한 사항')를 근거로 법원이 양형심리를 분리할 것을 결정할 수 있다고 이해하지만 공판절차 이분화가 형사절차에서 매우 중요한 의미를 지니고 있다는 점을 고려해볼 때 공판절차 이분화에 관한 결정의 법적 근거를 형사소송법 제266조의9 제1항 제12호에서 찾는 것은 무리한 해석으로 보인다.

3. 실무에서 논의된 공판절차 이분화 모델

가. 법원행정처의 비형식적 책임중간판단모델

1994년 법원행정처는 현행법 내에서도 공판절차의 분리운영이 가능하다는 점을 전제로 하여 이른바 비형식적 책임중간판단모델을 취하고 있었다. 여기서 '비형식적'이란 공판절차의 제1단계와 제2단계 사이에 행해지는 법원의 중간판단이 형식적인 재판으로 선고되는 것이 아니라 재판부가 제1단계 후에 유죄의 심증이 형성되면 임의로(즉 비형식적으로) 제2단계를 진행하도록 하는 방식을 의미하고, '책임중간판단모델'이란 책임능력 및 한정책임능력의 존부에 관한 문제를 양형사유로 보는 것이 아니라 범죄성립사유로 보아 공판절차의 제1단계(즉, 사실심리절차)에서 심리하는 방식을 말한다. 이러한 관점에서 출발하여 공판절차의 제1단계에서는 범죄의 성립에 관한 사실을 심리의 대상으로 하고 제1단계와 제2단계 사이의 중간판단이 재판의 형식을 갖춘 것이 아니라 재판부가 제1단계 후에 유죄의 심증이 형성되면 제2단계를 진행하도록 하는 이른바 비형식적 책임중간판단모델을 취하고 있었다.[23)]

또한 비형식적 책임중간판단모델에 기초하여 공판절차를 사실심리절차와 양형심리절차로 분리하여 공소장 접수 2주일 이내에 첫 공판기일을 지정하고 그 기일에 피고인이 자백하는 경우 그 다음 기일까지 사이에 피고인 또는 변호인은 양형에 관한 자료를 제출하고 법원도 자체적으로 양형에 대하여 조사를 한 다음 2회 기일에 양형에 관하여 충분한 심리를 하고, 첫 기일에 피고인이 부인하는 경우에는 일단 유·무죄의 판단만을 위하여 증거조사를 한 다음 유죄의 심증이 형성되었다면 위와 같은 요령으로 양형심리절차를 진행할 것을 제안하였다.[24)]

법원행정처의 비형식적 공판절차 이분화 방안에 대하여 각급법원의 의견을 수렴한 결과 형사재판을 내실화함과 동시에 국민의 법원에 대한 신뢰를 제고하기 위하여 필요하다는 찬성의견이 있었다.[25)] 공판절차의 분리로 인하여 우

---

23) 절차이분적 운영을 주장하는 보고서로는 사법제도개혁을 위한 제3차 법관세미나 결과보고서(형사재판제도의 개선), 사법정책자료 제5집, 1991, 5쪽 이하 참조. 여기서는 형사절차의 개선방안으로 기소인부절차와 양형절차의 창설을 제안하고 있다. 그 내용을 보면, ① 간이공판절차를 전면 확대하여 제1회 공판기일에는 영미법상의 기소사실인부절차처럼 피고인의 자백여부만을 심리하고, 변호인의 반대신문은 행하지 않으며, ② 자백사건에 대해서 검사의 증거제출도 보강증거 1내지 2개 정도로 제한하고 나머지는 양형을 위한 자료는 양형 자료로 제출하도록 하고, ③ 첫 기일과 다음 기일 사이에 재판부는 직권으로 자료를 수집하며 수사기록 등 양형 자료를 검토하고 조사가 필요한 사람들을 소환하며, ④ 간이공판절차 회부결정이 있은 이후에 판사의 지시가 있는 때에 한하여 양형요소조사를 개시하여 제2차 기일의 1주일 전까지 양형조사관은 양형요소조사보고서를 작성하여 제출하고, 제2차 기일은 양형 기일로 운용하도록 하는 것이었다.

24) 법원행정처, 양형적정화방안 모색을 위한 토론회 결과보고서, 1995. 3. 30, 189쪽 이하.

25) 법원행정처, 양형적정화방안 모색을 위한 토론회 결과보고서, 1995, 190쪽.

려되는 소송의 지연문제는 제1회 공판기일이 기소 후 20일 내지 1달 이후로 지정되는 실무관행을 제1회 공판기일의 조속한 지정으로 탈피하고, 또 이로써 미결구금일수도 단축시키는 효과도 얻을 수 있다고 하였다.

그러나 대부분의 각급 법원은 공판절차의 이분화에 반대하였다. 그 근거로는 ① 공판절차의 분리는 영미법계의 독특한 제도로서 법관에 의하여 모든 절차가 주재되는 우리나라 법제도 하에서는 무익한 절차의 반복과 소송지연을 초래할 우려가 있고, ② 실무상 대다수의 사건이 수사과정에서 조사된 자료만으로 양형을 하는데 큰 지장이 없으며, 특별히 양형사유에 대하여 심리할 필요가 있는 경우에는 특별 기일을 여는 등 현행제도 하에서도 충분히 유연하게 대처할 수 있고, ③ 실제 심리과정에서 범죄사실과 양형사실을 구분하는 것이 어려울 뿐만 아니라, ④ 피고인이 부인하는 사건에서 별도의 양형심리절차를 진행하는 것은 피고인에게 유죄의 심증을 가지고 있다는 것을 알려주는 결과가 되며, 나중에 무죄가 선고되는 경우 무익한 절차의 시행이라는 비난을 면치 못한다는 등의 이유를 들었다.[26] 그밖에 모든 사건에 대해 일률적으로 양형심리절차를 분리할 것이 아니라 법정형이 중한 경우 또는 피고인이 요청하거나 재판부가 필요하다고 인정하는 경우에만 양형심리절차를 분리하자는 견해도 제기되었다.[27]

법원행정처는 양형심리절차를 분리하는 방안과 함께 판결전조사제도의 도입여부에 대한 의견조사도 실시하였다.[28] 그 기본적인 내용은 법원이 필요한 경우 양형조사관(사법보좌관)에게 제1회와 제2회 기일사이에 피고인의 정상에 관한 자료를 수집하여 양형조사보고서를 작성하여 제출하게 하자는 것이다. 이에 대해서는 도입의견이 반대의견보다 약간 다수로 조사되었다. 찬성의견의 논거는 양형 심리의 내실화를 기하기 위하여 철저한 양형 조사와 양형 정보의 확보를 중립적인 기관인 법원(사법보좌관)이 주선하여야 한다는 점이었다. 반대의견의 논거는 사법보좌관제도의 실효성에 대한 의문, 당사자주의적인 현행 소송구조에서는 양형 자료의 수집 및 제출도 당사자에게 맡기되 다만 양형 자료의

26) 법원행정처, 양형적정화방안 모색을 위한 토론회 결과보고서, 1995, 190쪽.
27) 법원행정처, 양형적정화방안 모색을 위한 토론회 결과보고서, 1995, 191쪽.
28) 법원행정처, 양형적정화방안 모색을 위한 토론회 결과보고서, 1995, 191쪽 이하.

균형적 수집을 도모하기 위하여 피고인에 대한 변호제도의 보완으로 족하다는 점, 양형조사자료의 신뢰성과 공정성 확보장치의 어려움 등을 들었다.

나. 국민참여재판에서의 비형식적 절차이분화 모델

2008. 1. 1. 국민의 형사재판 참여에 관한 법률이 시행됨에 따라 국민참여재판에서 양형심리의 중요성이 강조되자 법원행정처는 양형심리에 필요한 절차진행의 지침을 내 놓았다.[29)]

먼저 피고인이 공소사실을 모두 자백하는 사건에 대해서는 피고인의 자백이 객관적으로 확인되었다면 재판장은 증거조사절차로 넘어가면서"피고인이 자백하였으므로 이후 절차는 양형심리에 집중하겠다"고 선언할 수 있는데, 이렇게 함으로써 당사자에게 양형심리절차를 진행하는 인식을 심어주는 등 사실상 공판절차가 이분된 것과 같은 효과를 거둘 수 있다.

그러나 공판절차가 이분화되어 있지 않은 현재의 제도 아래에서는 부인하는 사건의 경우 자백하는 사건과 마찬가지로 양형심리를 진행한다고 명시적으로 선언하는 것은 적절하지 않다고 한다. 재판장이 유죄의 예단을 가지고 있다는 불필요한 의심이나 오해를 불러일으킬 수 있기 때문이다. 그러나 부인하는 사건이라 하더라도 사안에 따라서는 구성요건적 사실 이외에 중요한 양형인자에 관하여 확인할 필요가 있을 수 있으므로 그와 같은 경우에는 피고인이나 변호인의 의사를 물어 만일 피고인이나 변호인이 그 부분에 관한 양형심리를 원한다면 그에 관한 심리를 할 수 있다고 한다. 또한 부인하는 사건에서도 검사는 양형자료라는 명목으로 증거능력이 미처 갖춰지지 않은 증거방법을 제출할 수 있는데 그와 같은 절차는 되도록 유·무죄에 관한 심증이 형성된 이후에 진행하여야 할 것이고 이때에도 법원이 유죄의 심증을 갖고 있다는 인상을 주지 않도록 주의할 필요가 있다는 점을 지적하고 있다.

다. 검 토

1994년에 법원행정처가 구상했던 비형식적 책임중간판단모델에 대해서는 앞에서 언급한 비형식적 행위중간판단모델에 대한 비판과 동일한 비판이 가능하다. 요컨대 비형식적 책임중간판단모델이나 비형식적 행위중간판단모델은 현

---

29) 법원행정처, 국민참여재판의 이해, 2008, 114~115쪽.

행법의 테두리 속에서 공판절차를 이분화하고자 하지만 이 방안은 공판절차 그 자체만은 이분화하고자 하는 것으로서 현재 문제가 되고 있는 쟁점들이 해결될 수는 없다고 보아야 한다. 다시 말해서 공판절차 이분화는 양형자료조사제도와 밀접한 관련을 가지고 있는데 절차를 형식적으로 구분하지 않고 현행법의 범주 속에서 이분화를 시도함으로써 수사단계에서 피고인의 양형 관련 자료의 조사나 그것을 공소장에 기재할 것인지의 여부 등에 관한 쟁점들을 도외시하고 있다. 따라서 비형식적으로 공판절차를 이분화하면서 법원이 양형자료를 조사하겠다고 하는 것이 검찰을 어느 정도로 납득시킬 수 있는지 의문이 제기된다.

나아가 국민참여재판제도의 시행에 따른 비형식적 공판절차 이분화 방안은 사실심리절차와 양형심리절차가 이분되지 않고 통합되어 있는 현행법의 테두리 내에서 국민참여재판에서 발생할 수 있는 배심원에 대한 예단과 편견의 문제를 해소하고자 고심한 흔적이 보이지만 이러한 방식이 공정한 재판을 실현하기 위하여 배심원의 편견과 예단을 방지하는 데에는 어느 정도의 효과를 지니는지 의문이 제기된다. 구체적으로 보면 ① 증거능력 없는 양형인자에 관한 수사기록이 유·무죄로 판단되기도 전에 배심원에게 제출되어 예단과 편견을 갖게 할 위험성이 있고, ② 피고인과 변호인은 무죄를 주장하면서 유죄를 인정하는 양형자료를 제출해야 하는 강제상황에 몰리게 되어 피고인의 방어권이 침해될 위험이 있으며, ③ 법원이 유죄의 심증을 형성하여 양형심리절차를 '묵시적 내지 비형식적으로' 개시하면 배심원은 법원이 유죄의 심증을 갖고 있음을 알게 되고 배심원이 독자적으로 심리하고 평의, 평결한다는 참여재판의 본질이 훼손될 수 있다.[30]

30) 한상훈, 국민참여재판제도의 운영상 쟁점, 사법 제3호, 2008, 248쪽.

§12 공판절차의 이분화에 관한 비교법적 검토

Ⅰ. 서 설

공판절차가 이분화된 대표적인 국가는 영국과 미국을 들 수 있다. 영국과 미국의 형사절차는 일반적으로 배심원에 의한 유죄평결과 직업법관에 의한 양형심리로 이원화되어 있다. 대륙법계 국가로서 독일에서는 1960년대 이후로 공판절차 이분화의 도입이 논의되었으나 그 법제화에는 성공하지 못했다. 이에 반해 스위스는 2011년 1월 1일부터 발효된 형사소송법에서 공판절차 이분화를 명시해두고 있다. 공판절차 이분화의 도입방안을 구체적으로 논의하기 위해서는 이 제도의 탄생국가인 영미 배심제를 검토해 보아야 하지만 다른 한편으로 비록 법제화에 성공하지는 못했지만 공판절차 이분화에 관한 이론적·내용적인 면에서 풍부한 자료를 제공해주는 독일에서의 관련 논의들을 음미해볼 필요가 있고 나아가 실제로 공판절차가 이분화되어 있는 스위스 형사소송법상 공판절차 이분화의 입법내용도 검토할 필요가 있다. 이와 관련하여 독일에서 논의된 공판절차 이분론은 피고인의 인격권보호와 양형심리강화에 초점을 두고 있는 반면 스위스의 2011년 형사소송법은 주로 피고인의 인격권보호에 중점을 두고 있다.

Ⅱ. 영국의 형사절차상 공판절차 이분화

1. 이분화의 주요 내용

공판절차 이분화의 기원은 영국의 배심제에서 찾을 수 있다. 영국의 배심제[1]는 일반시민으로 구성된 배심원에 의한 사실인정과 직업법관에 의한 양형판단으로 구성되어 있기 때문이다. 영국에서는 헨리 2세(Henry Ⅱ.)의 재임시절

1) 영국의 형사사법시스템에 대한 개관으로는 대법원, 바람직한 형사사법시스템의 모색 자료집(I), 2004. 7. 12, 523쪽 이하 참조.

(1154~1198)에 배심원에 의한 평결(Conviction)과 양형(Sentence)으로 구분되는 배심제가 이분화되었다. 그러나 형식적인 증거조사제도가 없던 그 시절에는 형사재판의 이분화가 법원 내부에서 다양한 관할권을 의미하는 것에 불과했다. 19세기에 들어서야 영국에서는 형사재판의 이분화가 독자적인 가치를 가진 절차원칙으로서의 의미를 지니게 되었다.

영국의 형사 제1심 법정에서 피고인이 유죄로 되는 것은 배심원이 피고인에게 유죄를 평결하거나 피고인이 공판심리에서 유죄답변(gulity plea)을 통하여 자신의 책임을 승인한 경우이다. 이러한 유죄평결 이후에는 법원이 배심원의 참가없이 피고인에 대한 양형을 심리하게 된다. 이와 같이 배심원에 의한 사실심리단계와 법관에 의한 양형심리단계로 분리됨에 따라 실제로 제출된 자료와 증거조사가 사실심리에 의미를 가지는 것인지 양형판단에 의미를 가지는 것인지를 분리하는 것이 가능해야 한다. 이와 관련하여 특히 의미있는 것으로는 피고인의 전력과 성격 및 전과 등 피고인의 인격성에 관한 자료들이다. 영국법에 따르면 유·무죄 문제에 관해서는 피고인의 전과 등 인격성을 고려하지 않고 판단한다. 따라서 유·무죄에 관하여 판단하는 배심원은 당해 사건에 대한 유·무죄 판단과 무관한 사실을 알아서는 안 된다. 이러한 절차상의 원칙은 영국에서 정당한 형사사법을 위한 의미있는 보장으로 간주되고 있다. 다만 영국의 경우에도 유·무죄의 사실판단에 관련된 자료와 양형판단에 관련된 자료를 정확하게 구분하는 것이 실무상 어려울 수밖에 없다.

특히 최근의 영국 형사사법에서는 형사재판의 이분화가 피고인에 대한 특별예방과 관련하여 중요한 의미를 지니고 있다. 피고인에게 선고되는 형벌은 피고인의 인격에 대한 상세한 심리를 통하여 피고인으로 하여금 장래의 재범을 하지 않도록 일정한 효과를 가져야 한다. 다시 말해서 구체적인 형벌 내지 보안처분을 선택하기 위해서는 피고인이 범한 범죄행위, 개인적인 귀책의 유형과 정도가 입증되어야 하지만 이를 뛰어넘어 판사는 피고인에 대한 정당한 형벌을 선고하기 위하여 피고인의 전력, 인격, 타인과의 관계, 직장 내에서의 태도 및 전과가 있는 경우 과거 교도소 등에서의 규범합치적인 행동 등에 관하여 알고 있어야 한다. 이 점에서 영국의 형사사법에서는 형사절차 이분화를 통하여 사실심리의 철저화 이외에 피고인에 대한 합리적 양형도 추구하고 있다.

영국의 형사 제1심 법정에서는 피고인이 자신의 유죄를 스스로 인정하거나 피고인에 대한 유죄평결이 이루어진 후 양형심리절차가 진행된다. 양형심리절차에서는 먼저 소추인측에서 피고인에 대한 전과자료 등 양형판단자료를 제출한다.[2] 이에 대하여 피고인은 자신에게 부과될 형량을 줄이기 위하여 정상에 관한 진술을 하게 된다. 이 경우 피고인측이 행하는 진술의 주요 내용은 피고인의 나이나 성장배경, 범행 동기나 배경, 범죄 이후의 태도, 피고인 자신에게 적절하다고 판단되는 형벌의 종류 등이다.[3]

피고인의 정상에 관한 진술이 있은 후 법원은 필요하다고 인정하면 별도의 기일을 정하여 피고인측이 신청한 증인에 대한 증인신문을 할 수 있으며 관련 서류 등을 촉탁하여 받아볼 수도 있다.[4] 특히 피고인의 진술 중 비록 피고인이 유죄를 인정하더라도 범행동기 등에 관하여 의미있는 진술이 있는 경우에는 별도의 기일을 정하여 피고인에게 이를 입증할 수 있는 기회를 반드시 제공하여야 하며 이러한 기회를 제공하지 않을 경우에는 피고인의 주장을 진실인 것으로 인정하여 양형판단을 하여야 한다.[5]

소추인측과 피고인에 의한 양형자료가 모두 제출된 경우 법원은 원칙적으로 그 양형자료들을 기초로 양형을 하게 된다. 법원이 선고하는 형벌은 대부분 벌금형이지만, 벌금형으로는 부족하다고 판단하는 경우에는 사회내 제재(예: 사회봉사명령 등)가 선고되며, 범죄가 매우 중하여 구금형이 불가피하다고 판단되는 경우에는 구금형이 선고된다.[6] 이 경우 법원은 피고인에게 전과가 있는지의 여부, 성폭행범인지의 여부, 피해정도가 심각한 것인지의 여부, 피고인의 동의가 있어야만 부과할 수 있는 사회내 제재에 대하여 피고인이 부동의 하였는지 여부 등을 고려하여 구금형을 선고한다.[7]

그러나 영국의 양형심리절차에서 소추인측과 피고인은 각각 양형에 관한 자료를 제출할 수는 있지만 소추인측과 피고인의 양형자료 조사·수집을 위한

2) 대법원, 바람직한 형사사법시스템의 모색 자료집(I), 2004. 7. 12, 642쪽.
3) 대법원, 바람직한 형사사법시스템의 모색 자료집(I), 2004. 7. 12, 642쪽.
4) 대법원, 바람직한 형사사법시스템의 모색 자료집(I), 2004. 7. 12, 642쪽.
5) 대법원, 바람직한 형사사법시스템의 모색 자료집(I), 2004. 7. 12, 642쪽.
6) 대법원, 바람직한 형사사법시스템의 모색 자료집(I), 2004. 7. 12, 642쪽.
7) 대법원, 바람직한 형사사법시스템의 모색 자료집(I), 2004. 7. 12, 642쪽.

별도의 절차가 마련되어 있지 않고 법원에 의한 양형자료조사절차만 마련되어 있다.[8)]

2. 영국의 판결전조사제도

가. 판결전조사보고서의 작성 주체

판결전조사제도란 범죄사실의 객관적 요약, 범죄와 범죄자의 행위, 범죄인의 범죄에 대한 태도 등을 종합 분석함으로써 피고인의 공공에 대한 해악의 정도, 재범위험성 등을 제공하여 법원이 피고인에 대한 적절한 형을 부과함에 있어 실질적인 도움을 주는 제도를 말한다.[9)]

판결전조사보고서는 피고인이 18세 이상 성인인 경우에는 지방보호관찰위원회에 소속된 보호관찰관이 작성하고 18세 미만의 소년인 경우에는 지방보호관찰위원회 소속 보호관찰관, 지방자치단체 소속 사회복지사 또는 소년비행방지팀에 소속된 구성원이 작성한다.[10)] 영국의 보호관찰조직은 종래 내무부 산하 국가보호관찰청(National Probation Service)에 속해 있다가 2007. 5. 9. 법무부 산하 국가범죄자관리청(National Offender Management Service)으로 그 소속이 변경되었다.[11)] 국가범죄자관리청 산하 10곳에 광역범죄관리본부가 있고 광역지역은 경찰청·법원·검찰청 관할구역과 일치하는 42개 중간권역으로 구분되며 42개의 중간권역 보호관찰소에서는 지역본부를 포함한 600여개의 일선 보호관찰소를 관리하고 있다.[12)] 42개의 중간권역 보호관찰소마다 본부소장이 있고, 본부소장이 당연직 위원이 되는 보호관찰위원회가 별도 설치되어 있다. 보호관찰위원회에는 본부소장 외에 비상임위원이 있으며 예산, 관리, 보호관찰관 선발 및 훈련 등 업무를 수행한다. 보호관찰관이 판결전조사보고서를 작성할 경우에는 범죄자평가시스템(Offender Assessment System)에 기초해서 범죄자 및 범죄에 대해서 조사를 진행하고, 이로부터 얻은 정보는 그 후 범죄자에 관한 중요한 정보로서

8) 김일수, 바람직한 양형조사제도 －기관갈등의 분석과 출구－, 2010, 162쪽.

9) 권오걸, 영국양형제도의 분석과 국내도입의 문제점 검토, 형사정책연구 제19권 제4호, 2008, 15쪽.

10) 박경래·윤지영·승재현, 양형조사제도에 관한 연구 －조사기관을 중심으로－, 한국형사정책연구원, 2010, 101쪽.

11) 법무부 범죄예방정책국 보호법제과, 보호관찰소 소속관련 입법례, 2009, 13쪽.

12) 김일수, 바람직한 양형조사제도 －기관갈등의 분석과 출구－, 2010, 126쪽.

보호관찰 및 행형에 이용된다.[13]

나. 판결전조사보고서의 제출

영국에서는 피고인에게 구금형과 사회내 제재를 부과할 경우 판결전조사보고서(Pre-Sentence Report)의 제출을 의무화하고 있다. 판결전조사의 근거법률은 2003년 형사사법법(Criminal Justice Act 2003), 2000년 형사법원의(양형)권한법(Powers of Criminal Courts (Sentencing) Act 2000) 등이며 판결전조사보고서의 구체적인 작성지침은 영국 내무부가 2003년에 작성한 '사회내에서의 범죄자의 감독을 위한 전국표준'(National Standards for Supervision of Offenders in the Community)[14]에 명시되어 있다.[15]

법원은 피고인에 대한 구금형이나 사회내 처우를 선고하는 경우 판결전조사보고서를 제출받지 않고도 피고인에 대한 형벌을 선고함에 있어 아무런 문제가 없다고 판단되는 경우가 아니면 보호관찰관이나 사회복지사로 하여금 판결전조사보고서[16]의 제출을 명하여야 한다.[17] 하지만 법원이 이를 제출받지 않았다고 해서 그 형의 선고가 무효인 것은 아니다.[18] 한편 법원이 18세 미만의 피고인에 대하여 구금형을 선택한 경우에는 당해 피고인이 이전에 범한 범죄에 대한 재판절차에서 작성된 판결전조사보고서가 존재하는 경우를 제외하고는 반드시 판결전조사보고서의 제출을 명하여야 한다.[19] 또한 피고인에 대한 유죄평결이 이루어진 경우라 하더라도 피고인이 계속 자신의 범행을 부인하는 경우에는 법원은 보고서의 제출을 명하지 않는다. 이는 주로 판결전조서보고서의 내

---

13) 김일수, 바람직한 양형조사제도 -기관갈등의 분석과 출구-, 2010, 164~165쪽.

14) Home Office, National Standards for supervision of offenders in the community, 2002.

15) 박경래·윤지영·승재현, 양형조사제도에 관한 연구 -조사기관을 중심으로-, 한국형사정책연구원, 2010, 103쪽.

16) 판결전조사보고서에는 표준판결전조사보고서(Standard PSR)이외에 생활환경보고서(home surrounding report), 정신감정보고서(psychiatric report) 등이 있다. 생활환경보고서는 16세 이하의 소년범이 유죄판결을 받은 경우 소년법원이 소년범에 대한 생활환경보고서의 제출을 명하고, 정신감정보고서는 정신장애자에 대한 재판절차에서 이용된다. 생활환경보고서와 정신감정보고서에 관한 상세한 내용은 대법원, 바람직한 형사사법시스템의 모색 자료집(I), 2004. 7. 12, 644~647쪽 참조.

17) Criminal Justice Act 2003, Section 156(3)(4).

18) Plowden, Criminal Litigation in Practice, 2006, 138쪽.

19) Criminal Justice Act 2003, Section 156(5).

용이 피고인이 저지른 범죄에 대한 피고인의 태도 등을 관찰하고 판단하는 것이기 때문에 자신의 범행사실을 부인하는 피고인에 대해서는 이러한 판단이 불가능하기 때문이다.[20]

또한 법원은 피고인에 대한 사회내 제재를 선고할 경우 피고인에게 적합한 종류의 사회내 제재를 선택하기 위하여 보호관찰관이나 사회복지담당관에게 판결전조사보고서의 제출을 명하여야 한다.[21] 특히 치료명령과 같은 일정한 조건하에 보호관찰명령을 선고하는 경우, 사회봉사명령을 선고하는 경우, 보호관찰명령과 사회봉사명령을 동시에 선고하는 경우 등에는 반드시 판결전조사보고서의 제출이 이루어져야 한다.

판결전조사보고서의 제출을 위하여 기일이 연기되기도 하는데 치안법원(magistrate court)은 2주까지 피고인이 구금상태인 경우에는 3주까지 양형을 위한 재판을 휴정할 수 있다. 형사지방법원(Crown Court)은 이에 대한 독자적 권한을 가지고 있다.

법원은 제출받은 판결전조사보고서의 사본을 피고인과 변호인 및 검사에게 제공해야 한다.[22] 판결전조사보고서를 작성한 보호관찰관이나 사회복지담당관은 원칙적으로 법원에 보고서를 제출할 뿐 직접 법정에 출석하지 않지만 피고인측에서 보고서의 내용을 다투기 위하여 출석을 요구하는 경우에는 법정에 출석한다.[23]

다. 판결전조사보고서의 내용

판결전조사보고서는 표제, 본문, 결론으로 구성된다. 구체적으로 보면 표제부에는 범죄자, 범죄, 법원, 보고서작성자 등의 기본 정보가 기재된다. 본문에는 당해 범죄에 대한 분석(범죄사실의 요지, 중대성의 평가, 범죄자의 당해 범죄에 대한 태도), 범죄에 대한 평가(읽기·수량적 사고에 대한 능력, 주거, 고용의 상황, 가정환

20) 대법원, 바람직한 형사사법시스템의 모색 자료집(I), 2004. 7. 12, 643쪽.

21) The Power of Criminal Court Act 1973, Section 14(2).

22) Criminal Justice Act 2003, Section 159(2). 다만, 피고인이 18세 미만인 경우 판결선고전 양형보고서의 내용을 피고인이나 부모 또는 후견인에게 공개하면 피고인에게 중대한 손해가 발생할 우려가 있는 경우에는 법원은 양형보고서의 전면적 공개를 하지 않을 수 있다(Criminal Justice Act 2003, Section 159(3)).

23) 대법원, 바람직한 형사사법시스템의 모색 자료집(I), 2004. 7. 12, 644쪽.

경 또는 물질의존·정신적 질환 등, 범죄와 직접 관련이 있다고 생각되는 문제, 전과와의 관련성, 범죄자의 개인적 배경과 범죄와의 관련 등), 사회에 대한 해악의 위험과 재범의 가능성(현재의 범죄와 범죄자의 태도, 기타 정보에 기초한 재범의 가능성 사정, 사회에 대한 심각한 손해의 위험도 평가)로 구성된다. 마지막으로 결론부분에서는 피고인에 대한 적절한 처분과 그 처분이 사회내 제재일 경우 가장 적합한 사회내 제재의 제안 등이 기재된다. 그러나 판결전조사보고서는 일반적으로 양형에 관한 권고를 그 내용으로 하지 않는다.[24)]

Ⅲ. 미국의 형사절차상 공판절차 이분화

1. 이분화의 주요 내용

영국의 예에 따라 미국에서도 이미 식민지 시대부터 공판절차의 이분화가 실천되었다. 그러나 영국과는 달리 미국에서 공판절차 이분화가 관철된 계기는 식민지 모국인 영국의 이익을 위하여 사법권을 행사하던 판사들의 권한을 제한하기 위함이었다. 그 당시 판사들은 영국의 식민지통치에 의존하여 식민지 모국인 영국을 위하여 자의적인 사법권을 행사하는 예가 많았는데 이러한 판사의 권한을 제한하기 위하여 식민지 미국의 시민들은 점차적으로 자신들 중에서 선정된 배심원들에게 판결권을 넘겨주게 되었다.

미국의 형사절차는 본질적인 면에서 영국의 그것과 매우 유사하다. 미국의 연방 수정헌법 제3조 제2항 및 제6조[25)]에 따라 모든 피고인은 유죄답변을 통하여 배심원의 유죄평결과 같은 효력을 발생시키는 기소사실 인부절차[26)](Arraignment)

24) 권오걸, 영국양형제도의 분석과 국내도입의 문제점 검토, 형사정책연구 제19권 제4호, 2008, 171쪽.

25) 미국 연방 수정헌법 제3조 제2항은 "탄핵사건을 제외한 모든 범죄의 심리는 배심제에 의한다"고 규정하고 있고, 제6조는 "모든 형사소추에서 피고인은 범죄가 행하여진 주와 관할구역(이 관할구역은 법률에 의해 미리 지정하여야 한다)의 공정한 배심에 의하여 신속한 공개재판을 받을 권리가 있다"고 규정하고 있다.

26) 피고인에 대하여 공소가 제기되면 피고인은 공개법정에서 그 혐의사실에 대한 답변을 하게 되는데, 이를 기소사실 인부라 한다. 피고인이 공개법정에서 하는 답변(plea)에는 유죄(guilty), 무죄(not guilty), 다투지 아니함(nolo contendere)의 3가지가 있다. 피고인이 답변을 거부하면 무죄의 답변(plea of not guilty)을 한 것으로 본다. 다투지 아니한다는 답변(plea of nolo contendere)은 법원의 허가를 얻은 경우에 할 수 있는 답변인데 유죄의 답

와 법정형이 6월 이하의 자유형으로 되어 있는 경죄(Petty Offenses)를 제외[27]하고는 배심원이 참여한 법원에서 공개된 신속한 재판을 받을 권리를 갖는다. 다만 연방 중죄사건에서 피고인의 배심재판을 받을 권리는 강제적인 것이 아니라 선택적인 것이므로[28] 피고인은 배심재판을 포기하고 직업법관에 의한 재판을 받을 수 있다.

미국의 배심제에서 공판절차는 영국의 그것과 동일하게 배심원에 의한 유·무죄평결(Verdict)과 법원의 양형(Sentencing)으로 구성된다. 유·무죄평결은 사실심리절차와 관련되어 있는 반면 양형은 당연히 양형심리절차와 직결된다. 사실심리절차는 피고인측과 소추인측로 구성된 대립당사자에 의한 입증과 주장으로 진행된다. 사실심리절차에는 일반인인 배심원이 참여하기 때문에 엄격한 증거법칙과 적법절차원칙이 적용되고, 양 당사자는 증인신문과 상호신문, 최후진술 등의 기회를 갖는다. 최후진술로서 공판절차가 종결되면 배심원들은 평의한다. 이 경우 배심원이 일치된 평결을 내리지 못하면 새로운 배심으로 재심리한다. 그러나 대부분의 공판에서 배심원은 유·무죄의 평결에 도달한다고 한다.

배심원이 사실심리절차에서 피고인에게 유죄평결을 하였거나 피고인이 유죄답변을 한 경우에는 형을 선고하는 새로운 절차가 진행된다. 이 경우 피고인에 대한 양형은 직업법관이 담당한다. 직업법관이 양형을 담당하는 것은 영미

변과 거의 동일한 효과가 있으나 다투지 아니한다는 답변은 동일한 사실에 기초를 둔 민사소송에서 피고인에게 불리한 진술로 사용될 수 없다는 점이 유죄의 답변과 차이가 있다. 검사와 피고인 및 그의 변호인은 피고인이 유죄 및 다투지 아니한다는 답변을 함에 있어 검사가 다른 혐의사실의 공소기각을 신청(move for dismissal of other charges)하거나 특정의 형을 구형하기로 하는 약속을 할 수 있다. 다만 이러한 약정은 법원을 구속하지 아니한다. 피고인이 유죄 및 다투지 아니한다는 답변을 한 경우는 공판절차(trial procedure)를 거치지 아니하고 바로 선고절차로 이행한다. 공판절차는 피고인이 무죄의 답변을 한 경우에 한하여 거치게 된다. 기소사실 인부제도는 미국 형사사법의 특징 중의 하나이다. 미국에서 대배심(grand jury) 또는 검사에 의해서 공소가 제기된 모든 사건의 약 90%는 기소사실 인부절차로 해결되기 때문이다.

27) 미국 연방수정헌법 제6조는 '모든 형사소추에 있어' 배심재판을 받을 권리를 보장하고 있으나 연방대법원은 중죄(serious crimes)에 대해서만 배심재판권을 보장하고 경죄는 배심재판에서 제외된다고 판시하면서 경죄는 배심원 없이 판사 앞에서만 재판을 받아왔던 것이 역사적 관행이라는 점을 근거로 들었다. Duncan v. Louisiana, 391 U.S. 145, 160(1968); Cheff v. Schnackenberg, 384 U.S. 373, 379(1966); Schick v. United States, 195 U.S. 65, 69~71(1904).

28) Patton v. United States, 281 U.S. 276(1930); Singer v. United States, 380 U.S. 24(1965).

배심제의 전통이다. 양형심리절차도 사실심리절차의 경우와 유사하게 유죄판결을 선고받은 자에 대한 신문을 통해서 진행되지만 사실심리절차에 비하여 덜 엄격하다. 예를 들어 양형심리절차에서는 피고인의 인격권을 보호하기 위하여 공개재판주의가 적용되지 않을 수 있고, 엄격한 증거법의 적용이 완화되어 전문증거도 허용되고 입증의 정도도 합리적인 의심이 없을 정도를 요구하는 사실심리절차와는 달리 증거의 우위(Preponderance of Evidence)로도 족하다. 양형조사관이 작성한 피고인에 대한 판결전조사보고서도 전문법칙의 적용을 받지 아니한다.

양형심리절차에서는 양형조사보고서에 관하여 당사자가 다툴 수 있는 기회가 부여된다. 가중사유와 감경사유에 관한 다툼이 있는 경우 이에 관한 심리도 하는데 검사가 이에 관한 입증책임을 진다. 피해자도 양형심리절차에 참여할 권리가 있다.

2. 미국의 판결전조사제도

가. 판결전조사보고서의 작성 주체

미국에서는 1984년의 양형개혁법(Sentencing Reform Act)을 통하여 1987년부터 양형기준제가 연방단위에서 본격적으로 시행되었다. 양형기준제의 시행에 따라 피고인에 대한 양형자료의 조사가 양형심리절차에서 매우 중요한 지위를 점하게 되었다. 미국의 경우 이러한 양형자료조사를 판결전조사(Presentence Investigation)라고 부르고 있다. 여기서 판결전조사제도란 형사절차에 있어서 피고인에 대하여 양형판단 전에 그 인격과 환경에 관한 상황을 조사하고 이를 피고인에 대한 적정·타당한 양형 및 처우를 위한 기초자료로 활용하게 하는 제도를 말한다.[29] 다시 말해서 미국의 판결전조사제도는 유죄답변을 한 피고인이나

29) 판결전조사제도는 수집된 자료를 법관이 피고인에 대한 양형에 참고한다는 의미에서 양형자료조사제도 또는 정상조사제도라고도 하며 법원의 종국처분에 앞서 행해진다는 점에서 사전조사 또는 예비조사라고도 할 수 있다. 판결전조사제도는 법관의 양형편의를 위한 판결전의 조사를 의미한다는 점에서 기소·불기소의 결정을 행하는 검사의 편의를 위하여 그 처분단계 전에 행하여지는 이른바 검사의 기소전조사와는 구별되고 교정당국의 행형편의를 위하여 판결이 내려진 후 재소자분류나 가석방 등을 결정함을 참고할 자료수집을 위한 판결후 조사와도 구별된다. 이 점에서 미국의 양형심리절차와 결부되어 있는 판결전조사제도는 ① 법관의 편의에 제공되는 종국처분전의 사전조사일 것, ② 범죄 사실에 관한

배심재판 또는 판사에 의한 재판에 의해 유죄가 인정된 피고인에 대해 판사가 양형기준을 적용하여 형량을 정할 때 참고하도록 보호관찰관이 피고인에 대한 양형자료를 조사하여 보고하는 제도를 말한다.

미연방의 판결전조사에 관한 근거법령은 미연방법전 제18편 제3552조, 연방양형기준지침 제6A1.1.조, 연방형사소송규칙 제32조 등이다. 위 각 규정에 의하면 법원이 소송기록상 형을 선고하기에 충분한 자료가 이미 갖추어졌다고 보아 별도의 양형자료준비보고서가 필요하지 않다는 이유를 서면에 의해 설명하지 않는 한[30] 원칙적으로 보호관찰관은 형선고 절차 이전에 형선고를 위한 조사를 행하여 이를 법원에 보고해야 한다. 보호관찰관에 의한 이러한 판결전조사보고는 범죄의 경중을 묻지 않고 모든 형사사건에 대해 이루어져야 한다. 피고인은 자신을 위한 판결전조사보고서가 작성되는 것에 대한 권리를 포기하지 못한다.[31]

판결전조사보고서는 예외적으로 정신의학 전문가나 사회사업가가 작성하는 경우도 있지만 대부분의 사례에서는 보호관찰관이 작성하고 있다. 보호관찰관은 1925년에 제정된 보호관찰법을 통하여 1927년에 연방법무부에 의하여 임명되었다. 보호관찰소는 1939년까지 연방법무부의 산하기관이었다. 그러나 루즈벨트 대통령 재임시절인 1939년에 미 연방의회가 법원행정처를 창설함에 따라 1940년부터 기존에 연방법무부에 소속되어 있던 보호관찰소는 법원행정처의 한 부서인 보호관찰국으로 재편되었다. 현재 법원행정처 산하의 보호관찰국은 전국의 보호관찰소들을 감독하고 있지만 각각의 보호관찰소는 지방분권적으로 구성되어 있고 중앙의 보호관찰국보다 각 지역의 지방법원에 대해 1차적인 책임을 지는 것으로 운영되고 있다.

보호관찰관은 판결선고 전에 피고인에 대한 양형자료를 조사하여 법원에 보고하거나 판결 전에 보석으로 석방된 피고인에 대한 보석조건 이행여부를 감

조사가 아니라 피고인의 인격과 환경에 대한 사회적 조사일 것, ③ 전문적인 지식과 경험을 가진 자에 의하여 조사가 행하여 질 것, ④ 그 조사방법은 과학적이고 조사내용이 소송당사자 일방의 유·불리에 구애받지 않는 객관성을 가질 것 등을 주요 요소로 한다. 변필건, 미연방 양형적용시스템(ASSYST)의 데이타 베이스 구축, 실제운영 현황 및 판결전조사보고(PSR)의 활용실태, 2008. 6, 41쪽.

30) 18 U.S.C.§3553 및 Federal Rules of Criminal Procedure 32(b)(1).

31) 오기두, 미국 연방의 양형자료조사보고제도의 운영실태, 2003, 66쪽.

시하고 양형선고로 보호관찰 등의 조건으로 석방된 피고인이 그 보호관찰 등의 조건을 잘 이행하는지 여부나 구금형을 선고받고 수형인이 된 자가 가석방심사위원회에 의해 가석방되었을 때 그 가석방조건을 잘 이행하는지 여부를 감시하는 임무를 담당한다. 이 점에서 양형자료조사를 내용으로 하는 판결전조사보고서의 작성 업무는 보호관찰관의 본질적인 임무에 속한다.

이처럼 보호관찰관에 의한 판결전조사보고서 준비 및 그 작성 목적은 특정사건 담당 연방판사의 양형업무를 보조하는 데 있다. 보호관찰관은 양형기준과 보호관찰관이 조사한 피고인의 범행, 전과, 자백 여부, 기타 환경 등에 기초하여 피고인에게 부과하는 것이 적절하다고 생각하는 형벌의 종류와 형량에 대해 법원에 권고의견을 내기도 한다. 보호관찰관에 의해 조사된 양형자료는 범죄인에 대한 가석방 실시 여부 결정이나 가석방 기간 중의 보호감독에도 유용한 자료로 사용된다.

나. 판결전조사의 시기

일반적으로 보호관찰관이 판결전조사보고서를 제출하는 시기는 양형심리절차가 진행되기 이전이다. 다시 말해서 피고인의 유죄인정 답변이 있거나 유죄판결이나 유죄평결이 있고 난 이후에 판결전조사보고서가 제출된다. 대부분의 사례에서는 피고인에 대한 유죄가 인정되어야 판결전조사를 시작하지만 유죄인정 이전에도 판결전조사를 하는 것이 허용된다. 보호관찰관이 조사에 착수하여 판결전조사보고서를 작성하기까지 일반적으로 3주 내지 4주 정도 걸린다고 한다.[32]

다. 판결전조사보고서의 내용

미연방형사소송규칙(Federal Rules of Criminal Procedure) 제32조(d)는 판결전조사보고서에 담겨야 할 내용에 관한 일정한 지침을 규정하고 있다. 이에 의하면 판결전조사보고서에는 ① 적용될 모든 양형기준과 양형위원회의 정책성명 확인, ② 피고인의 범죄등급과 범죄전력범주 계산, ③ 결과적인 선고형 범위와 가능한 선고형의 종류 적시, ④ 적합한 선고형의 종류 또는 적용될 선고형의 범위 내에서 적합한 선고와 관련된 요소의 확인, ⑤ 적용될 선고형의 범위로부터

---

32) 오기두, 미국 연방의 양형자료조사보고제도의 운영실태, 2003, 67쪽.

이탈할 근거 확인[33]이다. 또한 판결전조사보고서에는 추가적인 정보(Additional Information)도 포함하고 있어야 한다.[34] 추가적인 정보에는 ① 피고인의 이전의 범죄기록, 피고인의 재정상태, 형의 선고나 교정처우에 있어 유용할 수 있는 피고인의 행동에 영향을 미친 환경을 포함하는 피고인의 이력과 특성, ② 범죄피해자에 대한 재정적, 사회적, 심리적, 의학적 영향을 평가하는 검증된 정보로서 결론적인 형태로 기술된 것, ③ 적합한 경우 피고인에게 가능한 비수감 프로그램과 자원(resourses)의 성격과 범위, ④ 법이 피해회복을 규정한 경우, 피해회복 명령에 충분한 정보, ⑤ 법원이 18 U.S.C. §3553(b)에 의하여 연구를 명한 경우 그 결과보고서와 권고, ⑥ 법원이 요구하는 기타의 정보이다.

그러나 판결전조사보고서에 특정한 사항을 기재하지 말아야 할 경우도 있다. 예들 들어 공개될 경우 사회복귀 프로그램을 심각하게 훼손할 수 있는 임상적 견해, 비밀약속 하에 취득한 정보의 출처, 공개될 경우 피고인이나 다른 사람에게 신체적 또는 여타의 해가 될 수 있는 기타의 정보는 판결전조사보고서에 기재해서는 안된다.[35]

참고로 미연방법원행정처 보호관찰국에서 마련한 판결전조사보고서의 주요내용을 살펴보면, 표지(The Face Sheet), 본문, 추가보고사항(Addendum), 판결에 대한 보호관찰관의 권고(Recommendation)부분으로 구성되며 본문에는 당해 범죄에 대한 사항(The Offence), 피고인의 범죄경력(Defendant's Criminal History), 범죄자의 특성(Offender Characteristics), 양형선택가능항목(Sentencing Options), 양형기준표의 적용을 회피할 수 있는 요소(Factors That May Warrant Departure) 등 5개 항목으로 이루어져 있는데, 이들 5개 항목에는 각각 필요한 소항목을 둠으로서 필수적이고 중요한 자료들이 빠짐없이 기재되도록 하고 있다. 판결전조사보고서의 주요 구성내용을 보면 다음과 같다.

---

33) 18 U.S.C.§3553(b)에 의하면 적용되는 양형범위로부터의 이탈은 법원이 양형위원회가 기준을 형성할 때에 적절하게 고려하지 못한 결과 양형기준에 규정된 것과 다른 형을 도출하게 되는 가중·감경 정황이 존재한다고 판단한 경우에만 허용된다.

34) Federal Rules of Criminal Procedure§32(d)(2).

35) Federal Rules of Criminal Procedure§32(d)(3).

〈판결전조사보고서의 체제〉[36]

표지 (The Face Sheet) Part A. **범죄 (The Offence)** – 공소사실 (Charge and Convictions) – 당해범죄행위 (The Offence Conduct) – 피해자에 대한 영향 (Victim Impact) – 사법절차에 대한 저항정도 (Adjustment for Obstruction of Justice) – 책임에 대한 수용정도 (Adjustment for Acceptance of Responsibility) – 범죄수준산정 (Offence Level Computation) – 양형기준표상의 당해 범죄행위 이외의 범죄행태 (Offence Behavior Not Part of Relevant Conduct) Part B. **피고인의 범죄경력 (Denfendant's Criminal History)** – 소년사법상의 경력 (Juvenile Adjudications) – 형사절차상 경력 (Criminal Convictions) – 범죄경력점수산정 (Criminal History Computation) – 기타 범죄행동 (Other Criminal Conduct) – 미결 또는 집행중인 제재 (Pending Charges) – 기타 체포경력 (Other Arrests) Part C. **범죄자의 특징 (Offender Characteristics)** – 개인 및 가족자료 (Personal and Family Data) – 신체상태 (Physical Condition) – 정신적·감정적 건강 (Mental and Emotional Health) – 약물남용 (Substance Abuse) – 교육 및 직업기술 (Education and Vocational Skills) – 취업경력 (Employment) – 재정상태 및 벌금 등의 지불능력(Financial Condition: Ability to Pay) Part D. **양형선택 항목 (Sentencing Options)** – 구금 (Custody) – 유죄인정협상의 효과 (Impact of Plea Agrement) – 감독조건부 조기석방 (Supervised Release) – 보호관찰 (Probation) – 벌금 (Fines) – 피해배상 (Restitution) Part E. **양형기준표 적용을 회피할 수 있는 요소 (Factors That May Warrant Depature)** **추가보고 (Addendum to the Presentence Report)** **판결권고 (Recommendation)**

36) 판결전조사보고서의 내용을 구성하는 각각의 항목에 관한 상세한 설명은 오기두, 미국 연방의 양형자료조사보고제도의 운영실태, 2003, 71쪽 이하 참조.

라. 판결전조사의 절차

판결전조사는 보호관찰관이 실시하는 것이 일반적이다.[37] 보호관찰관에 의한 판결전조사와 보고서작성은 모든 범죄에 있어서 실시되는 것이 원칙이지만 법률에 다른 규정이 있거나 법원이 기록만으로도 판결하기에 충분한 경우에는 실시되지 않을 수 있다.[38]

보호관찰관은 피고인 등과의 면담이나 서류열람을 통하여 양형에 관한 자료를 수집한다. 피고인과의 면담은 양형자료수집에 있어서 가장 중요하며 피고인이 거부하지 않는 한 모든 사건에 있어서 이루어진다. 보호관찰관의 피고인 면담시 피고인의 요구가 있는 한 이를 변호인에게 고지하여야 하며 변호인이 면담에 참여할 기회를 주어야 한다.[39]

보호관찰관은 양형자료의 수집을 위하여 변호인, 검사, 경찰관, 피해자, 가족, 고용주, 학교직원, 의사, 상담사 등과 면담을 하며, 고소·고발장, 기소장, 각종 소송서류 등을 열람한다. 또한 연방수사국(FBI)이나 주경찰청의 기록을 통하여 범죄경력을 조회하는데, 요즈음은 전산자료로부터 범죄경력자료를 입수하는 것이 일반적이라고 한다.[40]

마. 판결전조사보고서의 당사자에 대한 공개 및 이의제기

판결전조사를 마치면 조사자는 판결전보고서를 작성하고 그 내용을 당사자에게 공개하여야 한다. 그러나 피고인이 서면으로 동의하지 않는 한 보호관찰관은 피고인이 유죄 또는 불항쟁의 답변을 하거나 유죄로 인정될 때까지 판결전조사보고서를 법원에 제출하거나 누구에게도 공개해서는 안된다.[41]

보호관찰관은 최소한 선고 35일 전에 피고인, 피고인의 변호인과 검사에게 판결전조사보고서를 교부하여야 한다. 다만 피고인이 이러한 최소한의 기간을

---

37) 보호관찰관에 의한 판결전조사자료 등이 부족한 경우에는 상담사 또는 교정당국에 피고인에 대한 조사를 명하고 그 결과를 보고받을 수 있으며[18 U.S.C. §3552(b)], 이밖에 피고인의 정신상태에 관하여 보다 많은 정보를 원하는 경우에는 정신의학적·심리적 검사를 명하고 그 결과를 보고받을 수 있다[18 U.S.C. §3552(c)].

38) Federal Rules of Criminal Procedure§32(c)(1)(A).

39) Federal Rules of Criminal Procedure§32(a)(2).

40) 김재봉, 양형자료조사에 관한 비교법적 고찰, 법학논총 제23집 제1호, 2006, 71쪽.

41) Federal Rules of Criminal Procedure§32(e)(1).

포기하는 경우에는 그러하지 아니하다.[42)]

또한 지역규칙(local rule) 또는 사건에서의 명령을 통하여 법원은 보호관찰관에게 법원 이외의 자에게 선고형에 관한 권고를 공개하지 말도록 지시할 수 있다.[43)]

당사자들은 판결전조사보고서를 받은 후 14일 이내에 서면으로 이의를 제기할 수 있다. 이 이의제기는 판결전조사보고서에 포함되어 있거나 누락된 중요 정보, 양형기준의 범위, 정책성명에 대한 이의를 포함한다.[44)] 이의를 제기하는 당사자는 이의제기서를 상대 당사자와 보호관찰관에게 교부하여야 한다.[45)] 당사자의 이의제기서를 받은 보호관찰관은 제기된 이의사항을 논의하기 위해 당사자들과 만날 수 있고 추가로 조사하여 판결전조사보고서를 직절하게 바꿀 수 있다.[46)]

보호관찰관은 이처럼 수정절차를 거친 판결전조사보고서와 첨부문서를 양형재판 7일 이전에 법원과 당사자에게 제출하여야 하며 첨부문서에는 미해결된 이의제기사항, 이의제기의 근거와 그에 대한 보호관찰관의 의견을 기재한다.[47)]

바. 법원의 양형심리 및 최종판결

(1) 일반사항

법원은 판결전조사보고서 등을 통하여 양형자료를 수집한 후 판결을 선고하기에 앞서 양형심리를 행한다. 즉, 법원은 피고인과 변호인이 판결전조사보고서와 그 추록을 읽고 논의하였는지를 확인해야 한다.[48)]

또한 법원이 판결선고전보고서에 배제된 정보[49)]를 판결선고에 원용하고자 할 경우에는 피고인과 검사에게 그 배제된 정보에 관한 요약서를 주거나 판사실에서 요약 설명하고 그 정보에 대하여 의견을 진술할 기회를 부여해야 한다.[50)]

---

42) Federal Rules of Criminal Procedure§32(e)(2).
43) Federal Rules of Criminal Procedure§32(e)(3).
44) Federal Rules of Criminal Procedure§32(f)(1).
45) Federal Rules of Criminal Procedure§32(f)(2).
46) Federal Rules of Criminal Procedure§32(f)(3).
47) Federal Rules of Criminal Procedure§32(g).
48) Federal Rules of Criminal Procedure§32(i)(1)(A).
49) Federal Rules of Criminal Procedure§32(d)(3).
50) Federal Rules of Criminal Procedure§32(i)(1)(B).

나아가 변호인과 검사에게 보호관찰관의 결정이나 기타 적정한 양형과 관련된 사항에 관하여 의견진술의 기회를 부여하여야 하고 형선고 이전이면 언제든지 상당한 이유가 있는 한 당사자의 새로운 이의제기를 허용하여야 한다.[51)]

(2) 증거제출과 법원의 결정

법원은 당사자들에게 이의제기에 관한 증거를 제출하도록 허가할 수 있다. 이 경우 증인이 양형심리에서 증언하는 경우 사실심리절차에서 적용되는 연방형사소송규칙 제26조의2(a)-(d)와 (f)의 규정을 적용한다. 만약 당사자가 연방형사소송규칙 제26조의2의 증인진술 제출명령에 따르지 않으면 법원은 증인의 증언을 고려해서는 안된다.[52)]

법원은 판결전조사보고서의 다툼이 없는 부분을 사실인정으로서 받아들일 수 있다. 판결전조사보고서의 다툼이 있는 부분 또는 여타의 논쟁이 된 문제가 있는 경우, 그 다툼에 대하여 결정하거나 또는 그 문제가 선고에 영향을 미치지 않을 것이라거나 법원이 선고에서 그 문제를 고려하지 않을 것이기 때문에 결정이 불필요하다는 판단을 해야 한다.[53)]

(3) 진술기회의 부여

법원은 피고인에 대한 판결선고전에 피고인의 변호인에게 피고인을 대리하여 진술할 기회를 주어야 하고 피고인에게 진술하거나 선고를 감경할 수 있는 정보를 제출할 것을 허가하기 위해서는 피고인에게 직접 설명해야 한다. 검사에게도 피고인의 변호인과 동등한 진술의 기회를 주어야 한다.[54)]

또한 법원은 피해자에게도 진술의 기회를 부여해야 한다. 법원은 선고기일에 출석한 폭력 또는 성폭행 범죄의 피해자에게 설명하고 그 피해자가 선고에 관한 진술을 하거나 정보를 제출하는 것을 허가해야 한다. 피해자의 출석여부와 관계없이 피해자의 법정진술권은 다른 사람에 의하여 대리 행사될 수 있다. 이 경우 대리 행사할 수 있는 다른 사람이란, 피해자가 18세 미만 또는 법률상 부적격인 경우 부모 또는 법률상 후견인이고, 피해자가 사망하였거나 무능력자

51) Federal Rules of Criminal Procedure§32(i)(1)(C)(D).
52) Federal Rules of Criminal Procedure§32(i)(2).
53) Federal Rules of Criminal Procedure§32(i)(3).
54) Federal Rules of Criminal Procedure§32(i)(4)(A).

인 경우 법원이 지정한 한 명 이상의 가족 구성원 또는 그 친족이 된다. 나아가 당사자의 신청이 있고 상당한 이유가 있는 경우에는 법원은 판사실에서 당사자의 진술 또는 피해자의 진술을 심리할 수 있다.[55]

이처럼 연방형사소송규칙 등에 의하여 양형심리절차가 규정되어 있지만 이러한 양형심리절차는 사실심리절차와는 달리 헌법상 기본권규정의 적용이 광범위하게 제한되는 것으로 파악되고 있다. 다시 말해서 수정헌법 제6조의 배심재판을 받을 권리가 적용되지 않으며 수정헌법 제5조와 제14조에 근거한 적법절차조항에 의하여 인정되는 합리적 의심이 없는 입증에 의한 유죄확정의 원칙도 배제되어 민사재판에서 요구하는 증거의 우위에 의한 입증으로 족한 것으로 보고 있다. 양형심리절자에서도 헌법상 적법설차소항이 석용되어 피고인은 부정확한 정보에 근거한 양형으로부터 보호받을 수 있고 이에 따라 전술한 바와 같은 이의제기권 등이 인정되지만 유죄확정을 위한 사실심리절차와 달리 엄격한 증명의 법리가 적용되지 않는다. 따라서 전문증거, 선서하지 않은 증언, 법정외 진술 등이 제출될 수 있고 수정헌법 제6조상 불리한 증인에 대한 반대신문권도 인정되지 않는다.[56]

(4) 판결선고

당사자 및 피해자에게 진술의 기회를 부여한 후 법원은 판결을 선고한다. 유죄판결문에서 법원은 피고인의 답변, 배심의 평결 또는 법원의 사실인정, 판단 및 양형을 명시하여야 한다. 피고인이 무죄로 인정되거나 또는 다른 이유로 방면될(discharged) 자격이 부여된 경우 법원은 그렇게 명하여야 한다.[57]

무죄답변을 한 피고인에게 유죄판결을 선고하는 경우 그 선고 후에 법원은 피고인에게 유죄판결에 대하여 항소할 수 있는 권리를 고지해야 한다. 또한 법원은 유죄판결 선고후 피고인의 답변과 관계없이 피고인에게 양형에 대해 항소할 수 있는 권리를 고지하여야 한다. 이와 관련하여 법원은 항소비용을 지불할 능력이 없는 피고인에게 법률구조에 의한 항소허가를 요청할 수 있는 권리도

55) Federal Rules of Criminal Procedure§32(i)(4)(B).

56) United States v. Siverman, 976 F.2d, 1511(6th Cir. 1992); Unites States v. Wise, 976 F.2d 393, 398－401(8th Cir. 1992), cert dinied, 113 S. Ct. 1592(1993).

57) Federal Rules of Criminal Procedure§32(k).

고지해야 한다.[58)]

Ⅳ. 독일에서 공판절차 이분화에 관한 논의

독일에서는 1960년대 이후로 공판절차 이분화가 격렬하게 논의되었지만 결국 입법화에 성공하지 못했다. 그렇지만 과거 독일에서 논의된 공판절차 이분론은 그 이론적·내용적인 면에서 매우 풍부한 연구자료를 제공해주고 있다. 다만 독일에서 논의된 공판절차 이분론은 독일의 전통적인 소송구조인 직권주의에 기초하여 영미의 이분론적 요소(특히 당사자주의적 요소)를 받아들이는데 특징이 있다. 여기서는 독일에서 공판절차 이분론과 관련하여 논의된 내용과 특히 입법자료로서 활용된 내용을 중심으로 언급할 것이다.

1. 공판절차 이분화에 관한 논의의 배경과 현황

가. 공판절차 이분화에 관한 논의의 배경

독일 형사소송법은 실체적 진실발견을 위한 주도적 지위를 법원에게 부여하여 당사자 및 기타 소송관계인의 의사 여하를 불문하고 법원의 직권으로 소송을 진행시키고 심판을 행하는 직권주의 소송구조를 취하고 있다. 또한 독일 형사소송법상 공판절차에는 비직업법관인 명예법관(Laienrichter 또는 Schöffe)이 공판절차에 참여한다.[59)] 명예법관은 직업법관과 동일한 권한을 갖고 유·무죄 여부뿐만 아니라 양형심리에도 함께 참여한다(독일 법원조직법 제30조 및 제77조 1항).

독일에서 공판절차 이분화가 논의되게 된 배경에는 크게 두 가지 요인, 즉 행위자의 특별예방을 고려한 양형의 중요성이 대두되었다는 점과 공판절차의 미분화로 인한 피고인의 인격권 보호의 필요성이 제기되었기 때문이었다.[60)] 독

58) Federal Rules of Criminal Procedure§32(j)

59) 원래 독일에서는 배심재판(Schwurgericht)이 1877년 제국법원조직법과 형사소송법에 등장했다가 1924년 당시 바이마르 공화국 법무장관이었던 에밍거(Emminger)의 개정안에 따라 폐지되었고, 큰 틀의 참심재판(Schöffengericht)안이 전면적으로 부상하여 오늘날에까지 이르고 있다.

60) 독일에서 공판절차 이분화가 논의된 역사에 관해서는 Blau, Die Teilung des Strafverfahrens in zwei Abschnitte. Schuldspruch und Strafausspruch, ZStW 81(1969), 31쪽 이하 참조.

일 형법은 2차 대전 이후 몇 차례의 개정을 통하여 형사제재체계에서 행위자 형법을 지향하게 되었다. 형법의 방향설정이 범행에 지향된 응보사상에서 행위자에 지향된 예방사상으로 변화됨에 따라 학계에서는 행위자 형법의 목적을 구체화하기 위하여 형사절차의 구조가 변화되어야 한다는 목소리가 커지게 되었다. 한편 피고인의 인격권 보호는 독일의 공판절차에서 범죄행위와 양형결정에 중요한 사정들에 관한 증거가 하나의 공판절차에서 분리되지 않고 제시된다는 점에서 기인한다. 독일의 공판절차에서는 피고인임을 확인할 수 있는 사정을 질문하고 진술거부권을 고지한 후에 전과사실, 가족관계, 직업, 경제적 상황, 교육정도, 성장과정, 병력, 공동피고인 또는 증인과의 관계 등 사건에 관련해서 피고인을 신문한다. 이와 같이 공개된 재판에서 피고인의 인격에 관한 신문내용은 피고인의 유죄가 입증되지 않으면 전혀 불필요하게 된다. 이는 피고인의 인격권침해일 뿐만 아니라 법원에게는 유·무죄 판단에 있어서 예단을 가지게 하여 중립적 판단자로서의 지위를 위태롭게 한다는 문제를 낳게 되었다.

나. 공판절차 이분화에 관한 논의의 경과

독일에서 공판절차 이분화에 관한 논의는 1925년의 런던 국제 수형자회의를 계기로 시작되었다. 런던 국제 수형자회의에서는 유럽지역 국가들에 대하여 형사 공판절차를 영미 배심재판에서 시행되던 사실심리절차와 양형심리절차로 이분화할 것을 요구하였다. 그러나 그 당시 독일에서는 이러한 논의가 입법적으로 실현되지 못했다. 그 이후 나치정권 하에서는 행위자의 인격에 대한 철저한 심리를 내용으로 하는 공판절차 이분화가 아예 논의의 대상으로 되지도 못했다.

독일에서 공판절차 이분화가 본격적으로 논의되게 된 계기는 1955년에 Karl Peters 교수가 독일 형법상 형사제재 및 양형 관련 규정들이 행위 형법에서 행위자 형법으로 변경됨에 따라 형사공판절차도 반드시 이분화해야 한다고 요구하면서 부터였다. 특히 1969년에 로마에서 개최된 국제형법학회에서 독일의 판사와 변호사들이 공판절차의 이분화에 찬성하는 내용[61]의 주제발표를 한 것을 계기로 독일에서는 1970년대의 사법개혁 논의와 맞물려 공판절차 이분론이

61) Blau, Die Teilung des Strafverfahrens in zwei Abschnitte. Schuldspruch und Strafausspruch, ZStW 81(1969), 31쪽.

학계에서 광범위한 공감을 얻었다. 그러나 법원실무에서는 피고인의 인격권 보호와 합리적 양형의 중요성을 인식하면서도 공판절차를 이분화하는 것에 대해서는 반대하였다. 그 이유는 무엇보다도 공판절차를 이분화하게 되면 재판이 장기화될 것이라는 우려가 지배적이었기 때문이다.

공판절차 이분화에 관한 학계와 법원간의 논쟁은 1970년대 후반에 이르자 서서히 식고 말았다. 공판절차 이분화에 관한 중요한 쟁점들에 관하여 합의를 보지 못했기 때문이다. 예를 들어 공판절차를 이분화하는 방식을 임의적으로 할 것인지, 당사자에게 공판절차 이분에 대한 신청권을 부여할 것인지, 이를 긍정한다면 언제 어떠한 방식으로 신청하도록 할 것인지, 당사자의 신청에 대한 법원의 결정에 대하여 불복을 인정할 것인지, 중간판단에 구속력을 인정할 것인지 등에 관하여 합의를 보지 못했다. 결국 이 문제는 1985년에 들어 독일과 스위스의 형법학자 17명으로 구성된 택일안 교수팀이 공판절차개혁에 관한 형사소송법 개정 택일안[62]을 내 놓음으로써 일정한 해결책을 찾았지만 택일안 교수팀의 공판절차 이분화에 관한 안은 학자들의 의견으로써 그 이후의 입법절차에 반영되지 못했다.

독일에서 공판절차 이분화에 관한 이론과 그 구체적 실천방안이 적지 않게 나왔음에도 법제화에 성공하지 못한 이유는 외형상 공판절차 이분화가 절차지연의 문제를 낳는다는 것이었지만 그 속내는 직권주의 소송구조를 취하고 있는 독일 형사소송의 전통에서 공판절차를 형식적으로 이분화할 경우 영미 당사주의적 요소가 들어와야 하는데 이러한 직권주의와 당사자의의 혼합적 방식을 실무에서 받아들이기를 꺼려한 것으로 볼 수도 있다.

2. 독일에서 논의된 공판절차 이분화 방안

독일에서 논의된 공판절차 이분화 방안은 다양하다. 독일에서 논의된 대표적인 이분화 모델은 책임중간판단모델(Schuldinterlokut)과 행위중간판단모델(Tatinterlokut)이었다. 책임중간판단모델이란 유·무죄에 관한 사실심리를 공판절차의 제1단계에서 실시하고 유죄로 인정될 경우 공판절차의 제2단계에서 양형에 관한 사

62) Baumann u.a., Alternativ-Entwurf Novelle zur Strafprozeßordnung. Reform der Hauptverhandlung (AE- StPO-HV), 1985.

정들을 심리하되 책임능력에 관한 문제를 사실심리절차에서 판단하는 방식이다. 이에 반해 행위중간판단모델에 의하면 공판절차의 제1단계에서는 피고인이 공소장에 기재된 범행을 범했는지에 관하여 심리하고 이것이 인정될 경우 공판절차의 제2단계로 넘어가서 피고인의 책임능력과 양형사정을 심리하는 방식이다.

그 밖에 독일에서는 양형이론에 기초하여 제시된 행위책임중간판단모델(Tatschuldinterlokut)[63]과 책임판단여지중간판단모델(Schuldspielrauminterlokut)[64] 등 다양한 형태도 주장되었다. 한편 독일에서는 현행 소송법 해석상으로도 공판절차의 이분화가 가능하다는 점에서 출발하는 비형식적 행위중간판단모델[65] 또는 비형식적 책임중간판단모델[66]도 유력하게 주장되기도 했다.

여기서는 독일에서 논의된 다양한 공판절차 이분화 방안 중에서 독일 택일안 교수팀이 일정한 법안의 형식으로 제안한 공판절차 이분화 방안과 현행 독일의 형사소송법 체계 내에서 공판절차를 이분화하고자 하는 비형식적 이분화 모델을 소개하고자 한다.

가. 입법론으로 제시된 모델: 택일안 교수팀의 공판절차 이분화 방안

(1) 택일안 교수팀의 공판절차 이분화에 관한 기본모델과 그 특징

택일안 교수팀[67]이 제시한 공판절차 이분화 방식은 행위중단판단모델에

---

63) Horn, Tatschuld - Interlokut und Strafzumessung, ZStW 85(1973), 7쪽 이하.

64) Schaffstein, Spielraum-Theorie, Schudbegriff und Strafzumessung nach den Strafrechtsreformsgesetzen, FS-Gallas, 1973, 102쪽.

65) Schöch, Strafzumessung und Persönlichkeitsschutz in der Hauptverhandlung, FS-Bruns, 1978, 460쪽; Achenbach, Zweiteilung des Strafverfahrens, JR 1974, 404쪽; Krauss, Richter und Sachverständiger im Strafverfahren, ZStW 85(1973), 355쪽 이하; Roxin, Die Reform der Hauptverhandlung im deutschen Strafprozeß, 1975, 70쪽.

66) Bruns, Strafzumessungsrecht, 1974, 182쪽; Peters, In welcher Weise empfiehlt es sich, die Grenzen des strafrechtlichen Ermessens im künftigen Strafgesetzbuch zu regeln(Ermessensfreiheit oder gesetzliche Bindung des Richters bei der Verhängung der Strafe und sonstiger Unrechtsfolgen)?, 41. DJT, 1955, Band I, 55쪽.

67) 택일안 교수팀이란 독일과 스위스의 일부 형법학자들로 구성된 사적 조직으로서 택일안에서 다루는 주제마다 그 구성원을 일부 달리하기도 한다. 택일안 교수팀은 주로 형사법의 주요 쟁점들에 관하여 일정한 개정안 내지 해결책을 제시하고 있으며 지금도 형사법 관련 쟁점에 대한 대안을 제시하고 있다. 택일안 교수팀이 제안한 대안을 택일안(Alternativ-Entwurf)이라고 하는데, 이 대안은 통상적으로 관련 쟁점을 1년 이상 논의한 끝에 나온 핵심적인 내

기초하고 있다. 택일한 제239조[68]에 의하면 공판절차의 제1단계에서는 공소제기된 범죄행위의 객관적 및 주관적 구성요건요소, 위법성조각사유, 불법의식, 책임조각사유, 인적 처벌조각사유 및 객관적 처벌조건 등의 존부를 판단하되, 공판절차의 제2단계에서는 제1단계에서 확정된 범죄사실을 토대로 책임능력, 형벌가중 및 감경사유, 누범가중여부와 그 밖의 양형사유 등 형사제재를 결정함에 필요한 모든 사정을 심리한다. 택일안 교수팀이 공판절차 이분화의 방식을 행위중간판단모델에 기초한 것은 피고인의 책임능력 유무에 대한 확정은 양형보다도 더 심도 있는 인격조사가 요구된다는 사실이 경험연구를 통하여 확인되었기 때문이다. 또한 책임능력을 확정함에 요구되는 감정인은 철저한 인격심리를 통한 형사제재의 결정뿐만 아니라 피고인에게 미치는 형벌의 효과예측에도 도움을 줄 수 있다는 점도 고려되었다.

택일안 제239조의 내용으로부터 택일안 교수팀이 채택한 공판절차 이분화의 특징은 다음과 같이 요약된다.

첫째, 공판절차 이분화의 적용범위를 특정한 범죄에만 국한시키지 않고 모든 범죄로 확대시키고 있다. 중대범죄 뿐만 아니라 경미범죄(kleine Kriminalität)나 중간정도의 중한 범죄(mittlere Kriminalität)에 대해서도 공판절차의 이분화를 의도한 이유는 ① 공판절차 이분화가 가져다주는 장점들을 모든 사건에 적용될

용들을 담고 있다. 택일안 교수팀은 사적 조직이지만 그들이 내 놓은 대안은 독일 형법학계와 실무계에 지대한 영향을 미치고 있다.

68) 택일안 제239조[공판심리] ① 공판심리에서 법원은 첫 번째 단계에서는 범죄실행(범죄실행에 관한 심리)에 관하여, 두 번째 단계에서는 양형(양형에 관한 심리)에 관하여 결정한다. 사실확정은 책임능력을 제외한 가벌성의 모든 요건들을 포함한다.
② 법원은 범죄실행의 확정을 위하여 필요한 경우에는 결정으로 책임능력(형법 제20조), 한정책임능력(형법 제21조) 또는 피고인의 개인적 사정과 사회적 사정에 관련되는 사실을 범죄실행에 관한 심리에 포함시킨다. 법원은 범죄실행의 확정을 위하여 필요한 경우에는 과거에 유죄판결을 선고받은 범죄실행의 유형과 계기를 범죄실행에 관한 심리에 포함시킬 수 있다.
③ 피고인에 대한 무죄판결, (소송조건의 흠결을 이유로 한) 절차중단판결 또는 피고인이 어떠한 범죄를 범했는지 명시되어 있는 중간재판이 있는 경우에는 범죄실행에 관한 심리는 종료된다.
④ 중간재판은 결정의 형식으로 행한다. 중간재판은 범죄사실에 대한 법적 특징을 명시하여 발한다. 적용된 규정은 해당 조항과 법률의 명칭을 함께 명시한다.
⑤ 중간재판은 문서로 작성한다. 중간재판은 구두로 하고 이유를 제시한다. 중간재판에 대해서는 불복할 수 없다.

수 있도록 해야 한다는 점, ② 특정한 (중범죄의) 피고인에 대해서만 공판절차를 이분화하는 것은 평등원칙에 반한다는 점, ③ 경미범죄의 경우에도 행위자의 인격성에 적합한 형사제재를 발견할 필요가 있고 경미범죄의 경우 공판절차를 이분화시켜서 운영하는 것이 비교적 간단하다는 점 등을 고려하였기 때문이었다.[69)]

둘째, 공판절차를 법원의 직권재량 또는 당사자의 신청에 의하여 분리하는 방식을 취하고 있는 것이 아니라 모든 사건에서 의무적으로 분리하도록 규정하고 있다. 그러나 공판절차의 이분화를 의무적으로 실시하도록 하는 택일안 교수팀의 입법안에 대해서는 주로 법원실무에서 소송경제원칙에 반한다는 반론이 많았다. 이에 대하여 택일안 교수팀은 ① 공판절차 이분화에 관한 경험연구의 결과에 의하면 절차지연이 우려할 만한 정도가 되지 못했고, ② 범죄의 중대성에 따라 공판절차의 이분화에 적합한 사안과 적합하지 않은 사안을 구분하는 것이 불가능하며, ③ 법원의 직권으로 공판절차를 임의적으로 분리하거나 당사자가 신청하는 경우 의무적으로 공판절차를 분리하는 경우에는 검사와 변호인 간의 상반되는 이해관계로 인하여 법원의 공판절차 이분에 관한 결정을 둘러싸고 다툼이 일어날 수 있고, 이로써 오히려 소송절차가 지연될 수 있으며, ④ 당사자의 신청이 있는 경우에 법원이 의무적으로 공판절차를 분리하도록 하면 예를 들어 변호인이 법원의 잠정적인 의사에 반하여 공판절차 분리신청을 한 경우 피고인에 대한 법원의 부정적 판단을 촉발하게 할 위험이 있다는 점에서 공판절차를 법원의 직권에 의한 임의적인 분리나 당사자의 신청이 있는 경우 의무적으로 분리하는 것이 적합하지 않고 오히려 모든 사건에 대하여 의무적으로 분리하는 것이 더 타당하다고 보았다.[70)]

셋째, 행위중간판단모델에 상응하게 피고인의 책임능력 유무에 관한 판단을 공판절차의 제2단계에 위치시키고 있지만 택일안 제239조 제2항은 범죄실행의 확정을 위하여 필요한 경우에는 책임능력의 유무 등에 관한 심리를 공판절차의 제1단계에서 실시할 수 있다는 예외를 명시하고 있다. 예를 들어 원인에

69) Baumann u.a., Alternativ−Entwurf Novelle zur Strafprozeßordnung. Reform der Hauptverhandlung (AE− StPO−HV), 1985, Begründung zu §239, 54~55쪽.

70) Baumann u.a., Alternativ−Entwurf Novelle zur Strafprozeßordnung. Reform der Hauptverhandlung (AE− StPO−HV), 1985, Begründung zu §239, 57~58쪽.

있어서 자유로운 행위의 경우에는 구성요건해당성의 검토단계에서 이미 책임능력의 유무가 문제되기 때문에 이러한 예외사유에 해당하게 된다. 나아가 피고인의 인격적·사회적 상황을 조사함이 없이는 행위의 구성요건해당성을 확정할 수 없는 경우가 있을 수 있다. 예를 들어 법원은 행위자의 경제적 사정을 고려하지 않고서는 영업범에서의 행위의 영업성(Gewerbmässigkeit) 또는 부양의무위반행위(형법 제170b조)를 확실하게 결정할 수 없는 경우에도 예외사유가 된다.[71] 이러한 예외사안을 공판절차의 제1단계에서 심리하기 위해서는 반드시 법원의 결정이 있어야 한다. 이와 같이 법원의 결정을 요구한 이유는 공판절차 이분화를 통하여 확보된 범죄실행의 확정과 양형에 관한 판단간의 분리가 법원의 실무편의에 따라 예외사항이 오히려 원칙사항으로 변질되는 것을 방지하기 위함이다.

(2) 사실심리절차

(가) 공판심리의 진행과정

택일안 제243조[72]는 범죄사실 심리절차의 진행과정과 특히 영미 당사자주의 소송구조의 특징적 요소인 상호신문제도를 규정하고 있다.

---

71) Baumann u.a., Alternativ-Entwurf Novelle zur Strafprozeßordnung. Reform der Hauptverhandlung (AE-StPO-HV), 1985, Begründung zu §239, 59쪽.

72) 택일안 제243조[공판심리의 진행과정; 상호신문] ① 공판은 사건의 호명과 함께 시작한다. 재판장은 피고인과 변호인의 출석 여부와 증거방법의 제출 여부, 특히 소환된 증인과 감정인의 출석 여부를 확인한다.
② 증인은 법정에서 퇴정한다. 재판장은 피고인의 인적 사항을 확인한다.
③ 이에 이어서 법원이 공판절차의 개시를 결정한 경우에는 검사는 공소장을 낭독한다.
④ 그 다음으로 피고인에 대하여 공소사실에 대하여 의견을 표명하거나 사건에 대한 진술을 거부할 수 있음을 고지한다. 피고인이 진술할 의향이 있는 경우에는 재판장은 피고인에게 관련 의견을 표명할 기회를 부여한다. 이 경우 재판장의 지휘는 관련되는 의견표명을 할 수 있도록 지원하는 것에 국한된다.
⑤ 이에 이은 신문은 변호인과 검사가 교차적으로 행한다(상호신문). 이 경우 질문권은 변호인이 먼저 행사하고, 그 다음으로 검사가 행사한다. 재판장은 허용되지 않거나 부적절한 질문, 사건과 관련없는 질문 또는 그 밖에 남용될 수 있는 질문을 기각한다.
⑥ 재판장은 상호신문이 종료된 이후 보충신문을 할 수 있다. 재판장은 배석판사, 명예직 법관, 검사 또는 변호인의 요청이 있는 경우에는 보충신문을 허용해야 한다. 피고인이 공동피고인에게 직접 질문하는 것은 허용되지 않는다.
⑦ 피고인에게 변호인이 없는 경우에는 재판장이 검사와 교차적으로 피고인을 신문한다. 이 경우 질문권은 재판장이 먼저 행사한다.

공판심리의 진행과정은 ① 재판장의 사건호명, 피고인과 변호인 등 관계자의 출석 여부 및 증거방법의 제출 여부를 확인, ② 피고인에 대한 인정신문, ③ 법원의 공판절차 개시 결정에 따른 검사의 공소장낭독, ④ 피고인에 대한 진술거부권의 고지 및 피고인의 모두진술, ⑤ 상호신문 방식에 의한 피고인신문, ⑥ 증거조사의 순서로 진행된다.[73]

택일안은 재판장의 업무감경과 변호인 및 검찰의 지위강화를 위하여 영미형사절차에서 일반적으로 활용되는 상호신문제도(Kreuzverhör, cross－examine)를 도입하였다(택일안 제243조 제5항). 이는 영미식의 소송구조와 같이 당사자에게 주도적 지위를 인정하여 당사자 사이의 공격과 방어, 수장과 입증에 의하여 심리가 신행되는 낭사사주의와 독일의 전통적인 직권주의구조의 혼합형으로 이해된다.

상호신문제도를 도입함에 따라 소송진행 권한은 재판장에게 그대로 남아 있지만 피고인, 증인 및 감정인에 대한 신문은 변호인과 — 변호인이 없는 피고인의 경우에는 재판장이 검사와 순차적으로 신문하며 재판장이 먼저(택일안 제243조 제7항) — 검사의 신문권에 의해서 주도적으로 진행된다. 피고인에 대한 신문은 변호인과 검사의 순서로 진행된다.

재판장은 상호신문이 끝난 후에, 합의부판사, 명예직 법관, 검사 또는 변호인은 요구에 의하여 보충적인 신문을 할 수 있다(택일안 제243조 제6항). 보충신문권은 변호인과 검사의 수차례에 걸친 순차적인 신문에 의하여 사건이 이미 해명되어졌지만, 불분명하고 대답되어지지 않은 질문이 있거나 오해의 여지가 있는 것에 관해서만 인정된다.

상호신문은 변호인이 먼저 질문을 하는 순서로 진행된다(택일안 제243조 제5항). 변호인이 먼저 하는 이유는 검사는 이미 수사절차의 진행과 공소제기를 통해서 피의자에 대한 충분한 신문을 행했고 이 결과를 제시하여 자신의 주장과 입증방침을 법원에 알릴 기회를 가졌지만 변호인은 자신의 주장을 표시할 기회가 없었기 때문이다. 또한 무죄임을 주장하는 자에게 우선 진술의 기회를 제공하는 것이 법치국가원리에 부합하는 것이기도 하다. 이 기회에 피고인도

---

73) 이러한 공판심리의 진행과정은 우리나라의 2007년도 형사소송법 전면개정 이전의 공판절차 진행과정과 매우 유사하다.

수사단계에서 하지 못했던 진술을 할 수 있는 가능성을 갖게 된다.

이러한 상호신문제도에 관한 규정은 공판절차의 제1단계인 사실심리절차에만 적용된다. 양형심리절차인 공판절차의 제2단계에서는 우선적으로 피고인에게 자신의 인격적 및 사회적인 상황에 관하여 진술할 기회가 주어진다(택일안 제243b조 제4항). 이어서 사법보조관을 신문한다.

(나) 증거조사

택일안 제243a조(증거조사)[74]는 증거조사를 피고인신문 이후에 실시하는 것으로 규정하고 있다. 현행 독일 형사소송법은 증거의 신청권자가 먼저 신문을 하는 방법을 규정하고 있지만 택일안은 법원이 증인 또는 감정인에게 먼저 진술하도록 한 후에 상호신문절차를 진행하도록 하고 있다. 그 근거는 신청권자가 먼저 하도록 한다면 신청을 많이 하는 측이 유리하고 이는 통상 검사 측이기 때문에 중립적인 상태에서 출발할 수 있도록 한다는 데 있다.

(다) 기록열람권

공판절차의 분리에 따라 검사는 수사개시부터 피의자의 범죄사실에 관한 조서와 인격에 관한 조서를 구분하여 작성·제출하여야 한다. 검사는 공소장과 함께 범죄사실에 관한 조서를 제출하고 인격에 관한 조서는 피의자가 자백했고 이 조서의 내용이 양형심리단계의 준비를 위하여 필요한 경우에만 공소장과 함께 제출된다(택일안 제170a조 제4항).[75]

현행 독일의 형사소송법은 수사서류열람권에 관하여 규정하고 있지 않지

---

74) 택일안 제243a조[증거조사] ① 증거조사는 피고인신문 이후에 실시한다. 법원은 진실탐지를 위하여 재판에 중요한 의미를 가지는 모든 사실과 증거방법에 관하여 직권으로 증거를 조사해야 한다.
② 재판장은 증인과 감정인에게 먼저 관련성을 진술하도록 해야 한다. 그 이후의 신문은 변호인과 검사가 교차적으로 행하고(상호신문), 이 경우 택일안 제243조 제5항 제2문과 제3문을 준용한다.
③ 재판장은 상호신문이 종료된 이후 보충신문을 할 수 있다. 재판장은 배석판사, 명예직 법관, 검사, 피고인 또는 변호인의 요청이 있는 경우에는 보충신문을 허용해야 한다.
④ 택일안 제243조 제7항(피고인에게 변호인이 없는 경우에는 재판장이 검사와 교차적으로 피고인을 신문한다. 이 경우 질문권은 재판장이 먼저 행사한다)을 준용한다.

75) Baumann u.a., Alternativ-Entwurf Novelle zur Strafprozeßordnung. Reform der Hauptverhandlung (AE-StPO-HV), 1985, Begründung zu §170a, 58쪽.

만 통상 직업법관에게는 제한없는 열람권을 보장하고 명예직 법관에게는 수사서류 뿐만 아니라 공소장의 열람도 허용해서는 안된다고 이해하고 있다. 그 근거로는 구두주의와 직접주의 때문이다. 구두주의와 직접주의에 의하면 재판부의 심증형성은 공판정에서의 조사와 심리를 통해서만 이루어져야 한다. 이는 직업법관에게도 통용되는 것이지만 재판장은 소송진행을 위하여 미리 열람할 필요가 있고 재판장이나 합의부원은 수사서류의 내용을 알아야만 공판개시를 결정할 수 있기 때문에 구별하여 인정해야 한다. 특히 명예직 법관(또는 참심원)에게 수사서류의 열람을 불허하는 이유는 이들은 직업적 교육을 받지 못했고 직업적 경험이 없기 때문에 수사서류를 통하여 심증을 형성했는지 아니면 공판절차의 결과를 토대로 심증을 형성했는시를 구분하지 못하기 때문에 공정한 재판을 위해서도 구별하여 취급해야 한다. 이 점에서 택일안 제241조[76]는 수사기록열람권을 직업법관에게만 부여하였다.

(라) 중간재판 및 그 구속력[77]

택일안 제240조[78]는 중간재판(Zwischenbescheid)의 구속력을 명시하고 있

76) 택일안 제241조[기록열람] ① 재판부 구성원 중 수사기록은 직업법관만 열람할 수 있고, 명예직법관은 수사기록을 열람할 수 없다.
② 피고인의 인격에 관한 기록내용은 택일안 제239조 제2항(법원은 범죄실행의 확정을 위하여 필요한 경우에는 결정으로 형법 제20조에 따른 책임능력, 형법 제21조에 따른 한정책임능력 또는 피고인의 개인적 사정과 사회적 사정에 관련되는 사실을 범죄실행에 관한 심리에 포함시킨다. 법원은 범죄실행의 확정을 위하여 필요한 경우에는 과거에 유죄판결을 선고받은 범죄의 실행의 유형과 계기를 범죄실행에 관한 심리에 포함시킬 수 있다)에 해당하는 경우를 제외하고는 중간결정을 고지한 후에 소송절차에 유입될 수 있다. 그 밖에 본조 제1항을 준용한다.

77) Baumann u.a., Alternativ−Entwurf Novelle zur Strafprozeßordnung. Reform der Hauptverhandlung (AE−StPO−HV), Begründung zu §240, 63~65쪽.

78) 택일안 제240조[중간재판의 구속력] ① 법원은 중간재판에 구속된다. 중간재판의 토대가 된 사실의 확정에 대하여 다투려는 증거신청은 허용되지 않는다.
② 새로운 사실로 인하여 피고인이 무죄가 되거나 경한 형벌법규의 적용으로 보다 경하게 처벌될 수 있는 경우 또는 보안처분이나 그 밖의 처분에 관하여 본질적으로 다른 재판을 할 수 있는 경우에는 법원의 일치된 결정으로 구속력을 취소할 수 있다. 형사소송법 제265조를 준용한다.
③ 새로운 사실로 인하여 보다 중한 형벌법규의 적용으로 보다 중하게 처벌될 수 있는 경우 또는 보안처분이나 그 밖의 처분에 관하여 본질적으로 다른 재판을 할 수 있는 경우에는 검사의 신청에 따라 법원의 일치된 결정으로 구속력을 취소할 수 있다. 형사소송법 제265조(법적 관점의 변경) 및 제266조(추가기소)를 준용한다.

다. 법원이 공판심리의 제1단계에서 범죄사실에 관한 심리를 진행한 이후에 피고인이 공소제기된 범죄를 범했다는 결론에 도달하면 그 이후의 양형을 위한 분명하고 의심할 여지가 없는 출발상황을 만들어 놓아야 한다는 점에서 중간재판을 해야 한다. 이 경우 중간재판은 결정의 형식으로 행하고 중간재판은 범죄사실에 대한 법적 특징과 적용법조를 명시하여 발한다(택일안 제239조 제4항). 중간재판은 이유가 제시된 문서로 작성하고, 구두로 고지해야 한다. 법원의 중간재판에 관한 결정에 대해서는 불복할 수 없다(택일안 제239조 제5항).

문제는 공판심리의 제1단계에서 나온 결론에 대하여 중간재판을 하였으나 추후에 사정변경이 있는 경우 기존의 중간재판을 번복할 수 있는지의 여부이다. 이러한 중간재판의 구속력과 관련하여 택일안 제240조는 원칙과 예외를 규정하고 있다. 이에 의하면 법원은 서면으로 작성된 중간재판에 원칙적으로 구속된다(택일안 제240조 제1항). 이와 같이 중간재판의 구속력을 인정한 이유는 중간재판 이후에 양형심리단계가 진행됨에 따라 새로운 사실이나 증거자료를 제시하여 중간재판의 당부에 의문을 제기할 수 있는 가능성을 원칙적으로 차단함으로써 공판절차의 이분화를 실현하기 위함이다. 이 점에서 중간재판의 토대가 된 사실확정에 대해 다투려는 증거신청은 허용되지 않는다.

그러나 중간재판 이후의 양형심리단계에서 새로운 사실을 토대로 기존의 중간재판이 잘못되었다는 점이 밝혀진 경우에는 예외적으로 시정될 가능성이 있어야 한다. 이 점을 고려하여 택일안은 제240조 제2항 또는 제3항에 명시된 요건이 충족되는 예외적인 경우[79]에 한하여 법원의 일치된 결정(즉 재판부의 만장일치로)으로 피고인의 이익을 위하여 중간재판의 구속력을 취소하거나(택일안 제240조 제2항), 검찰의 신청으로 피고인에게 불리하게(택일안 제240조 제3항) 중간재판의 구속력을 취소할 수 있다고 규정하였다. 통상의 2/3가 아니라 만장일치를 요구하는 이유는 중간재판의 구속력을 유지하기 위해서는 중간재판의 부당성이 명백한 경우로 제한할 필요가 있기 때문이며 만장일치가 아니면 피고인이나 변호인이 1/3의 법관의 생각을 바꾸려고 끊임없이 시도할 것이기 때문이다.[80]

79) 택일안 제240조 제2항과 제3항에 명시되어 있는 예외사유는 제한적으로 해석되어야 중간결정의 구속력이 보장될 수 있다. 언제나 사실 확정의 부당성을 검증할 수 있는 예외사유를 인정받기 위한 증거신청의 남용위험이 도사리고 있기 때문이다.

80) 하태훈, 공판절차 이분론(상), 형사정책연구 제6권 제4호, 1995, 138쪽 및 그곳의 주 70번.

(3) 양형심리절차

(가) 양형심리절차의 재판부 구성

공판절차의 제2단계인 양형심리절차에서 재판의 주체를 사실심리절차를 담당한 재판부와 달리 구성할 것인지가 문제된다. 이에 관해서는 ① 공판절차의 제1단계에서 사실심리를 담당한 재판부가 제2단계에서도 양형심리를 담당해야 한다는 방안(이른바 동일성모델), ② 양형심리는 사실심리와 차원을 달리하는 것이므로 공판절차의 제2단계에서는 법관을 배제한 채 심리학자, 사회심리학자, 정신치료사, 사법보조관 등 감정인만으로 재판부를 구성하는 방안(이른바 절대적 감정인 모델), ③ 사실심리와 양형심리의 성질상 차이를 인정하면서도 제2단계에서는 법관과 감정인이 혼합하여 재판부를 구성하는 방안(이른바 상대적 감정인모델), ④ 독일 법원조직법 제78a조와 제78b조의 예에 따라 형집행부로 하여금 양형심리를 하도록 하는 방안(이른바 형집행모델) 등 4가지의 모델이 주장되었다.

이에 대하여 택일안 교수팀은 (절대적 또는 상대적) 감정인모델이 피고인의 인격성에 적합한 양형결정을 할 수 있는 장점이 있고 양형심리를 할 경우에도 법적인 문제를 해결해야 한다는 점에서 직업법관과 다수의 감정인이 혼합하여 재판부를 구성하도록 하는 상대적 감정인모델을 고려할 수 있지만 소송기간의 지연, 법적 문제의 판단, 직업경험자인 법관의 참여, 새로운 재판부 구성과 진행의 어려움 등을 고려하여 동일한 재판부로 절차를 계속하는 동일성모델이 타당하다고 보았다.[81]

(나) 양형심리절차의 진행과정

사실심리절차에서 피고인이 공소장에 기재된 범죄사실이 인정된 경우에는 당해 사건은 양형심리절차로 넘어가게 된다. 이와 관련하여 택일안 제243b조[82]

---

81) Baumann u.a., Alternativ–Entwurf Novelle zur Strafprozeßordnung. Reform der Hauptverhandlung(AE–StPO–HV), 1985, Anhang zu §239, 61–62쪽.

82) 택일안 제243b조[양형심리의 진행과정] ① 피고인의 인격에 관한 서류가 택일안 제170a조 제4항 제2문에 따라 이미 공소장과 함께 제출되지 않은 경우에는 그 서류는 중간재판 이후에 법원에 제출된다. 택일안 제160조 제3항 제2문의 요건이 충족되었음에도 불구하고 사법보조관의 보고서가 존재하지 않는 경우에는 재판장은 사법보조관에게 보고서를 요청한다. 양형심리를 위하여 형사소송법 제214조 이하에 의거하여 아직 소환되지 않은

는 양형심리의 진행과정을 규정하였다. 양형심리절차에서는 무엇보다도 양형자료조사보고서가 법원에 제출된다. 그리고 양형심리를 위하여 증인 또는 감정인을 소환한다. 양형심리절차는 양형심리준비절차와 좁은 의미의 양형심리절차로 구분된다. 양형심리준비절차에서는 법원에 대한 사법보조관의 양형자료의 제출 또는 사법보조관의 양형보고서가 존재하지 않을 경우 재판장의 사법보조관에 대한 보고서 요청, 양형심리를 위한 증인 또는 감정인 소환 등이 행해진다. 좁은 의미의 양형심리절차는 재판장의 사건에 대한 호명, 재판장의 중간재판에 관한 보고, 개인적 사정과 사회적 사정에 관한 피고인의 보고, 사법보조관의 양형보고서의 보고 또는 (사법보조관이 법정에 불출석한 경우) 사법보조관의 보고서를 도움으로 재판장의 피고인에 대한 질문의 순서로 진행된다.

공판절차가 이분화되면 사실심리절차에서 범죄사실이 확정된 후에 일정한 공판절차 정지기간이 필요하다. 택일안 제243b조 제1항에 따라 양형결정절차는 사실심리절차 후 중간결정에 이어서 진행되는데, 사법보조관의 보고서 제출을

증인이나 감정인이 필요한 경우에는 재판장은 그 증인이나 감정인을 소환한다.
② 본조 제1항 제2문과 제3문에 해당하는 경우 또는 양형심리를 준비하기 위한 휴정이 충분하지 않은 경우에는 법원은 공판심리의 정지를 결정하고 양형심리를 개시하기 위한 기일을 확정한다. 양형심리를 개시하기 위한 기일은 가능한 한 단기간 내에 시행되어야 한다. 공판심리의 정지는 양형심리가 개시되기까지 2월을 초과해서는 안된다는 기준으로 형사소송법 제299조를 준용한다. 양형심리가 이미 최소 10일간 진행된 경우라도 특별한 사건의 경우에는 양형심리를 30일까지 1회 정지할 수 있다.
③ 양형심리의 진행과정에 대해서는 택일안 제243조 제1항(공판은 사건의 호명과 함께 시작한다. 재판장은 피고인과 변호인의 출석 여부와 증거방법의 제출 여부, 특히 소환된 증인과 감정인의 출석 여부를 확인한다) 및 제2항 제1문(증인은 법정에서 퇴정한다)을 준용한다. 그 다음으로 재판장은 중간재판에 관하여 보고한다.
④ 재판장은 피고인에게 관련되는 개인적인 사정과 사회적인 사정을 보고하도록 한다. 그 다음으로 사법보조관은 자신이 작성한 보고서를 보고한다. 사법보조관이 출석해 있지 않은 경우에는 재판장이 피고인의 인격에 관한 서류, 특히 사법보조관의 보고서를 도움으로 피고인에게 질문한다. 사법보조관에 대해서도 보충질문을 할 수 있다는 기준으로 형사소송법 제243조 제6항, 제243a조 제3항을 준용한다.
⑤ 제1항부터 제4항까지 열거된 사항이 아닌 경우에는 재판장은 재량으로 증거조사와 양형심리의 진행과정을 형성할 수 있다. 상호신문은 일반적으로 실시되지 않는다. 사법보조관은 요구하여 진술할 수 있다.
⑥ 피고인의 신청이 있는 경우에는 법원은 공공의 이익 또는 사법의 이익이 피고인의 책임능력 또는 양형에 관한 공개재판을 요구하는 것보다 우월하지 않는 경우에는 양형심리를 비공개로 할 수 있다. 판결이유의 전부 또는 일부의 고지에 대해서는 본항 제1문을 준용한다. 본항은 법원조직법 제171a조, 제172조, 제173조에 영향을 미치지 않는다.

명한 경우 또는 증인 내지 감정인의 소환을 명한 경우와 공판절차의 정지기간이 양형결정절차의 준비를 위하여 충분하지 못할 경우에는 법원은 2개월을 초과하지 않는 범위 내에서 공판심리의 정지를 결정할 수 있다(제243b조 제2항).

법원은 피고인의 인격에 관한 서류의 내용 파악과 증인 또는 감정인의 소환 등 양형절차의 준비를 위하여 시간을 필요로 한다. 이 경우에 집중심리주의와 신속한 재판의 원칙이 고려되어야 한다. 그러나 자백사건의 경우에는 택일안 제170a조 4항[83]에 따라 피고인의 인격에 관한 서류는 사실에 관한 서류와 함께 제출되기 때문에 법원은 전 공판절차를 준비할 수 있다. 따라서 양형심리절차를 준비함이 없이(즉, 공판절차를 정지하지 않고도) 곧바로 양형심리를 진행하는 것이 가능하다.

양형심리절차에서 재판장은 피고인에게 자신의 개인적·사회적 사정을 보고하도록 한다. 그 다음에 사법보조관의 보고를 듣는다. 피고인의 인격에 관한 가능한 한 폭넓고 적절한 진술을 통해서 양형을 위한 대화가 가능하도록 하기 위하여 사법보조관의 보고는 피고인의 진술에 이어서 재판장이나 검사 또는 변호인의 질문에 앞서서 행해진다. 이렇게 함으로써 모든 공판절차의 참여자가 동일한 정보 상황에서 질문할 수 있고, 이는 구두주의에도 합당하기 때문이다. 피고인과 사법보조관에 대한 검사와 변호인의 질문은 상호신문절차를 엄격히 지킬 필요는 없고 재판장의 재량에 맡겨 진행하도록 하여 마음을 열고 자유로운 가운데 필요하고 합목적적인 제재수단에 관한 결정이 이루어지도록 하는 것이 바람직하다. 택일안 제248조[84]도 이러한 방식으로 재판장의 소송지휘를 규

83) 택일안 제170a조 제4항: "일반적인 공판절차가 청구된 경우에는 법원에 대하여 공소장과 범죄사실에 관한 서류를 제출한다. 피고인이 자백한 때에는 일반적으로 피고인의 인격에 관한 서류를 열람하는 것이 양형심리의 준비에 필요한 경우에는 피고인의 인격에 관한 서류도 법원에 제출한다".

84) 택일안 제248조[심리의 지휘] ① 재판장은 심리를 지휘한다. 피고인에 대한 신문과 증거조사는 택일안 제243조에 정하는 바에 따라 실시한다.
② 재판장은 심리를 지휘하는 과정에서 법정에서의 규칙과 심리의 진행과정을 결정한다. 적절한 경우에는 공개된 토의를 간이화하는 방식으로 심리를 진행할 수 있다. 이러한 진행은 특히 공판심리의 두 번째 단계(양형심리)와 비공개 공판심리에 의한 형사절차에 관한 택일안 제407조 이하에 따른 비공개 공판심리로 진행되는 형사절차에서 이루어져야 한다.
③ 심리에 참여한 당사자가 사건에 대한 지휘와 관련된 재판장의 명령에 대하여 허용되지 않는 것이라고 이의를 제기하는 경우에는 법원은 이에 대하여 결정한다.

정하였다.

책임능력의 유무와 개별적이고 적절한 형사제재를 찾아내기 위하여 피고인의 인격을 심도있게 조사하는 것은 개인의 사생활의 비밀 등이 노출될 우려를 갖게 한다. 이러한 의미에서 택일안 제243b조 제6항은 피고인의 인격권을 보호하기 위하여 피고인의 신청으로 공판절차를 비공개할 수 있도록 규정하였다.

(다) 양형자료조사의 주체와 조사기관 및 양형자료 조사 절차

택일안 제150조[85]는 양형자료조사의 주체와 조사절차 등을 규정하고 있다. 택일안 제150조의 규정으로부터 다음과 같은 핵심적 내용을 알 수 있다.

첫째, 양형자료의 조사주체가 검사와 법원으로 명시되었다(택일안 제150조 제1항). 이 중에서 택일안은 검사를 주된 조사주체로 삼고 법원을 보충적 주체로 인정하였다. 이 점은 택일안 제160조 제3항이“검사는 양형을 결정하는 데 중요한 사정에 대해서도 수사하여야 한다”고 명시하고 있는 것으로부터 알 수 있다. 형사제재문제에 주된 관심을 갖는 택일안은 양형결정에 중요한 피고인의 개인적 사정과 사회적 사정에 관한 조사가 공판절차에서는 제한적으로 가능하기 때문에 검사로 하여금 양형자료를 조사하게 하면서 그 조사담당기관을 사법보조관으로 명시한 것이었다(택일안 제160조 제3항).

둘째, 양형자료조사의 담당기관을 사법보조(Gerichtshilfe) 내지 사법보조관(Gerichtshelfer)으로 명시하고 있다. 공판절차 이분화의 주된 목적은 양형절차의 강화를 통하여 피고인의 인격에 관한 조사와 심리를 철저히 하자는데

85) 택일안 제150조[사법보조] ① 사법보조는 검사 또는 법원의 요청에 따라 피의자나 피고인의 개인적 사정과 사회적 사정을 조사해야 한다.
② 이러한 목적을 위하여 사법보조관은 구속피의자나 구속피고인과도 교통할 수 있다. 사법보조관은 서류를 열람할 수 있다.
③ 피의자나 피고인 이외의 사람에 대한 사법보조관의 질문으로 인하여 그들에게 과도한 불이익, 특히 실직이 우려되는 경우에는 질문해서는 안된다.
④ 사법보조의 조사에 대해서는 형사소송법 제136조 제1항 제1문 및 제2문, 제136a조를 준용한다. 형사소송법 제52조 제3항 및 제55조 제2항에도 불구하고 피의자나 피고인 이외의 사람에 대해서도 진술과 그 밖의 협력에 응할 의무가 없다는 점을 고지해야 한다.
⑤ 사법보조는 상임직, 비상임직 또는 명예직으로 활동한다.
⑥ 다른 사건의 형사절차에서 피고인을 위하여 보호관찰원조자로 지정되었던 사람에 대하여 사법보조의 임무를 위탁할 수 있다.
⑦ 유죄판결을 선고받은 사람(형집행사건과 사면사건)에 대한 사법보조의 활동에 대해서는 본조 제1항부터 제6항을 준용한다.

있다.[86] 물론 검사는 택일안 제160조 제3항에 따라 피고인의 양형에 중요한 사정에 관해서도 수사를 해야 하지만 이는 검사 내지 사법경찰의 인적, 물적, 심리적 요인으로 인하여 불가능하다. 따라서 피고인의 양형자료에 관한 조사를 전담하는 조사관이 필요하다. 이를 위하여 택일안이 활용하고자 하는 제도가 바로 사법보조(Gerichtshilfe)이다. 사법보조관은 서류의 열람 또는 구속된 피의자 내지 피고인과의 접견 등을 통하여 피고인의 개인적 사정과 사회적 사정을 조사하는 것을 임무로 한다.

셋째, 양형자료조사의 대상사건은 원칙적으로 모든 사건이다. 다만 사법보조관의 조사없이도 양형에 관한 제원칙이나 규정들을 충족시키는 재판을 할 수 있는 경우에 검사는 사법보조관의 노움을 받지 않아도 된다(택일안 제160조 3항).

넷째, 양형자료조사의 시기에 관하여 택일안은 원칙적으로 공소제기시로 하였다. 다만 피의자의 동의가 있는 경우에는 공소제기 이전 단계에서도 양형자료의 조사가 이루어질 수 있도록 규정하였다. 학계에서는 사법보조관에 의한 판결전 조사는 가능하면 빨리 이미 수사의 개시단계부터 이루어져야 한다는 견해가 있고, 사실심리절차가 종료된 중간재판 이후에 양형심리절차가 시작되면 사법보조관을 투입하자는 주장도 있다. 그러나 택일안은 한편으로는 무죄추정원칙과 피고인의 인격권보호를 고려하고 다른 한편으로 검사의 수사범위를 범죄사실 뿐만 아니라 양형사실까지도 포함시킴으로 인하여 나타나는 검사의 이해관계를 고려하여 사법보조관이 양형자료를 조사하는 시기를 피고인이 범죄를 범하였음이 충분하게 인정될 수 있는 시기, 즉 공소제기시로 확정하여 중도적인 입장을 취하였다(택일안 제160조 제4항). 다만 피의자의 동의가 있는 경우에는 공소제기 이전 단계에서도 양형자료의 조사가 이루어질 수 있도록 규정하였다(택일안 제160조 제4항 제2문).

다섯째, 양형자료조사에서 관계인의 권리와 관련하여 사법보조관이 양형자료를 조사하는 경우에는 진술거부권을 고지하도록 규정하였다(택일안 제150조

86) 원래 독일에서는 1974년 형법시행법에 그 법적 근거를 마련하고 있었고, 1930년대부터 비공식적으로 실시되어 왔으나, 택일안은 피고인의 양형자료 조사 담당기관으로 사법보조관 제도를 형사소송법에 명시하고자 하였다. 택일안 제150조도 이러한 의미에서 입법적으로 제안된 것이다. Baumann u.a., Alternativ－Entwurf Novelle zur Strafprozeßordnung. Reform der Hauptverhandlung(AE－StPO－HV), 1985, Begründung zu §150, 30쪽.

제4항). 또한 피의자나 피고인 이외의 사람에 대한 사법보조관의 질문으로 인하여 그들에게 과도한 불이익, 특히 일자리의 상실이 우려되는 경우에는 질문해서는 안된다는 점을 명시하였다(택일안 제150조 제3항).

(라) 수사단계에서 양형자료의 조사 및 공소제기 단계에서 양형자료의 취급

공판절차 이분화에 따른 절차의 분리는 공소제기 이후의 단계에서 비로소 문제되는 것이 아니라 이미 공소제기 전단계에서도 절차의 이분을 뒷받침해야 한다. 이와 관련하여 택일안 제160조[87]는 검사의 수사범위 속에 범죄사실에 관한 수사뿐만 아니라 사법보조관을 통한 양형자료의 조사도 포함시키고 있으며 택일안 제170a조[88]는 공소제기 단계에서도 양형자료조사결과에 대한 특별한 규정을 두고 있다.

택일안 제160조와 제170a조의 규정내용으로부터 다음과 같은 특징을 발견할 수 있다.

첫째, 수사단계에서 검사는 범죄사실에 관한 서류와 별도로 피고인의 양형관련 서류를 작성해야 한다(택일안 제160조 제5항). 이와 같이 범죄사실에 관한 서류와 양형자료에 관한 서류를 각각 별도로 작성하게 한 이유는 사실심리절차

---

87) 택일안 제160조[수사절차] ①~② 현재와 같음
③ 검사는 양형을 결정하는 데 중요한 사정에 대하여도 수사하여야 한다. 사법보조의 조사 없이도 형법 제46조에 규정된 제원칙과 양형에 관한 그 밖의 규정들을 충족시키는 재판이 가능한 경우가 아닌 한 검사는 사법보조를 활용해야 한다.
④ 검사는 공소를 제기할 때 사법보조를 요청한다. 피의자가 동의하는 경우에는 공소제기 이전에 사법보조를 요청해야 한다.
⑤ 사법보조관의 보고와 양형심리에만 중요한 의미를 가지는 검사의 수사결과의 경우에는 범죄사실에 관한 서류와 구분하여 피고인의 인격에 관한 서류를 작성한다.

88) 택일안 제170a조[공소장의 내용; 제출서류] ① 공소장에는 피고인, 피고인에게 책임을 묻게 될 사실, 범죄실행의 시간과 장소, 범죄행위의 법적 특징 및 적용법조를 적시해야 한다(기소문). 또한 공소장에는 증거방법, 공판심리가 열리게 될 법원 및 변호인을 기재해야 한다. 양형심리에서 비로소 필요하게 될 증거방법은 별도로 기재해야 한다.
② 공소장에는 수사의 주요 결과도 기재한다. 단독판사에게 공소를 제기하는 경우에는 공소장에 수사의 주요 결과를 기재하지 않아도 된다.
③ 공소장에는 공판절차를 일반절차로 할 것인지, 비공개 절차로 할 것인지에 대한 신청이 포함되어 있어야 한다.
④ 일반적인 공판절차를 신청한 경우에는 법원에 대하여 공소장과 함께 범죄사실에 관한 서류도 제출한다. 피고인이 자백한 때에는 피고인의 인격에 관한 서류에 대한 열람이 양형심리를 준비하는 데 필요한 경우에 피고인의 인격에 관한 서류도 법원에 제출된다.

에서 피고인의 전과 등 인격에 관한 자료가 공판정에 제출됨으로써 법원이 예단과 편견을 가지게 되는 것을 방지하기 위함이다.[89)]

둘째, 공소장에는 양형심리에서 비로소 필요하게 될 증거방법은 별도로 기재해야 한다. 양형심리단계에서만 필요하게 될 증거방법을 범죄사실에 관한 증거방법과 분리하여 별도로 기재해야 한다는 의미이다. 그 이유는 앞의 택일안 제160조 제5항의 취지와 같이 법원의 예단과 편견을 방지하기 위함이다. 피고인의 인격에 관한 서류(즉, 사법보조관의 보고서)는 법원의 중간재판이 선고된 이후에야 법원에 제출된다(택일안 234b조 제1항). 사법보조관의 보고서가 제출되어 있지 않으면 재판장은 사법보조관에게 보고서 제출을 명할 수 있다(택일안 제214a조 제2항). 다만 변호인은 범죄사실에 관한 서류와 마찬가지로 이미 수사절차 단계에서 피고인의 인격에 관한 서류를 열람할 수 있다.[90)] 그러나 자백한 피고인의 경우 인격에 관한 서류를 통하여 범죄사실에 관한 심리에 불리한 영향을 미칠 것이 우려되지 않는 경우에는 범죄사실에 관한 서류와 양형에 관한 서류를 분리할 필요가 없다. 따라서 피고인이 자백한 때에는 피고인의 인격에 관한 서류에 대한 열람이 양형심리를 준비하는 데 필요한 경우에 피고인의 인격에 관한 서류도 법원에 제출된다(택일안 제170a조 제4항).

(마) 사법보조관의 공판심리 참여

피고인에 대한 양형자료를 조사한 사법보조관은 전체 공판심리에 참여할 수 있다. 양형심리의 경우 사법보조관은 일반적으로 참여할 의무가 있다(택일안 제214a조 제3항 제1문).[91)] 그러나 검사나 변호인이 모두 사법보조관의 심리불참

89) Baumann u.a., Alternativ−Entwurf Novelle zur Strafprozeßordnung. Reform der Hauptverhandlung (AE−StPO−HV), 1985, Begründung zu §160, 36쪽.

90) Baumann u.a., Alternativ−Entwurf Novelle zur Strafprozeßordnung. Reform der Hauptverhandlung (AE−StPO−HV), 1985, Begründung zu §170a, 38쪽.

91) 택일안 제214a조[사법보조의 보고] ① 검사는 조사를 실시한 사법보조관에 대하여 공판심리의 장소와 시간을 통지한다. 택일안 제170a조 제4항 제2문에 따른 피고인의 인격에 관한 서류가 이미 공소장에 포함되어 법원에 제출된 경우에는 재판장이 사법보조관에 대하여 공판심리의 장소와 시간을 통지한다.
② 택일안 제160조 제3항 제2문의 요건이 충족되고 사법보조가 아직 참여하지 않았던 경우에는 재판장은 사법보조에 대하여 조사를 요청한다. 재판장은 사법보조에 대하여 공판심리의 장소와 시간을 통지한다.
③ 조사를 실시한 사법보조관은 공판심리에 참여할 수 있다. 검사와 변호인 모두가 사법

여에 동의하는 경우에는 사법보조관은 참여하지 않을 수도 있다(택일안 제214a조 제3항 제2문).

(4) 판결이유과 조서작성

공판절차 이분화의 결과로 인하여 피고인에게 유죄판결을 선고하는 경우 그 판결이유도 사실인정 단계의 결론과 양형단계의 결론으로 이분된다. 다시 말해서 판결이유의 첫 번째 부분에는 입증된 사실과 적용법조를 표시해야 하며, 두 번째 부분은 책임능력과 양형에 관한 사항을 언급한다.

그러나 판결이유를 이분화시키는 것은 공판절차가 실제로 사실심리절차와 양형심리절차로 분리된 경우에만 가능하다. 만약 그렇지 않고 공판절차의 제1단계(사실심리절차)에서 무죄판결이나 절차중단결정이 선고되는 경우(택일안 제239조 제3항)에는 판결이유의 두 번째 부분(즉 양형에 관한 판결이유)도 배제된다. 공동피고인에 대한 절차에서 일부 공동피고인이 무죄, 다른 일부 공동피고인이 유죄인 경우 판결이유에서는 무죄판결을 먼저 설시하고 이에 이어서 유죄피고인에 대해서는 택일안 제267조 제1항[92]에 따라서 판결이유를 두 단계로

보조관의 불참여에 동의하지 않는 한 사법보조관은 양형심리에 참여해야 한다.

92) 택일안 제267조[판결이유] ① 피고인에 대하여 유죄로 판결하는 경우에는 판결이유는 첫 번째로 범죄사실에 관한 부분과 두 번째로 책임능력 및 양형에 관한 부분으로 구성된다.
② 판결이유의 첫 번째 부분에서는 입증되었음이 인정되는 범죄행위의 특징을 포함하고 있는 사실을 적시하여야 하며, 적용법규를 명시해야 한다. 다른 사실로부터 증거를 추론하는 경우에는 그 다른 사실도 적시해야 한다. 이 경우 상세한 내용은 소송기록에 있는 서류들을 참조하도록 할 수 있다.
③ 판결이유의 두 번째 부분에서는 책임능력 및 양형에 관하여 입증되었음이 인정되는 사실, 중요하게 고려한 사항 및 적용법규를 적시해야 한다.
④ 자유형이나 보안처분의 집행을 보호관찰부로 유예하지 않는 경우에는 판결이유에서 자유형이나 보안처분 집행의 종류와 상세한 내용, 특히 자유형이나 보안처분의 집행 중에 유죄판결을 선고받은 자에게 제공된 원조에 관하여 의견을 표현해야 한다.
⑤ 모든 상소권자가 상소를 포기하거나 상소제기기간 내에 상소를 제기하지 않는 경우에는 입증되었음이 인정되는 범죄행위의 특징을 포함하고 있는 사실을 적시하여야 하며, 적용법규를 명시해야 한다. 본항은 본조 제4항에 영향을 미치지 않는다. 벌금형 또는 벌금형과 병과하여 운전금지 또는 운전면허박탈과 이와 관련된 운전면허증의 박탈을 선고하는 단독판사나 참심법원의 판결에 있어서는 허용된 공소장, 형사소송법 제212a조 제2항 제2문에 의한 공소 또는 약식명령 및 약식명령의 신청을 참조하도록 할 수 있다. 기타 판결이유의 내용은 법원이 개별상황을 고려하여 재량에 따라 정한다. 상소제기를 위한 기간의 도과에 대한 회복을 허용하는 경우 형사소송법 제257조 제1항 제2문에 규정된 기간내에 판결이유를 보충할 수 있다.
⑥ 피고인에게 무죄를 선고하는 경우 어떠한 사실적 또는 법적 근거에서 무죄가 되었는

구분한다.[93)]

한편 택일안 제273조[94)]는 공판심리의 조서작성에 관하여 명시해두고 있다. 이에 의하면 조서는 공판심리의 진행과 결과의 주요 내용을 담고 있어야 하며 법률에 명시된 절차의 형식성을 준수했다는 점을 알 수 있도록 해야 한다(택일안 제273조 제1항).

(5) 항소심에서 공판절차 이분화

택일안 제324조[95)]는 항소심의 공판절차도 제1심의 공판절차와 마찬가지로

지 판결이유에서 밝혀야 한다. 상소제기권자가 상소를 포기하거나 기간 내에 상소를 제기하지 않은 경우에는 피고인의 책임을 묻는 범죄행위가 사실적 근거에 기초한 것인지 또는 법적 근거에 기초한 것인지를 밝히는 것만으로 족하다. 본조 제5항 제4문이 적용된다.

93) Baumann u.a., Alternativ−Entwurf Novelle zur Strafprozeßordnung. Reform der Hauptverhandlung (AE−StPO−HV), 1985, Begründung zu §267, 76쪽.

94) 택일안 제273조[공판심리의 조서작성] ① 조서는 공판심리의 진행과 결과의 주요 내용을 담고 있어야 하며, 법률에 명시된 절차의 형식성을 준수했다는 점을 알 수 있도록 해야 한다.
② 심리의 진행 중에 제기된 신청, 이에 대한 재판과 그 재판의 이유 및 판결주문을 조서에 기재하여야 한다. 낭독할 문서 및 형사소송법 제249조 제2항에 따라서 그 낭독이 배제된 문서는 조서에 표시하여야 한다.
③ 재판장은 범죄사실심리에서 행한 신문의 중요한 내용을 조서에 기재하도록 해야 한다. 각각의 신문 내지 범죄사실심리나 양형심리가 종료된 이후에는 조서의 해당 부분을 낭독하고 신문받은 사람으로부터 승인을 받도록 해야 한다. 이 경우 조서의 해당 부분의 낭독과 신문받은 사람이 승인했다는 사실을 기재해야 한다. 신문받은 사람이 승인을 거부한 경우에는 어떠한 이의가 제기되었는지 기재해야 한다. 법원과 심리에 참여한 사람이 낭독을 포기하는 경우에는 낭독하지 아니한다. 양형심리에서는 법원이 필요하다고 인정하는 경우에 한하여 조서를 작성한다.
④ 공판심리에서 사건의 확인 또는 진술내용이나 의견내용의 확인이 문제되는 경우에는 재판장은 직권 또는 심리에 참여한 사람의 신청에 따라 이를 조서에 완벽하게 기재하고 낭독할 것을 명해야 한다.
⑤ 재판장은 본조 제4항에 따른 조서작성 또는 포괄적인 진술이나 의견의 추가 기재를 하지 아니하고 녹음을 명할 수 있다.

95) 택일안 제324조[항소심에서 공판심리의 진행과정] ① 항소심의 심리는 택일안 제239조 제1항과 동일하게 범죄사실심리와 양형심리로 구성된다.
② 택일안 제243조 제1항의 규정에 따라 공판심리가 개시된 이후에는 증인의 불출석 하에서 보고자는 이제까지의 절차의 진행결과에 관하여 보고한다. 제1심 판결이 항소에 있어 사실확정에 중요한 것인 경우에는 이를 낭독하여야 한다. 검사, 변호인과 피고인이 판결이유의 낭독을 포기하는 경우에는 이를 배제할 수 있다.
③ 그 밖의 항소심의 진행과정은 택일안 제239조 이하에 규정을 준용한다. 최종변론은 항소를 제기한 사람이 먼저 행한다. 피고인에게는 최후진술의 기회를 부여한다.
④ 양형심리에서는 제1심 판결이 양형심리에 중요한 의미를 가지는 경우에는 중간결정에 관한 재판장의 보고에 이어 제1심 판결을 먼저 낭독한다. 본조 제2항 제3문과 제3항 제3문을 준용한다.
⑤ 양형에 관해서만 판결을 취소하는 경우에는 공판심리는 제1심의 양형심리에 관한 규

사실심리절차와 양형심리절차로 이분화하고 있다. 항소심 공판절차를 이분화하고 있는 이유는 제1심의 공판절차와 마찬가지로 양형문제를 철저히 다루고 특히 무죄판결의 경우 피고인의 인격권을 보호하기 위한 것이다.

나. 현행법의 범주 속에서 실천된 공판절차 이분화 모델: 비형식적 중간판단모델

앞에서 언급한 택일안 교수팀의 이분화 모델은 공판절차를 이분화하기 위하여 입법안으로 내 놓은 것이었다. 그러나 실제로 택일안 교수팀의 입법제안은 독일 입법자에 의하여 수용되지 못했다. 택일안 교수팀의 입법제안이 나오기 전부터 공판절차 이분화가 소송절차를 지연시킨다는 반론이 많았기 때문이다. 이렇게 되자 형사소송법의 공판절차에 관한 전면적인 개정에 부담을 느낀 일부 학자들[96]이 현행법의 테두리 속에서도 공판절차를 이분화하는 것이 가능하다는 절충적인 모델을 제시하였는데 이를 비형식적 중간판단모델이라 한다.

비형식적 중간판단모델과 택일안 교수팀이 제안한 공판절차 이분화 방안과의 근본적인 차이점은 중간재판(즉 배심제의 경우 배심원의 유·무죄 평결)을 형식적으로 하는지의 여부이다. 비형식적 중간판단모델은 사실심리 단계 후에 재판의 형식을 갖추지는 않더라도(즉 중간재판이 없이도) 중간판단을 내려줌으로써 공정한 재판이 보장되고 정당한 재판과 소송경제도 보장될 수 있다고 한다. 과거 독일에서 논의된 비형식적 중간판단모델로는 범죄사실과 양형사실로 절차를 이분화하는 비형식적 책임중간판단모델과 책임능력 문제와 양형심리를 공판절차의 제2단계에서 진행하는 비형식적 행위중간판단모델이 있다.

(1) 비형식적 책임중간판단모델

비형식적 책임중간판단모델[97]은 책임능력이 범죄성립요소이기 때문에 공

정에 따라 진행된다. 본조 제2항과 제3항을 준용한다.

96) Blau, Die Teilung des Strafverfahrens in zwei Abschnitte. Schuldspruch und Strafausspruch, ZStW 81(1969), 40쪽; Dolling, Die Zweiteilung der Hauptverhandlung. Eine Erprobung vor Einzelrichtern und Schoffengerichten, 1978; Schunck, Die Zweiteilung der Hauptverhandlung. Eine Erprobung des informellen Tatinterlokuts bei Strafkammern, 1982.

97) Kleinknecht, “Informelles Schuldinterlokut”im Strafprozeß nach geltendem Recht.－Zur modernen Gestaltung der Hauptverhandlung－, FS－Heinitz, 1972, 651쪽 이하; Tröndle, Besprechung von Th. Kleinknecht: Strafprozessordnung, 30. Aufl., MDR 1972, 88쪽; Hanack, Besprechung von Dahs: Handbuch des Strafverteidigers, 3. Aufl.,

판절차의 제1단계에서 다루어져야 한다고 이해한다.[98] 책임은 비난가능성으로서 심리적 개념이 아니라 규범적 개념이기 때문에 다른 범죄요소와 함께 사실심리단계에서 확정되어야 한다는 것이다. 그리고 공판절차의 제2단계에서는 유죄가 인정된 피고인에 대하여 양형을 심리해야 한다고 이해한다.

(가) 비형식적 책임중간판단모델의 진행과정

비형식적 책임중간판단모델의 현행법적 출발점은 독일 형사소송법 제243조 제2항 내지 제4항(공판심리의 진행과정), 제244조(증거조사) 및 제258조(최종변론)이다.

형사소송법 제243조에 의하면 공판심리는 재판장의 피고인에 대한 개인적 사정에 관한 신문(제2항), 검사의 공소장 낭독(제3항), 피고인에 대한 진술거부권 고지, 피고인신문 및 전과사실의 확인(제4항)의 순서로 진행된다. 이에 이어서 형사소송법 제244조에 따른 증거조사를 실시하고 증거조사를 마친 후에는 형사소송법 제258조에 따라서 검사와 피고인에게 자신의 주장과 입증에 대하여 최종변론을 하도록 한다. 여기까지는 현행 형사소송법에 따른 형사절차의 진행방식과 동일하다.

비형식적 책임중간판단모델은 최종변론에 이어서 재판부가 중간합의과정을 갖도록 하고 이 중간합의에서 나온 판단(즉 중간판단)을 비형식적이라고 하면서 현행법의 테두리 속에서 이분화를 실천하고자 한다. 다시 말해서 중간판단이 '비형식적'이라는 말은 재판의 방식(예를 들어 판결, 결정, 명령)으로 중간판단을 공식화하는 것이 아니라 공판절차의 제1단계에서 제2단계로의 진행이 법원의 묵시적인 행동을 통해서 계속되는 것을 의미한다. 이것은 법원의 중간판단이 구속력을 갖는 종국적인 재판일 필요가 없다는 것이다.[99] 중간판단은 재

JZ 1971, 528쪽.

98) 비형식적 책임중간판단모델을 옹호하는 입장에서는 양형심리의 분리를 형법체계에서 도출한다. 즉, 형법체계로부터 양형에 관한 재판에만 중요한 사정들은 적어도 피고인이 어떠한 형벌법규에 따라서 유죄로 되는지 확인된 경우에야 비로소 다루어야 한다는 요청이 도출된다는 것이다. Kleinknecht, "Informelles Schuldinterlokut"im Strafprozeß nach geltendem Recht.－Zur modernen Gestaltung der Hauptverhandlung－, FS－Heinitz, 1972, 658쪽.

99) Kleinknecht, "Informelles Schuldinterlokut"im Strafprozeß nach geltendem Recht.－Zur modernen Gestaltung der Hauptverhandlung－, FS－Heinitz, 1972, 665쪽.

판의 형식을 취할 필요는 없고 다만 형사절차가 두 번째 단계로 진행된다는 점을 분명히 제시하는 정도로 족하다고 한다.

공판심리의 제2단계에서는 양형에 관하여 심리한다. 이를 위해서도 역시 증거조사가 진행되고 이어서 형사소송법 제258조에 따라 검사와 피고인에게 양형에 관한 자신의 주장과 입증에 대하여 최종변론을 하도록 한다. 양형심리단계에서는 유죄의 비형식적 중간판단에 대한 새로운 증거를 신청할 수 있고 이의도 제기할 수 있다.[100)]

(나) 피고인의 개인적 사정에 관한 신문과 공소사실에 관한 피고인신문의 구별

문제는 공판심리에서 진행되는 피고인의 개인적 사정에 관한 신문과 공소사실에 관한 피고인신문의 대상이 무엇이며 양자를 분명하게 구별할 수 있는지의 여부이다. 이러한 구별이 요구되는 이유는 개인적 사정에 관한 신문과 공소사실에 관한 피고인신문의 대상이 양형심리사항과 부분적으로 겹치게 되고, 다른 한편으로 진술거부권의 고지는 공소사실에 관한 피고인신문 이전에 고지되어야 하기 때문이다.

독일 형사소송법 제243조 제2항에 명시되어 있는 개인적 사정에 관한 신문(Vernehmung des Angeklagten über seine persönliche Verhältnisse)의 대상에는 피고인이 원칙적으로 진술할 의무를 지는 피고인의 인적 사항에 관한 질문 이외에 피고인이 소송능력을 보유하고 있는지를 밝히기 위한 질문, 피고인이 공판심리의 진행방식에서 고려해야 할 특성을 가지고 있는지를 밝히기 위한 질문, 피고인에게 변호인이 없는 경우 변호인의 선임이 필요한 것인지를 밝히기 위한 질문 등이다.[101)] 또한 피고인의 성장과정, 학교생활 또는 학업중단, 피고인의 환경과 이력 등도 피고인의 개인적 사정에 관한 신문의 대상에 속한다.

이에 반해 공소사실에 관한 피고인신문(Vernehmung des Angeklagten zur Sache)의 대상에는 피고인의 유·무죄와 양형에 관한 판단에 영향을 미칠 수 있는 모든 사정들이 포함된다. 즉 공소사실에 관한 피고인신문의 대상에는 원칙

100) Kleinknecht, “Informelles Schuldinterlokut”im Strafprozeß nach geltendem Recht.－Zur modernen Gestaltung der Hauptverhandlung－, FS－Heinitz, 1972, 667쪽.

101) Kleinknecht, “Informelles Schuldinterlokut”im Strafprozeß nach geltendem Recht.－Zur modernen Gestaltung der Hauptverhandlung－, FS－Heinitz, 1972, 659쪽.

적으로 당해 사건에 관한 판단에 의미를 가질 수 있는 피고인의 인격과 환경에 관한 범죄학적으로 의미있는 자료도 포함된다. 그러나 공소사실에 관한 피고인 신문은 유·무죄 인정에 중요한 의미를 지니고 있는 사실과 자료에 국한되고 양형판단에만 중요한 의미를 지니고 있는 사정들은 사실인정 문제에 관한 증거조사를 통하여 피고인이 유죄라는 사실이 명확하게 인정될 때 조사되어야 한다.[102] 피고인의 인격과 환경에 관한 자료들이라 할지라도 이와 같이 공소사실에 관한 피고인신문의 대상이 되는 자료들과 양형판단의 대상이 되는 자료들로 구분하는 것이 실체형법의 체계와 조화를 이룰 수 있을 뿐만 아니라 소송경제도 확보할 수 있다. 그러나 이와 같은 구분은 실무에서 항상 지켜질 수 있는 것은 아니다. 예를 들어 증인신문에서 피고인의 증언을 범행에 관한 진술과 — 증인이 알고 있는 경우 — 양형에 중요한 사정에 관한 진술을 구분하여 진술하게 할 수는 없기 때문이다.[103]

(다) 전과사실의 확인 시점

현행 독일 형사소송법 제243조 제4항은 "피고인의 전과에 관한 사실이 판결에 중요한 경우에 한해서만 이를 확인한다. 전과의 확인 시기는 재판장이 결정한다"고 규정하고 있다. 이와 관련하여 비형식적 책임중간판단모델을 운영할 경우 피고인의 전과사실을 공소사실에 관한 피고인신문 단계(즉 사실심리절차)에서 논의할 것인지 아니면 양형심리 단계에서 논의할 것인지의 여부가 문제로 된다.

우선 어떠한 요건 하에서 전과가 공판심리 단계에서 확인될 수 있는지에 관하여 전과사실의 확인이 사실심리에 중요한 경우에 한하여 공소사실에 관한 피고인신문 단계(즉 사실심리절차)에서 확인되어야 하고 이 경우 전과사실의 확인은 과거의 유죄판결문을 확인하는 것 뿐만 아니라 그 유죄판결의 기초가 되었던 사실관계도 포함됨에 반해, 전과사실이 양형에만 의미를 가지는 경우에는 과거에 유죄판결이 있었다는 것을 확인하는 것만으로도 족하다고 한다.[104]

---

102) Kleinknecht, "Informelles Schuldinterlokut"im Strafprozeß nach geltendem Recht. – Zur modernen Gestaltung der Hauptverhandlung –, FS – Heinitz, 1972, 660쪽.

103) 하태훈, 공판절차 이분론(하), 형사정책연구 제7권 제1호, 1996, 210쪽.

104) Kleinknecht,"Informelles Schuldinterlokut"im Strafprozeß nach geltendem Recht. – Zur modernen

다음으로 언제 재판장이 전과사실을 확인해야 하는지에 관하여 형사소송법 제243조 제4항 후문은 전과의 확인시기를 재판장이 결정하도록 명시해두고 있을 뿐이다. 원래 형사소송법 제243조 제4항이 전과사실의 확인시기를 재판장의 재량으로 결정하도록 한 이유는 공판심리의 초기에 전과사실을 밝히지 않도록 하기 위함이었다.[105] 그래서 독일에서는 전과가 법률상 형가중 또는 보안처분의 요건인 경우에도 공판심리를 개시할 때 낭독하게 될 공소장에 전과를 기재하지 않도록 되어 있다.[106] 그러나 독일 입법자가 형사소송법 제243조 제4항을 입법함에 있어 모든 사건에서 전과를 사실인정에 관한 증거조사 이후에만 확인해야 한다고 일반화시킨 것은 아니라는 전제에서 피고인의 전과가 증거조사 단계에서도 중요한 의미를 지닌다는 견해도 있다. 실제로 실무에서도 피고인의 전과가 양형단계에서 뿐만 아니라 증거조사 단계에서도 거론되고 있다고 한다. 이 점에 착안하여 비형식적 책임중간판단모델은 전과사실이 양형뿐만 아니라 유·무죄판단에도 중요한 경우에는 사실인정을 위한 증거조사에서 이미 언급되어질 수 있다고 이해한다. 예를 들어 새로운 범행의 고의가 이전의 확정된 범죄와 연결되어 있는 것으로 추정되는 경우 행위수행방법이 유사하여 새로운 범행에 대한 추정을 가능하게 하는 경우 등의 사례에서는 전과사실을 증거조사 단계에서 확인할 수 있다는 것이다. 다만 이러한 추정은 논리필연적인 것이 아니기 때문에 사실인정을 위한 증거조사단계에서 전과사실을 확인하는 것은 아주 제한적으로 허용되어야 하고 전과사실의 확인은 원칙적으로 피고인의 과거의 삶의 일부로서 사실인정을 위한 증거조사 후의 양형단계에서 비로소 거론되어야 한다고 이해한다.[107]

(2) 비형식적 행위중간판단모델

비형식적 행위중간판단모델은 형식적 행위중간판단모델과 마찬가지로 책

Gestaltung der Hauptverhandlung–, FS–Heinitz, 1972, 661쪽.

105) Kleinknecht, “Informelles Schuldinterlokut”im Strafprozeß nach geltendem Recht.–Zur modernen Gestaltung der Hauptverhandlung–, FS–Heinitz, 1972, 662쪽.

106) 다만, 검사는 재량에 따라 필요하다고 판단하는 시점에서 재판장에게 피고인의 관련 전과의 확인을 구할 수 있다. 또한 검사는 법원의 재판을 구할 수도 있다(형사소송법 제238조 제2항).

107) Kleinknecht, “Informelles Schuldinterlokut”im Strafprozeß nach geltendem Recht.–Zur modernen Gestaltung der Hauptverhandlung–, FS–Heinitz, 1972, 663쪽.

임능력과 양형을 공판절차의 제2단계에서 다룬다는 점에서 (형식적·비형식적) 책임중간판단모델과 차이가 있다. 다만 비형식적 행위중간판단모델은 피고인의 책임능력, 전과 및 그 밖의 개인적인 사정(피고인의 이력, 소득수준, 가정사정 등)에 관한 논의가 범죄사실 인정에 필요한 경우에 한하여 예외적으로 공판절차의 제1단계(즉, 사실인정단계)에서 논의될 수 있다고 하여 공판절차 이분화에 유연하게 대처하고자 한다.[108)]

(가) 사실심리절차의 진행방식

사실심리절차에서 재판장은 인정신문을 통해서 피고인임을 확인한다. 이 경우 피고인에 대해서는 성명, 연령, 본적, 주거 및 직업에 관한 질문 등 기본적인 인적 사항만 질문해야 하고, 그 이외에 전과여부, 소득수준, 피고인의 인격, 개인적 사정 등 양형문제에 필요한 사정에 관하여 질문해서는 안된다.[109)]

검사의 모두진술에 이어 피고인에게 진술거부권을 고지한 후에 진술거부권을 행사하지 않는 피고인에 대해서는 피고인신문이 행해지는 데 이 경우에는 사실인정에 필요한 사항만을 신문한다. 피고인신문에 속하는 사항으로는 공소사실범죄의 객관적 및 주관적 구성요건요소, 가중적 및 감경적 구성요건, 객관적 처벌조건, 정당화사유, 불법의식, 면책사유, 범죄참가형태(정범, 방조범, 교사범), 인적 처벌조각사유 등이다.

사실인정을 위한 증거조사단계에서는 검사와 변호인은 사실인정에 필요하고 중요한 모든 관점을 제시한다. 사실확정에 필요한 경우에는 예외적으로 피고인의 인적 사정(예를 들어 범행동기 또는 부양의무 위반행위의 경우에 소득수준, 경제적 능력 등)에 관하여 증거조사가 이루어질 수 있다.[110)] 전과사실도 범죄사실여부를 검토하기 위하여 필요한 경우에는 사실심리절차에서 언급될 수 있다.

증거조사에 이어서 검사와 변호인 및 피고인의 최후변론을 들은 후에 재판부는 사실인정여부에 관한 합의과정을 진행한다. 재판부는 피고인의 위법한 행

---

108) Schöch, Neuere Entwicklungen in der Strafverfahrensforschung, ZStrR 98(1981), 306쪽.

109) Schöch, Strafzumessung und Persönlichkeitsschutz in der Hauptverhandlung.－Erfahrungen aus einer Erprobung des informellen Tatinterlokuts－, FS－Bruns, 1978, 461쪽.

110) Schöch, Strafzumessung und Persönlichkeitsschutz in der Hauptverhandlung.－Erfahrungen aus einer Erprobung des informellen Tatinterlokuts－, FS－Bruns, 1978, 1978, 461쪽.

위를 입증하지 못했다는 결론에 도달하면 무죄판결을 선고하거나 증거조사의 결과 행위의 위법성이 밝혀진 경우에는 책임능력과 양형문제를 다루어야 한다는 중간판단을 한다.

(나) 중간판단의 구속력

중간판단의 구속력은 현행법상 인정할 수 없으므로 중간판단은 임시적이며 구속력이 없다. 따라서 사실심리절차에서 무죄로 결론이 났으나 그에 이은 양형심리절차에서 새로운 사실이 발견되는 경우에는 기존의 무죄의 중간판단은 언제든지 정정될 수 있다.[111] 이 경우 중간판단의 내용과 형식은 법원의 재량에 달려있다.

(다) 책임능력 유무 및 양형심리 절차의 진행방식

법원이 사실심리절차(즉 공판심리의 제1단계)를 진행한 결과 중간합의에서 피고인의 불법행위(즉 피고인의 책임능력의 유무 문제를 제외한 나머지 부분에서 범죄를 범한 것으로)가 입증되었다는 결론에 도달하면 중간판단을 한다. 이 경우 중간판단의 이유는 법원의 재량에 따라 완전한 이유고지나 부분적인 이유고지도 가능하다.

중간판단에 이어서 제2단계로서 책임능력 유무 및 양형에 관한 심리가 진행된다. 이 단계에서는 독일 형법 제46조의 양형에 중요한 사정 등이 조사·분석된다. 특히 이 단계에서는 사법보조관의 보고서 또는 책임능력에 관한 감정인의 감정서도 제출된다.

이 단계에서는 피고인의 책임능력 유무에 관한 판단과 양형을 위한 피고인 신문으로 시작한다. 책임무능력일 가능성이 있는 경우에는 이에 대한 증거조사가 이루어져야 한다. 이어서 양형을 위한 절차가 진행된다. 양형심리 절차에서는 피고인의 개인적인 사정이 언급되기 때문에 피고인의 인격권 보호를 이유로 재판이 비공개로 진행될 수 있다. 양형절차에서 다루어져야 할 사항으로는 형의 종류, 선고될 형량(법률상 및 재판상 감경사유, 형의 가중사유), 보호관찰을 위

---

111) Schöch, Strafzumessung und Persönlichkeitsschutz in der Hauptverhandlung. – Erfahrungen aus einer Erprobung des informellen Tatinterlokuts–, FS–Bruns, 1978, 461쪽; Schunck, Die Zweiteilung der Hauptverhandlung: die Erprobung des informellen Tatinterlokuts bei Strafkammern, 1982, 25쪽.

한 집행유예(보호관찰기간, 보호관찰관의 지도와 감독, 부담과 지시), 형을 유보한 경고(선고유예), 벌금형의 일수정액을 정하는데 고려될 피고인의 개인적 및 경제적 사정, 벌금형의 납부경감조치, 보안처분의 확정, 부과형, 몰수 및 추정 등이 있다. 이러한 사항을 판단하기 위해서는 피고인의 인격, 생활상태, 전과 등 행위책임평가와 부과될 형벌의 특별예방적 효과를 판단함에 필요한 중요한 사정을 조사하게 된다. 사법보조관의 양형자료조사보고서가 있는 경우에는 이 단계에서 보고를 들어야 한다. 피고인의 인격에 관한 조사는 양형에 필요한 경우에 한해서 비례성의 원칙이 준수되는 한도 내에서 허용된다.

양형에 관하여 검사와 변호인의 최종변론과 피고인의 최후진술을 들은 후에 법원은 합의과정을 거쳐 책임유무와 형벌에 관하여 판결을 선고한나. 이 최종판결은 사실인정유무와 양형에 관한 내용을 모두 포함하여야 한다.

(3) 비형식적 행위중간판단모델에 대한 경험연구

(가) 경험연구의 목적

비형식적 행위중간판단모델은 실제로 독일에서 경험연구로 추진된 적이 있다. 이 경험연구의 목적은 공판절차의 이분화가 실무상 가능하며, 학계에서 제시된 공판절차 이분화로 인하여 나타날 수 있는 각종 장점(양형의 철저화, 피고인의 인격권 보호, 변호권의 딜레마 해소, 법원의 예단차단 등)과 단점(공판심리의 지연)을 검증해보기 위함이었다.[112)]

독일에서 공판절차 이분화에 관한 경험연구가 수행된 예는 많지 않다. 공판절차 이분화에 관한 경험연구의 대표적인 예는 1976년 여름과 1978년에 Schöch 교수와 Schreiber 교수가 공동연구로 추진한 프로젝트였다. 이 경험연구는 Niedersachsen주에 소재하는 법원에서 실시되었으며, 그 기초가 되는 모델은 행위중간판단모델이었다. Schöch 교수와 Schreiber 교수가 행위중간판단모델을 채택한 이유는 피고인의 책임능력 유무를 밝히기 위해서는 피고인의 인격을 보다 심층적으로 분석해야 하고 현행 독일 형법 제21조가 한정책임능력을 양형과 관련지우고 있으며 감정인이나 증인 등도 수일에 걸쳐서 진행되는 사실인정 유무에 관한 심리에 출석하고 그 이후의 양형심리에 또 출석하는 것 보다는 공판절

112) Schöch, Neuere Entwicklungen in der Strafverfahrensforschung, ZStrR 98(1981), 305쪽.

차의 제2단계에 출석하는 것이 시간을 절약할 수 있다고 보았기 때문이다. 다만 이 경험연구도 피고인의 책임능력 유무나 전과 또는 개인적 사정들이 사실인정문제에 대한 판단에 필요한 경우에는 사실심리절차에서도 다루어질 수 있는 것으로 보았다.

(나) 경험연구의 설계

Schöch 교수와 Schreiber 교수의 경험연구는 1976년 여름과 1978년 두 번에 걸쳐서 진행되었다. 1976년에 실시된 경험연구에서는 13명의 판사들이 행한 총 185건의 단독판사 재판과 참심법원 재판(Schöffengericht)에 대하여 실험이 이루어졌다. 1978년의 경험연구에서는 6개의 형사부(Strafkammer)가 담당한 총 87건의 행위중간판단 심리에 대한 실험이 이루어진 것이었다.

연구방법으로는 앞에서 언급한 경험연구의 대상이 된 집단 이외에 이 집단과 동일한 인적 규모(단독판사, 참심재판)를 가진 2개의 통제집단을 연구대상으로 삼았다. 이들 2개의 통제집단 중 하나는 동일한 수의 판사를 갖춘 기존의 일원적 공판심리를 진행하는 집단(이른바 경험연구에 참여한 판사들)이었으며 다른 하나는 경험연구에 관심이 없었던 판사들 중에서 우연히 선정된 판사들(이른바 경험연구에 참여하지 않은 판사들)로 구성된 집단이었다. 이러한 이중의 통제가 필요했던 이유는 Schöch 교수와 Schreiber 교수가 행한 경험연구의 결과가 심리의 방식에 기인하는 것이 아니라 참여한 판사의 개인적 특성에 기인하는 것이라는 문제제기를 고려했기 때문이다.[113)]

(다) 경험연구의 결과

Schöch 교수와 Schreiber 교수가 행한 경험연구의 결과를 간략하게 제시하면 다음과 같다.

첫째, 공판절차를 이분하는 것이 원칙적으로 실용적이다. 사실인정문제와 피고인의 인격에 관한 문제가 항상 분리할 수 없이 결부되어 있다는 실무의 반론은 맞지 않는 것으로 나타났다. 형법이론을 원용해 보면 범행의 행위자관련적 요소들은 일반적으로 양형에서야 비로소 의미를 가지는 행위자의 인격과 관련한 요소들과 분명하게 구분할 수 있다. 다만 예외적인 몇몇 사례에서는 행위

---

113) Schöch, Neuere Entwicklungen in der Strafverfahrensforschung, ZStrR 98(1981), 307쪽.

자의 인격에 관한 자료들을 사실인정단계에서 다룰 필요가 있다. 이와 같은 예외들은 다음과 같은 사안에서 나타난다.[114]

① 피고인의 전과의 경우 범죄학적인 경험의 결과 과거의 전과사실로부터 새로운 범죄실행을 추론하는 것이 정당화되는 경우에는 사실심리를 위한 증거조사단계에서 전과사실을 논해야 한다. 이러한 사례상황은 참심법원에서 다룬 모든 사건의 최대 5%, 형사부에서 다룬 모든 사건의 최대 10~15%에 달했다.

② 피고인의 책임능력 유무는 경우에 따라서는 범죄사실과 관련하여 논의되어야 한다. 특히 예를 들어 명정범죄 또는 고의문제와 관련하여 음주로 인한 범죄의 경우에 피고인의 책임능력 문제는 범죄사실과 관련하여 논의되어야 한다. 이 점에서 순수한 행위중간판단모델은 실현될 수 없다고 보아야 한다. 그러나 행위중간판단모델을 유연하게 구성하는 것이 엄격한 책임중간판단모델 보다 더 좋다. 행위중간판단모델에 따르면 책임능력 유무는 원칙적으로 공판심리의 두 번째 단계에서 다루어지기 때문이다.

③ 경우에 따라서는 피고인의 개인적 사정도 공판심리의 첫 번째 단계에서 다루어져야 한다. 예를 들어 부양의무위반이나 사기죄의 경우 피고인의 경제적 사정이 문제될 경우에는 첫 번째 단계에서 다루어야 한다.

둘째, 공판절차를 이분화함으로써 피고인의 자백이 줄어들었다는 사실을 확인할 수 없었다. 지금까지 경험연구에 비추어볼 때 무죄로 선고되는 건수는 통계적으로 확인할 수 있을 정도로 높아지지 않았다.[115]

셋째, 공판절차를 이분화하는 것은 양형심리를 집중화시키고 피고인의 인격권 보호를 개선하는 효과를 가져온다. 공판절차를 이분화하는 것은 피고인의 개인적 사정에 관한 불필요한 논의를 방지하고 전과사실을 너무 이른 시기에 논의하는 것을 방지한다. 또한 공판절차 이분화는 변호인의 변호에 대한 딜레마를 경감시켜주지만 완전히 제거해주지는 못한다.[116]

넷째, 공판절차 이분화에 대한 핵심적인 반론인 공판심리의 장기화 문제는 어느 정도 확인되었다. 기존의 일원적 공판심리에 비하여 단독판사와 참심법원

114) Schöch, Neuere Entwicklungen in der Strafverfahrensforschung, ZStrR 98(1981), 307쪽.
115) Schöch, Neuere Entwicklungen in der Strafverfahrensforschung, ZStrR 98(1981), 308쪽.
116) Schöch, Neuere Entwicklungen in der Strafverfahrensforschung, ZStrR 98(1981), 308쪽.

의 공판심리 기간이 약 30% 증가한 것으로 나타났기 때문이다. 이와 같이 연장된 이유는 연구의 대상이 된 공판심리의 거의 절반이 피고인의 양형심리에 집중했기 때문인 것으로 나타났다. 사실심리의 경우에도 심리기간이 늘어났다. 나아가 공판심리를 의도적이고 기술적으로 이분화하여 진행함에 따른 비용도 증가하였다. 그러나 6개의 형사부의 공판심리의 결과는 완전히 단독판사와 참심법원의 공판심리의 결과와는 완전히 달리 나타났다. 즉 형사부에서의 경험적 연구에서는 심리기간과 양형과정의 철저화라는 관점에서 기존 절차와 분명한 차이를 보이지 않았다.[117]

다섯째, 그러나 경험연구의 결과에 따라 완전히 배제할 수 없는 공판심리의 장기화 및 이와 관련된 형사절차의 지연은 공판절차를 이분화함으로써 얻게 되는 장점에 대한 법정책적 비용이라고 생각해야 한다.[118]

여섯째, 경험연구의 결과와 같이 모든 사건에 대하여 공판절차를 이분화하는 경우에는 형사사법에 소요되는 인건비가 적어도 10% 정도는 증가할 것이다. 따라서 법정책적으로 실현가능한 개혁안을 내놓기 위해서는 공판절차 이분화가 반드시 필요한 사건에 대해서만 이분화를 행하는 방안도 생각해보아야 한다. 지금까지의 경험에 의하면 자백하지 않은 피고인에 대한 공판심리와 자유형을 선고할 필요가 있다고 판단되는 피고인에 대한 공판심리에 한하여 이분화를 실천하는 방안도 생각해볼 수 있다.[119]

3. 현행 독일 형사절차상 양형자료조사제도

현행 독일 형사소송법은 공판절차가 이분화되어 있지 않지만 피고인에 대한 양형심리가 매우 중요한 것으로 간주되고 있다. 독일 형사소송법 제267조 제3항 제1문은 유죄판결의 이유에 형의 양정에 있어 결정적인 사정들을 기재하여야 한다고 규정하고 있다. 따라서 법원은 피고인에게 유죄판결을 선고함에 있어 그 양형이유에 범행의 예후, 양형과 관련된 범행행위 전반과 인격성에 대한 총체적 평가에 필요한 행위자의 인격적 관계는 물론이고, 손해의 범위, 행위의

117) Schöch, Neuere Entwicklungen in der Strafverfahrensforschung, ZStrR 98(1981), 308쪽.
118) Schöch, Neuere Entwicklungen in der Strafverfahrensforschung, ZStrR 98(1981), 308쪽.
119) Schöch, Neuere Entwicklungen in der Strafverfahrensforschung, ZStrR 98(1981), 309쪽.

결과 및 태양 등 피고인의 책임범위에 관련된 사정들을 기재하여야 한다. 또한 형사소송법과 형법상의 제규정으로부터 법원은 피고인의 양형에 관한 이유를 기재하도록 강제하고 있다. 따라서 비록 독일이 직권주의 소송구조를 취하고 있고 공판절차가 일원화되어 있어도 피고인에 대한 양형심리는 결코 무시할 수 없는 공판절차의 한 단면을 형성한다.

가. 양형심리

형사소송법 제155조 제2항은 심리와 재판에 있어 법원은 독립하여 활동할 권한과 책무를 가진다고 규정하고 있고, 제244조 제2항은 "법원은 진실을 발견하기 위하여 직권으로 재판에 의의가 있는 모든 사실 및 증거방법에 관한 증거조사를 하여야 한다"고 규정하여 법원의 직권탐지의무를 명시하고 있다. 위 규정에 의하여 법원은 양형 판단에 중요한 모든 사실은 직권으로라도 조사를 하여야 할 의무를 부담하게 된다.

공판절차에서는 피고인의 인적 사항에 관해서만 조사하는 증인을 제외하고는 대부분의 경우 범죄에 관련된 사실과 양형에 관련된 사실이 동시에 조사가 되는 것이 원칙이고 양형사실만의 조사를 위한 증거는 개인적 사정에 관한 증인이나 책임능력에 관련된 증인 또는 감정인이 주된 것이다. 실무상 합의부 사건이나 실형의 선고가 예상되는 사건은 양형사실을 얻기 위한 증인의 신문이 자주 행하여지고 있다. 그러나 경미한 사건을 취급하는 구법원(Amtsgericht) 사건에서는 양형만을 위한 증거조사는 흔하지 않다고 한다.[120] 변호인은 피고인에게 유리한 정상에 제대로 조사되어 있지 아니한 경우 증인을 신청하여 조사하는 방법으로 양형사실을 제공하게 된다. 우리나라와 비교하여 형사재판을 담당하는 법관들의 업무부담이 상대적으로 경미하기 때문에 합의부 사건은 매우 자세한 증거조사를 하게 되고 그 과정에서 피고인의 인적 사항과 범죄에 관한 풍부하고 정확한 양형자료를 얻게 되는 측면이 있다고 한다.[121]

독일의 형사절차에서 책임과 법적 효과의 판단에 관련된 모든 사실은 엄격증명의 대상이다. 벌금형과 자유형, 부수형벌과 부수결과, 개선·보안처분, 기타 형법이나 소년법원법에 규정된 처분 등을 결정함에 있어 관련된 일체의 사실은

---

120) 남영찬, 독일에서의 양형사실 조사방법, 2003, 599쪽.
121) 남영찬, 독일에서의 양형사실 조사방법, 2003, 599쪽.

엄격증명을 요한다. 그러므로 양형에 영향을 미치는 범죄관련 사실은 물론 양형에 영향을 미치는 인적 사항에 대하여도 법원은 엄격증명의 원칙에 따라서 확정하여야 하고 의심스러울 때에는 피고인의 이익으로라는 원칙이 적용되어야 한다. 연령이나 피고인의 정신상태 등 책임이나 법적 효과에 관련되면서 동시에 절차의 진행이나 형성에 관련되는 사실도 엄격증명의 대상이다. 대부분의 경우 범죄에 관련된 사실과 법적 효과에 관련된 사실이 동시에 조사가 되는 것이 원칙이고 양형사실만의 조사를 위한 증거는 인적 사정에 관한 증인이나 책임능력에 관련된 증인이나 감정인이 주된 것이다.[122]

나. 양형자료조사의 주체

독일 형사절차상 양형자료조사는 원칙적으로 검사가 수행하고 이 경우 사법보조를 활용할 수 있지만 공소제기 이후에는 법원도 사법보조를 활용하여 양형자료를 조사할 수 있다.

(1) 검 사

현행 독일 형사소송법상 양형자료조사는 원칙적으로 검사가 수행한다. 형사소송법 제160조(검사의 임무)에 의하면, 검사는 양형 등 형사제재에 있어서 필요한 사실을 조사하여야 하며, 피의자에게 불리한 사정뿐 아니라 유리한 사정도 조사하여야 하고(동조 제1항) 범행에 대한 법적 효과를 결정하는 데 있어 중요한 사정에 대하여 수사하여야 하며 이 경우 검사는 사법보조(Gerichtshilfe)를 받을 수 있다(동조 제2항)고 규정하고 있다.

검사가 양형사실을 조사하는 방법은 피의자와 참고인에 대한 신문, 서증의 입수, 관련기관에의 조회, 감정의뢰 등이 주된 것이다. 양형사실 중 행위에 관련된 사실은 범죄의 수사를 통하여 자연스럽게 이루어지고 양형만을 위한 수사라는 것은 특별한 사정이 없는 한 별도로 존재하지 않는 것이 원칙이다. 형사절차상 검사가 피의자나 피고인에 대한 양형자료의 조사범위는 '형사절차 및 과태료 절차를 위한 준칙'(Richtlinie für das Strafverfahren und das Bußgeldverfahren, RiStBV)에 명시되어 있다. 이 준칙에는 피의자·피고인의 개인적 사정에 대한 조사(제13조), 피의자·피고인의 경제적 사정에 관한 조사(제14조), 범죄에 대한 형사제재

122) 남영찬, 독일에서의 양형사실 조사방법, 2003, 594쪽.

를 결정함에 있어 의미있는 사정에 관한 조사(제15조) 등에 관하여 비교적 상세하게 규정해두고 있다.

수사는 공소제기 후에도 원칙적으로 가능하므로 양형사실의 조사 역시 공소제기 후에도 가능하다. 수사기관에 의해 조사된 자료는 피의자에 대한 신문조서나 참고인(증인)에 대한 신문조서나 각종서류로 확보되게 된다. 수사기관의 신문조서는 피의자의 인적 사항에 관한 것이 앞부분에 나오고 이어 범죄사실에 관한 것이 나오는데 범행을 부인하는 경우에는 문답식으로 되어 있는 경우가 많고 범행을 시인하는 경우에는 우리의 경우와는 달리 피의자가 진술하는 형식으로 되어 있는 경우가 많다. 수사기관에 의하여 수집된 양형사실은 형사소송법이 정하는 방법에 따라 증거조사를 거쳐야 양형의 기초사료로 사용될 수 있다.[123)]

이처럼 독일의 경찰, 검찰은 범죄규명을 위하여 노력할 의무가 법령에 의하여 부여되어 있고 피의자에게 불리한 사정은 물론이고 유리한 사정에 대하여도 폭넓게 조사할 책임을 부담하고 있으므로 수사를 통하여 피의자나 피고인의 정상에 관한 자료가 광범위하게 수집된다.

(2) 법 원

독일 형사소송법 제463d조에 의하면,"제453조 내지 제461조[124)]에 의한 재판의 준비를 위하여 법원이나 형집행기관은 사법보조를 이용할 수 있으며, 특히 보호관찰관이 임명되지 않은 경우 형집행유예 또는 가석방의 취소에 관한 결정을 하기 이전에 사법보조를 이용할 수 있다"고 명시하고 있다. 이 점에서 형식적으로 보면 법원도 사법보조를 통하여 피고인의 양형관련 자료를 조사할

123) 남영찬, 독일에서의 양형사실 조사방법, 2003, 599쪽.

124) 제453조(보호관찰부 집행유예에 관한 사후재판), 제453a조(집행유예의 의미에 대한 사후지도), 제453b조(보호관찰 기간중의 감독), 제453c조(취소절차에서의 가처분), 제454조(가석방), 제454a조(보호관찰기간의 연장), 제454b조(자유형과 대체자유형의 집행), 제455조(질병으로 인한 집행정지), 제455a조(집행기관에 의한 집행정지 또는 집행중단), 제456조(중대한 불이익으로 인한 집행정지), 제456a조(형집행의 면제), 제456c조(직업금지의 정지 및 유예), 제457조(구속영장-수배장), 제458조(집행절차에서 법원의 판단), 제459조(벌금형의 집행), 제459a조(납입부담의 경감), 제459b조(분납액의 산입), 제459c조(징수), 제459d조(벌금형집행의 중지), 제459e조(대체자유형의 집행), 제459f조(대체자유형의 집행금지), 제459g조(몰수 또는 폐기의 집행), 제459h조(집행기관의 결정에 대한 불복), 제459i조(적용가능한 규정), 제460조(사후적 병합형의 형성), 제461조(병원체류).

수 있는 것처럼 보인다. 그러나 형사소송법 제463d조에 명시되어 있는 사법보조 활용의 대상사건은 제453조 내지 제461조에 규정된 것들인데 이들 규정들은 판결선고후 사후재판에 관한 것들이다.

그러나 독일 형사절차상 공소제기 이후의 단계에서 법원이 사법보조를 활용하여 피고인에 대한 양형자료를 조사하는 것이 불가능한 것이 아니다. 오히려 공소제기 이후에 법원은 직권탐지의무에 기초하여 사법보조에 대하여 피고인에 대한 양형자료를 조사하도록 할 권한이 있으며 형사소송법상 명확한 근거규정이 없다는 이유로 공판절차에서 사법보조를 활용할 수 없다고 이해되어서는 안된다고 보는 것이 독일 학계의 일반적인 견해이다.[125] 그렇지만 독일의 공판실무에서 법원이 실제로 사법보조를 활용하는 예는 매우 드물다고 한다. 이는 아마도 독일의 형사절차에서 피고인에 대한 양형자료는 이미 수사절차에서 충분하게 행해지고 있고 나아가 공판절차에서 피고인에 대한 양형심리에 필요한 경우에는 감정인 등을 신문함으로써 법원이 피고인의 양형을 충분히 고려할 수 있기 때문인 것으로 보인다.

다. 양형자료조사 기관

비록 독일 형사소송법이 검사와 경찰[126]에 대하여 피고인에 대한 양형자료를 조사할 일차적인 권한을 부여하고 있지만 현실적으로 검사나 경찰이 독자적으로 양형자료를 조사한다는 것은 매우 어렵다. 수사기관에게 주어진 인적, 물적 자원의 한계가 있기 때문이다. 이 점을 고려하여 형사소송법 제160조 제3항 제2문은 검사로 하여금 피의자·피고인에 대한 양형자료를 조사하도록 하기 위하여 사법보조를 활용할 수 있는 근거를 명시해두고 있다. 여기서 사법보조는 검찰과 법원의 '조사보조'로서 행위자의 인격과 사회적 사정에 관한 '가능한 한 광범위한 상(象)'을 만들어내야 하는 임무를 지고 있다.[127]

---

125) LR－Rieß, §160 StPO, Rn. 82; AK－Schöch, §160 StPO, Rn. 37; KK－Wache, §160 StPO, Rn. 34; SK－Wohlers, §160 StPO, Rn. 58.

126) 독일 형사소송법상 경찰이 직접 사법보조를 활용할 근거는 없다. 경찰은 검사에게 피의자에 대한 양형자료조사를 위하여 사법보조를 활용하는 것이 바람직하다는 제안을 할 수 있을 뿐이다. LR－Rieß, §160 StPO, Rn. 82.

127) Roxin/Schünemann, Strafverfahrensrecht, 2009,§9 Rn. 30.

(1) 사법보조의 조직

사법보조활동은 개별 주의 법률이나 집행명령을 통하여 구체화되어 있다. 형사소송법 그 자체는 사법보조의 임무에 관하여 개괄적으로만 명시하고 있기 때문이다. 조직적인 관점에서 보면, 사법보조는 주사법행정(Landesjustizverwaltung)의 업무영역에 배치되어 있고 그 소속은 ① 주사법부에서 직접 관리하는 주,[128) ② 주사법부 감독하의 독립기관으로 설치한 주,[129) ③ 주사법부의 위임에 의하여 주검찰이 관리하는 주,[130) ④ 주법원이 관리하는 주,[131) ⑤ 민영화되어 민영기업에서 관리하는 주[132)가 있다.

(2) 사법보조 활동의 법적 근거

성인 형사절차의 경우 사법보조의 활동에 대한 법적 근거는 형사소송법 제160조 제3항 제2문이다. 이에 의하면 검사는 법적 효과를 결정함에 있어 사법보조를 "활용할 수 있다"고 명시하고 있다. 이로부터 사법보조는 검사의 명시적인 위탁이 있는 경우에 한하여 그 활동을 할 수 있을 뿐이다. 또한 검사가 형사소송법 제153조, 제153a조, 제154조에 따른 불기소처분(기소유예)을 할 경우에도 사법보조를 활용할 수 있다. 이로부터 사법보조의 활동은 수사절차와 공판절차를 포함한 전체 형사절차, 형집행절차 및 심지어 사면절차에까지 미칠 수 있지만 주된 활동분야는 바로 수사절차에서 양형자료를 조사하는 것이다.[133)

사법보조제도[134)가 처음으로 법적 근거를 가지게 되었던 1974년 3월 2일자

---

128) Berlin주, Brandenburg주, Hamburg주, Mecklenburg－Vorpommern주.

129) Sachsen－Anhalt주.

130) Bayern주, Hessen주, Niedersachsen주, Nordrhein－Westfalen주, Rheinland－Pfalz주, Schleswig－Holstein주.

131) Bremen주, Saarland주, Sachsen주, Thüringen주.

132) Baden－Würtemberg주.

133) Hanssen/Riehle, Strafrecht für Soziale Arbeit, Eine fallbezogene Einführung, 2002, 67쪽.

134) 독일에서 사법보조(Gerichtshilfe)라는 용어는 1915년 그 당시 판사였던 Alfred Bozi가 Bielefeld시에 설립한"사회적 사법보조 센터"(Zentralstelle für soziale Gerichtshilfe)의 명칭에서 공식적으로 등장한 것이다. 그 당시 사법보조는 행위자의 인격과 사회적 환경을 조사하는 것이었다. 그러다가 사법보조제도는 1916년 프로이센에서 처음으로 장관의 명령에 의하여 형식적으로 도입되었고, 1921년에는 Halle시에서 최초의 사법보조기관이 설치되었다. 1932년만 하더라도 독일에서 총 233개의 사법보조기관이 설치되어 있었으나 그 이후의 나치시대가 개막되면서 해체되어 1937년에는 순수한 수사보조조직으로서 다시금 제도화

형법시행법 개정안에 대한 연방참사원(Bundesrat)의 입법이유에 의하면,“형법개혁법은 피고인의 인격과 환경에 대한 광범위하고 심도있는 조사를 요구하고 있다. 법원과 검찰이 이러한 요구에 충실하게 부응하기 위해서는 법원과 검찰의 판단이 범죄행위자의 분명한 인격상에 기초하고 있어야 한다. 이를 위하여 특히 전문적으로 교육받고, 사회사업가로서 국가적으로 승인을 받은 사법보조를 활용할 필요가 있다”고 명시하고 있었다.[135] 이에 따라 1974년 독일 형법시행법 제294조는 “사법보조는 주사법행정의 업무영역에 속한다. 주정부는 법규정을 통하여 사회보장행정의 영역에 속하는 다른 기관을 사법보조기관으로 정할 수도 있다”고 규정했고 형사소송법 제160조 3항과 제463d조도 사법보조의 근거규정을 두고 있다.

(3) 사법보조의 임무

독일의 형사절차상 사법보조는 가능한 한 조기에 활동을 해야 한다. 그러나 이 경우 피의자의 무죄추정권과 인격권보호를 유의해야 하기 때문에 행위자가 범죄를 범했다는 충분한 혐의가 있는 경우에만 사법보조 활동을 개시할 수 있다. 공판절차에서 사법보조는 양형(형법 제46조), 단기자유형의 선고(형법 제47조), 보호관찰부 집행유예(형법 제56조 이하) 및 보안처분(형법 제61조)과 관련된 의견을 제출한다. 그 밖에 사법보조는 가해자-피해자-조정을 준비하고 실행하는 임무도 가지고 있다. 그러한 성인에 대한 형사절차의 경우 소년형사절차와는 달리 사법보조의 참여가 필수적인 것이 아니라 임의적이다. 따라서 검사나 법원이 사법보조를 참여시키지 않았다고 해서 절차위반이 되는 것은 아니다. 한편 공판절차에서 변호인은 사법보조로 하여금 양형자료를 조사하라고 촉구할 수도 있다.

사법보조의 또 다른 임무로는 구속여부결정에 관한 활동이다. 이를 구속결

되어 경찰감독과 보호감독의 업무를 담당했다. 그 이후 1939년과 1945년 사이에 사법보조는 완전히 탈바꿈되었고, 1953년에는 독일사법보조협회가 설립되어 새로운 전기를 맞이하였다. 이어 1968년에 제36차 사법부장관회의에서 독일 연방전역에 성인을 위한 사법보조를 설치하기로 합의를 보았고, 1974년 3월 2일자 형법시행법 제294조를 통하여 법률적 근거를 가지게 되었고, 이 규정에 따라 사법보조에 관한 개별적인 사항은 개별 주의 법에 위임되었다. Hanssen/Riehle, Strafrecht für Soziale Arbeit, Eine fallbezogene Einführung, 2002, 60쪽.

135) BT-Drs. 346/1/70 S. 7.8.

정보조(Haftentscheidungshilfe)라 한다. 구속결정보조와 관련하여 사법보조는 구속을 피할 수 있는지, 구속기간을 단축시킬 수 있는지를 판단하여 구속담당판사에게 그 자료를 제출한다. 또한 사법보조는 자유형의 집행(형사소송법 제456조), 벌금형의 집행(형사소송법 제459a조, 제459d조), 대체자유형의 집행(형사소송법 제459f조) 및 보호관찰부 집행유예에 관한 결정(형사소송법 제453조 내지 제456조) 등 형집행절차에서도 활동을 한다. 나아가 사법보조는 예를 들어 벌금미납자에 대한 대체자유형의 집행에 대한 대안으로 사회봉사를 제안하는 등 구금회피보조의 임무도 수행하며, 사면과 관련해서는 그에 필요한 자료를 조사하는 역할도 담당한다. 이상에서 언급한 사법보조의 임무를 절차단계별로 도표로 나타내면 다음과 같다.

〈성인에 대한 사법보조의 업무영역〉[136]

절차단계	사법보조의 활동	업무위탁기관
수사절차	수사보조(양형자료조사)	검사
구속(미결구금)	구속결정보조(구속자료조사)	검사/구속담당판사
중간절차	양형보조(양형자료조사)	검사/법원
공판절차	양형보조(양형자료조사)	법원
형집행절차	구금회피보조(자유형회피에 필요한 자료조사)	검사/법원
사면절차	사면결정보조(사면결정에 필요한 자료조사)	사면기관

(4) 사법보조관에 의한 양형자료조사 방법

사법보조관이 그에게 위임된 조사업무를 하기 위해서는 피의자·피고인과 면담을 필히 하게 된다. 대개 피의자 내지는 그 주변 제3자와 최소 3~4회 정도의 접촉을 예상하고 있다고 한다. 이때 사법보조관은 형사소추기관의 기능을 담당하기 때문에(형사소송법 제160조 제3항), 양형자료를 조사함에 있어 피의자에게 진술거부권을 고지해야 한다. 개인적 사정에 관한 조사는 사실에 관한 신

136) Hanssen/Riehle, Strafrecht für Soziale Arbeit, Eine fallbezogene Einführung, 2002, 61쪽.

문(형사소송법 제243조 제3항)에 속하기 때문이다. 또한 사법보조관은 제3자에 대하여 진술거부권과 증언거부권도 고지해야 한다.

사법보조관은 기록열람권이 없고, 검찰의 허가 없이는 체포된 피의자를 면담할 권리가 없다. 그리고 변호인의 경우에는 사법보조 활동에 참여할 권리가 없으므로 사법보조관과 피의자·피고인과의 면담일시를 통보받을 권리가 없다. 그렇지만 피의자·피고인은 변호인의 참석을 조건으로 하여 사법보조관과 면담할 것을 요구할 수 있다.

한편 사법보조관에게는 그의 조사활동을 위한 강제수단을 가지고 있지 않다. 사법보조관은 형사소송법 제161조에 따른 검찰의 공공기관 등에 대한 정보요구권을 가지고 있지 않다. 사법보조관은 공공기관의 비밀유지의무에 속하는 정보나 과세관청의 비밀준수의무에 속하는 정보 혹은 그러한 기록의 인도를 해당 기관의 동의 없이는 제출받을 수 없고, 그가 알게 된 사실에 대하여 형법 제203조 제2항에 따른 비밀유지의무를 진다.[137)]

사법보조관은 그가 조사하여 획득한 자료를 정리한 후 이를 보고서 형태로 문서화하여 검찰이나 법원에 제출하는데, 이 보고서는 소송기록에 철해진다. 사법보조관이 조사한 결과 피의자·피고인의 인격과 사회적 사정에 주목할 만한 점이 있어 정신의학 혹은 심리학 전문가의 도움이 필요한 것으로 보이면 적어도 최종보고서에 명백히 이것이 지적되고 위임자에게 전달되어야 할 것이 요구된다.

형사소송법은 제160조 제3항은 사법보조관이 형사제재에 관한 의견을 기술하여야 한다고 규정하고 있지는 않지만, 그러한 의견제시는 피의자·피고인의 장래에 대한 전망과 마찬가지로 사법보조관에게 금지되어 있지는 않고 실무상 대개 사법보조관의 의견이 기재된다. 사법보조관 보고서가 소송기록에 철해지므로 변호인은 형사소송법 제147조에 의하여 보고서를 열람할 수 있다. 이는 형사소송법 제463d조에 의한 사법보조의 보고서에 있어서도 마찬가지다.[138)]

사법보조관은 자신이 조사한 사실관계요소를 객관적으로 정리하여 보고서에 기술하여야 한다.[139)] 내용은 그것이 구체적 사건의 양형에 중요한 것인 한

137) 이동근, 독일의 사법보조(Gerichtshilfe) 제도, 2003, 566쪽.
138) 이동근, 독일의 사법보조(Gerichtshilfe) 제도, 2003, 567쪽.

피의자·피고인의 개인 인격과 그의 주변 사회 환경의 상(象)을 명확히 나타내는 것이어야 한다.

사법보조관은 공판절차에 참여할 권리를 가지고 있지 않다. 따라서 법원은 성인에 대한 사법보조관에게는 공판기일통지를 할 필요가 없다. 실무에서는 대개 사법보조관이 제출한 보고서를 피고인이나 사법보조관과 면담한 제3자에게 '제시'하여 이에 대한 피고인 등의 설명을 그 증거로 삼고 있다.

만일 피고인 등이 모순되는 진술을 하거나 보고서에 기재된 진술 부분을 인정하지 않는 경우, 사법보조관 또는 사법보조관의 보고서에 진술자로 기재된 정보원인 제3자는 증인으로서 신문되어야 한다. 형사소송법 제250조의 직접주의원직에 따라 승인신뷴이 필요한 것이다. 이때 사법보조관은 전문증인이 된다. 한편 사법보조관의 특별한 전문지식에 기초하여 피고인에 대한 장래 진단이나 처벌의 효과 등에 진술을 듣고자 하는 경우에는 그 한도 내에서 사법보조관은 감정인으로 간주된다. 실무에서는 사법보조관이 증인으로 심문되는 예는 거의 없다고 한다. 한편 사법보조관 보고서가 형사소송법상의 증거조사원칙을 위반하여 증거로 채택되었거나 사법보조관이 자신의 고지의무를 위반하여 득한 진술을 법원이 증거로 채택한 때에는 상고이유가 된다.[140]

(5) 사법보조의 실태

2002년 현재 독일 전역에 약 360명의 사법보조관이 활동하고 있다.[141] 이들은 Saarland주와 Bayern주를 제외하고는 지방법원 관할구역에 분산되어 있다. 사법보조관은—구동독 지역을 제외하고—일반적으로 사회학이나 사회교육학 등 전문학문과정을 이수하고 국가에 의하여 승인된 자격을 보유하고 있으며 일정한 교육훈련기간을 거친 후에 공무원이 된다. 한편 학계의 추산에 의하면 사법보조관의 업무부담이 각 주별로 많은 차이를 보이고 있는데 약 30건에서 120건 정도에 달한다고 한다.[142]

---

139) 사법보조관이 보고서를 작성하기 위한 조사활동시 주의를 기울여야 할 사항에 관해서는 이동근, 독일의 사법보조(Gerichtshilfe) 제도, 2003, 568쪽 이하 참조.

140) 이동근, 독일의 사법보조(Gerichtshilfe) 제도, 2003, 576~577쪽.

141) Hanssen/Riehle, Strafrecht für Soziale Arbeit, Eine fallbezogene Einführung, 2002, 62쪽.

142) Hanssen/Riehle, Strafrecht für Soziale Arbeit, Eine fallbezogene Einführung, 2002, 62쪽.

V. 스위스 형사소송법상 공판절차 이분화

스위스 형사소송법은 공판절차 이분화를 명시해두고 있다. 스위스에서는 이미 30여전 전부터 주(칸톤: Kanton) 형사소송법에 공판절차 이분화가 명시되어 이에 따라 공판절차를 운영해왔으나 2011년 1월 1일부터 발효된 — 각 주의 형사소송법을 통일화시킨 — 스위스 형사소송법도 공판절차를 이분화시키고 있다.[143]

1. 스위스 형사소송법 제342조의 규정내용

스위스에서는 이미 2011. 1. 1. 형사소송법이 시행되기 전부터 각 주의 형사절차에서는 독자적인 형사소송법에 근거하여 공판절차 이분화를 실행하고 있었다.

스위스 형사소송법은 공판절차의 이분화에 관한 개념을 정의해두고 있지 않는 대신 '중간판결과 결합된 공판심리의 이분화'(Zweiteilung einer Hauptverhandlung mit Zwischenurteil)라는 용어를 사용하고 있다. 스위스 형사소송법 제342조[144]는

143) 2011. 1. 1. 발효된 스위스 형사소송법은 스위스 형사소송법 역사상 최초로 연방차원에서 형사소송법이 제정된 법전이다. 2011년 이전에는 형법의 경우 연방관할이었지만, 형사소송법은 각 주의 입법관할에 속해 있었다. 그러나 개정된 연방헌법 제123조 제1항에 따라서 형법 뿐만 아니라 형사소송법도 연방의 입법관할로 변경되었다. 2010년 말까지 스위스에서는 각 주의 입법관할에 따라 총 29개의 형사소송법이 시행되고 있었다. 이 29개의 형사소송법 중 26개는 각주의 형사소송법이었으며, 1개는 군형법에 대한 형사소송법이었고, 1개는 연방형사소송법이었으며, 나머지 1개는 행정형법에 대한 형사소송법이었다. 이 중에서 1개의 연방형사소송법은 2011. 1. 1. 발효된 스위스 형사소송법과 성격이 다른 것이었다. 연방형사소송법은 연방법원의 관할권에 속하는 형법 제336조 및 제337조에 열거되어 있는 특정 범죄들에 대한 절차규정만을 두고 있었기 때문이다. 이러한 의미에서 2011.1.1. 발효된 스위스 형사소송법은 기존의 29개의 형사소송법을 통합하여 연방차원에서 효력을 가지도록 제정된 법이다.

144) 스위스 형사소송법 제342조[공판심리의 이분화] ① 법원은 피고인이나 검사의 신청 또는 직권으로 공판심리를 이분화할 수 있다. 이 경우 법원은 다음의 어느 하나를 정할 수 있다.
  a. 공판심리의 첫 번째 부분에서는 사실문제와 책임능력문제만을 다루고, 공판심리의 두 번째 부분에서는 유죄 또는 무죄의 결과를 다루도록 하는 것
  b. 공판심리의 첫 번째 부분에서는 사실문제만 다루고, 공판심리의 두 번째 부분에서는 책임능력문제와 유죄 또는 무죄의 결과를 다루도록 하는 것
  ② 공판심리의 이분화에 관한 결정에 대해서는 불복할 수 없다.
  ③ 공판심리를 이분화함에 있어 피고인의 개인적인 사정은 객관적 또는 주관적 구성요

공판절차의 이분화에 관하여 명시해두고 있다. 스위스 형사사법에 알려져 있는 공판절차 이분화의 방식은 행위중간판단모델(Tatinterlokut)과 책임중간판단모델(Schuldinterlokut)의 두 종류 뿐이다.

행위중간판단모델의 경우 공판절차의 제1단계에서 오로지 피고인의 범죄사실과 정범성의 여부에 관해서만 판단하고 이것이 인정된 경우(즉 유죄가 인정된 경우)에 이에 상응하는 중간재판이 행해진 이후에 그에 이은 공판절차의 제2단계에서 행위자의 책임능력과 양형에 관하여 심리하고 재판하게 된다.

또한 책임중간판단모델의 경우 공판절차의 제1단계에서 피고인의 범죄사실과 정범성 및 책임능력 유무에 관한 문제를 다루고 이에 따라 피고인에게 유죄가 인정되는 경우 공판절차의 제2단계에서 양형에 관하여 심리한다.[145)]

2. 공판절차 이분화의 내용과 절차

가. 적용범위

스위스 형사소송법을 제정하기 위한 입법절차에서는 처음부터 공판절차 이분화의 가능성이 규정되어 있었고 그 구체적인 방식은 책임중간판단모델이었다.[146)] 법안심의절차에서도 다수의견은 공판절차 이분화에 대하여 찬성하는 입장을 취하고 있었다.[147)] 그 이후 형사소송법 사전초안(Vorentwurf)은 책임중간판단모델과 행위중간판단모델의 가능성을 모두 명시적으로 규정하였으나 합의부 관할사건에 대해서만 공판절차를 이분화할 수 있다고 규정하였다.[148)] 그러나 입법예고절차에서 소수의 유력한 견해들은 형사소송법 사전초안에 명시되어 있는 공판절차 이분화제도가 비용을 많이 수반하고 재판의 신속성원칙에도 반

건의 문제에 의미를 가지고 있지 않는 한 피고인이 유죄에 해당하는 경우에만 공판심리의 대상으로 삼을 수 있다.

④ 사실문제와 책임능력문제에 관한 재판은 그에 관한 심리를 진행한 후 고지되지만, 전체적인 판결로써 파기할 수 있다.

145) Hauser/Schweri/Hartmann, Schweizerisches Strafprozessrecht, 2005, §82 N 29.

146) EJPD(Hrsg.), Aus 29 mach 1, Konzept einer eidgenössischen Strafprozessordnung, Bericht der Expertenkommission <Vereinheitlichung des Strafprozessrechts>, 1997, 141쪽.

147) EJPD(Hrsg.), Aus 29 mach 1, Konzept einer eidgenössischen Strafprozessordnung, Bericht der Expertenkommission <Vereinheitlichung des Strafprozessrechts>, 1997, 225쪽.

148) Begleitbericht zum Vorentwurf für eine Schweizerische Strafpeozessordnung, 2001, 225쪽.

한다는 의견을 표명하였다. 그럼에도 불구하고 정부의 형사소송법 제정안은 행위중간판단모델과 책임중간판단모델의 활용가능성을 모두 규정해두고 있었고 사전초안의 태도와는 달리 단독판사의 관할사건에 대해서도 이분화를 규정하였으며 정부의 법제위원회와 의회는 이에 대하여 아무런 이의를 제기하지 않았다. 이로써 현행 스위스 형사소송법상 공소가 제기된 모든 사건에 대하여 공판절차의 이분화가 가능해졌고 항소심절차에서도 공판절차의 이분화가 도입되었다. 다시 말해서 현재 스위스 전역에 발효되고 있는 형사소송법에 의하면 공판절차 이분화는 경미범죄나 중범죄를 불문하고 모든 사건에 적용된다.

나. 공판절차 이분화의 모델

스위스 형사소송법은 공판절차 이분화의 모델로서 행위중간판단모델과 책임중간판단모델을 모두 활용하도록 규정하고 있다(법 제342조 제1항 참조).

형사소송법 제342조 제1항 제1호에 의하면 공판절차의 제1단계에서 범죄사실에 관한 문제와 책임능력에 관한 문제를 다루고 제2단계에서 유·무죄의 결과를 다루는 이른바 책임중간판단모델을 명시해두고 있다. 이러한 책임중간판단모델의 경우 중간판단에서는 피고인의 범죄사실에 관한 유·무죄와 책임능력에 관하여 결정하게 된다.

또한 형사소송법 제342조 제1항 제2호는 법원으로 하여금 공판심리의 제1단계에서 피고인이 범죄사실을 범했는지의 여부에 관해서만 다루고 제1단계 보다 더 장기화되는 공판절차의 제2단계에서 피고인의 책임능력 유무와 유·무죄의 결과를 다룰 수 있도록 하는 행위중간판단모델을 규정해두고 있다.

따라서 스위스 형사소송법 제342조는 행위중간판단모델과 책임중간판단모델을 모두 도입하면서 법원으로 하여금 구체적인 사정에 따라 각각의 모델을 활용할 수 있도록 하고 있다는 점에서 다분히 실용적인 접근방식을 취하고 있다.

다. 공판절차 이분화에 대한 법원의 심사

스위스 형사소송법상 공판절차를 이분화하여 운영할 것인지는 법원의 의무가 아니라 재량사항에 속한다. 형사소송법 제342조 제1항이 “법원은 … 공판심리를 이분화할 수 있다”고 명시하고 있기 때문이다. 따라서 법원이 공판절차 이분화를 실시할 것인지 이를 긍정한다면 어떠한 방식으로 공판절차를 이분화할 것인지 개별 사건에서 나타날 수 있는 장점과 단점 및 행위중간판단 또는 책임중간판단의 어려움 등을 종합적으로 형량해서 판단해야 한다. 공판절차가 이분화될 수 있는 전형적인 예는 바로 공소사실이 중대한 경우이다.[149] 또한 피고인에 대한 신문을 함에 있어 피고인의 인격권을 보호하기 위하여 공개주의를 배제하고자 할 경우에도 공판절차의 이분화가 적합하다. 그러나 경미범죄, 피고인이 자백한 사건 또는 단지 양형만 문제되는 경우에는 공판절차를 이분화할 필요는 없다.[150] 또한 피고인의 개인적인 사정에 관한 다양한 관점들이 이미 사실인정 문제(즉 구성요건과 책임)에 관련되어 있고, 따라서 이미 공판절차의 제1단계의 심리대상이 되는 경우에도 공판절차의 이분화는 큰 의미를 가지지 못한다. 예를 들어 부양의무의 위반(형법 제217조, 사실상 또는 가능한 금원), 배임(형법 제138조, 언제든지 대체할 수 있고 대체할 준비가 되어있다는 사정) 또는 보호감독을 받는 자에 대한 성행위(형법 제188조, 보호감독관계) 등이 문제될 경우에는 이미 공판절차의 제1단계에서 피고인의 인격이 담긴 개인적인 사정들이 드러나 버렸기 때문이다. 한편 행위중간판단모델이 고려될 수 있는 예로는 피고인이 범죄를 범했는지의 여부 뿐만 아니라 그 사실에 대한 법적인 평가가 논란이 되고, 나아가 피고인의 책임능력에 관한 광범위한 증거조사가 필요한 경우를 들 수 있다.[151]

라. 공판절차 이분화에 관한 신청과 재판

형사소송법 제342조 제1항에 의하면 법원은 피고인 또는 검사의 신청에 의하거나 직권으로 공판절차를 이분화할 수 있다고 명시하고 있다. 이 점에서 사인소추권자는 공판절차 이분화에 대한 신청권을 행사하지 못한다.[152]

피고인 또는 검사의 공판절차 이분화에 대한 신청에 관한 재판은 수소법원이 담당한다. 수소법원의 이 관할권은 재판의 시점에 영향을 미친다. 검사의 공소제기에 대한 심사단계(형사소송법 제329조)에서는 공판절차 이분화에 관하여

149) Schmid, Schweizerische Strafprozessordnung(StPO), Praxiskommentar, 2009, Art. 342 N 2.
150) Begleitbericht zum Vorentwurf für eine Schweizerische Strafprozessordnung, 2001, 225쪽.
151) BSK StPO－Max Haurin, Art. 342 StPO N 7.
152) Botschaft zur Vereinheitlichung des Strafprozessrechts vom 21.12.2005, 1284쪽.

신청을 할 수 없고 이분화에 관하여 판단할 수도 없다. 검사의 공소제기에 대한 심사는 공판준비절차에서 행해지기 때문이다. 공판심리가 개시된 이후에야 비로소 공판절차 이분화가 선결문제로서 제기될 수 있고 출석한 당사자들은 이에 대하여 법적 청문권을 보장받게 된다(형사소송법 제339조 제2항 f호).

당사자의 신청에 대한 법원의 기각결정이나 허가결정에 대해서는 어떠한 방법으로든 불복할 수 없다(형사소송법 제342조 제2항).

마. 공판절차의 제1단계 및 제2단계의 진행과정

스위스 형사소송법 제342조 제4항은 행위중간판단 방식의 경우 사실문제, 책임중간판단방식의 경우 사실문제와 책임능력문제에 관한 재판을 규정하고 있다. 공판심리의 제1단계와 제2단계 사이에는 형식적인 중간재판이 있다. 중간재판이 선고되기 전까지의 절차는 공판절차의 일반적인 규정에 따라서 진행된다. 범죄사실에 관한 문제 내지 범죄사실과 책임능력문제에 관하여 피고인에 대한 상세한 신문이 행해진 이후(형사소송법 제342조 제3항) 및 그 밖에 증거조사절차가 종료된 이후에는 당사자들은 지금까지 심리된 사항에 관하여 신청서를 제출한다. 이로써 이미 무죄판결의 경우 그 부수효과(몰수 등)에 대한 신청서를 제출하게 되고, 경우에 따라서는 직접 최종재판에 이를 수 있다. 그 다음에는 피고인이 지금까지 다루어진 사항들에 대하여 최종진술을 하고(형사소송법 제346조) 마지막으로 법원은 비공개의 합의를 한다(형사소송법 제348조). 이와 관련하여 범죄사실문제 내지 범죄사실 및 책임능력문제가 아직 해명되지 않은 경우에는 법원은 증거를 보충하고 당사자에 대한 심리를 재개한다(형사소송법 제349조).

범죄사실문제(책임중간판단방식) 내지 범죄사실 및 책임능력문제(행위중간판단방식)가 해명된 경우에는 형사소송법 제342조 제4항에 따라서 판결의 형식으로 중간재판이 행해진다. 이 중간재판은 구두로 선고되고 간략한 이유를 고지하는 방식으로 선고된다. 또한 중간재판에 관한 판결은 조서로 작성된다(형사소송법 제77조 h호). 그러나 판결서를 반드시 교부해야 하는 것은 아니다. 판결서 교부는 공판심리의 최종단계에서 행해지기 때문이다(형사소송법 제84조 제2항). 또한 범죄사실문제 또는 범죄사실 및 책임능력문제에 관한 서면의 이유설시는 최종재판에서 행해진다. 어쨌든 법원은 이러한 중간재판을 번복할 수 없고 중간재판은 구속력을 가지고 있다.[153] 그러나 사실심리절차에 이은 양형심리절차에서 행하는 최종재판을 통하여 중간재판의 내용은 취소될 수 있다(형사소송법 제342조 제4항).[154]

중간재판이 선고된 이후에는 공판심리의 제2단계가 개시되고, 제2단계에서는 제1단계에서 다루지 않았던 모든 쟁점들이 심리의 대상으로 된다. 이와 관련하여 특히 재판의 신속성원칙과 당사자의 법적 청문권의 보호가 문제로 된다. 즉, 공판절차를 이분화함으로써 제1단계와 제2단계 사이에 공판휴정이나 경우에 따라서는 심리중단이 있을 수밖에 없는데, 이러한 심리중단은 한편으로는 그 기간이 짧아야 하지만 다른 한편으로는 당사자에게 제2단계에서의 심리를 준비할 수 있는 충분한 시간을 주어야 한다. 복잡하고 중대한 범죄사건의 경우에는 심리중단이 몇 주에 달할 수도 있다고 한다.[155]

공판심리의 제1단계에서 피고인에게 무죄의 중간재판이 선고되고 당사자들이 이미 모든 부수처분(형사소송비용, 압수물의 처리 등)에 관하여 충분히 진술을 한 경우에는 공판심리의 제2단계로 들어갈 필요없이 곧바로 최종판결이 선고된다. 그렇지 않은 경우에는 무죄판결의 결과에 대한 공판심리의 제2단계가 진행되고 이에 따라 최종판결이 선고된다.

항소심법원이 제1심 법원의 견해와는 달리 피고인이 유죄라는 확신을 가진 경우에는 당사자들에게 원심(제1심)에서 특히 양형에 관한 의견을 표현할 기회를 주기 위하여 원심을 파기환송한다(형사소송법 제409조 제1항).[156]

범죄사실문제(책임중간판단방식) 또는 범죄사실 및 책임능력문제(행위중간판단방식)에 관한 중간재판은 명시적인 전체판결로써 취소할 수 있다(형사소송법 제342조 제4항). 이에 따라 최종재판에서는 완전한 판결서(범죄사실문제 및 책임능력문제, 양형, 부수처분)가 작성되어 있어야 하고, 필요한 경우(형사소송법 제82조, 제84조 제3항) 그 이유도 완전하게 설시되어야 한다. 한편 공판절차의 제1단

153) Wolffers, Das Schuldinterlokut in der Schweiz, insbesondere im Kanton Bern, in: ZStrR 117(1999), 226쪽; BSK StPO－Max Haurin, Art. 342 StPO N 14.

154) BSK StPO－Max Haurin, Art. 342 StPO N 18.

155) Blätter für Zürcherische Rechtsprechung, 2002, Nr. 13(취리히 참심재판소의 절차에서는 심리중단 기간이 2개월 반 정도에 달했다고 한다).

156) Maurer, Das bernische Strafverfahren, 2003, 420쪽.

계 이후에 곧바로 최종재판이 선고되는 경우에는 그에 대한 상소가 가능하다.[157)]

3. 양형자료조사제도

스위스 형사소송법 제308조(조사의 개념과 목적) 제2항은 "공소제기 또는 약식명령이 예상되는 경우에는 검사는 피의자의 개인적인 사정을 규명한다"고 규정하고 있고 같은 조 제3항은 "공소가 제기될 경우 수사(Untersuchung)는 법원에 대하여 책임과 형벌에 관한 판단에 본질적인 기초를 제공해야 한다"고 명시하고 있다. 이로써 스위스 형사사법에서 양형자료, 즉 피고인의 인격에 관한 자료의 조사주체는 원칙적으로 검사이다. 다시 말해서 스위스 형사소송법상 공판절차가 이분화되어 있음에도 불구하고 양형자료조사는 검사의 임무로 되어 있다. 그 배경에 관해서 분명히 알 수는 없으나 아마도 스위스 형사소송법상 검사가 독일 형사소송법의 태도와 동일하게 수사절차의 주재자라는 점에 원인이 있는 것으로 보인다.

한편 스위스 형사소송법은 양형자료조사 기관이나 조사방법 등에 관한 일체의 규정이 명시되어 있지 않고 공판절차의 이분화에서도 피고인의 양형심리에 관심을 두기 보다는 인격권보호에 관심을 두고 있는 것으로 보인다. 이러한 추측은 스위스 형사소송법학에서 공판절차 이분화제도를 설명하면서 그 장점으로 피고인의 인격권보호, 변호권의 보장, 소송경제 등을 강조하고 있을 뿐 피고인에 대한 양형에 대해서는 관심을 가지지 않은 데서도 알 수 있다.[158)]

157) Schmid, Schweizerische Strafprozessordnung(StPO), Praxiskommentar, 2009, Art. 342 N 10.
158) 예를 들어 BSK StPO-Max Hauri/in, Art. 342 StPO N 3.

§ 13 공판절차의 이분화의 입법론

Ⅰ. 공판절차 이분화의 적용범위

1. 수사절차에서 공판절차 이분화 사상의 관철

공판절차 이분화를 가장 확대시켜서 이해하면 절차의 이분화를 공판심리뿐만 아니라 수사절차에서도 관철해야 한다는 주장이 나올 수 있다. 현재의 형사실무에서는 검사가 피고인의 인격이나 사회적 사정에 관한 사항을 조사하고 그 내용을 공소장에 기재하여 공소를 제기하고 있다. 따라서 현재의 형사실무에서 법원은 일반적으로 검사의 수사결과인 공소장과 각종 수사자료를 통하여 피고인의 인격이나 사회적 사정을 알게 된다.

그런데 공판절차 이분화를 도입하면서 수사절차를 현재와 같이 유지하는 경우에는 검사가 수사절차에서 조사한 양형관련 자료들이 사실심리절차인 공판절차의 제1단계에 영향을 미치게 된다. 피고인에 대한 양형자료들은 원래 공판절차의 제2단계(즉 양형심리단계)에서 논의되어야 하는데 검사의 공소제기시 공소장 등에 이미 양형자료가 포함되어 있는 경우에는 피고인의 인격권보호나 무죄추정원칙 충실화 등과 같은 공판절차 이분화를 통하여 추구하고자 하는 장점들이 그 의미를 상실하게 된다. 이 점에서 검사는 공소제기 단계에서 공소장에 피고인의 간략한 인적사항과 공소사실만 기재하여 공소를 제기하고, 공판절차의 제2단계인 양형심리절차에서 피고인의 양형에 관한 의견을 표현하도록 해야 한다. 다시 말해서 검사의 소송활동도 사실심리절차와 양형심리절차의 분리에 맞게 피고인의 범죄사실에 관한 부분과 양형에 관한 부분을 구분하도록 해야 한다.

2. 공판절차상 이분화의 적용범위

가. 범죄유형 또는 범죄의 중대성에 따른 구분 여부

범죄유형 또는 범죄의 중대성에 따라 공판절차 이분화를 도입해야 한다는 것은 특정 범죄나 중대범죄에 한하여 공판절차를 이분화하고 경미범죄의 경우에는 일원화된 형사절차로 진행해야 한다는 것을 의미한다. 이러한 사고의 배경에는 특정 중대범죄에 국한하여 공판절차를 이분화함으로써 사법의 부담을 경감시키자는 데 있다.

그러나 범죄의 유형이나 중대성에 따라서 이분화를 도입하는 것은 적절하지 못하다. 범죄의 특정 유형이나 중대성이 공판절차 이분화의 주된 목표인 피고인에 대한 합리적 양형에 본질적인 잣대가 될 수 없기 때문이다. 경우에 따라서는 도로교통법 위반사범이나 절도범의 경우에도 피고인의 심신장애를 판단할 필요가 있다. 비교법적으로 보더라도 독일의 택일안 교수팀이 제안한 공판절차 이분론에는 범죄의 유형이나 중대성에 따라 이분화를 실시하는 것을 고려하지 않았고 스위스의 2011년 형사소송법도 이러한 제한을 두지 않고 있다.

다만 현행 형사절차에 의할 경우 경미범죄들은 부분적으로는 검사의 기소유예를 통하여 걸러지고 많은 부분 약식절차를 통하여 처리되기 때문에 경미범죄가 일반 형사사건으로 공소제기되는 예는 적을 것으로 보이며 이러한 사건들에 대한 공소가 제기된다고 하더라도 공판절차의 제2단계(양형심리단계)에서 양형을 심리함에 있어서는 큰 부담이 없을 것으로 보인다.

나. 임의적 이분화의 여부

임의적 이분화란 당사자의 신청이 있는 경우 또는 법원이 특정한 사건에서 재량에 따라 이분화를 할 필요가 있다고 인정되는 경우에만 공판절차를 이분화하는 방식을 말한다. 비교법적으로 보면 사실심리절차와 양형심리절차가 엄격하게 구분되어 있는 영미 형사절차에서는 법원의 재량에 따라 절차가 분리되는 것이 아니라 반드시 이원화된 절차를 거치도록 되어 있고 독일의 택일안 교수팀의 제안에서도 필요적 이분화를 명시하고 있었다. 이에 반해 스위스의 2011년 형사소송법 제342조 제1항 본문은 “법원은 피고인이나 검사의 신청 또는 직권으로 공판심리를 이분화할 수 있다”고 명시하여 임의적 이분화를 도입하고 있다. 스위스 형사소송법이 공판절차를 이분화하면서 그 형식을 법원의 재량에 따른 임의적 이분화로 입법한 배경에는 사법의 부담경감에 대한 고려가 깔려있는 것으로 보인다.

그러나 임의적 이분화제도를 채택하게 되면 자백한 피고인에 대해서는 공판절차를 분리하지 않을 우려가 있다. 피고인이 공판정에서 자백을 했다는 사실은 피고인에 대한 양형자료의 조사를 불필요하게 만들 수 있기 때문이다. 또한 임의적 이분화제도를 도입하면 판사들이 오히려 복잡하게 진행될 수 있는 공판절차 이분화를 원칙이 아니라 예외로 운영할 가능성이 크다. 나아가 이로 인하여 통일적인 형사재판실무를 형성해 나가기도 힘들게 될 것이다. 이 점에서 임의적 이분화방식은 적절하지 않고 필요적 이분화의 방식을 취해야 한다.

다. 항소심에서의 이분화 도입 여부

항소심 공판절차에도 이분화를 도입해야 할 것인지 문제로 된다. 비교법적으로 보면 독일 택일안 교수팀이 제안하였던 택일안 제324조는 제1심의 공판절차와 마찬가지로 양형문제를 철저히 다루고 특히 무죄판결의 경우 피고인의 인격권을 보호하기 위하여 항소심의 공판절차도 제1심의 공판절차와 마찬가지로 사실심리절차와 양형심리절차로 이분화할 것을 규정하고 있었다. 이에 반해 스위스의 2011년 형사소송법은 항소심을 이분화하지 않고 있다.

독일의 택일안 교수팀이 형사 항소심에서도 공판절차를 이분화 시키고자 의도한 배경에는 독일 형사소송법상 항소심의 구조가 복심이라는 점에 착안한 것으로 보인다. 여기서 복심이란 원심의 심리와 판결이 없었던 것처럼 항소심에서 피고사건에 대하여 광범위하게 다시 심리하는 구조를 말한다. 이에 반해 우리나라 형사소송법 항소심은 기본적으로 실체적 진실을 추구하는 면에서 속심적 기능이 강조되고 있고 다만 남상소의 폐단을 억제하고 소송경제상의 필요에서 사후심적인 요소를 받아들임으로써 원칙적으로 속심의 성격을 지니고 있다.[1] 따라서 원칙적 속심 예외적 사후심을 취하고 있는 현행 항소심구조에 비추어볼 때 굳이 항소심 절차에 까지 공판절차를 이분화할 필요는 없고 다만 항소심은 제1심의 심리를 전제로 새로운 증거를 보충하여 피고사건의 실체에 대해 판단을 하면 될 것으로 본다.

라. 소년형사사건에서의 이분화 도입 여부

소년형사범의 경우 형사제재의 종류를 포함한 전체적인 양형이 성인범의

1) 대법원 1983. 4. 26. 선고 82도2829 판결.

그것에 비하여 더 중요하다는 점에서 성인범에 대한 형사사건뿐만 아니라 소년범을 대상으로 하는 형사사건에서도 공판절차가 이분화되어야 한다. 소년의 경우 성인으로 사회화되어가는 과정에서 다양한 갈등을 겪게 되고 이로 인하여 적어도 한 번 이상의 범죄를 저지르게 된다. 소년범죄의 주된 원인이 소년의 미성숙으로 인하여 발생하고 따라서 소년에 대한 심도있는 양형심리가 성인에 비하여 더 요구된다는 점을 고려할 때 공판절차 이분화가 보다 더 강조되는 부분이 바로 소년형사사건이라 할 것이다.

마. 부인사건에 국한된 이분화 도입 여부

과거 독일에서는 공판절차 이분화의 적용범위를 자백하지 아니한 사건에 국한시키고 자백사건에 대해서는 일원화된 공판절차에서 심리를 진행해야 한다는 주장[2]이 있었다. 독일에서 비형식적 중간판단모델에 관한 Dölling과 Schunck[3]의 경험연구에서도 설문에 응했던 판사들은 부인사건에 대하여 공판절차를 이분화하는 것을 선호했다고 한다. 특히 Dölling의 연구에서는 부인사건에 대한 공판절차 이분화의 도입에 찬성하는 태도가 전체 응답자의 35%에 달했다고 한다.[4]

그러나 피고인의 자백은 다양한 관점에서 허위 자백일 수 있기 때문에 법원은 피고인의 자백에도 불구하고 실체진실을 발견해야 한다. 이 점에서 우리나라 형사소송법상 간이공판절차(형사소송법 제286조의2)는 영미 형사절차상 기소사실인부절차와는 달리 피고인의 자백에도 불구하고 증거조사를 요구하고 있다. 따라서 대상사건이 자백사건이든 부인사건이든 불문하고 모두 공판절차 이분화를 도입하는 것이 타당한 것으로 보인다.

---

2) Schöch, Strafzumessung und Persönlichkeitsschutz in der Hauptverhandlung, FS－Bruns, 1978, 472쪽.

3) Dölling, Die Zweiteilung der Hauptverhandlung. Eine Erprobung vor Einzelgerichtern und Schöffengerichten, Diss., Göttingen, 1978, 239쪽; Schunck, Die Zweiteilung der Hauptverhandlung. Eine Erprobung des informellen Tatinterlokuts bei Strafkammern, 1982, 244쪽 이하. 이에 반해 설문에 응했던 검사들은 자백사건이든 부인사건이든 구분하지 않았다고 한다.

4) Dölling, Die Zweiteilung der Hauptverhandlung. Eine Erprobung vor Einzelgerichtern und Schöffengerichten, Diss., Göttingen, 1978, 253쪽.

3. 국민참여 공판절차에서의 이분화 도입

현실적으로 공판절차 이분화가 가장 시급하게 도입되어야 할 부분이 바로 국민참여재판이다. 2008년부터 시행된 국민참여재판에서는 법률문외한인 배심원이 사실심리와 양형심리에 모두 참가하게 되어 있는데 특히 피고인의 개인적 사정이나 사회적 환경 등 양형관련 사실들이 사실심리절차에서 배심원들에게 노출되는 경우에는 피고인의 공정한 재판을 받을 권리가 위협을 받게 되고 피고인에 대한 양형판단에 배심원의 감정이 개입될 여지가 크다. 공판절차 이분화를 입법적으로 실천하고자 할 경우에는 일반 형사사건 뿐만 아니라 국민참여재판도 공판절차의 이분화에 관한 구체적 입법이 있어야 할 것으로 본다. 이 경우 국민참여재판에서 구현될 공판절차 이분화 방안은 사실상 일반 형사절차에서 적용되는 공판절차 이분화 방안과 크게 다를 바 없는 것으로 보인다. 국민참여재판에서는 배심원이 비록 의견개진권만 가지고 있다 하더라도 사실심리절차와 양형심리절차에 모두 참여하고 있고 이러한 구조는 직업법관에 의한 일반 형사절차와 비교해볼 때 큰 차이가 없는 것으로 보이기 때문이다. 따라서 국민참여재판에 절차 이분화가 실현되면 먼저 공판절차에서는 유·무죄만을 심리하고 검사의 최종의견과 최후변론까지 모두 마친 후 배심원이 평의하여 유·무죄에 대하여 평결을 하고 이에 따라 법원의 중간재판[5]이 선고되면 공판절차의 제2단계인 양형심리절차로 이행하여 피고인에 대한 양형심리를 하여 공판을 종결하고 법관과 배심원이 양형토의를 하여 최종 선고하는 방법을 취하면 될 것으로 본다.

다만 이 경우 공판절차의 제2단계인 양형심리절차에서는 다양한 문제점이 등장할 수 있다. 현재 시행되고 있는 국민참여절차에서는 일반적으로 오전부터 오후 늦게까지 심리를 진행하여 하루 만에 참여절차를 종료하는 방식을 취하고 있는데 이렇게 단기간 내에 심리를 마치기 위해서는 피고인에 대한 양형자료가 이전부터 조사되어 있어야 한다. 그렇지 않으면 양형자료를 조사하는 동안 공판절차를 연기하거나 정지해야 하는데, 이렇게 되면 배심원을 숙박시켜야 하는

---

5) 우리나라의 국민참여재판에서는 배심원이 피고인의 유·무죄에 관한 확정적 평결을 할 수 없으므로 공판절차가 이분화되는 경우에도 현재의 국민참여재판의 구조를 유지하는 한 배심원의 유죄평결에 이어 법원의 중간재판(즉, 유·무죄 재판)이 있어야 할 것이다.

등 다양한 어려움과 부작용이 따른다. 그렇기 때문에 국민참여재판의 경우 공판절차 이분화를 도입하는 경우 양형자료의 조사시점이 무엇보다도 중요하다.

Ⅱ. 공판절차 이분화의 모델

1. 국내·외국의 학계에서 논의된 공판절차 이분화 모델

공판절차를 이분화시키기 위한 가장 확실한 모델은 현행 형사 공판절차의 구조를 영미식 배심제와 동일하게 재구성하는 것이다. 그러나 형사 공판절차의 구조를 완전하게 영미식 배심제로 재구성하는 것은 급진적인 태도일 뿐만 아니라 현실적이지도 못하다. 현행 국민참여재판도 영미식 배심제와 대륙법계 국가의 참심제를 혼용하여 고안된 제도로서 순수한 영미식 배심제와 그 성격을 달리하는 것이다. 그러므로 현 시점에서 공판절차를 이분화하기 위한 모델을 구상함에 있어서는 기본적으로 우리나라 형사 공판절차가 영미식 공판절차와 다르다는 전제에서 출발해야 한다. 그렇다면 공판절차 이분화에 관한 모델을 논의함에 있어서는 영미식 배심제의 공판절차와 독일이나 스위스 등 대륙법계 소송구조를 취하고 있는 국가에서 논의된 공판절차 이분화 모델들의 주요 내용을 참고하여 독자적으로 구성하는 방향으로 나아가야 할 것이다.

가. 책임중간판단모델

책임중간판단(Schuldinterlokut[6])이란 공판절차의 제1단계에서는 피고인의 책임문제(즉 유·무죄에 관한 사실인정 문제)에 집중시켜서 중간판단(중간재판)[7]을 하고, 그에 이은 제2단계에서는 형사제재의 종류와 범위, 즉 양형에 관한 심리를 진행하는 방식을 말한다.

책임중간판단모델에 따르면 공판절차의 제1단계에서는 피고인의 유·무죄 여부를 심리하는 것이기 때문에 객관적 및 주관적 구성요건요소, 가벌성의 객관적 요건들, 위법성조각사유, 고의와 과실, 불법의식, 책임능력, 책임조각사유,

6) Schuldinterlokut라는 용어는 원래 독일 형사소송법 이론에서 창안된 말이다. Schuldintertlokut 중에서 'interlokut'이란 라틴어의 'interloqui'에서 도출되었는데, 그 의미는 "중간에 유죄에 관하여 판단하다"라는 뜻을 지니고 있다. Wolffers, Der Schuldinterlokut in der Schweiz, insbesondere im Kanton Bern, ZStrR 116(1999), 215쪽 및 그곳의 주 3번.

7) 이 중간판단을 평결(Verdict)이라고 하기도 한다.

공범성립 여부, 인적처벌조각사유가 법원의 심리의 대상에 속하게 된다. 공소사실에 관한 증거조사가 종료된 이후에 검사와 변호인은 중간변론을 하고 피고인은 유·무죄에 관한 최종의견진술을 한다. 그 이후 법원은 공판절차의 제1단계에서 도출된 결론(즉, 유·무죄)을 선고한다. 이를 중간재판(Zwischenentscheid)이라 한다.

만약 법원이 피고인에게 무죄를 선고한 경우에는 당해 공판절차는 제2단계로 이행함이 없이 곧바로 종료된다. 그러나 법원이 피고인에게 무죄를 선고하지 않는 경우에는 법원이 공소사실의 전부 또는 일부가 잠정적으로 입증되었고 이와 같이 입증된 공소사실이 어떠한 범죄에 해당하는지 중간재판을 하게 된다. 이 경우 중간재판에서 유죄의 이유를 모두 적시할 것인지, 부분적으로만 적시할 것인지는 법원의 재량에 따라 소송기술적으로 합목적적인 방법을 택하게 된다.

공판절차의 제2단계에서는 양형에 관한 심리가 진행된다. 제2단계에서도 다시금 양형사실에 관하여 당사자의 변론을 거치게 된다. 당사자들의 최종의견진술이 행해진 이후 법원은 이제 유·무죄에 관한 문제와 양형에 관한 문제를 전부 포괄한 완전한 판결을 선고한다. 법원이 구두로 판결을 선고함에 있어 이미 공판절차의 제1단계에서 고지한 판결이유 부분을 생략할 수도 있다.

나. 행위중간판단모델

행위중간판단(Tatinterlokut)이란 공판절차의 제1단계에서 피고인이 공소사실을 범했는지의 여부에 관한 문제를 다루게 된다. 행위중간판단모델도 기본적으로는 책임중간판단모델과 유사하게 절차를 진행시키지만 본질적으로는 피고인의 책임능력에 관한 문제가 공판절차의 제2단계에서 다루어진다는 점에서 책임중간판단모델과 성격을 달리한다. 다시 말해서 행위중간판단모델에 의하면 공판절차의 제2단계에서 양형 뿐만 아니라 책임능력의 유무도 심리의 대상으로 된다. 행위중간판단모델에 따르게 되면 중간재판이 유죄판결이 아닐 수 있다. 책임능력에 관한 심리가 공판절차의 제2단계에서 이루어지기 때문이다.

이와 같이 행위중간판단모델이 책임능력의 문제를 공판절차의 제2단계에 위치시켜서 심리하도록 하는 근본적인 이유에 대하여 Schöch 교수[8]는 두 가지

---

8) Schöch, Neuere Entwicklungen in der Strafverfahrensforschung, ZStrR 98(1981), 306쪽.; 또한 Wolter, Schuldinterlokut und Strafzumessung, Rechts- und Sozialstaat, Rechts- und

의 근거를 제시하고 있다. 하나는, 책임능력의 유무를 판단하기 위해서는 피고인의 인격에 대한 보다 심도있는 분석이 필요하기 때문에 이와 관련한 피고인의 인격권을 보호하기 위해서는 책임능력 유무에 대한 판단을 비공개로 진행되는 공판절차의 제2단계로 이전시켜야 한다는 점이고, 다른 하나는 형법상 한정책임능력은 그 법적 효과로서 형의 감면과 직접 관련되어 있으므로 책임능력 유무에 관한 판단이 공판절차의 제2단계에서 이루어져야 한다는 것이다.

그러나 행위중간판단모델을 옹호하는 학자들도 피고인의 책임능력이나 전과, 기타 개인적 사정이 피고인의 공소사실 인정여부에 대하여 필요한 경우에는 예외적으로 공판절차의 제1단계에서 검토될 수 있다는 점을 인정한다.[9] 실제로 독일의 택일안 교수팀이 1985년에 제안한 공판절차 이분화 방안[10]은 원칙적으로 행위중간판단모델에 기초하고 있었다. 다시 말해서 택일안 제239조는 행위중간판단모델에 따라 공판절차의 제1단계에서는 피고인의 범죄실행 여부를 심리하고 제2단계에서는 피고인의 책임능력 유무와 양형 문제를 심리하도록 규정하면서도, 다른 한편으로 책임능력, 한정책임능력 또는 피고인의 개인적 사정과 사회적 사정이 관련되는 사실이 피고인의 범죄실행 여부를 심리하는 데 필요한 경우에는 공판절차의 제1단계에서 심리할 수 있도록 명시하고 있었다.

다. 행위책임중간판단모델과 판단여지중간판단모델

앞에서 언급한 책임중간판단모델과 행위중간판단모델은 공판절차 이분화에 관한 기본적 모형이라 할 수 있다. 그러나 독일의 논의에서는 양형에서 책임과 예방의 관계[11]에 관한 다양한 이론에 바탕을 두고 이 이론들을 공판절차의 이분화에 구체화시키고자 하는 시도들도 전개되었는데, 그 과정에서 행위책임중간판단모델과 판단여지중간판단모델이 등장하였다. 행위책임중간판단모델은 양형에서 책임과 예방의 관계에 관한 위가이론 내지 단계이론에 근거를 두고 있는 반면 판단여지중간판단모델은 판단여지설에 뿌리를 두고 있다.

행위책임중간판단모델(Tatschuldinterlokut)이란 공판절차의 제1단계에서 유·

Sozialwissenschaften im Strafprozeß, GA 1980, 81쪽 이하.

9) Schöch, Neuere Entwicklungen in der Strafverfahrensforschung, ZStrR 98(1981), 306쪽.

10) Baumann u.a.(Hrsg.), Alternativ－Entwurf Novelle zur Strafprozeßordnung. Reform der Hauptverhandlung, 1985,§239.

11) Horn, Tatschuld－Interlokut und Strafzumessung, ZStW 85(1973), 7쪽 이하.

무죄에 관한 판단은 물론 책임주의의 관점에서 형벌의 양까지 결정하고 제2단계에서는 예방적 관점에서 형벌의 종류(즉, 벌금형, 자유형, 집행유예 등)를 정하는 것을 말한다. 행위책임중간판단모델은 양형에서 책임과 예방의 관계를 규명하면서 양형의 단계에 따라서 형벌목적이 갖는 의미와 가치를 달리 평가해야 한다는 단계이론 내지 위가이론에 그 이론적 근거를 두고 있다.[12] 행위책임중간판단모델은 좁은 의미의 양형단계인 형벌의 양을 결정하는 단계에서는 오로지 책임을 기초로 삼고 넓은 의미의 양형단계인 형벌의 종류를 결정하는 단계에서는 예방적 관점을 고려해야 한다는 것이다.

판단여지중간판단모델은 양형이론 중에서 판단여지설(Spielraumtheorie) 내지 책임범위이론에 근거를 두고 있다. 원래 판단여지설은 양형과성에서 책임과 일치하는 정확한 형벌을 결정할 수 없으며 형벌은 그 하한과 상한에 있어서 책임에 적합한 범위가 있으므로 이 범위 속에서 예방적 관점을 고려하여 형을 양정해야 한다는 이론을 말한다. 이에 따라 판단여지중간판단모델은 공판절차의 제1단계에서는 피고인의 유·무죄뿐만 아니라 양형까지도 심리하되 양형을 책임판단여지까지만 확정하고 제2단계에서는 특별예방적 관점을 고려하여 이 책임판단의 여지 속에서 책임형벌을 정하거나 책임의 최하한을 넘어서 정하고자 한다.[13]

2. 도입가능한 이분화 모델

가. 행위책임중간판단모델과 판단여지중간판단모델의 문제점

행위책임중간판단모델과 판단여지중간판단모델은 모두 양형에서 책임과 예방의 관계에 관한 이론을 공판절차 이분화의 기초로 삼고자 하는 점과 책임

12) 독일 형법 제46조 제1항에 의하면, "형의 양정은 행위자의 책임에 기초한다. 형벌을 통해 행위자가 사회에서 장래의 생활에 대해 예상되는 효과를 고려해야 한다"고 명시되어 있다. 따라서 독일 형법 제46조는 제1항 전문에서 책임주의를, 제1항 후문에서 예방관점을 명시해두고 있다. 문제는 양형에서 책임과 예방은 상호 이율배반적인 관계에 있다는 점이다. 책임을 중점적으로 고려하면 중한 형벌이 가능한 반면, 예방관점을 중시하면 경한 형벌도 선고하는 것이 정당화되기 때문이다. 이 점에서 독일 형법학계에서는 형법 제46조 제1항에 명시되어 있는 책임과 예방을 구체적 양형과정에서 어떻게 고려할 것인지에 관하여 위가이론 내지 단계이론, 유일점이론, 판단여지이론 등 다양한 이론이 전개되어 왔다.

13) Schaffstein, Spielraum-Theorie, Schudbegriff und Strafzumessung nach den Strafrechtsreformsgesetzen, FS-Gallas, 1973, 102쪽.

과 예방을 모두 고려한 합리적인 양형을 도출하고자 하는 점에서 공통적이다.

그러나 양형에서 책임과 예방의 관계에 관한 이 두 이론이 — 각각의 모델에 대한 개별적인 문제점을 도외시하더라도 — 반드시 공판절차 이분화와 궤를 같이 한다고 볼 수 없다. 오히려 위가이론에 근거를 둔 행위책임중간판단모델이나 판단여지설에 이론적 뿌리를 두고 있는 판단여지중간판단모델을 따르게 되면 공판절차 이분화의 취지가 몰각되어버릴 위험이 있다. 공판절차 이분화는 사실심리절차와 양형심리절차를 분리하여 피고인의 인격권 보호와 양형의 합리성을 도모하는 것임에 반해 행위책임중간판단모델이나 판단여지중간판단모델은 공판절차의 제1단계에서 이미 양형까지도 심리하게 함으로써 공판절차 이분화의 본질적인 취지가 퇴색되어버릴 수 있기 때문이다.

나아가 행위책임중간판단모델과 판단여지중간판단모델이 전제하고 있는 독일의 양형이론 내지 양형체계도 우리나라의 그것과 맞지 않은 것이다. 독일 형법상 양형은 일차적으로 책임의 관점에서 형량을 정한 다음에 예방적 관점에서 형벌(자유형 또는 벌금형)을 선택하는 과정으로 진행되지만[14] 우리나라의 경우 형벌을 먼저 선택한 후 형량을 정하는 구조를 취하고 있기 때문에 독일의 양형이론을 전제로 한 행위책임중간판단모델과 판단여지중간판단모델은 이미 출발점에서부터 이론적 정합성을 결한 것이다.

나. 비교법적 검토

공판절차 이분화를 취하고 있는 영미 형사절차의 경우 기본적으로 범죄사실 유무는 배심원에 의한 심리의 대상이 되고 제2단계에서는 직업법관이 양형에 관하여 심리하는 구조를 취하고 있다. 그러나 영미 형사절차의 경우에도 피고인의 전과나 사회적 환경 등 인격에 관한 사실이 순수하게 양형심리의 대상

14) 독일의 양형과정에 관한 상세한 내용은, Schäffer/Sander/van Gemmeren, Praxis der Strafzumessung, 2008, Rn. 487~492 참조; 독일의 양형과정에서 형량을 먼저 확정한 후 구체적 형벌을 선택하는 이유는 독일 형법이 벌금형의 경우 일수벌금제를 채택하고 있고, 일수벌금제하에서는 벌금일수와 1일당 벌금액을 곱하게 되는데, 이 경우 최대 360일의 벌금일수는 자유형과 동일하게 산정하기 때문에 적어도 피고인의 책임에 상응하는 형량을 확정할 때는 벌금형이나 자유형이 모두 동일한 기초에 근거하고 있기 때문이다. 이에 반해 우리나라의 경우에는 총액벌금제를 채택하고 있기 때문에 양형과정에서 독일과 같이 형량을 먼저 확정할 수 없고, 일단 형종을 먼저 선택한 다음 그 형종에 따른 구체적 형량을 산정하는 방식을 취하고 있다.

에 속하는 것인지 아니면 범죄사실의 인정에도 관련을 가지는 것인지 개별 사안마다 분명하게 구분지울 수 없는 경우가 많다고 한다.

독일의 경우 1985년에 택일안 교수팀은 피고인의 책임능력 유무에 대한 확정은 양형보다도 더 심도 있는 인격조사가 요구된다는 사실에 착안하여 행위중간판단모델에 기초하고 있었다. 택일안 제239조에 의하면 공판절차의 제1단계에서는 공소제기된 범죄행위의 객관적 및 주관적 구성요건요소, 위법성조각사유, 불법의식, 책임조각사유, 인적 처벌조각사유 및 객관적 처벌조건 등의 존부를 판단하되 공판절차의 제2단계에서는 제1단계에서 확정된 범죄사실을 토대로 책임능력, 형벌가중 및 감경사유, 누범가중여부와 그 밖의 양형사유 등 형사제재를 결정함에 필요한 모든 사정을 심리하는 구조를 취하고 있다. 다만 택일안 제239조 제2항은 범죄실행의 확정을 위하여 필요한 경우에는 책임능력 유무 등에 관한 심리를 공판절차의 제1단계(즉, 사실심리절차)에서 실시할 수 있다는 예외를 명시하고 있다.

한편 스위스의 2011년 형사소송법 제342조는 행위중간판단모델과 책임중간판단모델을 모두 도입하면서 법원으로 하여금 구체적인 사정에 따라 각각의 모델을 활용할 수 있도록 하고 있고 공판절차 이분화를 실시할 것인지의 여부에 관하여 법원의 재량도 인정하고 있다. 이 점에서 스위스 형사소송법상 공판절차 이분화의 모델은 실용적인 관점이 깊이 깔려있는 것으로 보인다.

다. 유연한 행위중간판단모델

앞에서 언급한 비교법적 자료로부터 도출할 수 있는 접근점으로는 영미 배심제와 완전하게 동일한 소송구조를 취하고 있지 않는 우리나라 형사소송법에서 공판절차 이분화를 위한 구체적 방안을 구상함에 있어 책임중간판단모델을 따를 것인지 아니면 행위중간판단모델을 취할 것인지에 관한 양자택일의 문제가 아니라 기본적으로 공판절차를 사실심리절차와 양형심리절차로 분리시키되 그 경계선상에 있는 행위자의 책임능력 유무를 공판절차의 어느 단계로 위치시키는 것이 더 적합한 것인지, 공판절차의 두 단계에서 모두 심리할 수는 없는 것인지 등에 관한 문제에 달려있다고 할 것이다.

생각컨대 피고인의 인격권을 보호하고 양형에 관한 심리를 보다 심도있게 진행할 수 있도록 하기 위해서는 행위중간판단모델이 보다 적합한 것으로 보인다. 책임중간판단모델에 따르게 되면 피고인의 책임능력은 공판절차의 제1단계에서 다루어져야 하지만 책임능력에 관한 문제는 범죄성립요소일 뿐만 아니라 경우에 따라서는 — 특히 한정책임능력의 경우에는 — 양형에도 깊이 관련되어 있으므로 하나의 사실이 두 번 심리되는 불합리가 발생할 수 있고 이에 따라 피고인의 인격권보호에도 소홀할 수 있다.

그러나 행위중간판단모델에 따르는 경우에도 피고인의 책임능력 문제를 반드시 공판절차의 제2단계에서 다루도록 하는 것은 이론적·실무적 관점에서 문제가 있다. 책임능력 문제가 범죄사실과 관련을 가지는 경우도 있기 때문이다. 예를 들어 원인이 자유로운 행위(형법 제10조 제3항)가 문제되는 사건의 경우 구성요건실현에 관한 증거조사와 책임능력에 관한 증거조사를 서로 분리하는 것이 불가능하다고 보아야 한다. 한정책임능력에 관한 문제도 마찬가지이다. 한정책임능력(형법 제10조 제2항)은 양형규정으로서 그 자체 공판절차의 제2단계에 속하는 것이지만 한정책임능력의 요건에 해당하는지를 심사함에 있어서는 책임능력의 존부에 관한 심사와 동일한 문제가 발생한다. 이 경우에 책임능력과 한정책임능력에 관한 문제를 일률적으로 공판절차의 제2단계에서 다루도록 하는 순수한 의미의 행위중간판단모델을 취하게 되면 책임능력에 관련된 요소들은 사실심리절차인 공판절차의 제1단계에서 뿐만 아니라 제2단계에서도 다루어야 하고 이는 소송지연의 부작용을 가져오는 이중 작업일 뿐만 아니라 절차의 불필요한 복잡성을 야기하게 될 것이다. 따라서 피고인의 인격권보호와 양형심리의 철저화를 위해서는 공판절차의 제1단계에서는 피고인의 책임능력과 한정책임능력에 관한 문제를 제외한 범죄사실 인정 여부만을 심리하고 제2단계에서는 피고인의 책임능력과 한정책임능력 및 양형에 관하여 심리하는 것을 원칙으로 하되 책임능력과 한정책임능력이 범죄사실의 인정과 관련되어 있는 예외적인 경우에는 책임능력과 한정책임능력에 관한 문제를 공판절차의 제1단계에서 심리할 수 있도록 하는 '유연화된 행위중간판단모델'이 우리나라에 도입하기에 가장 적합한 것으로 보인다. 이러한 '유연화된 행위중간판단모델'을 취함으로써 범죄사실에 관한 판단을 함에 있어 피고인의 개인적인 사정들이 가급적 유입되는 것을 방지할 수 있으면서도 다른 한편으로 법원으로 하여금 보다 유연한 공판절차의 운용을 보장하는 장점이 있기 때문이다. 이에 반해 법원의 재량에 따라 행위중간판단모델이나 책임중간판단모델을 임의적으로 선택하도록 하는 스위스 형사소송법의 이분화 방안은 소송절차의 투명성과 법적 안정성을 해칠 위험이 있는 것으로 보인다.

3. 소송물의 분리와 관련된 개별적 문제

가. 범죄의 주관적 요소

범죄구성요건에 대한 법원의 심사와 관련하여 일반적으로 다양한 행위상황이 언급되어야 하고 이러한 행위상황들은 행위 당시의 피고인의 인격구조에 관한 분석이나 심리적 상태에 대한 확성 없이는 불가능하다. 예를 들어 목적범에서의 목적, 경향범의 경우 행위자의 주관적인 행위경향 등은 피고인의 인격이나 심리적 상태에 대한 확정을 필요로 한다. 따라서 절차이분화를 통하여 피고인의 인격권을 보호하고자 할 경우에는 이러한 주관적 요소들을 공판절차의 어느 단계에서 다루어야 할 것인지 문제가 제기된다.

공판절차 이분화를 주장하는 대부분의 견해는 범죄의 주관적 요소가 범죄사실을 구성하는 요소라는 점에 중점을 두고 그것을 공판절차의 제1단계에서 다루어야 한다고 이해한다. 이에 반해 Dahs는 보다 유연한 해결방식을 제시한 바 있다. Dahs[15]는 피고인의 인격에 관한 사항이 가급적 공판절차의 제1단계에 다루어지는 것을 피하기 위하여 피고인의 인격에 대한 상세한 조사 없이도 주관적 요소에 대한 심사가 가능한 경우에는 주관적 요소를 공판절차의 제1단계에서 다루되 피고인의 인격을 탐지하지 않고서는 주관적 요소에 대한 심사가 불가능한 경우에는 법원은 주관적 요소를 공판절차의 제2단계(양형심리절차)에서 다루도록 하자는 제안을 하였다.

그러나 공판절차의 제2단계에서 범죄의 주관적 요소에 대한 심리를 하도록 하자는 Dahs의 제안은 공판절차 이분화 원칙에 대한 예외를 폭넓게 인정하여 결과적으로 공판절차 이분화 사상에 부합하지 않는다는 비판이 제기될 수 있다. 나아가 Dahs가 제안한 방안은 실무에서도 거의 실천되기 어렵다고 보아야 한다. 대부분의 사건에서 주관적 행위상황은 범죄사실에 대한 입증과 직접 관련

15) Dahs sen., Fortschrittliches Strafrecht in rückständigem Strafverfahren, NJW 1970, 1708쪽.

되어 있다. 주관적 요소를 공판절차의 제1단계에서 다룰 경우에는 피고인의 인격에 관한 광범위한 분석이 행해지는 것도 아니다. 피고인의 인격에 대한 심리는 공판절차의 제1단계의 경우 행위에 대한 법적 평가와 관련되어 있는 반면 제2단계에서는 이를 뛰어넘어 피고인의 위험성을 포함한 합리적 양형과 관련되어 있고 피고인의 인격에 대한 심사도 보다 심층적으로 진행된다. 다만 이 경우 피고인의 인격에 관한 사실은 범죄사실심리절차와 양형심리절차에서 모두 문제될 수 있지만 이와 같은 어느 정도의 중첩은 공판절차를 이분화하는 한 피할 수 없는 것이라고 보아야 한다.

결론적으로 목적범에서의 목적, 경향범의 경우 행위자의 주관적인 행위경향 등의 사실은 공판절차의 제1단계에서 다루어져야 한다.

나. 전과, 상습성, 누범

피고인의 전과사실은 피고인에 대한 양형과 관련되어 있다는 점에서 원칙적으로 공판절차의 제2단계(즉, 양형심리단계)에서 다루어져야 한다. 그러나 행위중간판단모델을 취하는 학자나 책임중간판단모델을 취하는 학자도 피고인의 전과사실이 유·무죄를 규명하는데 불가피한 경우에는 피고인의 전과사실을 공판절차의 제1단계에서 다루도록 해야 한다는 예외를 인정하고 있다. 이 경우 어떠한 사건에서 전과나 상습성이 공판절차의 제1단계에서 다루어져야 할 것인지 문제로 된다. 이 문제는 현행 형사소송법이 취하고 있는 공소장일본주의[16]와 관련하여 다음과 같이 해결되어야 할 것으로 본다.

---

16) 대법원은 과거 공소장에 전과의 기재도 피고인을 특정할 수 있는 사항에 속하는 것으로 보아 그 기재를 허용하는 태도를 취하였으나(대법원 1990. 10. 16. 선고 90도1813 판결), 그 후 "공소장에는 법령이 요구하는 사항만 기재할 것이고 공소사실의 첫머리에 공소사실과 관계없이 법원의 예단만 생기게 할 사유를 불필요하게 나열하는 것은 옳다고 할 수 없고, 공소사실과 관련이 있는 것도 원칙적으로 범죄의 구성요건에 적어야 할 것이고, 이를 첫머리 사실로서 불필요하게 길고 장황하게 나열하는 것은 적절하다고 할 수 없다"고 판시하고 있다(대법원 1992. 9. 22. 선고 92도1751 판결; 대법원 2007. 5. 11. 선고 2007도748 판결). 이러한 대법원의 태도에 따르면 현행 형사소송법 하에서도 피고인의 전과나 악성격 등의 기재는 원칙적으로 허용되지 않는다고 보아야 한다. 다만, 대법원은 피고인의 전과를 불필요하게 기재한 사안에서 아직까지 공소장일본주의에 위반된다고 보지 않고 있다. 만약 공판절차가 이분화될 경우에는 법원의 예단방지와 피고인의 인격권보호가 매우 중요한 관점으로 등장한다는 점에서 공소장에 전과 등을 불필요하게 기재하는 경우에는 법원은 공소장일본주의에 대한 위반으로 공소기각판결을 선고해야 할 것으로 보인다.

우선 상습범과 같이 전과가 범죄구성요건에 해당하는 경우에는 그 전과사실을 공소장에 기재할 수 있고, 따라서 공판절차의 제1단계에서 다루어져야 한다. 그러나 그 밖의 경우에는 원칙적으로 이종전과이든 동종전과이든 불문하고 공판절차의 제2단계에서 다루어져야 한다. 이러한 태도가 공소장일본주의와 공판절차 이분화사상에 가장 부합하기 때문이다. 문제는 피고인의 전과가 범죄구성요건 자체에는 해당하지 않는 경우에 그 전과를 항상 공판절차의 제2단계에서 다루어야 하는지의 여부이다. 전과가 피고인의 범행에 일정한 징표기능을 하는 경우에 한하여 전과를 공판절차의 제1단계에서 다룰 여지는 있다. 예를 들어 장물죄, 사기죄, 위조통화행사죄, 성범죄 등의 경우 피고인의 특별한 주관적 요건이 문제되는 경우에는 범죄사실을 심리하는 제1단계에서 전과사실도 심리할 수 있다. 따라서 전과는 피고인의 인격에 관한 사항으로서 원칙적으로 공판절차의 제2단계에서 다루어져야 하지만 그 전과가 범죄사실의 규명에 필요한 경우에는 예외적으로 공판절차의 제1단계에서 다룰 수 있는 여지를 인정해야 할 것으로 본다.

한편 누범의 경우 그것이 범죄사실에 준하는 경우로 보아 공소장에 기재하는 것이 허용되고, 따라서 공판절차의 제1단계에서 다루어야 한다는 견해가 있을 수 있다. 그러나 형법상 누범(형법 제35조, 제36조)은 양형사유로서 공판절차의 제2단계에서 다루어져야 한다. 따라서 공소장에는 피고인의 누범에 관한 사실을 기재하는 것이 허용되지 않는다고 보아야 한다.

다. 이중관련적 사실과 증거

이중관련적 사실이란 유·무죄 인정 뿐만 아니라 양형에도 관련을 가지고 있는 사실을 말한다. 이중관련적 사실은 본질적으로 피고인의 인격영역, 특히 피고인의 전력에 해당하는 것이다. 그러나 범죄사실인정과 양형심리에 모두 동일하게 관련되어 있는 이중관련적 사실이 비록 공판절차의 제2단계에서 중요한 의미를 가지고 있다고 할지라도 공판절차의 제1단계에서 논의되어야 한다. 이렇게 이해하지 않으면 공판절차의 제2단계에서 유·무죄에 관한 판단을 하는 결과가 되어 공판절차 이분화사상을 무의미하게 만들어버리기 때문이다.

한편 이중관련적 증거란 범죄사실 뿐만 아니라 양형에도 사용할 수 있는 증거방법을 말한다. 이에 해당하는 대표적인 사례가 바로 증인이 사실심리절차에서 뿐만 아니라 양형심리절차에서도 필요한 경우이다. 이중관련적 증거의 경우에는 이중관련적 사실과는 달리 그것을 어떻게 처리해야 할지 매우 복잡한 문제가 제기된다. 독일에서의 논의를 보면, 일부 견해[17]는 소송경제의 관점에서 이중관련적 증거를 오로지 공판절차의 제1단계에서 다루어야 한다고 이해한다. 이 견해는 동일한 증인 또는 감정인이 사실심리절차와 양형심리절차에 모두 필요한 경우에는 공판절차의 제1단계인 사실심리절차에서 증인신문 또는 감정인신문을 함으로써 증인이나 감정인의 중복출석을 피하는 장점이 있다는 점을 든다. 이에 반해 독일의 다수설[18]은 이중관련적 증거가 범죄사실 또는 책임능력의 유무를 결정하는 의미있는 경우에 한하여 공판절차의 제1단계에서 사용할 수 있고 그 이후 공판절차의 제2단계에서는 이러한 증거방법을 다시금 사용할 수 있다고 한다.

소송경제상의 이유로 이중관련적 증거를 모든 사건 또는 특정한 사건에서 오로지 공판절차의 제1단계에서 사용할 수 있게 하는 경우에는 피고인에게 불이익하게 공판절차 이분원칙의 의미가 상실될 위험이 있다. 특히 양형심리를 강조하는 방향으로 공판절차 이분화를 구성하는 경우에는 피고인의 양형관련 자료들이 오로지 공판절차의 제1단계에 검토됨으로써 제2단계를 구분해 놓은 의미를 상실케 할 위험이 있기 때문이다. 따라서 합리적인 절차진행을 보장하기 위해서는 양형심리에 관련되는 증거가 큰 의미를 가지지 않는 특정한 사건에 한하여 공판절차의 제1단계에서 전단적으로 사용하도록 하고 이 경우 이중관련적 증거방법을 오로지 공판절차의 제1단계에서 사용할 수 있기 위해서는 당사자의 동의가 있어야 할 것으로 본다.

---

17) Fischinger, Die Teilung des Strafverfahrens in zwei Abschnitte. Schuldspruch und Strafausspruch, ZStW 81(1969), 56쪽; Kleinknecht, “Informelles Schuldinterlokut”im Strafprozeß nach geltendem Recht.－Zur modernen Gestaltung der Hauptverhandlung－, FS－Heinitz, 1972, 664쪽.

18) Dahs sen., Fortschrittliches Strafrecht in rückständigem Strafverfahren, NJW 1970, 1709쪽; Heckner, Die Zweiteilung der Hauptverhandlung nach Schuld－ und Reaktionsfrage (Schuldinterlokut), Vorschlag einer Gesetzesnovelle zum Strafverfahrensrecht, 1973, 77쪽 및 99쪽; Roxin, Die Reform der Hauptverhandlung im deutschen Strafprozeß, 1975, 71쪽; Dölling, Die Zweiteilung der Hauptverhandlung. Eine Erprobung vor Einzelgerichtern und Schöffengerichten, Diss., Göttingen, 1978, 55쪽.

라. 금지착오와 그 밖의 책임조각사유

피고인이 범행시 금지착오의 상태에 빠져 있었는지의 여부에 대한 심사를 공판절차의 제1단계에서 할 것인지 아니면 양형심리절차인 제2단계에서 할 것인지 문제로 된다. 피고인이 행위시 자신의 행위가 허용되지 아니한 것이라고 인식하는 통찰능력은 금지착오가 전제하고 있는 사례들이다. 금지착오의 경우에는 범죄행위시 불법의식이 있었는지를 검토하는 것이 중요하고, 이것은 마치 책임능력이나 한정책임능력의 존부에 관하여 심리하는 경우와 유사하다.

행위중간판단모델론자들은 금지착오가 피고인의 유·무죄와 직결되어 있는 문제라는 점에 착안하여 금지착오에 대한 심사를 공판절차의 제1단계에서 다루어야 한다고 이해한다. 금지착오에 대한 심사는 책임능력의 존부에 관한 감정인의 감정서와 같이 피고인의 인격을 심도있게 탐지하는 것이 아니라는 점도 금지착오에 대한 심사를 제1단계에서 실시해야 한다는 논거로 작용하고 있다.

그러나 금지착오의 존부에 대하여 결정할 경우에도 — 책임능력의 요건인 생물학적 요소를 제외하면 — 책임능력 존부에 대한 결정과 유사하게 피고인의 인격에 대한 상세한 탐지가 필요하다고 보아야 한다. 이 점에서 금지착오의 존부에 대한 심사도 책임능력에 관한 심사와 마찬가지로 진행하는 것이 타당하다고 본다. 즉 앞에서 언급한 '유연한 행위중간판단모델'에 따라서 금지착오의 존재 여부에 관한 심사는 원칙적으로 공판절차의 제2단계에서 실시하되 금지착오의 요소인 불법의식이 범죄사실의 인정과 관련되어 있는 예외적인 경우에 한하여 금지착오의 존재여부에 관한 문제를 공판절차의 제1단계에서 심리할 수 있도록 하는 것이 타당한 것으로 보인다. 또한 금지착오 이외의 나머지 책임조각사유의 존부에 관한 심사도 금지착오의 존부에 관한 심사와 동일하게 진행하면 될 것으로 본다.

Ⅲ. 사실심리절차와 중간재판

1. 공판준비절차

공소가 제기된 사건에 대하여 그 사건의 특성과 난이도에 따라 효율적으로 공판절차를 진행하기 위해서는 사전에 준비절차를 거칠 필요가 있다. 이러한 이유에서 2007년 개정된 신형사소송법은 법원이 사건의 쟁점을 정리하고 당사자의 주장 및 입증계획 등을 파악하여 사건의 심리방향을 효율적으로 설정하기 위하여 공판준비기일을 열 수 있는 근거를 마련하였다. 형사소송법 제266조의5에 따라서 재판장은 효율적이고 집중적인 심리를 위하여 사건을 공판준비절차에 부칠 수 있도록 명시하고 있다.

그런데 공판절차가 이분화되는 경우에는 장기이든 단기이든 소송절차가 일정 정도 지연될 수밖에 없다. 특히 피고인이 구속되어 있는 경우에는 구속의 장기화도 피하기 어렵다. 이러한 의미에서 공판절차 이분화에 대비하여 현행 형사소송법상 임의적으로 열 수 있는 공판준비절차를 필요적 절차로 변경할 필요는 없는지 검토해 보아야 한다. 다만 국민의 형사재판 참여에 관한 법률에 따른 국민참여재판에서는 공판준비절차가 필수적인 절차로 되어 있다(동법 제36조 제1항).

이 연구에서 전제로 하고 있는 필요적 공판절차 이분화 모델에 따르면 검사가 공소를 제기한 이후의 공판절차는 반드시 사실심리절차와 양형심리절차로 구분되어야 하기 때문에 그에 따른 절차지연의 문제를 해소하기 위해서는 모든 구공판 사건에서 공판준비기일을 열어 공판준비에 관한 사항을 검토하게 할 필요가 있다. 이러한 필요적 공판준비절차제도는 2007년 신형사소송법을 통하여 신설된 집중심리제도를 실현하기 위해서도 타당한 것이다.

2. 사실심리절차와 관련된 쟁점

현행 형사소송법상 공판기일은 진술거부권의 고지(형사소송법 제283조의2), 인정신문(제284조), 검사의 모두진술(제285조), 피고인의 공소사실에 관한 진술 및 이익이 되는 사실에 관한 진술(제286조), 쟁점정리와 입증계획등의 진술(제287조), 증거조사(제290조), 피고인신문(제296조의2), 검사의 의견진술(제302조), 피고인과 변호인의 의견진술(제303조), 판결선고(제318조의4)의 순서로 진행된다.

공판절차가 이분화될 경우 사실심리절차의 진행과정은 현행 형사소송법상 공판기일의 진행과정과 크게 다를 바 없을 것으로 보인다. 다만 사실심리절차의 마지막 단계에서 현재와 같이 진행되는 검사의 구형은 있어서는 안 될 것이다. 이분화된 공판절차의 제1단계인 사실심리절차에서 구형은 사실인정과 무관할 뿐만 아니라 구형을 한다고 해도 그것은 양형심리절차와 관련되어 있기 때문이다. 또한 이분화된 공판체계상 사실심리절차에서 행하는 판결은 최종판결이 될 수 없다. 이와 관련하여 사실심리절차에서는 피고인의 범죄사실의 유무만을 판단하는 것이기 때문에 제1심 법원이 범죄사실을 심리한 결과가 유죄 또는 무죄인 경우 어떻게 처리해야 할지 의문이 제기된다.

가. 피고인이 무죄인 경우

법원이 공소사실에 관한 무죄의 심증을 형성한 경우에는 이분화된 사실심리절차에서 무죄판결로써 절차는 종료된다. 즉 피고인이 무죄인 경우에는 양형심리절차로 넘어갈 필요없이 사실심리절차에서 무죄판결을 선고함으로써 원칙적으로 당해 형사절차는 모두 종료된다. 따라서 이 경우에 법원이 행하는 재판은 무죄의 최종판결이다. 문제는 사실심리절차에서 피고인이 무죄인 경우 법원이 양형심리를 할 필요가 있다는 점이다.

비교법적으로 보면 독일의 택일안 제239조 제3항은 피고인에 대한 무죄판결이 있는 경우에는 사실심리절차가 종료된다고 명시하고 있는 반면 스위스의 2011년 형사소송법 제342조 제1항은 공판절차의 제2단계(양형심리절차)에서 무죄의 결과를 다룰 가능성을 명시해두고 있다.

현행 형법은 행위자에게 유죄의 재판을 아니할 때에도 몰수의 요건이 있는 때에는 몰수만을 선고할 수 있도록 규정하고 있다(형법 제49조 단서). 또한 압수한 장물로서 피해자에게 환부할 이유가 명백한 것은 판결로써 피해자에게 환부하는 선고를 하여야 하고(형사소송법 제333조 제1항), 압수한 장물을 처분하였을 경우에는(형사소송법 제132조의 경우) 판결로써 그 대가로 취득한 것을 피해자에게 교부하는 선고를 하여야 한다(형사소송법 제333조 제2항).

여기서 몰수나 압수장물의 환부는 행위에 대한 법적 효과로서 양형심리와 관련되어 있다. 따라서 사실심리절차에서 피고인의 무죄가 입증되더라도 경우에 따라서 — 장기가 소요되든, 단기가 소요되든 — 양형심리절차를 진행해야 하는 사례도 발생할 수 있다. 따라서 공판절차의 제1단계인 사실심리절차에서 피고인의 무죄가 입증된 경우에는 법원은 원칙적으로 무죄판결로써 절차를 종료시켜야 하지만 예외적으로 몰수, 추징, 압수장물의 환부 등과 같은 무죄판결의 결과를 다루기 위하여 양형심리절차를 개시할 가능성도 열어두어야 한다. 이 문제는 사실심리절차에서 피고인에 대한 무죄판결을 하는 시점에서 법원이 직권으로 선고하거나 당사자(검사)의 몰수 등에 관한 신청에 따라 선고하도록 함으로써 해결될 수 있다고 본다.

나. 피고인이 유죄인 경우

사실심리절차에서 증거조사와 피고인신문을 행한 결과 법원이 유죄라는 확신을 가진 경우에는 어떤 방식으로든 범죄사실이 유죄라는 결과를 표시해야 한다. 이 경우 법원의 의사표시의 방법에 관하여 대략 두 가지를 생각해볼 수 있다. 하나는, 사실심리를 행한 법원이 명시적으로 당사자에게 유죄판결을 선고하는 것이다. 영미배심에서 배심원에 의한 평결이 이러한 방식으로 운영되고 있다. 다른 하나는, 제1심 법원이 사실심리를 진행하여 내부적 합의를 거친 후 유죄라고 확신하면 곧바로 양형심리절차로 넘어감으로써 피고인에게 범죄사실이 인정된다는 인상을 심어주는 방식이다. 이러한 방식의 절차진행은 영국의 치안판사법원(Magistrates Court)의 공판심리에서 일반적이라고 한다.

그러나 법원이 피고인의 유죄를 확신하면 소송참가자에게 피고인의 유죄에 관한 분명한 의사표시 없이 곧바로 양형절차로 넘어가는 방식은 받아들일 수 없다. 그 이유는 ① 법원이 공소사실에 대한 피고인의 유죄심증에 도달한 경우에는 그 이후의 양형을 위한 분명하고 의심할 여지가 없는 출발상황을 만들어 놓아야 할 필요가 있고, ② 피고인에 대한 공소사실이 다수이거나 법원이 공소장에 기재된 공소사실과 다른 사실을 인정하는 경우에는 법원이 명시적으로 유죄판단의 근거를 밝히지 않는 경우에는 법원이 어떻게 판단했는지 명확하게 알 수 없으며, ③ 절차를 형식적으로 이분화하는 한 사실심리절차와 양형심리절차를 명확하게 구별해야 하기 때문이다.

따라서 공판절차 이분화제도를 도입하는 경우 사실심리절차와 양형심리절차를 실효적으로 분리시키기 위해서는 사실심리절차와 양형심리절차 사이에 형식적인 재판, 즉 중간재판이 있어야 한다.[19] 국민참여재판의 경우에도 중간재

19) 비교법적 관점에서 봐도, 영미 배심제에서는 사실심리절차에서 배심원의 평결이 이루어지고 있다. 독일의 택일안 제239조도 사실심리절차와 양형심리절차 사이에 중간재판

판이 있어야 하는 것은 당연하다. 물론 국민참여재판의 경우 배심원이 피고인의 유·무죄에 대한 평결을 하고 있지만 배심원의 유·무죄에 대한 평결은 권고적 효력만 인정되고, 다른 한편으로 배심원은 피고인의 유·무죄에 관한 평결과 양형에 관한 의견개진을 한꺼번에 하고 있다(국민의 형사재판참여에 관한 법률 제46조). 따라서 적어도 공판절차가 이분화되는 한 피고인의 유죄에 대한 배심원의 평결에 이어 법원이 명시적으로 피고인의 유죄에 대하여 중간재판을 해야 할 것이다.

다. 중간재판의 내용과 방식

(1) 중간재판의 내용

공판절차가 형식적으로 이분화하는 데 찬성하는 견해들은 모두 사실심리절차와 양형심리절차를 명확하게 분리해야하고 이 경우 사실심리절차의 마지막에 피고인의 유죄에 관한 중간재판을 해야 한다는 점에 견해를 같이 한다.[20] 문제는 중간재판에 어떠한 내용이 담겨있어야 하는지의 여부이다. 중간재판은 말 그대로 공소제기된 사건에 대한 최종판결이 아니라 피고인의 유·무죄에 관한 부분재판의 성격을 지니고 있고 아직 최종판결이 남아 있기 때문에 중간재판의 내용에 관해서는 한편으로는 법원의 부담경감도 고려해야 되지만 다른 한편으로는 당사자가 사실심리절차에서 법원이 획득한 내용이 무엇인지 확실하게 알고 있어야 하는 방향으로 구성되어야 한다.

우선 중간재판의 내용에 관하여 특별한 형식없이 법원이 피고인의 유죄에 관하여 의견을 표명하는 것으로도 충분하다는 견해가 있다. 이것은 일원화된 공판절차를 유지하면서 사실상 공판절차를 이분화하는 이른바 비형식적 중간판

(Zwischenentschied)을 하도록 명시하였으며, 스위스의 2011 형사소송법 제342조 제4항도 중간재판을 규정해두고 있다.

20) 사실심리절차에서 피고인이 무죄인 것으로 밝혀진 경우에는 중간재판을 할 것이 아니라 최종적인 무죄판결을 선고해야 할 것이다. 그러나 피고인의 (한정)책임능력 문제를 원칙적으로 공판절차의 제2단계에서 다루는 것을 내용으로 하는 행위중간판단모델에서는 공판절차의 제1단계에서 피고인의 무죄를 쉽게 판단하기 어려울 것으로 보인다. 다만 이 책이 전제하고 있는 '유연화된 행위중간판단모델'에서는 (한정)책임능력이나 피고인의 인격 등 개인적 사정이 범죄사실과 관련되어 있는 경우에는 그 사실을 공판절차의 제1단계인 사실심리절차에서 다룰 가능성을 열어두고 있으므로 이 한도에서 사실심리절차에서 피고인이 무죄라는 점이 밝혀지면 사실심리절차에서 곧바로 피고인에게 무죄의 최종판결을 선고하는 것이 가능하다.

단모델론자들이 선호하는 방식이다.

그러나 입법적으로 형식적 중간판단모델을 취하는 경우에는 중간재판이 일정한 형식을 취하고 있어야 한다. 법원이 사실심리절차에서 어떠한 소송물을 다루었고, 그에 이어서 진행될 양형심리절차에서 어떠한 쟁점들이 남아있는지를 분명하게 밝혀야 하기 때문이다. 또한 중간재판을 통하여 법원의 심리결과의 투명성도 확보할 수 있고 당사자도 그 이후의 양형심리절차에서 어떻게 대응해 나갈 것인지 예측할 수 있게 해준다.

다만 중간재판에 어떠한 내용이 들어갈 것인지 논란이 된다. 예를 들어 순수한 행위중간판단모델에서 출발하는 경우에는 피고인의 책임능력 문제는 공판절차의 제2단계에서 다루게 되므로 중간재판에서는 피고인이 객관적으로 범죄를 실행했는지의 여부만을 기재해야 한다.[21] 그러나 피고인의 책임능력과 개인적 사정이 범죄사실의 유무와 직접 관련되어 있는 경우에는 예외적으로 공판절차의 제1단계에서 피고인의 책임능력도 다룰 수 있도록 하는 '유연화된 행위중간판단모델'을 취하면 중간재판에서 피고인의 책임이 인정되는지의 여부(즉, 모든 가벌성의 요건이 갖추어졌는지의 여부)까지도 판단해야 할 것이다.[22]

문제는 법원이 공소사실 중 일부에 대해서만 입증되었다고 판단한 경우이다. 이 경우 법원은 무죄로 입증된 일부 공소사실에 대하여 무죄판결을 선고하거나 양형심리절차의 마지막 단계에서 행해지는 최종판결의 판결문에서 비로소 일부무죄의 내용을 기재하는 방식이 있을 것이다. 그러나 정의의 관점에서 볼 때 사실심리절차에서 선고한 중간재판의 내용이 양형심리절차에서 변경될 수 있다는 점을 인정한다면 사실심리절차에서 밝혀진 일부무죄에 대한 판결을 최종판결을 할 때까지 미룰 수 있다고 보아야 할 것이다. 그렇지만 이 경우에도 법원은 공소사실의 어떤 부분이 입증되었고 어떠한 부분이 입증되지 않았는지 중간재판에 포함하고 있어야 한다.

---

21) 이 경우 주문에는 "피고인은 형법 제347조제1항의 사기죄를 위법하게 범하였다. 피고인의 책임능력과 양형은 양형심리절차에서 심리한다."라는 내용으로 기재될 것이다.

22) 이 경우 주문에는 "피고인은 형법 제347조제1항의 사기죄의 책임을 진다. 피고인에 대한 양형은 양형심리절차에서 심리한다."라는 내용으로 기재될 것이다.

(2) 중간재판의 방식

중간재판의 방식은 중간재판을 서면으로 할 것인지 아니면 공판정에서의 구두에 의한 고지로도 충분한지에 관한 물음과 관련되어 있다. 현행법의 테두리 속에서 이분화를 실천하고자 하는 비형식적 중간판단모델에서는 형식적 중간재판을 생각할 수 없으므로 당연히 중간재판을 구두로 고지하는 방식을 취하게 된다.

그러나 입법론적으로 공판절차의 이분화를 도입하는 경우에는 추후의 양형심리절차에서 앞서 행한 중간재판의 내용이 변경되는 것을 배제할 수 없다는 점, 소송참가자들의 정보이익이나 절차의 투명성을 확보해야 한다는 점 등을 고려하면 중간재판은 일정한 형식을 가지고 있어야 한다. 다만 소송경제와 절차의 신속성 등을 고려해보면 형사소송법 제38조와 같이 중간재판은 법관이 작성한 재판서에 의하는 것을 원칙으로 하되 구두로 고지하고 그 취지를 조서에 기재하는 방법이 타당할 것이다.

(3) 중간재판의 이유제시

문제는 중간재판을 서면에 의하거나 그 취지를 조서에 기재하는 경우에도 중간재판에서 피고인의 유죄에 대한 이유를 제시해야 하는지 이를 긍정한다면 어느 정도로 이유를 제시해야 하는지의 여부이다. 이 문제는 중간재판의 방식과도 부분적으로 관련을 가지고 있다.

비교법적으로 보면 영미의 배심재판에서는 배심원이 유죄의 이유를 고지함이 없이 유죄평결을 하고 있다. 이에 반해 독일의 택일안 제239조 제4항은 중간재판은 범죄사실에 대한 법적 특징과 적용법조를 명시할 것을 요구하고 있다. 스위스의 2011년 형사소송법 제342조 제4항은 중간재판은 구두로 간략한 이유를 고지하는 방식으로 하되 그 요지를 조서로 작성할 것을 요구하고 있다.

중간재판은 피고인에 대한 공소사실이 잠정적으로 유죄라는 것을 인정하는 재판으로 최종재판이 아니다. 따라서 이 경우에는 한편으로는 소송경제와 절차의 신속성을 고려하고, 다른 한편으로는 당사자의 이익과 절차의 투명성도 함께 고려하여 형량해 보아야 한다. 이 점에서 중간재판에는 원칙적으로 서면을 통하여 이유를 제시하도록 하되 간략한 이유제시만으로 족하다고 본다. 그러나 중간재판의 방식을 서면이 아닌 구두로 하는 경우에는 조서에 그 이유를 간략하게 기재하는 것도 적절한 방법이 될 것으로 본다.

(4) 중간재판의 형식

비교법적으로 보면 독일의 택일안은 중간재판을 결정의 형식으로 명시하였고 스위스의 2011년 형사소송법은 판결의 형식을 취하고 있다. 우리나라 형사소송법상 판결은 종국재판의 원칙적 형식이고 결정은 종국전 재판의 원칙적 형식이다. 중간재판이 최종재판에 이르기까지의 임시적 재판이라는 점에서 결정의 형식을 취하는 것이 타당한 것이라고 판단된다.

(5) 중간재판에 대한 불복

공판절차의 제1단계에서 내려진 법원의 심증에 대해 불복을 허용하는 경우에는 소송절차가 장기화되는 문제가 발생한다. 다른 한편으로 중간재판은 최종재판이 아니라는 점에서 중간재판에 문제가 있는 경우에는 당사자는 통상적인 상소로써 다툴 수 있으므로 중간재판에 대한 불복을 허용하지 않는 것이 그렇지 않아도 절차장기화의 문제가 내재되어 있는 공판절차 이분화제도를 합리적으로 운영하는 길이 될 것이다. 참고로 독일의 택일안이나 스위스의 2011년 형사소송법은 중간재판에 대한 불복을 허용하지 않는다는 점을 명시하였다.

3. 중간재판의 구속력

가. 중간재판의 구속력에 관한 견해

사실심리절차의 마지막에 법원이 피고인의 유죄에 관하여 중간재판을 행한 후 사건이 양형심리절차에서 심리되는 중에 사정변경이 있는 경우 기존의 중간판단의 결론을 번복할 수 있는지 아니면 여전히 중간재판의 결론에 구속되어야 하는지가 문제로 된다. 이는 특히 사실심리절차에서 피고인의 범죄사실 유무만을 판단하고 양형심리절차에서 책임능력의 존부에 관하여 판단하는 구도에서 문제로 된다.

중간재판의 구속력에 관해서는 구속력을 인정하지 않는 입장, 절대적 구속력을 인정하는 입장, 제한적 구속력을 인정하는 입장 등 크게 세 가지 입장이 있다.

중간재판에 구속력을 인정하지 않는 입장은 과거 비형식적 중간판단모델에서 나온 것이다. 현행법의 테두리 속에서 공판절차 이분화를 실천하는 비형식적 중간판단모델에서는 형식적인 중간판단이라는 법형상을 상정할 수 없으므로 중간재판의 구속력을 인정할 수 없게 된다.

절대적 구속력을 인정하는 입장에 의하면 사실심리절차에서 법원이 결론을 내린 피고인의 유·무죄에 대하여 양형심리절차에서 어떠한 경우에도 변경할 수 없게 된다. 다시 말해서 양형심리절차에서 기존의 중간재판의 변경을 의도하는 각종 신청이나 증거조사를 할 수 없게 된다. 절대적 구속력을 인정하는 입장의 배경에는 무엇보다도 양형심리절차에서 그 이전에 결론이 내려진 문제에 대하여 어떠한 번복도 불허함으로써 공판절차의 이분화를 완전하게 실천하고자 하는 의지가 깔려있다.

한편 제한적 구속력을 인정하는 입장은 원칙적으로 법원은 중간재판에 구속되지만 중간재판 이후의 양형심리단계에서 새로운 사실이 밝혀진 경우에는 예외적으로 그것을 변경할 가능성을 인정하고 있다. 예를 들어 명예훼손의 공소사실에 관한 사실심리절차에서 증인의 진술을 토대로 법원이 피고인에게 유죄의 중간재판을 선고하였으나 그에 이은 양형심리절차에서 그 증인이 다시 출석하여 기존의 증언을 의심케하는 다른 증언을 하여 이미 고지된 중간재판을 번복해서라도 정의의 관념에 부응할 필요가 있는 경우에는 예외적으로 중간재판에 구속되지 않아도 된다.

나. 비교법적 고찰

영미 배심제 하에서는 배심원의 평결로 사실심리가 종결되기 때문에 양형심리절차에서 기존의 평결결과를 두고 이를 번복할 수 없다. 그러므로 영미 배심제 하에서 일반적으로 양형심리를 담당하는 직업법관은 배심원의 중간판단 내지 평결에 대하여 절대적으로 구속된다.

독일의 택일안은 법원이 중간재판에 원칙적으로 구속된다고 명시하면서도 (택일안 제240조 제1항), 예외적으로 ① 양형심리절차에서 나타난 새로운 사실로 인하여 피고인이 무죄가 되거나 경한 형벌법규의 적용으로 보다 경하게 처벌될 수 있는 경우 또는 보안처분이나 그 밖의 처분에 관하여 본질적으로 다른 재판을 할 수 있는 경우, ② 양형심리절차에서 밝혀진 새로운 사실로 인하여 보다 중한 형벌법규의 적용으로 보다 중하게 처벌될 수 있는 경우 또는 보안처분이나 그 밖의 처분에 관하여 본질적으로 다른 재판을 할 수 있는 경우에는 재판부의 만장일치로 중간재판의 구속력을 취소할 수 있도록 명시하였다(택일안 제240조 제2항 및 제3항).

스위스의 2011년 형사소송법 제342조 제4항에 따르면 법원은 중간재판에 대하여 번복할 수 없고 중간재판은 절대적인 구속력을 가지고 있지만 양형심리절차에 이은 전체적인 판결로써 기존의 중간재판의 내용을 파기할 수 있다고 명시하고 있다.

다. 검 토

공판절차 이분화 사상을 수미일관하게 실천하기 위해서는 중간재판 이후에 진행되는 양형심리절차에서 새로운 사실이나 증거자료를 제시하여 중간재판의 당부에 의문을 제기할 수 있는 가능성을 원칙적으로 차단할 필요가 있다. 따라서 중간재판의 기초가 되었던 사실관계에 대하여 다투려는 증거신청은 허용되지 않는다고 보아야 한다.

그러나 양형심리절차에서 새롭게 나타난 사실을 기초로 기존의 중간재판이 잘못되었다는 점이 밝혀질 경우에는 정의의 관점에서 그러한 잘못이 시정될 수 있어야 한다. 이 점에서 중간재판의 구속력에 관한 문제는 독일의 택일안 제240조와 스위스의 2011년 형사소송법 제342조 제4항의 태도와 같이 원칙적으로 양형심리절차에서는 중간재판에 구속되도록 하되 양형심리절차에서 기존의 중간재판이 잘못되었다는 점이 명백히 밝혀진 예외적인 경우에 한하여 법원의 직권 또는 당사자의 신청으로 이를 취소할 수 있도록 해야 한다. 이 경우 양형심리절차에서 기존의 중간재판의 구속력이 유지되어야 한다는 원칙을 지키기 위해서는 중간재판을 취소하고자 할 경우 재판부의 만장일치가 요구되는 것으로 해야 할 것이다.

Ⅳ. 양형심리절차의 구성과 양형자료조사

우리나라의 경우 피고인의 인격권보호도 중요하지만 그 동안 형사사법에서 경시되어 왔던 피고인에 대한 합리적 양형의 문제가 보다 중요한 사안으로 되었다. 공판절차 이분론이 입법론적 쟁점으로 떠 오른 이유도 바로 여기에 있다. 그러나 사실심리절차와는 달리 양형심리절차는 기존의 형사소송법이 전제로 하고 있지 않는 절차의 한 단면이라는 점에서 양형심리절차를 어떻게 구성하고, 특히 공판절차가 이분화되어 있는 구도 하에서 양형자료조사제도를 어떻게 구성할 것인지 이를 둘러싸고 다양하고 민감한 쟁점이 등상한다.

1. 양형심리절차의 구성

가. 양형심리절차의 진행과정

공판절차의 이분화를 통하여 별도의 양형심리절차가 도입되는 경우에는 양형심리절차는 기본적으로 사실심리절차와 유사한 방식으로 진행되어야 할 것이다. 다만 양형심리절차는 피고인에 대한 범죄사실이 인정된 것을 전제로 하기 때문에 재판의 신속성의 관점에서 양형심리절차에 반드시 필요한 절차만을 진행하면 될 것으로 본다.

이론적으로 보면 양형심리절차도 양형심리준비절차와 양형절차로 구분할 수 있다.

양형심리준비절차에서 가장 핵심적인 것은 법원이 피고인에 대한 양형자료조사보고서를 준비하는 것이다. 공판절차의 제1단계에서 피고인의 범죄사실 또는 범죄사실과 책임능력의 존재가 입증된 경우에는 중간재판에 이은 공판절차의 제2단계가 개시되는 데, 이 경우 제1단계와 제2단계(양형심리절차) 사이에는 일정 기간 공판기일의 연기가 필요하다. 피고인에 대한 양형자료를 조사하는데 필요한 시간을 고려해야 하기 때문이다.[23] 이 경우 양형자료조사에 소요

23) 영국의 경우에도 치안판사법원의 재판에서 피고인이 유죄답변 또는 재판부의 유죄평결이 있으면 양형심리절차에 들어가는데, 이 경우 법원은 양형자료를 수집하기 위하여 피고인이 구금상태에 있는 경우 3주간, 보석상태에 있는 경우에는 4주간의 간격으로 공판기일을 연기할 수 있다[Magistrates Court Act §10(3)]. 대법원, 바람직한 형사사법시스템의 모색 자료집(I), 2004. 7. 12, 643쪽에서 재인용.

되는 기간을 일반적으로 최대 2주일 정도로 잡으면 될 것으로 본다. 이 2주의 기간 동안 당사자는 양형심리에 필요한 양형자료조사보고서를 열람하거나 등사할 수 있도록 해야 한다.

양형심리준비절차에 이은 양형심리절차에서는, ① 피고인에 대한 진술거부권의 고지, ② 인정신문, ③ 사실심리절차에서 행해진 중간재판의 내용에 관한 재판장의 간략한 설명, ④ 양형사실 및 양형자료조사보고서에 대한 피고인의 진술, ⑤ 양형사실 및 양형자료조사보고서에 대한 검사의 진술, ⑥ 필요한 경우 증거조사, ⑦ 당사자의 최종진술, ⑧ 법원의 최종판결의 순서로 진행하면 될 것으로 보인다. 이러한 절차구성은 양형심리절차에서도 당사자주의 소송원칙이 그대로 유지되어야 한다는 점이 깔려있다. 이와 관련하여 양형심리절차에서 피고인의 의견진술이 검사의 의견진술에 앞서서 진행되어야 하는 이유는 양형심리절차의 경우 사실심리절차와는 달리 엄격한 증거법칙을 고수할 필요가 없고 문제되는 상황이 양형심리이기 때문에 피고인에게 일차적으로 양형에 관하여 진술할 기회를 부여하는 것이 합당한 것으로 보이기 때문이다.

나. 양형심리의 대상

우리나라에서 공판절차 이분화사상을 실천하는 경우 그 중점은 바로 양형심리를 철저화하는 데 있다. 양형심리절차에서 다루어야 할 대상으로는, ① 당해 사건의 양형과 관련되어 있는 피고인의 전과, 누범사실, 그 밖에 피고인의 형을 감경하거나 가중하는 모든 사정들, ② 형벌, 집행유예 및 치료감호 등 보안처분에 관련된 사정들, ③ 피고인의 범행동기, 경제적 사정, 이전의 직업과 현재의 직업, 건강상태 등이다. 이러한 사정들을 조사함으로써 피고인의 인격에 대한 확실한 인식을 획득할 수 없는 경우에는 감정인이나 증인에 대한 신문을 통하여 피고인에게 합당한 형사제재의 종류와 범위를 정해야 할 것이다.

다. 최종판결

피고인의 양형사실에 관하여 심리한 이후 법원의 최종판결을 고지함으로써 공판절차의 제2단계가 종료된다. 최종판결에서는 현행 형사재판과 같이 판결문을 완전한 형식으로 갖추어야 하며 이전의 사실심리절차에서 간략하게 고지한 피고인의 유죄와 그 이유를 다시 한 번 더 정확하게 낭독해야 한다. 또한 최종판결에서는 이전의 사실심리절차에서 행한 유죄판단을 재판부의 만장일치로 번복할 수 있다고 보아야 한다.

2. 양형심리절차의 도입에 따른 개별적 문제

가. 양형심리재판부의 구성

이분화된 공판절차에서 양형심리절차의 중요성을 강조하게 되면 양형심리재판부를 어떻게 구성할 것인지에 관한 문제가 등장한다. 양형은 피고인의 인격에 대한 심도있는 탐지가 요구되므로 직업법관만으로는 피고인의 인격에 관한 사실을 모두 알 수 없으므로 감정인 등 전문가의 도움이 필요하다. 이 점에서 독일에서는 한 때 공판절차 이분화에 관한 논의를 전개하면서 양형심리재판부를 사실심리재판부와는 달리 심리학자, 정신학자 또는 사회학자 등 양형 전문가로 구성해야 한다는 주장도 있었다. 그러나 양형에 관한 심리가 법적인 문제와 완전히 동떨어진 것이 아닐 뿐만 아니라 심리학자나 정신학자 또는 사회학자로만 양형심리재판부를 구성할 경우에는 우리나라 헌법 제27조 제1항이 명시하고 있는 '헌법과 법률이 정한 법관에 의하여 재판을 받을 권리'를 침해한다. 이에 대한 대안으로 직업법관과 일반전문가를 혼합하여 양형심리재판부를 구성하는 방안을 생각해볼 수 있으나, 이 경우에도 원칙적으로 헌법 제27조 제1항 위반의 문제를 불식시키기 어렵다. 한편 직업법관으로만 구성하되 사실심리재판부와 양형심리재판부를 구성하는 법관을 완전히 달리하는 방안은 헌법상의 문제는 제기될 여지가 없으나 이 경우에는 적지 않은 실무상의 문제가 뒤따른다. 다시 말해서 양형심리재판부를 사실심리재판부와 완전히 달리 구성하는 방안은 판사 수의 증가와 이에 따른 예산 수반의 문제 이외에도 소송절차 자체가 지연될 수 있다. 이 점에서 사실심리를 담당한 재판부로 하여금 양형심리도 담당하도록 하는 것이 현실적으로 가장 적합한 방안으로 보인다.

나. 양형자료조사보고서에 대한 열람등사권과 그 제한

양형조사관이 조사한 결과를 담고 있는 양형자료조사보고서는 양형심리절차에서 가장 중요한 역할을 담당한다. 일반적인 사건에서는 주로 양형자료조사보고서의 기재내용을 중심으로 당사자들 간의 다툼이 있고 법원도 이 보고서를 기반으로 피고인에 대한 구체적 양형을 실시하기 때문이다. 이 점에서 피고인 측이나 검사에게 양형자료조사보고서에 대한 열람등사의 기회를 부여하는 것은 무엇보다도 중요하다.

양형자료조사보고서의 내용은 피고인의 양형에 결정적인 영향을 미치는 내용이 포함되어 있으므로 당사자에게 이를 공개하고 의견을 개진할 기회를 주는 것은 당연하다. 문제는 양형자료조사보고서에 대한 당사자의 열람등사를 무제한으로 허용할 것인지 아니면 일정한 사유가 있는 경우 열람등사를 제한할 것인지의 여부이다.

비교법적으로 보면 미국 연방형사소송규칙 제32조(d)(3)은 판결전조사보고서에 공개될 경우 사회복귀 프로그램을 심각하게 훼손할 수 있는 임상적 견해, 비밀약속하에 취득한 정보의 출처, 공개될 경우 피고인이나 다른 사람에게 신체적 또는 여타의 해가 될 수 있는 기타 정보를 기재하지 않도록 명시하고 있다. 또한 영국의 2003년 형사사법법(Criminal Justice Act 2003) 제159조 제3항은 판결전조사보고서를 피고인측에 공개할 경우 피고인에게 중대한 해악이 발생할 우려가 있는 경우에는 법원이 조사보고서의 전면적 공개를 제한할 수 있도록 규정하고 있다.

이분화된 공판절차를 전제로 할 때 양형심리절차에서는 양형자료조사보고서가 원칙적으로 아무런 제한없이 공개되어야 한다. 이러한 요구는 소송서류 열람등사의 일반규정인 형사소송법 제35조에서 당연히 도출되는 것이다. 다만 미국의 연방형사소송규칙과 영국의 형사사법법에 규정된 내용을 참고하여 피고인의 과거 병력 등 사생활의 비밀에 속하는 사항으로 양형결정에 관련성이 없는 정보에 대해서는 양형자료조사보고서에 원칙적으로 기재하지 않도록 하되 양형조사관에 의하여 조사된 내용이 피고인이나 기타 타인에게 해악을 끼칠 우려가 있는 경우에는 이를 열람등사의 제한사유로 삼는 것이 타당한 것으로 보인다.[24)]

24) 형사소송법 개정특별위원회, 형사소송법개정연구, 한국형사정책연구원, 2010, 252쪽; 또한 이와 취지를 같이 하는 견해로는 김재봉, 형사소송법개정안의 양형자료조사제도에 대한 검토, 형사정책 제18권 제2호, 2006, 232쪽.

다. 공개주의의 배제

공판절차 이분화의 도입을 주장하는 입장에서는 양형심리절차를 비공개로 진행해야 한다는 데 의견의 일치를 보고 있다. 공판절차 이분화의 목표가 양형심리의 철저화 뿐만 아니라 피고인의 인격권보호에도 있기 때문에 공개재판이 요구되는 사실심리절차와는 달리 피고인의 개인적 사생활과 인격에 관한 사항이 다루어지는 양형심리절차에서는 비공개주의를 관철할 필요가 있다는 것이 그 이유로 작용하고 있다. 문제는 현행 헌법과 형사소송법의 구조하에서 피고인의 인격권보호를 위하여 양형심리절차를 비공개로 진행할 수 있는지의 여부이다.

헌법 제27조 제3항 제2문은 피고인이 정당한 사유가 없는 한 지체없이 공개재판을 받을 권리를 가진다고 명시하고 있고, 제109조는 재판의 심리와 판결은 공개하되, 다만 심리에 한하여 국가의 안전보장 또는 안녕질서를 방해하거나 선량한 풍속을 해할 염려가 있을 때에는 법원의 결정으로 공개하지 않을 수 있음을 명시하고 있다.

이러한 헌법상의 지침을 고려해보면, 양형심리재판에서 피고인의 인격권보호를 이유로 하는 비공개심리의 필요성이 존재함에도 불구하고 법리상 비공개재판의 가능성은 낮아 보인다. 그 이유는 ① 헌법 제27조 제3항 제2문이 공개재판을 받을 권리를 피고인의 기본권으로 규정하고 있지만 이러한 피고인의 권리는 완전한 주관적 공권이 아니라 헌법 제109조 본문과 결합하여 일종의 객관적 가치질서로서의 의미를 지니고 있기 때문에 심리의 비공개를 피고인의 의사에 맡길 수 없고, ② 헌법 제109조가 원칙적으로 심리의 공개를, 예외적으로 비공개를 규정하고 있으므로 예외사유는 엄격하게 해석되어야 하며, ③ 피고인의 인격권보호가 헌법 제109조 단서가 예정하고 있는 예외사유(국가안전보장, 안녕질서, 공서양속)에 완전히 해당하지 않기 때문이다. 참고로 독일의 경우에는 공판절차 이분화를 논의하면서 양형심리절차를 비공개로 할 것을 규정하고 있었는데, 독일에서 이것이 가능한 이유는 비공개재판에 관한 규정이 독일 기본법에 명시되어 있는 것이 아니라 법원조직법에 명시되어 있으므로 입법자는 법원조직법만 개정하는 것만으로도 족했기 때문이다. 이에 반해 우리나라의 경우에는 법원조직법과 형사소송법의 상위규범인 헌법에서 공개재판원칙과 비공개재판의 예외를 명시하고 있다. 따라서 원칙적인 관점에서 보면 헌법 제109조의 개정 없이는 양형심리절차를 비공개로 할 정당성이 없다고 보는 것이 옳다.

그렇지만 피고인의 인격권보호를 이유로 하는 양형심리절차의 비공개 가능성에 대한 접근방식을 2007년에 개정된 형사소송법 제294조의3(피해자진술의 비공개)에서 찾아볼 수 있다. 형사소송법 제294조의3은 피해자의 사생활의 비밀이나 신변보호를 위하여 비공개재판을 할 수 있도록 규정하고 있다. 원래 형사소송법 제294조의3에 명시된 비공개재판의 요건으로서 피해자의 사생활의 비밀은 피해자의 인격권에 관한 사항으로서 헌법 제109조가 전제하고 있는 요건에 해당하는 것이 아니다. 이 점을 고려하여 입법자는 피해자보호와 공개재판원칙간의 상충을 조화롭게 해결하기 위하여 검사나 피해자의 신청에 의한 비공개 방식으로 명문화하였다.

결론적으로 피고인의 인격권보호를 이유로 법원이 직권으로 양형심리절차를 비공개로 진행하도록 하거나 형사소송법을 개정함에 있어 아무런 요건없이 양형심리절차를 비공개로 진행하도록 하는 방식은 공개재판주의를 규정한 헌법 제109조에 위반될 소지가 있으므로 검사나 피고인의 신청에 의하여 양형심리절차를 비공개로 진행하도록 해야 할 것이다.

3. 공판절차 이분화하에서의 양형자료조사제도의 구축

공판절차를 이분화하여 독자적인 양형심리절차를 마련하는 것만으로는 공판절차 이분화의 목표인 양형의 합리화와 철저화가 곧바로 달성되는 것은 아니다. 이분화된 공판절차에서 양형합리화의 목표를 달성하기 위해서는 그에 상응하는 법률적 장치로서 양형자료조사제도가 구비되어 있어야 한다. 현재 양형자료조사제도에 관해서는 기존에 법원과 검찰간의 의견대립이 많았고 이로 인하여 현재까지 관련 입법이 정체되어 있는 상황이다.[25] 물론 양형자료조사제도의

---

25) 사법제도개혁추진위원회(2005~2006)는 양형자료조사제도를 도입하기 위한 법안을 논의하였으나 특히 양형자료조사의 주체(검사 또는 법원)와 양형조사관의 소속(보호관찰관 또는 법원 자체의 조사관)과 관련한 이해관계의 대립으로 입법적 결실을 맺지 못했다. 현재 양형자료조사에 관해서는 보호관찰 등에 관한 법률에 근거한 소년형사법과 성인형사범에 대한 판결전조사제도와 법원조직법 제54조의3에 근거한 법원소속 조사관에 의한 양

입법에 관한 논쟁은 공판절차가 이분화되지 않은 현재의 형사절차를 전제로 하는 것이다. 이에 반해 공판절차를 이분화할 경우에는 현재의 일원적 형사절차를 전제로 한 양형자료조사제도의 도입문제에 관한 논쟁이 많이 불식될 것으로 보인다.

가. 양형자료조사의 주체

공판절차가 이분화될 경우에는 법원에 의한 직권적 양형자료조사제도가 도입되어야 한다. 이분화된 공판절차의 경우 사실심리절차에서는 범죄사실의 유무만 다루기 때문에 피고인의 양형에 관한 사항은 그것이 범죄사실과 직결되어 있지 않는 한 공판절차의 제2단계인 양형심리절차에서 다루어지게 되고 피

형자료조사제도가 병존하고 있다. 전자는 법무부 소속의 보호관찰관이 담당하고 있는 반면 양형자료조사는 법원소속의 조사관이 담당하고 있다. 이 중에서 법원의 양형조사관제도는 국회 법제사법위원회가 2005. 2. 28. 위원회 대안으로 제안하여 같은 해 3. 2. 국회에서 통과된 법원조직법 제54조의3에 근거한 것이다. 법원조사관에 의한 양형자료조사는 양형기준제의 시행과 밀접하게 관련되어 있다. 제1기 양형위원회가 2009. 4. 24. 확정한 8개 범죄에 대한 양형기준이 2009. 7. 1. 부터 시행되면서 법원은 법원조직법 제54조의3 및 법원조사관 등 규칙 제2조 제1항에 근거하여 2009. 7. 20. 서울중앙지방법원과 인천·수원·대전·부산·광주·대구지방법원 등 전국 7개 주요 법원에 5급 조사관 9명과 6·7급 조사관보 12명 등 법원조사관 21명을 임명하여 양형조사업무를 담당하게 하였다(법원행정처 사법정책실, 양형조사와 양형심리절차, 2010, 2쪽). 그러나 법원조사관에 의한 양형자료조사제도에도 불구하고 양형자료조사의 절차와 방식에 관한 규정은 별도로 신설해야 한다. 법원조직법 제54조의3 제2항은 법원조사관의 양형자료조사와 관련한 권한과 의무를 규정하고 있을 뿐 양형자료조사의 절차와 방법을 규정하고 있는 것은 아니기 때문이다(천진호, 양형기준제 시행의 문제점과 양형자료 조사제도 도입을 위한 제언, 형사법연구 제21권 제4호, 2009, 265쪽). 양형자료조사제도에 관한 상세한 논의는 강남주, 현행 판결전조사제도에 관한 고찰, 사법논집 제36집, 2003, 535~614쪽; 김일수, 바람직한 양형조사제도 –기관갈등의 분석과 출구–, 2010; 김재봉, 형사소송법개정안의 양형자료조사제도에 대한 검토, 형사정책 제18권 제2호, 2006, 213~236쪽; 김혜정, 판결전조사제도의 현황과 개선방안 –성인범에 대한 판결전조사제도를 중심으로–, 한국형사정책연구원, 2002; 김혜정, 형사소송법적 관점에서 바라본 판결전조사제도 확대의 문제, 형사정책연구 제14권 제1호, 2003, 129~154쪽; 사법제도개혁추진위원회, 양형제도개선 전문가 토론회(I·II), 2005. 10, 18~20쪽(김재봉 교수 토론 부분); 사법제도개혁추진위원회, 양형제도개선 전문가 토론회(I·II), 2005. 10, 102~104쪽(이종철 검사 토론 부분); 양문승·유학희, 양형의 합리화를 위한 판결전조사제도의 개선방안, 원광법학 제25권 제1호, 2009, 143~170쪽; 오기두, 미국연방의 양형자료조사보고제도의 운영실태, 2003, 65~96쪽; 이상철, 판결전조사제도에 관한 연구, 한국형사정책연구원, 1994; 최석윤, 판결전조사제도, 형사정책 제12권 제2호, 2000, 57~78쪽; 최석윤, 양형조사법안에 대한 비판적 고찰, 형사법연구 제23권 제1호, 2011, 209~336쪽; 형사소송법 개정특별위원회, 형사소송법개정연구, 2010, 228~255쪽 참조.

고인의 양형자료에 관한 조사도 원칙적으로 사실심리절차에서 유죄의 잠정판단이 내려진 이후에야 가능하게 된다. 특히 양형심리절차를 사실심리절차와 별도로 진행하는 목적이 피고인에게 적합한 형사제재를 정하는 데 있다는 점에 주목하게 되면 양형자료조사는 무엇보다도 공정하고 중립적으로 구성되어야 한다. 따라서 양형절차에 엄격한 당사자주의를 요구하는 것은 바람직하지 않으며, 오히려 양형심리를 보다 충실하게 할 수 있도록 유도하기 위해서는 직권주의적 양형조사가 가능하도록 양형조사제도를 설계해야 한다.[26] 이 점에서 이분화된 공판절차에서는 양형자료조사의 주체를 오로지 법원에 맡겨야 할 것이다.

참고로 비교법적 관점에서 검토해보면 전통적으로 공판절차가 이분화되어 있는 영미 배심제에서는 법원이 양형자료조사의 주체이다. 다시 말해서 영미 배심제에서는 오로지 법원만 보호관찰관이나 그 밖의 사회사업가 등에게 양형자료조사를 명할 권한을 가지고 있다. 이에 반해 독일이나 스위스 등 대륙법계 직권주의 소송구조를 취하는 형사절차에서는 검사가 일반적으로 우선적인 양형조사권을 가지고, 경우에 따라서는 법원이 보충적인 양형조사권을 가지고 있다. 독일의 택일안도 이분화된 공판절차에서 검사에게 일차적인 양형조사권을 부여하고 있다.

독일의 현행 형사소송법이 검사에게 일차적인 양형자료조사권을 부여한 확실한 근거는 없다. 독일 형사소송법이 검사에게 일차적 양형자료조사를 부여하는 근거로는 ① 검사의 주된 업무가 범죄수사에 있고 범죄수사를 함에 있어서는 통상적으로 피의자·피고인의 인격에 관한 사실 등 양형관련 자료도 함께 조사하는 것이 효율적이라는 점, ② 직권주의를 취하고 있는 독일 형사절차에서 공판절차의 주도권을 모두 법원이 쥐고 있기 때문에 검사가 조사한 피고인에 관한 양형자료는 법원이 주도하는 양형심리 과정에서 다룰 수 있으므로 검사에게 일차적인 양형자료조사권을 부여해도 무방하다는 점, ③ 독일의 경우 검사는 수사절차에서 기소유예 등 다양한 권한을 행사하게 되는 데 이러한 기소유예 등의 처분을 위해서는 검사에게 미리 양형자료에 대한 조사권을 부여할 필요가 있다는 점 등이 고려되었을 것으로 보인다. 한편 독일의 택일안이 공판

26) 이러한 기본적인 접근방법에 관해서는 형사소송법 개정특별위원회, 형사소송법개정연구, 2010, 235쪽 참조.

절차를 이분화하면서도 검사에게 양형자료조사권을 부여한 이유는 기존의 질서와 실무관행을 깨트리는 것 보다는 앞에서 언급한 다양한 이유에서 기존의 검사에 의한 양형자료조사체계를 그대로 유지하는 것이 보다 효율적이라는 관점이 고려된 것으로 보인다.

그러나 공판절차 이분화사상을 철저하게 유지하기 위해서는 영미 배심제의 경우와 같이 법원에게 양형자료조사권을 부여하는 것이 보다 설득력이 있다고 본다.

나. 양형자료조사의 개시시기 및 양형보고서 제출시기

공판절차의 이분화가 형식적으로 도입되는 경우에는 양형자료조사의 시기(즉, 법원의 양형자료조사명령의 시기)가 확연하게 구분된다.

이분화된 공판절차에서는 사실심리절차에서 유·무죄에 관한 중간재판이 고지되기 때문에 양형자료조사의 시기도 유죄의 중간재판이 고지된 때가 되어야 할 것이다. 그렇지만 영미의 형사절차에서도 양형자료조사는 유죄평결 등 피고인의 유죄가 인정된 이후에 개시되는 것이 원칙이지만 사실심리절차가 종료되기 전이라도 양형자료조사를 개시하도록 명하는 것은 가능하고, 다만 사실심리절차에서 양형조사자료의 제출만은 엄격하게 금지되고 있다. 이 점에서 이분화된 공판절차에서는 유죄의 중간재판이 고지된 이후에 양형자료를 조사하도록 하는 것을 원칙으로 하되 피고인이 자백하거나 동의가 있는 경우에는 유죄의 중간재판이 고지되기 전이라도 양형자료를 조사하도록 하여 가능한 한 절차의 신속성을 확보해야 할 것으로 보인다.

나아가 이분화된 공판구조 하에서 양형조사보고서의 제출시기가 양형심리절차이어야 한다는 점도 당연하다. 그러므로 양형심리절차에서 법원이 양형조사보고서의 제출을 명한 때 제출하도록 해야 한다.

참고문헌

Ⅰ. 국내문헌

강남주, 현행 판결전조사제도에 관한 고찰, 사법논집, 제36집, 법원도서관, 2003.

고봉진, 독일의 양형원리와 정책 –Streng의 입장을 중심으로–, 법과 정책, 제14집 제2호, 제주대학교 법과 정책연구소, 2008.

권오걸, 영국양형제도의 분석과 국내도입의 문제점 검토, 형사정책연구, 제19권 제4호, 한국형사정 책연구원, 2008.

김성돈, 형법총론, SKKUP, 2009.

김슬기, 법정형과 양형기준의 관계에 관한 고찰 –폭력범죄를 중심으로–, 형사법연구, 제24권 제2호, 한국형사법학회, 2012.

김대성, 국민참여재판에서의 배심원의 양형 참여, 법학연구, 제15집 제1호, 인하대학교 법학연구소, 2012.

김영종, 위증·무고범죄 양형기준안 지정토론문, 양형기준안 제2차 공청회자료집, 양형위원회, 2009. 2.

김영환, 양형의 법적 성격과 양형의 합리화, 형사정책연구, 제17권 제5호, 한국형사정책연구원, 1996.

김일수, 바람직한 양형조사제도 –기관갈등의 분석과 출구–, 세창출판사, 2010.

김일수·서보학, 형법총론, 박영사, 2004.

김재봉, 양형자료조사에 관한 비교법적 고찰, 법학논총, 제23집 제1호, 한양대학교 법학연구소, 2006.

김재봉, 형사소송법개정안의 양형자료조사제도에 대한 검토, 형사정책, 제18권 제2호, 한국형사정책학회, 2006.

김현석, 공판중심주의 실현을 위한 법정심리절차, 사법, 제3호, 한국사법재단, 2008.

김현석, 양형기준의 작성원리와 내용, 2009년 양형기준과 새로운 양형제도 법관연수 자료(사법연수원 발간), 2009. 9.

김현석, 양형기준 시행성과와 향후 과제, 형사정책연구, 제21권 제2호, 한국형사정책연구원, 2010.

김혜경, 법정형체계의 정비방안, 한국형사정책연구원, 2006.

김혜정, 판결전조사제도의 현황과 개선방안 –성인범에 대한 판결전조사제도를 중심으로-, 한국형사정책연구원, 2002.
김혜정, 형사소송법적 관점에서 바라본 판결전조사제도 확대의 문제, 형사정책연구, 제14권 제1호, 한국형사정책학회, 2003.
김혜정, 뇌물수수죄의 양형기준제도 준수현황 및 개선방안, 법조, 통권 706호, 법조협회, 2015.
김희관, 미국연방양형기준법에 관한 고찰, 해외파견검사연구논문집, 제10집, 법무부, 1994.
남영찬, 독일에서의 양형사실 조사방법, 법원행정처(편), 외국의 양형제도연구, 2003.
대법원, 바람직한 형사사법시스템의 모색 자료집(I), 대법원, 2004. 7. 12.
류부곤, 우리나라 양형기준에 대한 고찰, 형사법연구, 제24권 제4호, 한국형사법학회, 2012.
박강우, 대법원 양형기준안과 바람직한 양형개혁의 방향, 저스티스, 통권 제114호, 한국법학원, 2009.
박경래·윤지영·승재현, 양형조사제도에 관한 연구 -조사기관을 중심으로-, 한국형사정책연구원, 2010.
박형관, 영국식 양형기준제의 특징 및 도입 가능성에 대한 소고, 대검찰청 연구보고서, 2007.
박형관, 미국 주 양형기준제 개관 및 주요 쟁점 검토, 형사법의 신동향, 통권 12호, 대검찰청, 2008.
박형관, 종합적 양형기준 설정방안에 관한 연구: 최초 양형기쥬의 성과와 한계에 관한 비판적 고찰, 서울대학교 박사학위논문, 2011.
박형관, 배심원 양형에 관한 쟁점 검토: 국민참여재판의 개선방안을 중심으로, 형사정책연구, 제23권 제2호, 한국형사정책연구원, 2012.
박홍우, 미국연방의 양형기준제도, 각국의 양형제도, 법조협회, 2002.
박홍우, 미국 연방양형기준제의 실제 적용방법, 외국의 양형제도연구, 법원행정처, 2003.
박홍우, 미국 연방 및 주의 양형기준제도에 대한 평가, 사법개혁과 세계의 사법제도 IV, 한국사법행정학회, 2006.
배종대, 형법총론, 홍문사, 2014.
법무부 범죄예방정책국 보호법제과, 보호관찰소 소속관련 입법례, 2009.
법무부, 형법(총칙)일부개정법률안 제안 이유서, 2011. 4.
법원행정처, 양형적정화방안 모색을 위한 토론회 결과보고서, 1995.
법원행정처, 국민참여재판의 이해, 2008.
법원행정처 사법정책실, 양형조사와 양형심리절차, 2010.

변지영, 영국의 양형기준제도 －양형기준제도의 법령 및 현황－, 사법정책연구원, 2015.
변필건, 미연방 양형적용시스템(ASSYST)의 데이타 베이스 구축, 실제운영 현황 및 판결전조사보고(PSR)의 활용실태, 2008. 6.
사법개혁위원회, 사법개혁위원회자료집(III), 2004. 5.
사법개혁위원회, 사법개혁위원회 자료집(VI) －제14차~제27차 회의 자료－, 2005. 1.
사법개혁위원회, 국민과 함께하는 사법개혁 －사법개혁위원회 백서－, 사법개혁위원회 자료집(VIII), 2005.
사법개혁추진위원회, 민주사회를 위한 사법개혁, 2000.
사법연수원, 형사실무강의(형사절차법), 2013.
사법제도개혁추진위원회, 양형제도개선 전문가 토론회(I·II), 2005. 10.
서보학, 판결전조사제도의 성인범 확대실시방안, 보호관찰, 제4호, 한국보호관찰학회, 2004.
서봉규, 현행 양형기준의 문제점과 개선방안, 홍익법학, 제11권 제2호, 홍익대학교 법학연구소, 2010.
손동권·김재윤, 범행비례적 양형론에 관한 연구, 한국형사정책연구원, 2016.
송영지, 형법상 작량감경의 이론과 현실, 고려대학교 박사학위논문, 2012.
승재현, 우리나라 양형위원회 양형기준모델의 타당성 평가, 법조, 통권 제640호, 법조협회, 2010.
승재현, 우리나라 양형위원회 양형인자의 도출의 문제점 및 개선방향: 협의의 양형인자를 중심으로, 법학연구, 제21권 제3호, 충북대학교 법학연구소, 2010.
신동운, 형법총론, 제6판, 법문사, 2011.
신승호, Booker 판결 이후 미국 연방 양형제도의 동향, 해외연수검사연구논문집, 제23집 제1호, 법무연수원, 2008.
양문승·유학희, 양형의 합리화를 위한 판결전조사제도의 개선방안, 원광법학, 제25권 제1호, 원광 대학교 법학연구소, 2009.
양형위원회, 양형위원회 제38차 회의자료, 2011. 12. 19.
양형위원회 운영지원단, 양형기준 적용현황 분석 I, 2016.
양형위원회, 양형기준 2016.
오경식·김혜경, 법률적 양형의 기본원리와 방향, 형사법의 신동향, 통권 제33호, 대검찰청, 2011.
오기두, 미국 연방의 양형자료조사보고제도의 운영실태, 법원행정처(편), 외국의 양형제도연구, 2003.
오영근, 형법총론, 대명출판사, 2009.

윤강열, 양형기준 이탈과 판결서 양형이유 기재, 재판실무연구, 제5권, 수원지방법원, 2013.

이동근, 독일에서의 양형에 관한 이론과 실무, 재판자료(외국사법연수논집) 93집, 법원행정처, 2001.

이동근, 독일의 사법보조(Gerichtshilfe) 제도, 법원행정처(편), 외국의 양형제도연구, 2003.

이상돈, 형법강론, 박영사, 2015.

이상철, 판결전조사제도에 관한 연구, 한국형사정책연구원, 1994.

이승준, 화이트칼라범죄에 대한 집행유예, 법학연구, 제16권 제3호, 연세대학교 법학연구소, 2006.

이승호·이진국, 사실심리절차와 양형심리절차 분리방안, 법원행정처 용역연구과제 결과보고서, 2011.

이영란, 한국양형론, 나남신서, 1996.

이재상·장영민·강동범, 형법총론, 박영사, 2015.

이재홍, 미국의 양형제도와 그 한국적 조명, 사법연구자료, 제17집, 법원행정처, 1990.

이주형, 미국 연방 양형기준법에 관한 연구 –연방 양형위원회를 중심으로–, 해외연수검사연구논문집, 제21집 제1호, 법무연수원, 2006.

이주형, 최초의 양형기준에 대한 비판적 고찰, 형사법의 신동향, 통권 제21호, 대검찰청, 2009.

이주형, 공무집행방해범죄 양형기준안 지정토론문, 양형위원회(주최), 양형기준안에 관한 제4차 공청회자료집 II(지정토론문), 2011. 1. 20.

이진국, 독일형법 제46a조: 자율적 범행원상회복, 비교형사법연구, 창간호, 박영사, 1999.

이진국, 행위자의 범행전후의 태도와 양형책임, 동아법학, 제29호, 동아대학교 법학연구소, 2001.

이진국, 독일 형법상 집행유예의 요건과 기준, 보호관찰, 제11권 2호, 한국보호관찰학회, 2011.

이진국, 양형기준에서 특별감경요소로서 '피해회복을 위한 진지한 노력'에 관한 고찰, 한국형사정책연구, 제27권 제3호, 한국형사정책연구원, 2016.

이천현·김혜정, 양형 관련규정의 정비방안, 한국형사정책연구원, 2006.

이현정, 책임범위이론에 기초한 현행 양형기준의 개선방안, 비교형사법연구, 제13권 제1호, 한국비교형사법학회, 2011.

이현정, 형법 제53조의 개정방안, 성균관법학, 제23권 제1호, 성균관대학교 법학연구소, 2011.

이현정·임웅, 양형위원회 양형기준안에 대한 비판적 고찰, 성균관법학, 제21권 제1호, 성균관대학교 법학연구소, 2009.

이호중, 우리나라 양형기준에 대한 비판적 분석, 형사법연구, 제22권 제1호, 한국형사법학회, 2010.

임 웅, 형법총론, 법문사, 2013.

정성근·박광민, 형법총론, SKKUP, 2015.

정숙희, 양형기준 시행 이후 작량감경규정의 재조명 −성폭력범죄를 중심으로−, 법학논총, 제32집 제2호, 전남대학교 법학연구소, 2012.

정진경, 국민의 형사재판 참여에 관한 법률에 따른 배심원재판의 유의점, 저스티스, 제100호, 한국법학원 2007. 10.

정철호, 형법 제51조의 양형의 조건, 비교형사법연구, 제4권 제1호, 한국비교형사법학회, 2002.

차용석·최용성, 형사소송법, 21세기사, 2008.

천진호, 양형기준제 시행의 문제점과 양형자료 조사제도 도입을 위한 제언, 형사법연구, 제21권 제4호, 한국형사법학회, 2009.

최석윤, 양형의 형벌이론적 기초와 합리화방안, 고려대학교 박사학위논문, 1996.

최석윤, 판결전조사제도, 형사정책, 제12권 제2호, 한국형사정책학회, 2000.

최석윤, 양형위원회와 양형이론, 형사정책연구, 제18권 제3호, 한국형사정책연구원, 2007.

최석윤, 양형기준설정과 관련된 몇 가지 고려사항, 비교형사법연구, 제10권 제1호, 한국비교형사법학회, 2008.

최석윤, 양형조사법안에 대한 비판적 고찰, 형사법연구, 제23권 제1호, 한국형사법학회, 2011.

최석윤·이진국, 현행 양형기준상 집행유예기준의 개선방안, 형사법의 신동향, 통권 제37호, 대검찰청, 2012.

최형표, 양형실무의 변화와 과제 −양형기준제도 및 양형심리를 중심으로−, 저스티스, 통권 제146−3호, 한국법학원, 2015.

최호진, 양형기준의 합리성 검토와 개선방향, 비교형사법연구, 제11권 제2호, 한국비교형사법학회, 2009.

탁희성·김한균·김성언·최석윤, 형사정책과 사법제도에 관한 연구(IV) −양형기준제 시행에 따른 양형합리화정책 성과분석 및 평가−, 한국형사정책연구원, 2010.

하태훈, 공판절차의 이분론(상), 형사정책연구 제6권 제4호(통권 24호), 한국형사정책연구원, 1995.

하태훈, 공판절차의 이분론(하), 형사정책연구 제7권 제1호(통권 25호), 한국형사정책연구원, 1996.

하태훈, 양형합리화를 위한 양형심리절차의 도입, 형사정책연구 제17권 제4호, 한국형사정책연구원, 2006.

한상훈, 국민참여재판제도의 운영상 쟁점, 사법, 제3호, 사법연구지원재단, 2008.

한상훈, 국민참여재판제도의 정착방안, 저스티스, 제106호, 한국법학원, 2009.

한인섭, 국민의 사법참여－그 구체적 실현방안, 한국형 배심제의 도입을 위하여, 국민의 사법참여 공청회, 한국공법학회, 2004.

허일태, 현행법상 작량감경제도의 문제점과 개선방안, 형사법연구, 제22권 제2호, 한국형사법학회, 2010.

형사소송법 개정특별위원회, 형사소송법개정연구, 한국형사정책연구원, 2010.

홍대식, 영국의 양형제도, 사법제도비교연구회, 2005.

홍준호, 양형기준이 형사판결에 미치는 영향, 경기법조, 18호, 수원지방변호사회, 2011.

Ⅱ. 외국문헌

Achenbach, Hans: Zweiteilung des Strafverfahrens－Plädoyer für eine “kleine Lösung”, JR 1974.

AK－Bearbeiter: Wassermann (Hrsg.), Alternativkommentar zur Strafprozessordnung, 1988 ff.

Baumann, Jürgen u.a.: Alternativ－Entwurf Novelle zur Strafprozeßordnung. Reform der Hauptverhandlung(AE－StPO－HV), 1985.

Begleitbericht zum Vorentwurf für eine Schweizerische Strafprozessordnung, 2001.

Blätter für Zürcherische Rechtsprechung, 2002.

Blau, Günter: Die Teilung des Strafverfahrens in zwei Abschnitte. Schuldspruch und Strafausspruch, ZStW 81, 1969.

Bottke, Wilfried: Assoziationsprävention. Zur heutigen Diskussion der Strafzwecke, Duncker & Humblot, 1995.

Brauns, Uwe: Die Wiedergutmachung der Folgen der Straftat durch den Täter, Duncker & Humblot, 1996.

Brinkmann, Beth S.: The Presumption of Life: A Starting Point for a Due Process Analysis of Capital Sentencing, 94 Yale Law Journal, 1984－1985.

Bruns, Hans–Jürgen: Das Recht der Strafzumessung, 2. Aufl., Carl Heymanns, 1985.

Bruns, Hans–Jürgen: Leitfaden des Strafzumessungsrechts, Carl Heymanns, 1986.

Bruns, Hans–Jürgen: Neues Strafzumessungsrecht?, "Reflexionen" über eine geforderte Umgestaltung, Carl Heymanns, 1988.

Bruns, Hans–Jürgen: Strafzumessungsrecht. Gesamtdarstellung, 2. Aufl., Carl Heymanns, 1974.

BSK StPO–Bearbeiter: Niggli, Marcel Alexander/Heer, Marianne/Wiprächtiger, Hans(Hrsg.), Basler Kommentar, Schweizerische Strafprozessordnung, 2010.

Dahs jun., Hans: Praktische Probleme des Schuldinterlokuts, GA 1971.

Dahs sen., Hans: Fortschrittliches Strafrecht in rückständigem Strafverfahren.–Zur Dringlichkeiteiner Zweiteilung der Hauptverhandlung durch ein "Schuldinterlokut", NJW 1970.

Dölling, Dieter: Die Zweiteilung der Hauptverhandlung. Eine Erprobung vor Einzelgerichtern und Schöffengerichten, Diss., Göttingen, 1978.

Dölling, Dieter: Über die Strafzumessung beim Raub, in: Gössel, Karl Heinz/Otto Triffterer(Hrsg.), Gedächtnisschrift für Heinz Zipf, C.F.Müller, 1999.

Dreher, Eduar: Zur Spielraumtheorie als der Grundlage der Strafzumessungslehre des Bundesgerichtshofs, JZ, 1967.

Dreher, Eduard: Strafgesetzbuch mit Nebengesetzen und Verordnungen, 37. Aufl., C.H.Beck, 1977.

EJPD(Hrsg.): Aus 29 mach 1, Konzept einer eidgenössischen Strafprozessordnung, Bericht der Expertenkommission <Vereinheitlichung des Strafprozessrechts>, 1997.

Fahl, Christian: Zur Bedeutung des Regeltatbilds für die Bemessung der Strafe, ZStW 111, 1999.

Fischinger, Helmuth: Die Teilung des Strafverfahrens in zwei Abschnitte. Schuldspruch und Strafausspruch, ZStW 81, 1969.

Frase, Richard S.: Sentencing Reform in Minnesota: Ten Years After, Minnesota Law Review 75, 1991.

Frisch, Wolfgang: Gegenwärtiger Stand und Zukunftsperspektiven der Strafzumessungsdogmatik. Das Recht der Strafyumessung im Lichte der systematischen Darstellungen von Hans–Jürgen Bruns und Franz Pallin, ZStW 99, 1987.

Frisch, Wolfgang: Maßstäbe der Tatproportionalität und Veränderungen des Sanktionenniveaus, in: Frisch, Wolfgang/von Hirsch, Andrew/Albrecht, Hans–Jörg (Hrsg.), Tatproportionalität:

Normative und empirische Aspekte einer tatproportionalen Strafzumessung Taschenbuch, C.F.Müller, 2003.

Gössel, Karl–Heinz: Besprechung des Beitrages von Roxin, Claus: Die Reform der Hauptverhandlung im deutschen Strafprozeß, [in: Lüttger u.a.,(Hrsg.), Probleme der strafprozeßreform, 1975], in: JA 1975.

Grünhut, Max: Die Bedeutung englischer Verfahrensformen für eine deutsche Strafprozeßreform, in: Festschruft für von H. von Weber, 1963.

Günther, Hans–Ludwig: Systematische Grundlagen der Strafzumessung, JZ, 1989.

Hanack, Ernst–Walter: Besprechung von Dahs: Handbuch des Strafverteidigers, 3. Aufl., JZ 1971.

Hanssen, Helmut/Riehle, Eckart: Strafrecht für Soziale Arbeit, Eine fallbezogene Einführung, 2002.

Hauser, Robert/Schweri, Erhard/Hartmann, Karl: Schweizerisches Strafprozessrecht, 6, Aufl., 2005.

Heckner, Wolfgang: Die Zweiteilung der Hauptverhandlung nach Schuld– und Reaktionsfrage (Schuldinterlokut), Vorschlag einer Gesetzesnovelle zum Strafverfahrensrecht, Diss. Univ. München, 1973.

Heinitz, Ernst: Der Entwurf des Allgemeinen Teils des Strafgesetzbuches vom krimi–nalpolitischen Standpunkt aus, ZStW 70, 1958.

Hcinitz, Ernst: Zweitcilung der Hauptverhandlung?, in: Sein und Werden im Recht, Festgabe für von Lübtow, 1970.

Henkel, Heinrich: Die 'richtige' Strafe: Gedanken zur richterlichen Strafzumessung, Mohr Siebeck, 1969.

Henkel, Heinrich: Strafempfindlichkeit und Strafempfänglichkeit des Angeklagten alsStrafzumessungsgründe, Festschrift für Heinrich Lange zum 70. Geburtstag 25. März 1970, C.H.Beck, 1970.

Herrmann, Joachim: Die Reform der deutschen Hauptverhandlung nach dem Vorbild des anglo–amerikanischen Strafverfahrens, 1971.

Hirsch, Hans–Joachim: Wiedergutmachung des Schadens im Rahmen des materiellen Strafrechts, ZStW 102, 1990.

HK–GS/(Bearbeiter): Dölling, Dieter/Duttge, Gunnar/Rössner, Dieter (Hrsg,), Nomoskommentar Gesamtes Strafrecht, 2. Aufl., Nomos, 2011.

Home Office, National Standards for supervision of offenders in the community,

2002.

Horn, Eckhard: Tatschuld - Interlokut und Strafzumessung, ZStW 85, 1973.

Horn, Eckhard: Wider die "doppelspurige"Strafhöhenbemessung, in: Grünwald, Gerald(Hrsg.), Festschrift für Friedrich Schaffstein zum 70. Geburtstag am 28. Juli 1975, Schwartz, 1975.

Hörnle, Tatjana: Tatpropotionale Strafzumessung, Dencker&Humblot, 1999.

Jakobs, Günther: Strfrecht Allgemeiner Teil, Die Grundlagen und die Zurechnungslehre, 2. Aufl., Walter de Gruyter, 1993.

Jescheck, Hans–Heinrich: Lehrbuch des Strafrechts Allgemeiner Teil, Duncker&Humblot, 1988.

Jescheck, Hans–Heinrich/Weigend, Thomas: Strafrecht Allgemeiner Teil, Duncker & Humblot, 1996.

Kaufmann, Arthur: Das Schuldprinzip. Eine strafrechtlich–rechtsphilosophische Untersuchung, 2. Aufl., Universitätsverlag Winter GmbH Heidelberg, 1976.

KK–Bearbeiter: Pfeiffer(Hrsg,), Karlsruher Kommentar, StPO, 6. Aufl., 2008.

Kleinknecht, Theodor:"Informelles Schuldinterlokut"im Strafprozeß nach geltendem Recht.–Zur modernen Gestaltung der Hauptverhandlung–, Festschrift für Heinitz, 1972.

Krauss, Detlef: Richter und Sachverständiger im Strafverfahren, ZStW 85, 1973.

Lang–Hinrichsen, Dietrich: Bemerkungen zum Begriff der "Tat" im Strafrecht unter besonderer Berücksichtigung der Strafzumessung, des Rücktritts und der tätigen Reue beim Versuch und der Teilnahme, in: Karl Engisch/Paul Bockelmann, Festschrift für Karl Engisch zum 70. Geburtstag, Klostermann, 1969.

LK–(Bearbeiter): Strafgesetzbuch, Leipziger Kommentar, herausgegeben von Heinrich Wilhelm Laufhütte u.a., 12. Aufl., De Gruyter Recht, 2006.

LPK–Kindhäuser: von Kindhäuser, Urs, Strafgesetzbuch Lehr– und Praxiskommentar, 6. Aufl., Nomos, 2015.

LR–Bearbeiter: von Erb u.a.(Hrsg,), Löwe/Losenberg, Die Strafprozessordnung und das Gerichts– verfassungsgesetz, Großkommentar, 26. Aufl., 2006~2010.

Maurach, Reinhart/Gössel, Karl Heinz/Zipf, Heinz: Strafrecht Allgemeiner Teil, Teilband 2, 7. Aufl., C.F.Müller, 1989.

Maurach, Reinhart/Zipf, Heinz: Strafrecht Allgemeiner Teil, Teilband 1, 8. Aufl., C.F.Müller, 1992.

Maurer, Thomas: Das bernische Strafverfahren, 2. Aufl., 2003.

Meier, Bernd-Dieter: Strafrechtliche Sanktionen, Springer, 2001.

Minnesota Sentencing Guidelines Commission, Minnesota Sentencing Guidelines and Commentary, August 1 2016(November 17, 2016, update).

Nagel, Ilene H.: Structuring Sentencing Discretion: The New Federal Sentencing Guidelines, 80 The Journal of Criminal Law & Criminology, 1989-1990.

NK-Brarbeiter: Kindhäuser, Urs/Neumann Ulfried/Paeffgen Hans-Ullrich (Hrsg.), Nomos Kommentar Strafgesetzbuch, 3. Aufl., 2010.

Parent, Dale G.: Structuring Criminal Sentences: The Evolution of Minnesota's Sentencing Guidelines, Butterworth Legal Publishers, 1988.

Peters, Karl: Grundprobleme der Kriminalpädagogik, de Gruyter, 1960.

Peters, Karl: In welcher Weise empfiehlt es sich, die Grenzen des strafrechtlichen Ermessens im künftigen Strafgesetzbuch zu regeln(Ermessensfreiheit oder gesetzliche Bindung des Richters bei der Verhängung der Strafe und sonstiger Unrechtsfolgen)?, in: Verhandlungen des 41. Deutschen Juristentages, Band I, 1955.

Plowden, Philip: Criminal Litigation in Practice, Northumbria Law Press, 2006.

Reichert, Christoph: Intersubjektivität durch Strafzumessungsrichtlinie. Eine Untersuchung mit Bezug auf die "Sentencing Guidelines" in den USA, Duncker&Humblot, 1999.

Roxin, Claus/Schünemann, Bernd: Strafverfahrensrecht, 26. Aufl., 2009.

Roxin, Claus: Die Reform der Hauptverhandlung im deutschen Strafprozeß, in: Lüttger u.a.,(Hrsg.), Probleme der strafprozeßreform, 1975.

Roxin, Claus: Die Wiedergutmachung im System der Strafzwecke, in: Schöch, Heinz(Hrsg.), Wiedergutmachung und Strafrecht, Symposion aus Anlaß des 80. Geburtstages von Friedrich Schaffstein, Wilhelm Fink, 1987.

Roxin, Claus: Prävention und Strafzumessung, in: Frisch, Wolfgang/Schmid Werner (Hrsg.), Festschrift für Hans-Jürgen Bruns zum 70. Geburtstag, Carl Heymanns, 1978.

Roxin, Claus: Strafrecht Allgemeiner Teil, Band I, C.H.Beck, 1997.

Roxin, Claus: Strafzumessung im Lichte der Strafzwecke, Institut für Konfliktforschung (Hrsg.), Pönometrie. Rationalität oder Irrationalität der Strafzumessung, Schriftenreihe des Institutes für Konfliktforschung, Heft 3, Köln, 1977.

Roxin, Claus: Was bleibt von der Schuld im Strafrecht übrig?, SchwZStr 104, 1987.

Roxin, Claus: Zur jüngsten Diskussion über Schuld, Prävention und Verantwortlichkeit im Strafrecht, in: Kaufmann, Arthur/Bemmann, Günter/Krauß, Detlev/Volk, Klaus (Hrsg.), Festschrift für Paul Bockelmann zum 70. Geburtstag am 7. Dezember 1978, C.H.Beck, 1979.

Saltzburg, Stephen A.: The Control of Criminal Conduct in Organizations, 71 Boston University Law Review, 1991.

Schäfer, Gerhard/Sander, Günther M./van Gemmeren, Gerhard: Praxis der Strafzumessung, C.H.Beck, 2008.

Schaffstein, Friedrich: Spielraum－Theorie, Schudbegriff und Strafzumessung nach den Strafrechtsreforms－ gesetzen, Festschrift für Gallas, 1973.

Schmid, Niklaus: Schweizerische Strafprozessordnung(StPO), Praxiskommentar, 2009.

Schöch, Heinz: Neuere Entwicklungen in der Strafverfahrensforschung, ZStrR 98, 1981.

Schöch, Heinz: Empfehlen sich Änderungen und Ergänzungen bei den strafrechtlichen Sanktionen ohne Freiheitsentzug?, Gutachten C zum 59. Deutschen Juristentag, C.H.Beck, 1992.

Schöch, Heinz: Grundlage und Wirkung der Strafe － Zum Realitätsgehalt des §46 Abs. 1 StGB, in: Grünwald, Gerald(Hrsg.), Festschrift für Friedrich Schaffstein zum 70. Geburtstag am 28. Juli 1975, Schwartz, 1975.

Schöch, Heinz: Strafzumessung und Persönlichkeitsschutz in der Hauptverhandlung.－Erfahrungen aus einer Erprobung des informellen Tatinterlokuts－, Festschrift für Bruns, 1978.

Schönke/Schröder/Stree/Kinzig: Strafgesetzbuch: Kommentar, Nikolaus Bosch u.a., 28. Aufl., C.H.Beck, 2010.

Schulhofer, Stephen J.: Assessing the Federal Sentencing Process: The Problem Is Uniformity, not Disparity, 29 American Criminal Law Review, 1991~1992.

Schunck, Bernd: Die Zweiteilung der Hauptverhandlung : die Erprobung des in－formellen Tatinterlokuts bei Strafkammern, 1982.

Schünemann, Bernd: Plädoyer für eine neue Theorie der Strafzumessung, in: Eser, Albin/ Cornils, Karin (Hrsg.), Neuere Tendenzen der Kriminalpolitik - Beiträge zu einem deutsch－skandinavischen Strafrechtskolloquium, Max－Planck－Institut für Ausländisches und Internationales Strafrecht, 1987.

SK－(Bearbeiter): Systematischer Kommentar zum Strafgesetzbuch, von Hans－Joachim Rudolphi, E. Horn und E. Samson Band I: Allgemeiner Teil, 6. Aufl., Luchterhand,

1993.

SK－Bearbeiter: Rudolphi/Frisch/Rogall/Schlüchter/Wolter, Systematischer Kommentar zur Strafprozess－ ordnung und zum Gerichtsverfassungsgesetz, Loseblattkommentar.

Spendel, Günter: Die Berücksichtigung des richtlichen Strafmaßes, NJW, 1964.

Stratenwerth, Günter: Tatschuld und Strafzumessung, Recht und Staat Heft 406/407, Mohr Siebeck, 1972.

Streng, Franz: Kommentar zu "Kriterien für die Herstellung von Tatproportionalität", in: Frisch, Wolfgang/von Hirsch, Andrew/Albrecht, Hans－Jörg (Hrsg.), Tatproportionalität: Normative und empirische Aspekte einer tatproportionalen Strafzumessung Taschenbuch, C.F.Muller, 2003.

Streng, Franz: Strafrechtliche Sanktionen: Die Strafzumessung und ihre Grundlagen, Kohlhammer, 1991.

Tröndle, Herbert: Besprechung von Th. Kleinknecht: Strafprozessordnung, 30. Aufl., MDR 1972.

Ulmen, Harald: Das Schuldinterlokut. Die Teilung des Strafverfahrens in zwei Abschnitte: Schuldspruch und Strafauspruch. Zugleich ein Beitrag zur Strafprozeßreform, Diss., Bonn, 1973.

von Hirsch, Andrew/Jareborg, Nils: Strafmaß und Strafgerechtigkeit: die deutsche Strafzumessungs－ lehre und das Prinzip der Tatproportionalität, Forum Verlag Godesberg, 1991.

Walker, Karle/Sager, Thomas: Are the Federal Sentencing Guidelines Meeting Congressional Goals?, Emory Law Journals 40, 1991.

Wolffers, Beat: Das Schuldinterlokut in der Schweiz, insbesondere im Kanton Bern, in: ZStrR 117, 1999.

Wolter, Jürgen: Schuldinterlokut und Strafzumessung, Rechts－ und Sozialstaat, Rechts－ und Sozialwissenschaften im Strafprozeß, GA 1980.

Würtenberger, Thomas: Kriminalpolitik im sozialen Rechtsstaat, Enke, 1970.

[저자 약력]

이 진 국

독일 Marburg 대학교 법학박사(Dr. iur.)
한국형사정책연구원 연구위원, 연구센터장, 연구실장, 기획조정본부장
한국연구재단 전문위원
양형위원회 전문위원
사법시험·변호사시험 등 국가고시 출제위원
독한법학회(Deutsch－Koreanische Juristische Gesellschaft) 부회장
現 아주대학교 법학전문대학원 교수

주요 저서 및 논문
『Symbolische Wiedergutmachung im strafrechtlichen Sanktionensystem』(Dissertation, Marburg, 2000)
『국제형법』(준커뮤니케이션즈, 4인 공저, 2011)
『형법상 법정형중심적 해석에 관한 소고, 2012』 외 다수

양형의 이론과 실제

초판인쇄 2018년 3월 15일
초판발행 2018년 3월 20일

지은이 이진국
펴낸이 박노일

총괄기획 김중용·최준규
편 집 심성보·김인숙

펴낸곳 pnc publishing and culture 피앤씨미디어

경기도 고양시 일산동구 강송로 153 310-1501
등록 제396-2012-000203호
전 화 070)7550-3758 팩 스 02)718-8554
홈페이지 www.pncmedia.co.kr 이메일 pnc@pncmedia.co.kr
ISBN 979-11-5730-559-9 93360

정 가 20,000원